OEUVRES COMPLÈTES
DE
SHAKESPEARE

TRADUITES

PAR ÉMILE MONTÉGUT

TOME QUATRIÈME

LE ROI JEAN
LE ROI RICHARD II
LE ROI HENRI IV (Ire PARTIE)
LE ROI HENRI IV
(IIe PARTIE)

PARIS

LIBRAIRIE DE L. HACHETTE ET Ce

BOULEVARD SAINT-GERMAIN, N° 77

1869

OEUVRES COMPLÈTES
DE
SHAKESPEARE

OEUVRES COMPLÈTES

DE

SHAKESPEARE

TRADUITES

PAR ÉMILE MONTÉGUT

TOME QUATRIÈME

LE ROI JEAN
LE ROI RICHARD II
LE ROI HENRI IV (Ire PARTIE)
LE ROI HENRI IV
(IIe PARTIE)

PARIS

LIBRAIRIE DE L. HACHETTE ET Cie

BOULEVARD SAINT-GERMAIN, N° 77

—

1869

Tous droits réservés

LE
ROI JEAN

IMPRIMÉ POUR LA PREMIÈRE FOIS DANS L'IN-FOLIO DE 1623;
DATE PROBABLE DE LA REPRÉSENTATION, 1596.

AVERTISSEMENT.

Le Roi Jean, publié pour la première fois dans l'édition *in-folio* de 1623, vit incontestablement le jour durant cette époque intermédiaire qui marque la transition entre la période aventureuse où le poëte jeta la gourme de sa trop riche jeunesse et la période de sa pleine maturité, c'est-à-dire entre 1595 et 1598. Il y eut là quelques années qui furent pour le génie de Shakespeare comme une saison mixte, une saison d'entre chien et loup, pendant laquelle il se trouva tiré en sens contraire par la manière de sa première jeunesse et la manière définitive de sa maturité. C'est donc justement, croyons-nous, que Malone assigne à cette pièce la date de 1596, bien que les motifs pour lesquels il a choisi cette date ne soient pas ceux qui doivent la faire adopter. Dans les lamentations de Constance sur la ruine d'Arthur, l'illustre critique croyait apercevoir l'expression de la douleur même de Shakespeare pour la mort de son fils Hamnet, arrivée en 1596; mais une pareille conjecture est singulièrement hypothétique et ne suffit pas pour asseoir une date. De meilleures raisons ressortent de l'examen du style de cette pièce, style hésitant, incertain, à la fois ferme et alambiqué, clair et obscur, d'un luxe métaphorique outré, foisonnant de pointes, de *concetti* et d'antithèses. Ce mélange de qualités et de défauts également marqués ne permet d'attribuer cette pièce qu'à cette période intermédiaire à laquelle nous devons cependant plusieurs chefs-d'œuvre, entre autres *le Songe d'une nuit d'été* et *Roméo et Juliette*. Donc, sans nous arrêter davantage aux conjectures des critiques et des érudits qui croyant voir des allusions historiques aux événements contemporains dans tels ou tels passages où il est question de flottes, d'invasion ou de querelles religieuses, se sont autorisés de ces détails pour fixer arbitrairement la date de ce drame, nous pouvons hardiment, sur l'examen du style, lui assigner celle de 1596.

Comme *la Mégère domptée*, *le Roi Jean* a un prototype, une pièce antérieure, publiée en 1591 sous ce titre, *The troublesome reign of King John* : Le règne orageux du roi Jean. Un débat s'est élevé autour de cette production qui a servi de thème et de canevas au drame de Shakespeare. A qui appartient-elle? Les critiques, avec une hésitation très-justifiée, l'attribuent, pour la plupart, au poëte Rowley; mais certains n'ont pas craint de l'attribuer contre toute évidence à Shakespeare lui même, alors qu'il suffit d'en lire attentivement dix pages pour voir que cette pièce n'est point de lui et pour lever le voile qui couvre son auteur. De tous les critiques, un seul jusqu'à présent a mis le doigt sur la vérité, c'est Malone. Ce n'est pas cependant à son intuition de connaisseur littéraire qu'il faut faire hommage de la découverte de cette vérité, c'est à un tout petit fait matériel que lui a fourni sa grande érudition et dont jusqu'à présent on n'a pas assez tenu compte. Voici ce fait. La vieille pièce anonyme, publiée en 1591, fut réimprimée vingt ans après, en 1611, c'est-à-dire lorsque *le Roi Jean* de Shakespeare était composé depuis longtemps, avec ces mots et ces initiales : *écrit par* W. Sh. Y a-t-il là une fraude de librairie, ou bien cette indication est-elle le résultat d'une erreur provenant de l'existence de deux pièces roulant sur le même sujet et pouvant facilement être prises l'une pour l'autre? De ces deux suppositions, la première est la plus probable; le libraire en effet ne s'est pas contenté d'ajouter ces initiales trop significatives à la réimpression de la pièce de 1591, il a supprimé les vers suivants qui servaient de préface à la première publication et qui désignent l'auteur véritable aussi clairement que ces mots, *l'auteur du Cid*, désigneraient Corneille. Voici cette préface en vers adressée à *Messieurs les lecteurs:*

« Vous qui avec une grâce amicale et toute bienveillante avez accueilli le *Scythe Tamerlan* et donné vos applaudissements à un infidèle, qu'il vous plaise accueillir avec la même courtoisie un chrétien guerrier et votre compatriote : il endura plus d'une tempête pour la vraie foi du Christ et s'éleva contre l'homme de Rome, jusqu'à ce que la basse trahison d'un damné scélérat mit à néant tous ses anciens triomphes. Acceptez cette pièce, mes bons Messieurs, avec des dispositions bienveillantes, et pensez qu'elle a été composée pour votre amusement. »

L'auteur de la pièce se nomme lui-même. Pour quiconque est familier, même légèrement, avec la vieille littérature anglaise, c'est Marlowe, l'auteur même de ce *Tamerlan* cité dans la préface pour les applaudissements qu'il a reçus.

Que cette pièce cependant soit ou non de Marlowe, un fait incontestable, c'est qu'elle n'est pas de Shakespeare. Il suffirait pour le décharger de toute espèce de parenté avec elle, de la préface qu'on vient de lire et qui est aussi exécrable comme sentiments qu'elle est concise comme style. Dieu merci, les odieux sentiments qui s'y laissent voir avec une clarté effrontée, n'ont rien à démêler avec les hauts sentiments d'humanité de Shakespeare, avec son grand esprit d'impartiale justice et cette infaillibilité de tact qui lui défend de confondre un monstre avec un grand homme. Voyez-vous Shakespeare faisant l'éloge du roi Jean, parlant de ses triomphes, et le présentant comme un champion de la vraie religion du Christ, au mépris de l'histoire, du sens moral et du bon sens, le tout pour obéir à des sentiments de démagogue puritain qu'il ne partagea jamais, ses œuvres, depuis la première jusqu'à la dernière, en font foi! Voyez-vous Shakespeare canonisant le roi Jean pour en faire un ancêtre de ce roi Henri VIII, qu'il a peint d'une main si impartiale et si ferme, sans enthousiasme comme sans haine! Mais c'est lui faire la plus mortelle comme la plus gratuite des injures que de lui attribuer une pareille pensée! Au contraire, de tels sentiments, à la fois violents et lâches, conviennent merveilleusement à un gredin de génie comme Marlowe et sont étonnamment d'accord avec le caractère féroce, immoral, machiavélique, de ses productions, si dramatiques d'ailleurs, où se laisse lire toute l'énergie du bas peuple d'Angleterre, et où l'on retrouve le genre de vie qui grouille dans les boues grasses des villes lorsque le soleil de la canicule les met en fermentation. Quand un gredin comme Marlowe va chercher ses admirations dans le passé, c'est à des lâches comme le roi Jean qu'il va tout droit comme à la parenté naturelle de son âme, et l'auteur de la pièce de 1591 n'y a pas manqué. Tout le drame, écrit à la glorification du roi Jean, confirme les sentiments annoncés dans la préface aux lecteurs. Shakespeare ne choisit pas pour ses héros de tels Childebrands et la manière dont il a compris et construit le caractère du roi Jean, révèle chez lui un tout autre sentiment que l'admiration pour l'indigne frère du grand Richard Cœur de Lion.

A la vérité, Shakespeare, dans *le Roi Jean*, n'a pas fait autre chose que reconstruire la pièce primitive de 1591 dans des proportions nouvelles et plus conformes aux lois de l'architecture dramatique; cependant il y a pratiqué de nombreuses coupures, et ces élagages sont singulièrement significatifs, car ils portent tous sur la partie la plus originale du vieux drame, c'est-à-dire sur les scènes où Philippe Faulconbridge, sur l'ordre du roi Jean, procède à la spoliation des monastères et où le moine de

Swinstead Abbey empoisonne l'usurpateur. Je dis que ces scènes sont la partie la plus originale du vieux drame parce qu'elles sont celles qui révèlent le mieux l'individualité de leur auteur. Ces scènes qui rappellent certains passages analogues d'une vieille pièce, également attribuée à tort à Shakespeare, *Sir John Oldcastle*, sont d'un extrême intérêt historique. C'est la photographie brutale, grossière, énergique, des scènes de violence populaire qui accompagnèrent si souvent les actes des réformés et des princes laïques mettant la main sur les biens ecclésiastiques, tirée par un Henri Monnier tragique. Il y a dans tous ces passages une jovialité sanguinaire, une haine aveugle du caractère ecclésiastique, une énergie de préjugés contre Rome, alliées à une absence complète de sentiment religieux de n'importe quelle sorte, qui trahissent un partisan effréné des conséquences politiques de la réformation. Celui qui a écrit ces scènes est un protestant sans foi religieuse, sans évangile et sans Dieu, qui n'a vu dans la réforme que ses résultats subversifs et négatifs, c'est-à-dire la destruction du pouvoir ecclésiastique. Quand vous les avez lues, on vous dirait que leur auteur s'est promené dans Londres un jour d'émeute, une chasuble au dos, une crosse en main, monté sur un âne et donnant sa bénédiction épiscopale par parodie sacrilége, que vous n'en seriez aucunement étonné. Or, ces sentiments atroces, absurdes et vigoureux sont exactement ceux que vous rencontrerez dans les drames de Marlowe, *Faust* et *Le riche Juif de Malte* notamment, toutes les fois que le poëte met en scène moines, prêtres, cardinaux ou papes. De pareils sentiments sont bien loin, comme on le voit, de ceux de Shakespeare, dont l'extraction catholique est connue et qui, à défaut de cette foi, que des critiques trop empressés de tirer les grands hommes les plus divers à leurs opinions particulières ont voulu voir en lui, eut toujours du moins,—c'est un fait incontestable,—une tendresse d'imagination particulière pour le catholicisme.

D'autres caractères très-marqués permettent d'attribuer cette pièce à Marlowe en toute assurance ; de ce nombre est le style qui est exactement celui de l'auteur de *Faust* dans ses mauvais moments, c'est-à-dire lorsqu'il écrit *Tamerlan* ou *le Massacre de Paris*, ce style haletant, pressé, rapide à perte d'haleine, prosaïque à l'excès, mais subitement relevé par une pointe d'énergie ou une expression robuste, ce style tout pareil dans ses allures à un ruffian poursuivi qui au moment d'être pris se retourne brusquement, et sans discontinuer sa course donne un coup de couteau ou assène un coup de poing. Pas une image, pas une métaphore, et cependant un certain coloris violent qui naît de l'énergie des paroles et qu'on pourrait comparer au teint cramoisi que donne une course excessive ; ce style qui sue la force et la fièvre est bien loin du style de Shakespeare, si riche en images, en fleurs, en comparaisons, et qui dans sa précipitation, — car lui aussi il est précipité, — rappelle la rapidité du vol des grands oiseaux.

Enfin un dernier caractère de ce premier *Roi Jean*, c'est l'abus des citations latines. Je sais bien que c'est une manie commune à tous les auteurs du temps, surtout aux auteurs immédiatement antérieurs à Shakespeare. Le lettré Ben Jonson ne se fait pas faute de citer ses auteurs, toutes les fois qu'il en trouve l'occasion; ainsi font Greene, et Peele ; ainsi fait Marston, celui-là jusqu'à la satiété ; mais chez aucun la manie n'est poussée plus loin que chez Marlowe. Or cette maladie pédantesque propre à tous ses contemporains est presque étrangère à Shakespeare et ne se retrouve que dans les œuvres de sa première jeunesse, les *Henri VI*, *Peines d'amour perdues*, et *la Mégère domptée*. Passé cette première époque, Shakespeare a cessé de partager cette manie de la mode et les quelques bribes de latin qui se rencontrent çà et là dans ses œuvres postérieures ne rappellent en rien l'imitation du tic régnant. Ce caractère est moins concluant que les précédents, il a cependant son importance et nous le mentionnons pour ne rien omettre.

Si on jugeait absolument en littérature, comme on juge en peinture, un connaisseur à la simple lecture de ce premier *Roi Jean* ne serait pas embarrassé; *école de Marlowe*, dirait-il, comme on dit *école des Van Eyck* ou *de Léonard de Vinci*, lorsque le nom du peintre étant inconnu, tous les caractères d'une toile rappellent le faire d'un certain maître ou de ses disciples immédiats. Or tous les caractères de cette pièce sont tellement ceux du génie de Marlowe, qu'elle lui appartient ou qu'elle n'appartient à personne.

Sauf ces suppressions très-significatives des scènes de rançonnement et de pillage des abbayes et de l'empoisonnement du roi Jean, Shakespeare a suivi pas à pas les situations et les indications de l'auteur anonyme. Il lui a tout pris, le personnage si original du bâtard de Faulconbridge, celui de Pandolphe, celui de Constance; il a adopté sa version de la mort d'Arthur et comme lui il a donné au jeune prince un âge et un caractère capables de doubler l'émotion pathétique qu'inspire sa situation; il lui a pris même ses erreurs historiques, par exemple la confusion d'Adhémar, vicomte de Limoges, et de Léopold, archiduc d'Autriche, en un seul et même personnage, non sans doute par ignorance de la vérité, mais très-probablement par respect pour la tradition populaire et pour les habitudes d'imagination de son public. Il a tout pris à l'auteur anonyme et en réalité il ne lui a rien pris. Lisez si vous en trouvez l'occasion ou si vous en avez le courage ce premier *Roi Jean;* vous le trouverez dans la collection des vieux drames sur lesquels Shakespeare a fondé quelques-uns des siens que Steevens donna au dernier siècle. Il ne se peut rien imaginer de plus ennuyeux et de plus fatigant. Le drame marche avec une vélocité fiévreuse comme s'il avait peur de ne jamais finir et cependant il paraît traînant. Quoiqu'il soit divisé en deux parties, il est moins long que l'œuvre de Shakespeare et cependant on dirait qu'il a le double d'étendue. Aucun des caractères n'est développé, aucun n'ouvre un jour sur la nature humaine et ne fait pénétrer dans les mobiles de l'âme et du cœur ; les épisodes parasites sont développés à outrance, les scènes importantes sont indiquées comme malgré l'auteur ; le style robuste à la façon des goujats est d'une pauvreté de parure dont on peut à peine se faire une idée. Mais cette pièce indigeste, insupportable, n'est cependant pas informe, elle a un plan bien net, bien dessiné, et c'est ce plan qui a tenté Shakespeare et sur lequel il a bâti son édifice dramatique après avoir renversé la lourde et maladroite bicoque élevée par l'auteur anonyme.

Nous devons mentionner, mais seulement pour mémoire, que le sujet du roi Jean avait été déjà mis en scène dès les commencements du théâtre anglais, sous le règne d'Edouard VI, par un évêque du nom de John Bale.

Quelques critiques ont parlé de l'inexactitude historique de cette pièce ; ce qui nous frappe au contraire, c'est combien elle est conforme à l'histoire. Les ménagements que Shakespeare a employés avec l'histoire sont d'une délicatesse et d'une honnêteté admirables. C'est avec un respect singulier qu'il l'a doucement pliée pour qu'elle pût s'accorder avec les nécessités de l'art dramatique et le plan qu'il avait arrêté. Que lui reproche-t-on ? Montrer à un certain moment Philippe Auguste humilié par Jean sans Terre, est-ce donc là une bien grande altération de la vérité ? Le caractère souple, prudent, politique, intéressé de Philippe n'a-t-il pas été saisi et dessiné par le poëte dans ses nuances les plus fines et les plus exactes ? Philippe était incapable sans doute de se laisser humilier par Jean sans Terre, mais son caractère étant donné, est-il bien difficile d'imaginer que dans telle situation, ce grand roi a pu par prudence et par politique, empocher une injure qu'il était sûr de rendre. L'expédition du dauphin Louis ne s'est-elle pas passée comme la raconte Shakespeare, et les mobiles du prince étaient-ils différents de ceux que le poëte lui prête? Il a fait d'Arthur un enfant et de Constance une veuve, tandis qu'Arthur avait vingt-six ans lorsqu'il est mort, et que Constance à l'époque où se passe le drame de Shakespeare en était à son troisième mari. Mais qui ne voit combien cette adolescence d'Arthur et ce veuvage de Constance donnent au drame plus de profondeur pathétique et de solennité. Arthur jeune homme n'exciterait pas le quart de l'intérêt qu'il inspire ; Constance mariée perdrait toute qualité pour représenter l'amour maternel. L'intérêt qui s'attache à la condition de l'enfant et à celle de sa mère accroît du double l'aversion qui s'attache au roi. Voilà le procédé de génie dont le poëte s'est servi pour faire ressortir l'odieux de ce lâche caractère; au lieu d'avoir recours à l'analyse, il a placé cette antithèse pathétique d'une femme et d'un enfant en face de son personnage principal, et ce personnage s'est trouvé subitement illuminé par la clarté foudroyante qui jaillit du contraste de la faiblesse et de la force. Quoi encore? Il a confondu le vicomte de Limoges et l'archiduc d'Autriche en un seul personnage; mais cette confusion était populaire, et qui ne sait combien il est dangereux de vouloir déranger les habitudes d'imagination du peuple lorsqu'une fois il s'est formé une certaine légende sur un héros. Un philosophe ou un historien peut avoir l'audace de battre en brèche ces habitudes nées d'une affection ou d'une haine sans critique, mais bien malavisé serait l'auteur dramatique qui entreprendrait d'y toucher. Enfin Shakespeare n'a pas dit un mot de l'événement le plus mémorable de ce règne, la révolution qui arracha à Jean la grande charte : il a craint, a-t-on dit, de mettre en scène un événement aussi humiliant pour la royauté, sous cette altière monarchie des Tudor dont le despotisme portait alors si haut l'Angleterre. Cette supposition est fort inadmissible. Comment Skakespeare qui a mis au théâtre avec une incroyable liberté les scènes les plus tragiques de l'histoire, les plus déshonorantes pour la monarchie et l'aristocratie du royaume, déposition violente et assassinat de Richard II, dérèglements de la jeunesse d'Henri V, horreurs de la guerre des deux Roses, crimes de Richard III, jusqu'aux lubies orgueilleuses et sensuelles du roi Henri VIII, le père même d'Élisabeth, aurait-il reculé devant une audace moindre que toutes celles qu'il s'était permises? S'il n'a pas parlé de la grande charte, c'est que cet événement contrariait l'unité de sa pièce. Son plan était de faire comprendre le caractère odieux du roi, et c'est pour cela qu'il a choisi comme le plus pathétique, le plus conforme aux lois du théâtre, entre tous les événements de son règne, l'épisode du jeune Arthur. Certes c'est là un événement moins fécond en résultats que la grande charte; mais les lois du drame ne sont pas celles de la politique et de la philosophie de l'histoire, et au point de vue du théâtre, l'assassinat d'un enfant innocent et la douleur d'une mère auront toujours plus d'importance que le plus grand fait de l'ordre politique. D'ailleurs, il n'est pas juste de dire que Shakespeare a négligé le mouvement d'opinion d'où sortit la grande charte. Est-ce que le poëte n'a pas admirablement montré les sentiments de la noblesse pour le roi, est-ce qu'il n'a pas décrit la marée de mécontentements sous laquelle Jean succomba, la tempête d'indignations et de défiances à laquelle l'Angleterre dut sa liberté? Qu'aurait-il pu ajouter, je le demande, à cette scène du second couronnement où Pembroke et Salisbury bravent le roi en face et lui annoncent si nettement leur peu de disposition à subir sa tyrannie?

Toutes ces inexactitudes de détail, purement superficielles, commandées d'ailleurs par les lois du théâtre, disparaissent devant cette exactitude intrinsèque à laquelle seule le poëte a le devoir d'obéir. La couleur de la pièce est scrupuleusement historique, les caractères des personnages sont bien ceux de l'époque où le poëte nous transporte. Nous sommes encore ici dans la première période de la féodalité, dans celle qu'on peut appeler la période *terrienne*, par opposition à la seconde qui est la période chevaleresque. Tous ces personnages sont non des chevaliers, mais des propriétaires terriens qui par ruse, force, adresse, ou nécessité politique se sont emparés du sol et avec le sol des populations qu'il supporte et nourrit. Ils sont encore tout près du limon dont ils sont sortis et ils ont toute la séve grossière de la terre à laquelle ils s'attachent avec âpreté. Leur langage robuste se sent encore de leur récente origine, et du petit nombre de quartiers de leur noblesse de date rapprochée. La législation qui régit les personnes et les biens n'est pas encore entièrement fixée ; mille points restent douteux, et la loi générale souffre de nombreuses exceptions, on peut s'en apercevoir au procès des deux Faulconbridge. Les liens du vassal et du suzerain sont encore mal déterminés, les droits de la souveraineté manquent en plus d'une occasion de certitude, la longue habitude n'a pas encore creusé son lit naturel à l'obéissance des populations ; le code des manières et des mœurs n'est pas encore formé par le temps. Le bâtard de Faulconbridge, personnage historique, le caractère le plus original du drame, brutal et brave, loyal et dépourvu de scrupules, sans droits par sa naissance, seigneur légitime par son audace et sa vaillance, est la représentation vivante de cette époque trouble, où le droit se confond avec la force. Nous sommes encore loin de cette époque chevaleresque d'Édouard III et du prince Noir dont le poëte va nous présenter le tableau et nous raconter la rapide décadence dans *Richard II*, les *Henri IV* et les drames dont la guerre des deux Roses a fourni le sujet.

PERSONNAGES DU DRAME.

JEAN, ROI D'ANGLETERRE.
LE PRINCE HENRI, son fils, par la suite HENRI III.
ARTHUR, DUC DE BRETAGNE, fils de GEOFFROY, le feu duc de Bretagne et le frère aîné du ROI JEAN.
WILLIAM MARESHALL, COMTE DE PEMBROKE.
GEFFREY FITZ PETER, COMTE D'ESSEX, GRAND JUGE D'ANGLETERRE.
WILLIAM LONGSWORD, COMTE DE SALISBURY.
ROBERT BIGOT, COMTE DE NORFOLK.
HUBERT DE BURGH, CHAMBELLAN DU ROI.
ROBERT FAULCONBRIDGE, fils de SIR ROBERT FAULCONBRIDGE.
PHILIPPE FAULCONBRIDGE, son demi-frère, fils bâtard du ROI RICHARD COEUR DE LION.
JAMES GURNEY, serviteur de LADY FAULCONBRIDGE.
PIERRE DE POMFRET, prophète.

PHILIPPE AUGUSTE, ROI DE FRANCE.
LOUIS, LE DAUPHIN, par la suite LOUIS VIII.
L'ARCHIDUC D'AUTRICHE.
PANDOLPHE, LÉGAT DU PAPE.
MÉLUN, SEIGNEUR FRANÇAIS.
CHÂTILLON, AMBASSADEUR DE FRANCE auprès du ROI JEAN.

ÉLÉONORE, veuve d'HENRI II et mère du ROI JEAN.
CONSTANCE, mère d'ARTHUR.
BLANCHE, fille d'ALPHONSE, ROI DE CASTILLE, et nièce du ROI JEAN.
LADY FAULCONBRIDGE, mère de PHILIPPE et de ROBERT FAULCONBRIDGE.

LORDS, DAMES, SHÉRIFF, HÉRAUTS, CITOYENS, OFFICIERS, SOLDATS et MESSAGERS.

SCÈNE. — Tantôt en Angleterre, tantôt en France.

LE
ROI JEAN.

ACTE I.

SCÈNE UNIQUE.

Northampton. — Une salle d'État dans le palais.

Entrent le roi JEAN, la reine mère ÉLÉONORE, PEM-
BROKE, ESSEX, SALISBURY *et d'autres* seigneurs
avec CHÂTILLON.

Le roi Jean. — Maintenant, parlez, Châtillon, que nous veut France ?

Châtillon. — Voici comment, après les félicitations d'usage, parle par ma personne le roi de France à la majesté, à la majesté d'emprunt d'Angleterre, ici présente.

Éléonore. — Singulier début ; majesté d'emprunt !

Le roi Jean. — Silence, ma bonne mère ; écoutons l'ambassade.

Châtillon. — Philippe de France, comme vrai et légal représentant d'Arthur Plantagenet, fils de Geoffroy, ton frère défunt, élève une très-légitime réclamation sur cette belle île et ses territoires, sur l'Irlande, Poitiers, l'Anjou, la Touraine et le Maine ; il désire que tu déposes l'épée par laquelle tu maintiens ton usurpation de ces titres divers, et que tu la places dans la main du jeune Arthur, ton neveu et ton très-légitime souverain.

Le roi Jean. — Et qu'est-ce qui suivra si nous lui refusons ce qu'il demande?

Chatillon. — L'impérieuse contrainte d'une guerre farouche et sanglante pour rétablir par la force ces droits si violemment usurpés.

Le roi Jean. — Ici nous répondons à la guerre par la guerre, au sang par le sang, et à la contrainte par la contrainte : porte cette réponse au roi de France.

Chatillon. — Alors reçois de ma bouche le défi de mon roi, lequel défi marque l'extrême limite de mon ambassade.

Le roi Jean. — Porte-lui le mien, et là-dessus pars en paix. Fais office d'éclair aux yeux de la France, car avant que tu aies pu rapporter que j'y viendrai, le tonnerre de mes canons s'y sera fait entendre. Ainsi vole! sois la trompette de notre colère et le lugubre présage de votre propre ruine. Qu'on le reconduise avec honneur : Pembroke, veillez-y. Adieu, Châtillon. (*Sortent Châtillon et Pembroke.*)

Éléonore. — Eh bien! mon fils, ne vous avais-je pas toujours dit que cette ambitieuse Constance n'aurait de cesse qu'elle n'eût enflammé la France et le monde entier pour les droits et le parti de son fils? Quelques très-faciles arguments d'amitié auraient pu prévenir cette affaire et lui enlever tout danger, tandis qu'il faut maintenant qu'elle reçoive de la joute de deux royaumes une conclusion terrible et sanglante.

Le roi Jean. — Nous avons pour nous notre solide possession et notre droit.

Éléonore. — Votre solide possession plutôt que votre droit, sans quoi les choses tourneront mal et pour vous et pour moi. Voilà ce que ma conscience me chuchotte à l'oreille, et ce que nul n'entendra si ce n'est le ciel, vous et moi.

Entre LE SHÉRIFF *du Northamptonshire, qui parle à voix basse à* ESSEX.

ESSEX. — Mon Suzerain, il arrive ici de la province pour être jugé par vous, le plus étrange différend dont j'aie jamais entendu parler : introduirai-je les personnes ?

LE ROI JEAN. — Qu'elles approchent. (*Sort le Shériff.*) Nos abbayes et nos prieurés payeront les frais de cette expédition.

Rentre LE SHÉRIFF *avec* ROBERT FAULCONBRIDGE *et* PHILIPPE *son frère bâtard*.

LE ROI JEAN. — Quels gens êtes-vous ?

LE BÂTARD. — Je suis, moi, votre fidèle sujet, un gentilhomme né dans le Northamptonshire, et le fils aîné, — je le suppose, — de Robert Faulconbridge, un soldat, créé chevalier sur le champ de bataille par la main puissante à conférer l'honneur de Cœur de Lion

LE ROI JEAN. — Qui es-tu, toi ?

ROBERT FAULCONBRIDGE. — Le fils et l'héritier de ce même Faulconbridge.

LE ROI JEAN. — Celui-là est l'aîné, et toi tu es l'héritier ? alors vous ne sortez pas de la même mère, paraît-il ?

LE BÂTARD. — Nous sortons très-certainement de la même mère, puissant roi, et autant que je puisse croire, d'un même père ; mais pour la connaissance certaine de la vérité, je vous adresse au ciel et à ma mère ; car j'ai des doutes à l'égard de ce fait, comme peuvent en avoir tous les enfants des hommes.

ÉLÉONORE. — Honte sur toi, homme grossier ! tu outrages ta mère et tu blesses son honneur par cette défiance.

LE BÂTARD. — Moi, Madame ? non, je n'ai aucune raison pour cela ; c'est là la thèse de mon frère et non la mienne, thèse qui, s'il peut la démontrer, me dépouille net de cinq cents belles livres de rente au moins. Plaise donc au ciel de protéger l'honneur de ma mère et ma terre !

LE ROI JEAN. — Un bon garçon bien franc du collier.

Pourquoi, puisqu'il est le plus jeune, élève-t-il des prétentions à ton héritage?

Le bâtard. — Je n'en sais rien, si ce n'est pas pour s'emparer de la terre. Une fois il m'a jeté l'insulte de bâtardise : quant à cette question de savoir si j'ai été ou non aussi légitimement engendré que lui, j'en rejette, dis-je, la responsabilité sur la tête de ma mère; mais quant à savoir si j'ai été aussi bien engendré que lui, mon Suzerain, — que reposent en paix les os qui se donnèrent pour moi cette peine! — comparez nos visages et soyez juge vous-même. Si le vieux Sir Robert nous engendra tous deux, s'il fut notre père et si ce fils lui ressemble, oh alors, vieux Sir Robert, père, je remercie à genoux le ciel de ne pas te ressembler!

Le roi Jean. — Ah! quelle tête à l'envers le ciel nous a envoyée là!

Éléonore. — Il a quelque chose du visage de Cœur de Lion; le son de sa voix rappelle la sienne : ne lisez-vous pas quelques-uns des dons de mon fils dans la puissante structure de cet homme?

Le roi Jean. — Mon œil a bien examiné ses formes, et les trouve exactement celles de Richard. Parlez, maraud; qu'est-ce qui vous pousse à réclamer la terre de votre frère?

Le bâtard. — Parce qu'il a, comme mon père, une moitié de visage, avec cette moitié de visage il voudrait avoir toute ma terre. Une pièce de quatre sous à moitié d'effigie[1], prétendre à valoir cinq cents livres de rente!

Robert Faulconbridge. — Mon gracieux Suzerain, lorsque notre père dont nous parlons vivait, votre frère l'employa beaucoup....

Le bâtard. — Bon, Monsieur, ce n'est pas une raison qui vous donne droit sur ma terre; ce que vous devez raconter, c'est comment le roi employa ma mère.

Robert Faulconbridge. — Et il le dépêcha une fois en ambassade en Allemagne, auprès de l'empereur, pour traiter d'affaires importantes à cette époque. Le roi prit avantage de cette absence, et tout le temps qu'elle dura séjourna chez mon père. Comment il triompha, j'ai honte de le répéter ; mais la vérité est la vérité. De vastes espaces de terres et de mers séparaient mon père de ma mère, (ainsi que je l'ai entendu dire à mon père lui-même) lorsque ce robuste gentilhomme fut engendré. A son lit de mort, il me légua ses terres par testament, et jura sur sa parole de mourant, que celui-ci, le fils de ma mère, n'était en rien le sien, et que s'il l'était, il était venu au monde quatorze semaines pleines avant terme. Ainsi donc, mon bon Suzerain, faites que je possède ce qui est à moi, la terre de mon père, ainsi que cela était la volonté de mon père.

Le roi Jean. — Maraud, votre frère est légitime ; la femme de votre père le lui a donné après mariage : si elle a triché au jeu, la faute lui en revient à elle, et cette faute, tous les hommes qui prennent femme en courent les risques. Réponds-moi un peu à ceci : si mon frère, qui, dites-vous, a pris la peine d'engendrer cet homme, l'avait réclamé comme son fils à votre père, en bonne vérité, votre père n'aurait-il pas pu retenir, malgré le monde entier, ce veau né de sa vache, mon bon ami ? En bonne vérité, il l'aurait pu : quoiqu'il fût de mon frère, mon frère n'aurait pu le réclamer ; par conséquent votre père ne pouvait le refuser quoiqu'il ne lui fût rien. Voici ma conclusion : le fils de ma mère engendra l'héritier de votre père ; l'héritier de votre père doit posséder la terre de votre père.

Robert Faulconbridge. — La volonté de mon père n'aura-t-elle donc aucune force pour déposséder cet enfant qui n'est pas le sien ?

Le bâtard. — Sa volonté n'aura pas plus de force pour me déposséder, qu'elle n'en eut, je crois, pour m'engendrer.

Éléonore. — Qu'aimerais-tu mieux : être un Faulconbridge, et comme ton frère posséder ta terre ; ou être le fils reconnu de Cœur de Lion, Seigneur de ta seule personne[2], sans aucun autre bien que celui-là ?

Le bâtard. — Madame, si mon frère avait ma figure et si j'avais moi la sienne, si j'avais comme lui les traits de Sir Robert, si j'avais pour jambes deux pareils manches de fouets, et pour bras deux pareilles peaux d'anguilles empaillées ; si j'avais le visage mince à ne pas oser attacher une rose à mon oreille de peur d'entendre les gens dire : « Voyez donc la pièce de trois liards à la rose qui passe[3] ! » quand bien même je joindrais à cette figure-là la propriété de tout ce pays, je veux bien ne plus bouger de cette place, si je ne donnais pas jusqu'au dernier pouce de mes terres pour avoir ma figure : je ne voudrais être Sir Rob en aucune façon.

Éléonore. — Tu me plais beaucoup. Veux-tu faire abandon de ta fortune, céder ta terre à ton frère et me suivre? je suis un chef d'armée, et je m'apprête à faire route pour la France.

Le bâtard. — Frère, prenez ma terre, moi je prendrai ma chance : votre figure vous a valu cinq cents livres de rente, cependant elle sera chèrement payée si vous pouvez la vendre cinq pence. Madame, je vous suivrai jusque dans la mort.

Éléonore. — Ma foi, j'aimerais mieux que vous m'y précédassiez.

Le bâtard. — Notre politesse rustique cède le pas à nos supérieurs.

Le roi Jean. — Quel est ton nom?

Le bâtard. — Philippe, mon Suzerain ; c'est là le commencement de mon nom ; Philippe, fils aîné de la femme du bon vieux Sir Robert.

Le roi Jean. — Porte désormais le nom de celui dont tu portes la figure ; agenouille-toi Philippe ; mais relève-toi plus grand, relève-toi Sir Richard et Plantagenêt[4].

Le bâtard. — Frère par ma mère, donnez-moi votre main ; mon père me donna l'honneur, le vôtre vous donna la terre : maintenant, bénie soit l'heure, soit de jour, soit de nuit, où je fus engendré, Sir Robert étant absent!

Éléonore. — L'âme même des Plantagenêts ! Je suis ta grand'mère, Richard ; donne-moi ce nom?

Le bâtard. — Oui, Madame, par le fait du hasard, mais non par le cours vrai des choses. Bah qu'importe! J'ai passé quelque peu de travers, par la fenêtre, ou, pour mieux dire, par la lucarne[5]: qui n'ose pas remuer de jour doit sortir de nuit; avoir c'est avoir, de quelque manière qu'on s'y soit pris; de près ou de loin, bien touché est toujours bien tiré, et je suis *moi*, de quelque manière que j'aie été engendré.

Le roi Jean. — Va, Faulconbridge : tu as maintenant l'objet de tes désirs; un chevalier sans terre t'a fait propriétaire terrien. Venez, Madame, et vous aussi, Richard : il nous faut nous dépêcher; en France, en France! car il y a plus qu'urgence.

Le bâtard. — Adieu, frère : je te souhaite heureuse fortune, car tu fus engendré honnêtement. (*Tous sortent excepté le bâtard.*) Je suis plus grand d'un pied d'honneur, mais je suis plus petit de beaucoup, beaucoup de pieds de terre. Bon, maintenant je puis faire une Dame de n'importe quelle Jeanneton. — « Bonjour, sir Richard. — Dieu te bénisse, mon garçon. » — Si son nom est George, je l'appellerai Pierre, car la dignité de nouvelle date oublie les noms des gens; cette fidélité de mémoire et cette politesse s'accorderaient trop mal avec votre changement de condition. Et votre voyageur[6]! ils sont là à la table de Ma Seigneurie, lui et son cure-dents, et lorsque mon estomac de chevalier est satisfait, alors je me lèche les dents, et j'interroge mon homme distingué des pays étrangers : « Mon cher Monsieur, » — c'est ainsi que je commence en m'appuyant sur mon coude, — « je vous conjure, » — voilà la question, et la réponse suit incontinent comme celle d'un A B C : — « Oh Monsieur, dit la réponse, tout à vos ordres, tout à votre disposition, à votre service, Monsieur. » « Non, Monsieur, dit la question, non, mon aimable Monsieur, c'est moi qui suis à vos ordres », et là-dessus, avant que la réponse se soit donné le temps d'entendre ce que lui veut la question, coupant court au dialogue des compliments, elle se met à parler des Alpes et des Apennins, des Pyrénées et de la rivière du Pô, et vous pousse ainsi jusqu'à l'heure du souper. Voilà ce qu'est la société noble, et c'est celle qui convient à une âme ambitieuse comme la mienne : car il n'est qu'un bâtard de son époque, celui qui ne trahit pas un fumet d'expérience, (et bâtard je suis, que j'aie ou non ce fumet,) non-seulement par ses habitudes et sa tournure d'esprit, sa façon d'être extérieure et son habillement, mais par son adresse intime à faire accepter le poison, le doux, doux poison aux lèvres du siècle. Cette adresse, je veux l'acquérir, non pour apprendre à tromper, mais pour éviter d'être trompé, car je rencontrerai ce poison semé sous les pas de mon avancement. — Mais qui donc vient en telle hâte, en robe de cheval? Qu'est ce que c'est que cette femme courrier? n'a-t-elle donc pas de mari qui puisse prendre la peine de la précéder en sonnant de la corne? Oh! vertu de ma vie! c'est ma mère.

Entrent LADY FAULCONBRIDGE *et* JAMES GURNEY.

LE BÂTARD. — Eh bien! bonne Madame, qu'est-ce qui vous amène à la cour en telle hâte?

LADY FAULCONBRIDGE. — Où est-il, ce manant, ton frère? où est-il, cet homme qui donne la chasse à mon honneur par monts et par vaux?

LE BÂTARD. — Mon frère Robert? le fils du vieux Sir Robert? Colbrand le géant[7], cet homme si robuste? Est-ce le fils de Sir Robert que vous cherchez?

LADY FAULCONBRIDGE. — Le fils de Sir Robert! oui, enfant irrévérencieux, le fils de Sir Robert : pourquoi méprises-tu Sir Robert? Il est le fils de Sir Robert, et c'est ce que tu es aussi.

LE BÂTARD. — James Gurney, veux-tu nous donner la permission de rester seuls un instant?

JAMES GURNEY. — Pleine permission, mon bon Philippe.

LE BÂTARD. — *Philippe!* c'est le nom d'un moineau[8]! James, il y a des petits bruits en l'air; tantôt je t'en dirai davantage. (*Sort Gurney.*) Madame, le vieux Sir Robert n'était pas mon père; Sir Robert aurait pu manger toute la part qu'il a prise à ma confection, un jour de vendredi saint, sans pour cela rompre son jeûne. Sir Robert pouvait bien travailler; mais morbleu, avouez-le, pouvait-il me faire? Sir Robert ne pouvait pas faire cela; nous connaissons sa main-d'œuvre. Donc, ma bonne mère, dites-moi à qui suis-je redevable de ces membres? Sir Robert n'a jamais aidé à faire cette jambe.

LADY FAULCONBRIDGE. — As-tu donc toi aussi fait complot avec ton frère, toi qui dans ton propre intérêt devrais défendre mon honneur? Que signifie ce mépris, drôle rebelle?

LE BÂTARD. — Drôle! non; chevalier, chevalier, ma bonne mère, absolument comme Basilisco[9]. Et parbleu oui, j'ai l'accolade, j'ai mon titre de chevalier sur l'épaule. Mais, ma mère, je ne suis plus le fils de Sir Robert; j'ai renoncé à Sir Robert et à ma terre; légitimité, nom, j'ai tout congédié: donc, ma bonne mère, faites-moi connaître mon père; c'était quelque bel homme, j'espère; quel était-il, ma mère?

LADY FAULCONBRIDGE. — T'es-tu donc renié comme Faulconbridge?

LE BÂTARD. — Aussi loyalement que je renie le diable.

LADY FAULCONBRIDGE. — Le roi Richard Cœur de Lion fut ton père; séduite par une longue et véhémente sollicitation, je fus amenée à lui donner place dans le lit de mon mari: puisse le ciel ne pas mettre ma transgression à ma charge! Tu es le fruit de mon cher péché, d'un péché trop fortement sollicité pour ne pas enlever ma résistance.

LE BÂTARD. — Par cette lumière, Madame, si j'étais à refaire, je ne souhaiterais pas un meilleur père. Certains péchés ont un privilége sur la terre, il en est ainsi du vôtre: votre faute ne peut être imputée à votre folie; il fallait bien que vous accordassiez votre cœur comme un tribut de soumission à cet amant impérieux dont le lion intrépide ne put soutenir la furie et l'incomparable force, contre la main duquel il ne put préserver son cœur royal. Celui qui dérobe les lions de leurs cœurs peut aisément vaincre un cœur de femme. Oui, ma mère, je te remercie de tout mon cœur de m'avoir donné un tel père! Que qui que ce soit ose dire que tu fis mal lorsque je fus engendré, j'enverrai son âme en enfer. Viens, Madame, je vais te montrer à mes parents, et ils diront que lorsque Richard m'engendra, si tu lui avais dit non, cela aurait été péché. Quiconque dit que ce fut péché en a menti; je dis que ce ne fut pas péché. (*Ils sortent.*)

ACTE II.

SCÈNE PREMIÈRE.

En France. — Devant les murs d'Angers.

Entrent d'un côté PHILIPPE, roi de France, *avec ses troupes*, le dauphin LOUIS, CONSTANCE, ARTHUR *et les gens de leur suite; de l'autre*, l'archiduc D'AUTRICHE *avec ses troupes.*

Le roi Philippe. — Soyez le bienvenu devant Angers, brave duc d'Autriche. Arthur, le grand homme de ta race qui t'a précédé, ce Richard qui déroba le lion de son cœur[1] et combattit les guerres saintes en Palestine, descendit prématurément dans la tombe par le fait de ce brave duc[2]. A notre sollicitation et pour faire réparation à sa postérité, il est venu ici dans l'intention de déployer ses étendards en ta faveur, enfant, et de châtier l'usurpation de ton oncle dénaturé, Jean l'Anglais : embrasse-le, aime-le, souhaite-lui la bienvenue.

Arthur. — Dieu vous pardonnera la mort de Cœur de Lion, d'autant plus volontiers que vous donnez la vie à sa postérité en abritant ses droits sous vos étendards de guerre : je vous souhaite la bienvenue avec une main sans puissance, mais avec un cœur rempli d'une affection sans

mélange; soyez le bienvenu devant les portes d'Angers,
duc.

Le roi Philippe. — Noble enfant! qui ne voudrait te faire droit?

L'archiduc d'Autriche. — Je dépose sur ta joue ce baiser de dévouement comme sceau de cette assurance de mon affection, que je ne retournerai pas dans mes États avant qu'Angers et les droits que tu possèdes en France ne te soient reconnus, ainsi que ce rivage pâle[3], à la face blanche, dont le pied repousse les marées rugissantes de l'Océan et sépare ses insulaires des autres nations. Oui, jusqu'à ce que l'Angleterre, dont la mer est la ceinture, jusqu'à ce que ce boulevard dont les remparts sont d'eau, et qui se croit avec confiance pour toujours à l'abri des desseins de l'étranger, jusqu'à ce que cet extrême coin de l'Occident te salue comme son roi, jusqu'alors, bel enfant, je ne penserai pas au retour, et je resterai sous les armes.

Constance. — Oh! recevez les remercîments d'une mère, les remercîments d'une veuve, en attendant que votre main puissante lui donne, à lui, la force de reconnaître plus dignement votre affection.

L'archiduc d'Autriche. — La paix du ciel est avec ceux qui tirent leurs épées dans une guerre aussi légitime et charitable que celle-là.

Le roi Philippe. — Eh bien, alors, à l'œuvre; notre canon sera pointé contre le front de cette ville rebelle. Qu'on appelle nos plus renommés stratégistes pour décider les tactiques les plus avantageuses: nous déposerons devant cette ville nos os de roi, nous traverserons un fleuve de sang français pour arriver à son centre, mais nous la soumettrons à cet enfant.

Constance. — Attendez la réponse que vous portera votre ambassade, de crainte de tacher imprudemment vos épées de sang: peut-être Monseigneur Châtillon nous rapportera d'Angleterre, obtenu par la paix, ce droit que nous réclamons ici par la guerre, et alors nous nous repentirions de chaque goutte de sang que cette trop ardente précipitation aurait fait répandre.

Entre CHATILLON.

Le roi Philippe. — Miracle, Dame! sur l'énonciation de ton souhait, notre messager Châtillon est arrivé. Que répond Angleterre, dis-nous-le brièvement, aimable Seigneur, nous faisons silence pour t'écouter; parle, Châtillon.

Châtillon. — Eh bien, retirez vos forces de ce siége insignifiant, et disposez-les pour une tâche plus importante. Angleterre, courroucé de vos justes demandes, s'est mis sous les armes; les vents contraires dont j'ai dû attendre le bon plaisir, lui ont donné le temps de débarquer ses troupes aussi vite que moi. Il se dirige à marches forcées vers cette ville; ses forces sont puissantes et ses soldats confiants. Avec lui sont venus la reine-mère, une Até [4] qui l'excite au sang et à la lutte, la nièce de la reine, Madame Blanche d'Espagne [5] et un bâtard du défunt roi. Toutes les têtes brûlées du royaume, volontaires ardents, audacieux, étourdis, avec des figures de dames et des passions de féroces dragons, ont vendu leurs patrimoines aux lieux de leurs naissances, et portant orgueilleusement leurs héritages sur leurs dos, sont venus tenter ici le hasard d'une nouvelle fortune. Bref, jamais plus brave élite de courages indomptables ne navigua sur les flots orageux pour porter l'offense et l'injure dans la Chrétienté, que celle que viennent de débarquer les vaisseaux anglais. (*Les tambours battent.*) L'interruption de leurs tambours malappris me dispense de plus amples détails: ils approchent pour parlementer ou pour combattre; par conséquent préparez-vous.

Le roi Philippe. — Comme cette expédition était peu prévue!

L'archiduc d'Autriche. — Plus elle nous surprend à l'improviste, et plus nous devons appeler notre énergie à la résistance; car le courage doit se proportionner aux circonstances; qu'ils soient donc les bienvenus; nous sommes préparés.

Entrent LE ROI JEAN, ÉLÉONORE, BLANCHE, LE BÂTARD, PEMBROKE, *et les troupes anglaises.*

LE ROI JEAN. — Paix à la France, si la France nous permet d'effectuer en paix notre entrée dans ce qui nous appartient par droit légitime et héréditaire; sinon que la France saigne et que la paix remonte au ciel! et nous, agents de la colère de Dieu, nous corrigerons l'orgueilleux mépris de ceux qui renvoient sa paix au ciel.

LE ROI PHILIPPE. — Paix à l'Angleterre si cette armée de guerre consent à retourner de France en Angleterre pour y vivre en paix! Nous aimons l'Angleterre et c'est par souci de l'Angleterre que nous sommes ici à suer sous le fardeau de notre armure. Le travail que nous faisons ici devrait être ton ouvrage, à toi; mais tu es si loin d'aimer l'Angleterre que tu as supplanté son roi légitime, rompu l'ordre de succession, effrontément outragé les droits d'un enfant et commis violence sur la vertu virginale de la couronne. Contemple ici la face de ton frère Geoffroy; ces yeux, ce front, furent moulés sur les siens; ce petit abrégé contient le grand ouvrage qui mourut en Geoffroy, et la main du temps étendra ce résumé et lui donnera le même volume. Ce Geoffroy était né ton frère aîné, et cet enfant est son fils; l'Angleterre était le droit de Geoffroy, et elle est le droit de cet enfant : au nom de Dieu, comment se fait-il, s'il en est ainsi, que tu sois appelé roi, alors qu'un sang vivant bat dans ces tempes auxquelles est due la couronne que tu portes en maître?

LE ROI JEAN. — France, de qui tiens-tu cette grande commission d'exiger que je réponde à tes questions?

LE ROI PHILIPPE. — De ce juge suprême qui inspire aux âmes investies d'une puissante autorité la bonne pensée de prêter attention aux violences et aux taches qu'on fait au droit. Ce juge m'a fait le tuteur de cet enfant! c'est sur son autorisation que j'accuse ton injustice, et c'est par son secours que je prétends la châtier.

LE ROI JEAN. — Allons donc, tu usurpes l'autorité.

LE ROI PHILIPPE. — Pardon, j'abats l'usurpateur.

ÉLÉONORE. — Qui donc appelles-tu usurpateur, France?

CONSTANCE. — Laissez-moi faire la réponse ; l'usurpateur, c'est ton fils.

ÉLÉONORE. — Arrière, insolente ! il faut que ton bâtard soit roi, afin que tu sois reine et que tu puisses faire le monde mat[6].

CONSTANCE. — Mon lit fut toujours aussi fidèle à ton fils que le tien le fut à ton époux, et cet enfant ressemble plus par le visage à son père Geoffroy que toi et Jean ne lui ressemblez par les manières, car il lui ressemble comme la pluie ressemble à l'eau ou le diable à sa mère. Mon enfant un bâtard ! Par mon âme, je crois que son père ne fut jamais aussi loyalement engendré ; cela était impossible, puisque tu étais sa mère.

ÉLÉONORE. — Voilà une bonne mère, enfant, qui salit ton père.

CONSTANCE. — Voilà une bonne grand'mère, enfant, qui voudrait te salir.

L'ARCHIDUC D'AUTRICHE. — Paix !

LE BÂTARD. — Écoutez l'huissier crieur !

L'ARCHIDUC D'AUTRICHE. — Qui diable es-tu?

LE BÂTARD. — Quelqu'un qui jouera le personnage du diable avec vous, Messire, s'il peut vous attaquer seuls, vous et votre peau de lion[7]. Vous êtes le lièvre dont parle le proverbe ; votre valeur tire les lions morts par la barbe[8]. J'enfumerai votre habit de peau, si je puis vous attraper en bon lieu ; maraud, songez-y : sur ma foi, je l'enfumerai ; oui, sur ma foi.

BLANCHE. — Oh ! cette robe du lion convient à merveille à celui qui a dérobé le lion de cette robe.

LE BÂTARD. — Elle fait aussi bien sur son dos que la peau de lion du grand Alcide sur le dos d'un âne : mais, âne, je vous enlèverai cette charge du dos, ou bien je lui en donnerai une autre qui fera craquer vos épaules.

L'ARCHIDUC D'AUTRICHE. — Qu'est-ce que c'est que ce vantard qui assourdit nos oreilles avec cette abondance de paroles superflues? Roi Philippe, décidez ce que nous devons faire immédiatement.

Le roi Philippe. — Femmes et fous, terminez cette conférence. Roi Jean, voici en résumé ce que je te demande : je te réclame, au nom des droits d'Arthur, l'Angleterre et l'Irlande, l'Anjou, la Touraine et le Maine : veux-tu me les remettre et déposer tes armes ?

Le roi Jean. — Je te remettrais plutôt ma vie. France, je te défie. Arthur de Bretagne, remets-toi entre mes mains, et tu recevras de ma tendre affection plus que ne pourrait jamais t'en conquérir la lâche main de France : soumets-toi, garçon.

Éléonore. — Viens vers ta grand'mère, enfant.

Constance. — Vas, enfant, vas vers grand'maman à toi, enfant ; donne à grand'maman un royaume, et grand'maman à toi te donnera une prune, une cerise et une figue : c'est une bonne grand'maman.

Arthur. — Paix, ma bonne mère ! Je voudrais être étendu tout de mon long dans ma tombe ; je ne suis pas digne de tout le tapage que l'on fait pour moi.

Éléonore. — Pauvre enfant ! sa mère lui fait tellement honte, qu'il en pleure.

Constance. — Honte sur vous, qu'elle lui fasse honte ou non ! Ce sont les injustices de sa grand'mère et non les hontes de sa mère qui tirent de ses pauvres yeux ces perles faites pour émouvoir le ciel, et que le ciel acceptera comme payement de ce qui lui est dû ; oui, le ciel sera séduit par les grains de ce chapelet de cristal, poussé à lui faire justice et à se venger de vous.

Éléonore. — O toi, monstrueuse calomniatrice du ciel et de la terre !

Constance. — O toi, monstrueuse insulteuse du ciel et de la terre ! Ne m'appelle pas calomniatrice : toi et ton fils, vous usurpez les domaines, les souverainetés et les droits de cet enfant opprimé. C'est le fils de ton fils aîné, et son seul malheur est de t'avoir pour grand'mère : tes péchés sont visités sur ce pauvre enfant, et l'arrêt de la loi le frappe, bien qu'il ne soit éloigné de tes entrailles, où fut conçu le péché, que de la seconde génération.

Le roi Jean. — Cesse, Bedlam.

Constance. — Je n'ai que ceci à dire ; il n'est pas seulement malheureux à cause des conséquences naturelles du péché de sa grand'mère : mais Dieu a fait de sa personne même l'instrument chargé de venger son propre péché sur la personne de ce descendant châtié à cause d'elle et châtié par elle. Son péché à elle est l'offense qu'elle fait à cet enfant, et cette offense est à son tour la verge de son péché. Tout est puni dans la personne de cet enfant, et tout cela pour elle ; malédiction sur elle.

Éléonore. — Mégère malavisée, je puis produire un acte de dernière volonté qui annule le titre de ton fils.

Constance. — Oui, qui donc en doute ? Une volonté! une volonté perverse, une volonté de femme, la volonté d'une grand'mère corrompue.

Le roi Philippe. — Paix, Madame! arrêtez-vous ou soyez plus modérée : il convient mal à notre présence d'encourager ces récriminations malsonnantes. Une trompette appelle à venir sur les remparts les gens d'Angers ; écoutons-les nous dire duquel, d'Arthur ou de Jean, ils admettent les droits.

(*Une trompette sonne. Des citoyens se présentent au haut des remparts.*)

Premier citoyen. — Qui donc nous avertit de venir aux remparts ?

Le roi Philippe. — France au nom d'Angleterre.

Le roi Jean. — Angleterre en son propre nom : vous, citoyens d'Angers et mes fidèles sujets....

Le roi Philippe. — Vous, fidèles citoyens d'Angers, les sujets d'Arthur, c'est notre trompette qui vous a appelés à cette cordiale conférence....

Le roi Jean. — Pour notre propre avantage à nous; par conséquent écoutez-nous les premiers. Ces étendards de France qui sont déployés en vue et en face de votre ville, sont venus ici pour votre ruine. Les canons ont leurs ventres pleins de colère et sont montés tout prêts à cracher contre vos murailles leur indignation de fer. Tous les préparatifs pris par les Français pour un siége sanglant et une guerre impitoyable sont là visibles sous les yeux

de votre ville, en face de vos portes closes, et sans notre
approche, ces pierres endormies qui vous entourent comme
une ceinture, auraient été à cette heure chassées de leur
solide lit de mortier par la contrainte de leur artillerie, et
une large brèche aurait été ouverte à la force sanglante
pour envahir votre paix. Mais à la vue de notre personne,
nous, votre roi légitime, qui péniblement, par une marche
d'une extrême diligence, avons amené devant vos portes
un contre-poids à leur furie, voyez, les Français frappés de
surprise demandent une entrevue, et maintenant au lieu
des boulets enveloppés de feu destinés à faire trembler vos
murailles, ils ne vous envoient plus que de calmes paroles
enveloppées dans la fumée, destinées à faire pénétrer
dans vos oreilles un mensonge déloyal ; accordez à leurs
paroles la confiance qu'elles méritent et laissez-nous entrer.
Votre roi, dont les forces sont fatiguées, épuisées par cette
marche rapide, sollicite un asile dans l'enceinte de vos
murs.

Le roi Philippe. — Lorsque j'aurai parlé, vous nous
répondrez à tous deux à la fois. Voyez, à ma main droite
dont la protection s'est très-religieusement dévouée à la
défense du droit de celui qui l'étreint, voici le jeune
Plantagenêt, fils du frère aîné de cet homme, son roi,
et le roi de tout ce qu'il possède. C'est pour l'équité ainsi
foulée aux pieds que nous foulons sous les pas de notre
marche guerrière ces vertes campagnes qui s'étendent
en face de votre ville, car nous ne sommes votre ennemi
que dans la mesure où nous y contraint religieusement
notre zèle hospitalier pour la défense de cet enfant opprimé. Qu'il vous plaise donc payer l'hommage que vous
devez loyalement à celui qui y a droit, c'est-à-dire à ce
jeune prince, et alors nos armes, pareilles à un ours
muselé, n'auront plus rien d'offensif que leur aspect ; la
malice de nos canons s'exercera futilement contre les
invulnérables nuages du ciel, et heureux d'une retraite qui
ne nous laissera aucun dépit, nous partirons avec nos épées
sans entailles et nos heaumes non bosselés, rapportant à nos
foyers ce sang vaillant que nous étions venus avec l'inten-

tion de verser devant votre ville, et nous vous laisserons en paix, vos enfants, vos femmes et vous. Mais si follement vous rejetez les propositions que nous vous faisons, ce n'est pas l'enceinte de vos vieux murs qui pourra vous cacher à nos messagers de guerre, quand bien même tous ces Anglais avec leurs moyens de défense seraient abrités dans leur forte circonférence. En conséquence dites-nous si votre cité consentira à nous appeler maître au nom de celui dont nous avons pris la cause en main ou si nous devrons donner le signal à notre colère, et passer à travers le sang pour prendre possession de notre droit?

Premier citoyen. — En résumé, nous sommes les sujets du roi d'Angleterre ; c'est pour lui et au nom de ses droits que nous tenons cette ville.

Le roi Jean. — Alors reconnaissez le roi et laissez-moi entrer.

Premier citoyen. — Cela, nous ne le pouvons pas : mais à celui qui prouvera qu'il est le roi nous prouverons notre fidélité; jusqu'à ce moment-là, nos portes resteront barricadées contre le monde entier.

Le roi Jean. — Est-ce que la couronne d'Angleterre ne prouve pas quel est le roi? si cela ne suffit pas, je vous amène des témoins, deux fois quinze mille cœurs de race anglaise....

Le bâtard. — Bâtards et autres.

Le roi Jean. — Pour sceller de leur sang la légitimité de nos titres.

Le roi Philippe. — Autant de braves aussi bien nés que ceux-là....

Le bâtard. — Avec quelques bâtards aussi dans le nombre.

Le roi Philippe. — Sont là lui faisant face pour contredire ses prétentions.

Premier citoyen. — Jusqu'à ce que vous ayez établi quel est celui dont le droit est le plus légitime, nous retirons notre fidélité à tous les deux pour la réserver au plus légitime.

Le roi Jean. — Alors Dieu pardonne les péchés de

toutes les âmes qui avant que soit tombée la rosée du soir se seront enfuies vers leur résidence éternelle, par suite de cette terrible épreuve entreprise pour décider quel est le roi de notre royaume.

Le roi Philippe. — Amen, amen! en selle, chevaliers! aux armes!

Le bâtard. — O saint Georges, qui fouettas le Dragon et qui depuis te tiens assis sur son dos à la porte de mon hôtesse⁹, enseigne-nous quelque bon moyen de défense! (*A l'archiduc d'Autriche.*) Maraud, si j'étais chez vous, dans votre antre, en compagnie de votre lionne, j'ajouterais une tête de bœuf à votre peau de lion et je ferais de vous un monstre.

L'archiduc d'Autriche. — Paix! assez.

Le bâtard. — O tremblez, car vous entendez le lion rugir!

Le roi Jean. — Plus haut, plus haut dans la plaine; là nous assignerons à tous nos régiments les meilleurs postes de combat.

Le bâtard. — Alors dépêchons-nous afin de prendre l'avantage du terrain.

Le roi Philippe, *au Dauphin Louis*. — Cela sera ainsi, et commandez au reste des troupes de se tenir sur l'autre colline. — Dieu et notre droit! (*Ils sortent.*)

SCÈNE II.

Devant Angers.

Alarmes et sorties, puis retraite. Un héraut français *avec des trompettes se présente aux portes de la ville.*

Le héraut français. — Hommes d'Angers, ouvrez toutes grandes vos portes et laissez entrer le jeune Arthur, duc de Bretagne, qui par la main de la France a taillé aujourd'hui une besogne à faire couler les larmes de bien des mères anglaises dont les fils gisent épars sur la terre sanglante. Les époux de bien des veuves gisent rampants dans la poussière et embrassent froidement la terre décolorée, et la victoire achetée par des pertes minimes, joue sur les bannières joyeusement agitées des Français, qui déployés en ordre triomphal sont ici proche, prêts à entrer en conquérants et à proclame Arthur de Bretagne, roi de l'Angleterre et le vôtre.

Entre UN HÉRAUT ANGLAIS *avec des trompettes.*

LE HÉRAUT ANGLAIS. — Réjouissez-vous, hommes d'Angers, faites sonner vos cloches; le roi Jean votre roi et celui de l'Angleterre s'approche, maître de cette chaude et meurtrière journée. Les armures de nos soldats qui étaient brillantes comme de l'argent avant la bataille en reviennent toutes dorées de sang français; pas une plume d'un cimier anglais n'a été abattue par une lance française; nos étendards reviennent portés par les mêmes mains qui les déployèrent au moment de nous mettre en marche, et pareils à une joyeuse troupe de chasseurs, nos vigoureux Anglais s'avancent, tous avec des mains empourprées [10], teintes dans le massacre de leurs ennemis : ouvrez vos portes et donnez accès aux vainqueurs.

PREMIER CITOYEN [11]. — Hérauts, du haut de nos tours nous avons pu contempler, du commencement à la fin, la sortie et la retraite de vos deux armées dont nos meilleurs yeux n'ont pu mettre en doute l'égalité. Le sang a payé le sang, les coups ont répondu aux coups; la force a tenu tête à la force, la puissance s'est mesurée avec la puissance; les deux adversaires sont égaux et nous les aimons tous deux également. Il faut qu'il y en ait un qui prouve qu'il est le plus fort; tant qu'ils pèseront d'un poids égal, nous tiendrons notre ville pour tous les deux et pour aucun des deux en même temps.

Entrent d'un côté LE ROI JEAN *avec ses forces*, ÉLÉONORE, BLANCHE *et* LE BÂTARD; *de l'autre,* LE ROI PHILIPPE, LOUIS, L'ARCHIDUC D'AUTRICHE *avec leurs forces.*

LE ROI JEAN. — France, as-tu encore du sang à prodiguer? Dis-nous, laisseras-tu couler librement le fleuve de notre droit? empêché dans son cours par tes obstacles, faudra-t-il qu'il sorte de son lit natal et qu'il répande ses flots contrariés jusque sur tes rivages voisins; ou bien, laisseras-tu ses eaux d'argent poursuivre pacifiquement leur voyage vers l'Océan?

Le roi Philippe. — Angleterre, tu n'as pas dépensé dans cette chaude affaire une goutte de sang de moins que nous, Français; tu en as même perdu davantage; et je le jure par cette main qui gouverne le pays que domine cette portion du ciel, avant que nous déposions nos armes saisies pour une juste cause, nous t'aurons abattu, toi contre qui nous avons pris ces armes, ou bien nous aurons ajouté un chiffre royal au nombre des morts, honorant le parchemin qui dira les pertes de cette guerre, d'une mention de carnage associée à des noms de rois.

Le bâtard. — Ah majesté! comme ta gloire s'élève haut lorsque le riche sang des rois s'enflamme! Maintenant le trépas garnit d'acier ses mâchoires vides; les épées des soldats sont ses dents et ses crocs, et il festoie, mâchant de la chair d'homme, grâces à ces querelles royales indécises. Pourquoi ces têtes royales portent-elles ainsi sur leurs physionomies l'abattement de l'incertitude? Rois, criez *carnage!* Retournez aux champs ensanglantés, rivaux égaux en puissance, vaillants enflammés de colère! Que la confusion d'un des deux partis scelle la paix de l'autre; jusque-là, des coups, du sang, la mort!

Le roi Jean. — Lequel des deux partis admettent les habitants de la ville?

Le roi Philippe. — Parlez pour Angleterre, citoyens; quel est votre roi?

Premier citoyen. — Le roi d'Angleterre dès que nous le connaîtrons.

Le roi Philippe. — Reconnaissez-le en nous qui soutenons ici son droit.

Le roi Jean. — Reconnaissez-le en nous qui sommes notre propre grand lieutenant à nous-mêmes et qui apportons ici notre personne même, en nous, Seigneur de notre présence, Seigneur d'Angers et le vôtre.

Premier citoyen. — Un plus grand pouvoir que le nôtre nie tout cela ; jusqu'à ce que tout doute ait disparu, nous continuerons à garder sous clef nos premiers scrupules derrière nos portes solidement verrouillées ; nous aurons pour rois nos craintes, jusqu'à ce que nos craintes n'aient plus de raison d'être, étant dissipées et déposées par quelque roi certain.

Le bâtard. — Par le ciel, ces galeux d'Angers se moquent de vous, rois ; ils se tiennent là en sécurité sur leurs remparts comme sur un théâtre, d'où ils s'amusent à regarder et à se montrer du doigt les scènes et les actes de mort où vous vous épuisez. Que vos personnes royales se laissent diriger par moi : faites comme les révoltés de Jérusalem [12], soyez amis pour un temps et dirigez de concert contre cette ville vos plus terribles actions de vengeance. Qu'à l'est et à l'ouest, France et Angleterre fassent tonner leurs canons chargés jusqu'à la gueule, jusqu'à ce que leurs clameurs effroyables aient fait écrouler avec fracas les côtes de pierre de cette dédaigneuse cité ; je tirerais sans relâche sur ces rosses jusqu'à ce que la destruction les eût laissées sans abri et nues comme l'air. Cela fait, séparez de nouveau vos forces unies et vos couleurs mêlées, tournez-vous face contre face, et pointe sanglante contre pointe sanglante ; alors, en un instant, la fortune choisira sur un des côtés l'heureux mignon auquel elle veut accorder le triomphe et lui donnera le baiser d'une glorieuse victoire. Comment goûtez-vous ce conseil imprévu, puissants souverains ? Ne sent-il pas quelque peu sa politique ?

Le roi Jean. — Par ce ciel qui s'étend au-dessus de nos têtes, je le goûte fort. France, unissons-nous nos forces ? jetons-nous cet Angers par terre, et combattons-nous ensuite pour savoir à qui sera roi ?

Le bâtard. — Puisque tu es outragé aussi bien que nous-même par cette ville têtue, si tu as le cœur d'un roi, tourne les bouches de ton artillerie, comme nous tournerons les nôtres, contre ces murailles impertinentes, et lorsque nous les aurons jetées par terre, travaillons alors pêle-mêle entre nous, pour le ciel ou pour l'enfer?

Le roi Philippe. — Soit. Voyons, de quel côté donnerez-vous l'assaut?

Le roi Jean. — Nous, nous enverrons la destruction dans le sein de cette ville par le côté de l'ouest.

L'archiduc d'Autriche. — Moi, par le côté du nord.

Le roi Philippe. — Nos tonnerres feront pleuvoir du sud leur grêle de boulets sur cette ville.

Le bâtard, *à part*. — O les prudents arrangements! du nord et du sud, France et Autriche vont se bombarder l'un l'autre. Je vais les encourager à prendre cette mesure. — Allons, en avant, en avant!

Premier citoyen. — Écoutez-nous, grands rois: accordez-nous un sursis et je vais vous montrer la paix et la plus belle des ligues. Conquérez cette cité sans coups ni blessures; permettez à tous ces hommes vivants, qui sont venus ici pour se sacrifier sur ce champ de bataille de mourir dans leurs lits. Ne persévérez pas dans votre projet, mais écoutez-moi, puissants rois.

Le roi Jean. — Parlez avec confiance: nous sommes disposés à écouter.

Premier citoyen. — Cette fille d'Espagne ici présente, Madame Blanche, est proche parente d'Angleterre: considérez l'âge du Dauphin Louis et celui de cette aimable fille. Si l'amour des sens se mettait en quête de la beauté, où trouverait-il une beauté plus grande que celle de Blanche? Si l'amour de l'âme se mettait à la recherche de la vertu, où trouverait-il une vertu plus pure que celle de Blanche? Si l'amour ambitieux cherchait à faire un mariage de naissance, dans quelles veines coule un sang plus riche que dans celles de Madame Blanche? Le jeune Dauphin est aussi complet qu'elle-même en beauté, en vertu, en naissance, et s'il est incomplet en quelque chose, c'est parce qu'il n'est pas elle: elle, de son côté, ne manque de rien de ce qu'on peut appeler qualité désirable, à moins que ce qui lui manque, ce soit de n'être pas lui; il est lui la moitié d'un homme fortuné destiné à être complété par une telle femme; elle, elle est une belle perfection divisée dont la plénitude suprême est en lui. O deux tels fleuves d'argent, lorsqu'ils s'unissent, glorifient les rives entre lesquelles ils coulent, et vous serez, ô rois! les rives de ces deux courants réunis en un seul, vous serez les limites qui contiendront les deux princes si vous les mariez. Cette union fera plus que la canonnade pour ouvrir nos portes solidement verrouillées, car ce mariage une fois conclu, avec un empressement plus grand que celui auquel pourrait nous contraindre la poudre, nous ouvrirons tout grand le passage et nous vous donnerons entrée; mais sans ce mariage, sachez-le, la mer en fureur n'est pas plus sourde, les lions ne sont pas plus résolus, les montagnes et les rochers ne sont pas plus immuables, non, le trépas lui-même n'est pas de moitié aussi inflexible dans sa rage à donner la mort, que nous ne serons obstinés pour garder cette ville.

LE BÂTARD. — Eh bien, voilà une éloquence qui vous secoue hors de ses guenilles la carcasse pourrie du vieux trépas! voilà, ma foi, une large bouche! elle vous crache la mort et les montagnes, les rochers et les mers, et vous parle aussi familièrement des lions rugissants, que les filles de treize ans des petits chiens! Quel est le canonnier qui a engendré ce sang bouillant? ses paroles sont des canons tout simplement, feu, fumée et vacarme; il donne la bastonnade avec sa langue: nos oreilles ont reçu leur volée; il n'y a pas un de ses mots qui ne soufflette mieux qu'un poing de France! Tonnerre! je ne fus jamais aussi assommé de paroles depuis l'époque où pour la première fois j'appelai *papa* le père de mon frère.

ÉLÉONORE. — Mon fils, prêtez-vous à ce rapprochement, faites ce mariage; donnez votre nièce avec un douaire suffisant, car par ce nœud vous attachez si solidement la couronne aujourd'hui mal assurée sur votre tête, que cet enfant tout frais éclos qui est là-bas n'aura plus assez de soleil pour faire mûrir la fleur qui promet le fruit de la puissance. Je lis le consentement dans les regards de France : voyez comme ils chuchotent; pressez-les pendant que leurs âmes sont influencées par l'ambition, de crainte que leur zèle maintenant fondu ne vienne à se geler et à se condenser de nouveau sous le souffle puissant des douces prières, de la pitié et du remords.

Premier citoyen. — Pourquoi les deux Majestés ne répondent-elles pas à cette amicale proposition de notre ville menacée?

Le roi Philippe. — Qu'Angleterre parle le premier puisqu'il a été le premier à parler à cette ville. Que dites-vous?

Le roi Jean. — Si le Dauphin ici présent, le prince ton fils, peut lire « j'aime » sur ce livre de beauté, le douaire de ma nièce pèsera celui d'une reine, car l'Anjou, la belle Touraine, le Maine, Poitiers, et, sauf cette ville maintenant assiégée par nous, toutes les possessions qui de ce côté de la mer relèvent de notre couronne et de notre dignité doreront son lit nuptial, et ainsi enrichie elle pourra marcher de pair pour les titres, les honneurs et les dignités, avec n'importe quelle princesse du monde, comme elle marche déjà de pair avec n'importe quelle princesse pour la beauté, l'éducation et la naissance.

Le roi Philippe. — Qu'en dis-tu, enfant? Regarde cette Dame.

Louis. — C'est que je fais, Monseigneur, et dans son œil je découvre une merveille, un étonnant miracle; j'aperçois dans son œil le reflet de ma personne, et ce reflet, bien qu'il ne soit que l'ombre de votre fils, y devient un soleil et réduit votre fils à l'état d'ombre : je proteste que je ne me suis jamais aimé autant que depuis que je contemple mon propre portrait tiré sur la toile flatteuse de son œil. (*Il chuchote avec Blanche.*)

Le bâtard, *à part*. — *Tiré* sur la toile flatteuse de son œil! et sans doute aussi pendu à la ride que fait le froncement de son sourcil et écartelé dans son cœur! Il se dénonce lui-même comme un traître envers l'amour. C'est vraiment pitié qu'il puisse y avoir dans une aussi belle personne un si vil imbécile, pendu, tiré et écartelé.

Blanche. — La volonté de mon oncle, à cet égard, est la mienne. S'il voit en vous quelque chose qui lui plaise, ce quelque chose qu'il voit et qui lui plaît, ma volonté peut aisément l'adopter, ou si vous aimez mieux, pour parler plus exactement, je puis aisément l'imposer à mon cœur. Monseigneur, je ne vous flatterai pas au point de vous dire que tout ce que je vois en vous est digne d'amour, mais je vous dirai que je ne vois rien en vous, même en vous donnant pour juges les pensées les plus malveillantes, qui me semble mériter l'aversion.

Le roi Jean. — Que disent ces jeunes gens ? que dites-vous, ma nièce ?

Blanche. — Votre nièce dit que son honneur l'oblige à faire toujours ce que décidera votre sagesse.

Le roi Jean. — Parlez en ce cas, prince Dauphin ; pouvez-vous aimer cette Dame ?

Louis. — Demandez-moi plutôt si je puis me retenir de l'aimer ; car je l'aime en toute sincérité.

Le roi Jean. — Alors je te donne en même temps que sa personne les cinq provinces du Vexin, de la Touraine, du Maine, de Poitiers et de l'Anjou ; j'y ajoute encore trente mille marcs pleins de monnaie anglaise[13]. Philippe de France, si ces arrangements t'agréent, commande à ton fils et à ta fille d'unir leurs mains.

Le roi Philippe. — Ils nous agréent tout à fait. Jeunes princes, unissez vos mains.

L'archiduc d'Autriche. — Et vos lèvres aussi, car j'ai l'assurance que je fis ainsi la première fois qu'on me donna assurance de mes fiançailles.

Le roi Philippe. — Maintenant, citoyens d'Angers, ouvrez vos portes, et laissez entrer cette alliance que vous avez faite, car les cérémonies du mariage seront célébrées immédiatement à la chapelle de Sainte-Marie. Est-ce que Madame Constance n'est pas dans notre société ? Je vois bien qu'elle n'y est pas, car sa présence aurait mis beaucoup d'obstacles à l'arrangement de ce mariage maintenant conclu. Où sont-ils, elle et son fils ? qui le sait, dites-moi ?

Louis. — Elle est sous la tente de Votre Altesse, triste et en proie à l'irritation.

Le roi Philippe. — Et sur ma foi, l'alliance que nous

venons de contracter donnera peu de soulagement à sa tristesse. Frère d'Angleterre, comment pouvons-nous contenter cette Dame veuve? nous sommes venus au nom de ses droits, et Dieu sait si notre intention a changé de route à notre propre avantage!

Le roi Jean. — Nous guérirons tout cela, car nous créerons le jeune Arthur, duc de Bretagne et comte de Richmond, et nous le ferons Seigneur de cette riche et belle ville. Appelez Madame Constance; que quelque messager rapide lui ordonne de venir assister à notre solennité : j'ai confiance que nous pouvons, sinon contenter entièrement sa volonté, au moins lui donner satisfaction dans une telle mesure, que nous couperons court à ses récriminations. Allons, aussi convenablement que nous le permettra notre hâte, accomplir cette cérémonie imprévue et sans préparatifs. (*Tous sortent excepté le bâtard. Les citoyens se retirent des remparts.*)

Le bâtard. — Monde insensé! rois insensés! transaction insensée! Jean, pour anéantir complétement les titres d'Arthur, en a volontairement abandonné une partie, et France qui, sur les conseils de la conscience, avait endossé son armure, que la vertu et la charité avaient conduit sur le champ de bataille, comme le soldat de Dieu, s'est laissé chuchoter à l'oreille par ce diable rusé qui fait changer les résolutions, par cet entremetteur qui perpétuellement assomme la bonne foi, par ce briseur quotidien de promesses, par celui qui friponne tout le monde, rois, mendiants, vieillards, jeunes gens, filles, qui vole les pauvres filles de ce nom de fille, le seul bien saisissable qu'elles aient à perdre, par ce Monsieur au doux visage, l'intérêt au chatouillement séducteur, l'intérêt, cette déviation du monde. Le monde par lui-même, est en bon équilibre, fait pour courir sur un terrain bien aplani, si l'intérêt, ce vil et irrésistible penchant, ce maître tyrannique de nos mouvements, ne le faisait changer de front illogiquement et ne le détournait de sa direction, de son but, de son cours, de son dessein. C'est ce même obstacle, cet intérêt, ce filou, cet entremetteur, ce mot qui change toutes choses, qui, s'étant mis à scintiller devant les yeux du versatile roi de France, lui a fait retirer l'appui qu'il était décidé à donner, et d'une guerre résolue avec honneur l'a rejeté dans une paix vile et bassement conclue. Et moi-même, pourquoi est-ce que je me raille de cet intérêt, si ce n'est parce qu'il ne m'a pas encore courtisé? Ce n'est pas parce que j'aurais le pouvoir de fermer mon poing, si les beaux écus à l'ange venaient saluer la paume de ma main, mais parce que ma main n'a pas été encore tentée, que semblable à un pauvre mendiant je raille le riche. Bon! tant que je serai un mendiant, je raillerai et je dirai : il n'y a pas d'autre péché que la richesse; et lorsque je serai riche, ma vertu consistera à dire : il n'y a pas d'autre vice que la pauvreté. Puisque les rois brisent leur parole par intérêt, gain, sois mon Seigneur! car je t'adorerai.

(*Il sort.*)

ACTE III.

SCÈNE PREMIÈRE.

FRANCE. — La tente du roi de France.

Entrent CONSTANCE, ARTHUR *et* SALISBURY.

CONSTANCE. — Partis pour se marier! partis pour se jurer la paix! un sang menteur uni à un sang menteur! partis pour être amis! Louis doit-il avoir Blanche, et Blanche ces provinces? cela n'est pas; tu as mal entendu, tu racontes mal; sache mieux ce que tu affirmes, recommence une fois encore ton récit : cela ne peut être; tu dis seulement qu'il en est ainsi : j'ai la confiance que je ne dois pas me fier à toi, car ta parole n'est que le vain souffle d'un homme ordinaire. Crois-moi, homme, je ne te crois pas; le serment d'un roi m'assure du contraire. Tu seras puni pour m'avoir ainsi effrayée, car je suis malade et capable de terreurs, accablée de malheurs et par conséquent remplie de craintes; une veuve [1], privée de l'appui de son mari, est soumise aux craintes; une femme est naturellement, par naissance, portée aux craintes; tu aurais beau m'avouer maintenant que tu ne faisais que plaisanter, je ne pourrais plus établir de trêve avec mes esprits troublés; ils vont m'agiter et me faire trembler tout aujourd'hui. Que veut dire ce hochement de ta tête? Pourquoi regardes-tu si tristement mon fils? Que signifie cette main posée sur ton cœur? Pourquoi tes yeux sont-ils pleins de ces larmes de pitié, semblables à une rivière orgueilleuse qui déborde de ses rives? Est-ce que ces tristes signes ont pour but de confirmer tes paroles? En ce cas, parle encore, non pour recommencer ton récit, mais pour me dire par un seul mot si ton récit est vrai.

SALISBURY[2]. — Aussi vrai que vous regardez comme menteurs, je crois, ceux qui vous donnent cause de découvrir que je dis vrai.

CONSTANCE. — Oh! si tu dois m'apprendre à croire à cette douleur, apprends aussi à cette douleur à me tuer; que cette certitude et ma vie se heurtent dans un choc aussi furieux que celui de deux hommes exaspérés qui, dans la violence de leur rencontre, tombent et meurent. Louis épouse Blanche! Où es-tu en ce cas, mon enfant! France l'ami d'Angleterre! que va-t-il advenir de moi? Va-t'en, l'ami, je ne peux souffrir ta vue; les nouvelles que tu m'as portées ont fait de toi un homme hideux à mes yeux.

SALISBURY. — Quel autre mal vous ai-je fait, bonne Madame, que de vous rapporter le mal fait par d'autres?

CONSTANCE. — Et ce mal est par lui-même si haïssable qu'il rend malfaisants tous ceux qui en parlent.

ARTHUR. — Je vous en conjure, Madame, résignez-vous.

CONSTANCE. — Si toi qui me demandes de me résigner,

tu étais vilain et laid, un sujet de calomnie pour le ventre de ta mère, plein de taches déplaisantes et de marques désagréables à voir, boiteux, idiot, contrefait, noiraud, monstrueux, le visage couturé de verrues odieuses et de signes offensants pour l'œil, je n'aurais aucun souci et je me résignerais, car alors je ne t'aimerais pas, et toi tu ne serais pas digne de ta grande naissance et tu ne mériterais pas une couronne. Mais tu es beau, et à ta naissance, mon cher enfant, la nature et la fortune se réunirent pour te faire grand. Des dons de la nature, tu peux t'en vanter avec les lis et les roses à demi épanouies; mais quant à la Fortune, hélas! elle est corrompue, elle a changé, elle a été séduite pour se détourner de toi; elle commet adultère en ce moment avec ton oncle Jean, et de sa main pleine d'or, elle a déterminé le roi de France à fouler aux pieds le beau respect qui est dû à la souveraineté, et a fait de sa majesté l'entremetteuse de leurs amours. France est l'entremetteur de la Fortune et du roi Jean, de cette catin de Fortune, de cet usurpateur de Jean! Dis-moi, l'ami, France n'est-il pas parjure? Salis-le de paroles, ou bien va-t'en et laisse à leur solitude, ces douleurs sous le fardeau desquelles je suis seule contrainte de gémir.

SALISBURY. — Pardonnez-moi, Madame, je ne puis aller, sans vous, retrouver les rois.

CONSTANCE. — Tu le peux, tu iras, je n'irai pas avec toi; je vais apprendre la fierté à mes douleurs, car le malheur est orgueilleux et rend puissant celui qu'il atteint [3]. Que les rois viennent devant moi et devant la majesté de ma grande douleur, car mon chagrin est si grand, que rien, si ce n'est la vaste et solide terre, ne peut lui servir de piédestal; nous nous asseyons ici, moi et mes douleurs; voici mon trône, ordonne aux rois de venir se courber devant lui. (*Elle s'assied à terre avec une véhémence douloureuse.*)

Entrent LE ROI JEAN, LOUIS, L'ARCHIDUC D'AUTRICHE, ÉLÉONORE, BLANCHE, LE BÂTARD, *et les gens de leur suite.*

LE ROI PHILIPPE. — Cela est vrai, ma belle bru, et cet

heureux jour sera à jamais un jour de fête pour la France :
pour solenniser ce jour, le glorieux soleil s'arrête dans sa
course, et faisant métier d'alchimiste, change par la
splendeur de son œil précieux la maigre et fangeuse terre
en or brillant: l'année, en ramenant cette journée dans
son cours, ne la verra jamais que comme un jour de fête.

Constance. — Un jour maudit et non un jour béni ! (*Elle se lève.*) Qu'a mérité ce jour ? Qu'a-t-il fait pour être inscrit en lettres d'or dans le calendrier parmi les mémorables journées ? Ah ! retranchez plutôt ce jour de la semaine, ce jour de honte, d'oppression, de parjure; ou bien, s'il doit y rester encore, que les femmes grosses prient de ne pas être délivrées de leurs fardeaux ce jour-là, de crainte que leurs espérances ne soient monstrueusement trompées! Que les marins ne craignent de naufrages que pour ce jour-là ! Qu'il n'y ait d'affaires manquées que celles qui se feront ce jour-là ! Que toutes les choses commencées ce jour-là viennent à mauvaise fin, oui, que la bonne foi elle-même se change ce jour-là en creuse fausseté !

Le roi Philippe. — Par le ciel, Madame, vous n'aurez aucune raison de maudire les heureux résultats de ce jour : ne vous ai-je pas engagé ma majesté ?

Constance. — Vous m'avez trompée par une contrefaçon de majesté, ressemblante en apparence, mais qui, touchée et éprouvée, s'est démontrée sans valeur. Vous êtes parjure, parjure; vous êtes venu en armes pour faire couler le sang de mes ennemis, et maintenant toujours armé, vous fortifiez ce sang en y mêlant le vôtre. Cette vigueur d'attaque, cet ardent courroux de guerre se sont refroidis en une alliance et une paix fardée, et c'est notre oppression qui paye cette ligue. Armez-vous, armez-vous, ô cieux, contre ces rois parjures ! Une veuve pleure, servez-moi d'époux, ô cieux ! Ne laissez pas les heures de ce jour impie lui permettre de s'achever dans la paix; mais avant le coucher du soleil établissez la discorde armée entre ces rois parjures ! Entendez-moi, ô entendez-moi !

L'archiduc d'Autriche. — Paix, Madame Constance !

Constance. — La guerre, la guerre, pas de paix ! la paix

est pour moi une guerre. O Limoges! O Autriche ! tu déshonores la dépouille sanglante que tu portes! Esclave, misérable, lâche! être petit en vaillance, mais grand en scélératesse! toi qui es toujours fort du côté du plus fort, champion de la Fortune, qui ne combats jamais que lorsque sa fantasque seigneurie est à tes côtés pour t'enseigner où est la sécurité, tu es un parjure aussi, un parasite de la puissance. Quelle espèce de sot es-tu? un sot braillard, qui jurais et frappais du pied, et faisais force protestations en faveur de ma cause! Esclave à sang-froid, est-ce que tu ne parlais pas en faveur de mes droits comme un tonnerre? N'as-tu pas juré que tu étais mon soldat? Ne m'as-tu pas engagée à compter sur ton étoile, ta fortune et ta force? Et maintenant ne t'es-tu pas enrôlé dans le nombre de mes ennemis? Toi porter une peau de lion! dépouille-la par pudeur et jette une peau de veau sur tes lâches épaules!

L'archiduc d'Autriche. — Oh! si un homme osait me dire de telles paroles!

Le bâtard. — Et jette une peau de veau sur tes lâches épaules.

L'archiduc d'Autriche. — Tu n'oserais pas me parler ainsi, manant, sans répondre sur ta vie de tes paroles.

Le bâtard. — Et jette une peau de veau sur tes lâches épaules.

Le roi Jean. — Nous n'aimons pas cela; tu t'oublies.

Le roi Philippe. — Voici venir le saint légat du pape.

Entre PANDOLPHE.

Pandolphe. — Salut, ministres oints du ciel! C'est toi, roi Jean, que mon saint message concerne. Moi, Pandolphe, cardinal de la belle Milan, et légat en ces lieux du pape Innocent, nous venons religieusement te demander en son nom pourquoi tu te révoltes avec une telle opiniâtreté contre l'Église, notre sainte mère, et pourquoi tu tiens de force Stephen Langton, archevêque élu de Canterbury, éloigné de ce siége épiscopal? Voilà ce que je te demande au nom déjà prononcé par moi de notre saint-père, le pape Innocent.

Le roi Jean. — Quel est donc sur terre le pouvoir qui a le droit de soumettre à un interrogatoire la libre parole d'un roi sacré? Cardinal, tu ne peux imaginer pour me contraindre à une réponse un pouvoir aussi puéril, aussi indigne, aussi ridicule que celui du pape. Rapporte-lui ces paroles, et ajoute encore ceci comme venant de la bouche du roi d'Angleterre, que nul prêtre italien ne lèvera dîme ou tribut dans nos États; car étant après Dieu leur chef suprême, nous seul prétendons exercer sous son autorité cette grande suprématie là où nous régnons, sans l'assistance d'aucune main humaine: rapporte au pape cette réponse, sans plus de respect pour sa personne et son autorité usurpée.

Le roi Philippe. — Frère d'Angleterre, en ceci vous blasphémez.

Le roi Jean. — Quoique vous et tous les rois de la chrétienté vous vous laissiez grossièrement mener par ce prêtre intrigant, par terreur de l'anathème que l'argent peut détourner de vos têtes; quoique vous achetiez par le mérite d'un or vil, boue, poussière, le pardon corrompu d'un homme qui dans ce marché vend le pardon de ses propres péchés; quoique vous et tous les autres, grossièrement trompés comme vous, vous entreteniez les frais de cette sorcellerie de jongleur, cependant moi, moi seul, je m'opposerai au pape et je tiendrai ses amis pour mes ennemis.

Pandolphe. — Alors, en vertu du pouvoir légitime que je possède, tu seras maudit et excommunié. Béni sera celui qui refusera son obéissance à un hérétique; méritoire, canonisé et honoré celui dont la main, par quelque secret moyen, t'arrachera ta vie haïssable [5].

Constance. — Oh! qu'il soit légitime que j'aie pour un moment permission de maudire avec Rome! Bon père cardinal, crie *Amen* à mes après malédictions; car, sans mes griefs, il n'est pas de langue au monde qui ait le pouvoir de le maudire comme il le mérite.

Pandolphe. — J'ai droit et pouvoir reconnus pour le maudire, Madame.

Constance. — Et moi aussi; car lorsque le droit ne peut faire aucune justice, il est légitime qu'il n'empêche aucune violence; le droit ne peut rendre à mon enfant son royaume, car celui qui détient son royaume détient aussi le droit : si le droit est parfaite injustice lui-même, comment aurait-il le pouvoir d'empêcher ma langue de maudire?

Pandolphe. — Philippe de France, sous peine de malédiction, abandonne la main de cet archi-hérétique, et menace sa tête du pouvoir de la France, à moins qu'il ne se soumette à Rome.

Éléonore. — Est-ce que tu pâlis, France? ne retire pas ta main.

Constance. — Veille bien, démon, de crainte que France ne se repente, et en retirant sa main ne fasse perdre une âme à l'enfer.

L'archiduc d'Autriche. — Roi Philippe, écoutez le cardinal.

Le bâtard. — Et jetez une peau de veau sur ses lâches épaules.

L'archiduc d'Autriche. — Bien, bandit; il me faut empocher ces outrages, parce que....

Le bâtard. — Parce que vos culottes peuvent parfaitement les contenir.

Le roi Jean. — Philippe, que dis-tu au cardinal?

Constance. — Comment pourrait-il dire autre chose que le cardinal?

Louis. — Réfléchissez, mon père; votre choix est entre ces deux alternatives : ou la pesante malédiction de Rome, ou la perte légère de l'amitié d'Angleterre; choisissez la moins dangereuse.

Blanche. — C'est la malédiction de Rome.

Constance. — O Louis, tiens bon! le diable te tente ici sous la forme d'une fiancée en habits de noces.

Blanche. — Madame Constance ne parle pas selon sa bonne foi, mais d'après les nécessités de sa situation.

ACTE III, SCÈNE I.

Constance. — Oh ! si tu reconnais les nécessités de ma situation qui n'ont d'autre principe d'existence que la mort de la bonne foi, tu dois accorder aussi que ces nécessités impliquent nécessairement cette conséquence, que la bonne foi revivrait par la mort de ces nécessités. Oh ! foulez aux pieds mes nécessités, et la bonne foi se relève ; prolongez mes nécessités, et la bonne foi est foulée aux pieds !

Le roi Jean. — Le roi s'émeut et ne répond pas.

Constance. — Oh ! *meus*-toi loin de lui et fais une bonne réponse.

L'archiduc d'Autriche. — Répondez, roi Philippe ; ne restez pas plus longtemps suspendu dans le doute.

Le bâtard. — Ne suspendez rien qu'une peau de veau, très-aimable butor.

Le roi Philippe. — Je suis perplexe et je ne sais que dire.

Pandolphe. — Que peux-tu dire qui ne t'expose à plus de perplexités encore, si tu es excommunié et maudit ?

Le roi Philippe. — Bon révérend père, mettez-vous à ma place et dites-moi comment vous vous conduiriez. Sa main royale et la mienne se sont nouvellement étreintes, et nos âmes amies, unies par une alliance, se sont associées et enchaînées l'une à l'autre, par toute la force religieuse des serments sacrés. Les derniers souffles d'air qui aient rendu le son de nos paroles, disaient bonne foi solennellement jurée, paix, amitié, loyale affection entre nos royaumes et nos royales personnes : cette trêve est toute récente encore, car c'est à peine si pour conclure cette pacifique alliance nous avons attendu plus que le temps nécessaire pour laver nos mains, tout fraîchement souillées et ensanglantées par les couleurs du carnage, et Dieu sait à quel point la vengeance avait peint sur elles la terrible hostilité de deux rois irrités : et ces mains si récemment purifiées de haine, si récemment unies par l'amour, si puissantes pour la haine et l'amour, faudra-t-il qu'elles dénouent leur étreinte et qu'elles renoncent à leurs pressions de tendresse ? Nous faut-il jouer sur parole avec la bonne foi et lui mentir ensuite? plaisanter ainsi avec le ciel, et nous conduire comme des enfants inconstants en retirant capricieusement nos mains l'une de l'autre? Nous faut-il renier la foi jurée, faire marcher une armée sur le lit nuptial de la paix souriante, et assombrir de discordes le front aimable de la loyale sincérité? Oh! pieux Messire, révérend père, ne permettez pas que cela soit! Que votre grâce imagine, ordonne, impose quelque ordre aimable, et alors nous serons heureux de faire votre volonté et de continuer à être amis.

PANDOLPHE. — Tout pacte est anarchie, tout ordre est désordre, s'ils ne sont pas hostiles à l'alliance d'Angleterre. Aux armes, donc! Soyez le champion de notre Église! sinon que l'Église, notre mère, souffle sa malédiction, la malédiction d'une mère, sur son fils révolté! France, tu pourrais avec plus de sécurité, saisir un serpent par la langue, un lion irrité par sa patte meurtrière, un tigre à jeun par la mâchoire, que continuer à serrer en signe de paix, la main que tu tiens.

LE ROI PHILIPPE. — Je puis retirer ma main, mais non ma foi.

PANDOLPHE. — Ainsi tu fais de ta foi une ennemie de la foi, et comme en guerre civile avec toi-même, tu mets aux prises un serment contre un serment, et ta langue contre ta langue. Oh! que le serment que tu adressas le premier au ciel, soit le premier tenu envers le ciel, je veux dire le serment d'être le champion de notre église : ce que depuis tu as juré, tu l'as juré contre toi-même, et cela ne peut être accompli par toi-même, car ce que tu as juré d'accomplir à tort, c'est un tort de l'accomplir loyalement, et c'est agir avec la plus parfaite rectitude que de ne pas agir lorsque l'acte à accomplir tend à une mauvaise fin. Ce qu'il y a de mieux à faire dans les desseins où l'on s'est trompé, c'est de les tromper en ne les exécutant pas; quoique la déviation soit un chemin indirect, elle devient cependant par là une ligne droite, et le mensonge guérit le mensonge, comme le feu refroidit le feu dans les veines brûlées de quelqu'un nouvellement cicatrisé. C'est la religion qui oblige à tenir les serments ; mais tu as juré contre la religion en jurant ce que tu as juré contre la chose que tu avais jurée précédemment, et tu fais un serment pour servir de garantie à ta loyauté contre un serment que tu avais déjà fait. La vérité dont tu n'es pas certain, t'oblige seulement à jurer que tu ne seras pas parjure, autrement quelle dérision ce serait que de jurer ! mais en jurant comme tu l'as fait, tu jures simplement afin d'être parjure, et tu seras d'autant plus parjure que tu tiendras ce que tu as juré. Donc, tes derniers serments opposés aux premiers, constituent une rébellion de toi-même contre toi-même, et tu ne peux faire de plus belle conquête qu'en armant les parties les plus constantes et les plus nobles de toi-même contre ces suggestions versatiles et complaisantes. Nos prières, si tu les désires, t'aideront à accomplir cette meilleure résolution ; mais si tu les refuses, sache que le danger de nos malédictions s'abattra sur toi si pesamment, que tu ne pourras pas les secouer, mais que tu mourras en désespéré sous leur noir fardeau.

L'ARCHIDUC D'AUTRICHE. — C'est rébellion, pure rébellion !

LE BÂTARD. — Ne se fera-t-elle pas contre toi ? Est-ce qu'une peau de veau ne va pas fermer ta bouche ?

LOUIS. — Père, aux armes !

BLANCHE. — Quoi, le jour de ton mariage ? contre le sang auquel tu t'es allié ? Comment, la fête de nos noces serait célébrée par un massacre d'hommes ? Comment, les trompettes criardes, et les tambours à la voix haute et brutale, clameurs d'enfer, seraient les concerts de nos solennités ? O mon époux, écoute-moi ! Hélas ! comme ce nom d'époux est nouveau dans ma bouche ! Eh bien, par ce nom même que jusqu'à ce moment ma bouche n'avait jamais prononcé, je t'en supplie à genoux, ne prends pas les armes contre mon oncle.

CONSTANCE. — Oh ! sur mes genoux endurcis à force de supplier, je t'en prie, vertueux Dauphin, ne mets pas opposition au jugement arrêté par le ciel !

BLANCHE. — Je vais maintenant connaître l'amour que tu

me portes. Quel mobile serait plus puissant auprès de toi que le nom de ton épouse?

Constance. — Le mobile qui élève celui qui t'élève, c'est-à-dire son honneur. O ton honneur, Louis, ton honneur!

Louis. — Je m'étonne que Votre Majesté semble si froide, lorsque de si profonds intérêts vous poussent en avant.

Pandolphe. — Je laisserai tomber ma malédiction sur sa tête.

Le roi Philippe. — Tu n'en auras pas besoin. Angleterre, je me sépare de toi.

Constance. — O noble retour d'une majesté bannie!

Éléonore. — O ignoble trahison de l'inconstance française!

Le roi Jean. — France, tu te repentiras de cette heure dans le courant même de cette heure.

Le bâtard. — Le vieux Temps, ce régulateur d'horloges, le Temps, ce sacristain chauve, se prête-t-il à ses désirs? en ce cas, France se repentira.

Blanche. — Le soleil s'éclipse sous un voile de sang. Adieu, beau jour! De quel côté me rangerai-je? Je suis avec les deux partis; chaque armée tient une de mes mains, et dans leur rage elle me traînent chacune de leur côté et me démembrent, moi qui suis liée à toutes les deux. Époux, je ne puis prier que tu gagnes; oncle, il me faut nécessairement prier que tu perdes; père, je ne puis désirer que la fortune te favorise; grand'mère, je ne puis désirer que tes vœux soient exaucés : quel que soit le vainqueur, je perdrai à sa victoire, j'ai perdu avec certitude avant que la partie soit jouée.

Louis. — Dame, viens avec moi; ta fortune est là où je suis.

Blanche. — Et là où vit ma fortune, là meurt ma vie.

Le roi Jean. — Cousin, va rassembler nos forces. (*Sort le Bâtard.*) France, je suis enflammé d'un courroux brûlant, d'une rage dont l'ardeur a cette particularité, que rien ne peut l'apaiser, si ce n'est le sang, le sang, et ce sang français, tenu pour le plus précieux.

Le roi Philippe. — Ta rage te consumera, et tu retourneras en cendres, avant que notre sang éteigne ces feux-là. Veille sur toi-même, tu es en danger.

Le roi Jean. — Pas plus que celui qui menace. Aux armes, dépêchons-nous! (*Ils sortent*).

SCÈNE II.

En France. — Une plaine devant Angers.

Alarmes et combats. Entre LE BÂTARD *avec la tête de* l'archiduc D'AUTRICHE.

Le bâtard. — Sur ma vie, cette journée devient étonnamment chaude; il y a quelque démon de l'air qui plane dans le ciel et qui verse ici la destruction[6]. Tête d'Autriche, repose ici, tandis que Philippe va souffler un moment[7].

Entrent le roi JEAN, ARTHUR *et* HUBERT.

Le roi Jean. — Hubert, garde cet enfant. Philippe, de l'ardeur : ma mère est assiégée dans notre tente, et prise, je le crains.

Le bâtard. — Monseigneur, je l'ai délivrée; Son Altesse est en sûreté; ne craignez rien : mais, en avant, mon Suzerain! car il ne nous faut plus que peu de peines pour amener cette lutte à une heureuse fin. (*Ils sortent.*)

SCÈNE III.

Même endroit.

Alarmes, combats, retraite. Entrent le roi JEAN, ÉLÉONORE, ARTHUR, LE BÂTARD, HUBERT, seigneurs, etc.

Le roi Jean, *à Éléonore.* — Il en sera ainsi; Votre Majesté restera derrière nous, sous cette forte garde. (*A*

Arthur.) Neveu, n'aie pas l'air triste; ta grand'mère t'aime, et ton oncle veut être pour toi aussi tendre que l'était ton père.

ARTHUR. — Oh! cela fera mourir ma mère de chagrin!

LE ROI JEAN, *au Bâtard.* — Cousin, vite en Angleterre; précédez-nous en toute hâte, et avant notre arrivée, voyez à secouer les sacs des abbés thésauriseurs; mettez en liberté les écus à l'ange emprisonnés; il faut que les grasses panses pacifiques nourrissent maintenant les affamés; exécutez nos ordres avec la dernière rigueur.

LE BÂTARD. — Ni cloche, ni livre, ni cierge d'excommunication ne me feront reculer[8] lorsque l'or et l'argent me feront signe d'avancer. Je laisse Votre Altesse. Grand'mère, si je puis jamais me rappeler d'être saint, je prierai pour votre heureux salut; là-dessus je vous baise les mains.

ÉLÉONORE. — Adieu, gentil cousin.

LE ROI JEAN. — Cousin, adieu. (*Sort le Bâtard.*)

ÉLÉONORE. — Viens ici, mon mignon petit-fils; écoute, un mot. (*Elle prend Arthur à part.*)

LE ROI JEAN. — Viens ici, Hubert. O mon aimable Hubert, nous te devons beaucoup; entre ces murailles de chair vit une âme qui te regarde comme son créancier et qui entend payer ton affection avec usure : mon excellent ami, le serment que tu m'as volontairement fait, vit, tendrement caressé dans ce cœur-ci. Donne-moi ta main. J'avais une chose à dire, mais elle sera mieux placée à un autre moment. Par le ciel, Hubert, j'ai presque honte de te dire en quelle estime je te tiens.

HUBERT. — Je suis extrêmement obligé à Votre Majesté.

LE ROI JEAN. — Mon bon ami, tu n'as encore aucune raison de parler ainsi, mais cette raison viendra, car le temps ne se traînera jamais assez lentement pour qu'il n'amène pas une heure où je pourrai te faire du bien. J'avais seulement une chose à te dire, mais laissons-la. Le soleil brille aux cieux, et le jour orgueilleux, escorté de tous les plaisirs du monde, est trop folâtre et trop plein de frivolités pour m'accorder audience. Ah! si la cloche de minuit, de sa langue de fer et de sa bouche de bronze,

ACTE III, SCÈNE III.

avait sonné une heure à l'oreille assoupie de la nuit[a]; si la place où nous sommes était un cimetière, et si tu étais possédé du ressentiment de mille injures ; ou bien, si cet esprit morose, la mélancolie, avait pétri ton sang et l'avait alourdi, épaissi,—ce sang qui dans un tout autre état d'âme, court de haut en bas dans les veines en les chatouillant, et donne permission à cet idiot, le rire, de faire clignoter les yeux des gens et de plisser leurs joues d'une joie imbécile, état d'âme ennemi de mes projets; ou bien encore, si tu pouvais me voir sans yeux, m'entendre sans oreilles et me répondre sans langue, en te servant de la seule pensée, sans le secours des yeux, des oreilles et du son dangereux des paroles, en dépit de la vigilance du jour qui nous espionne de sa clarté, je verserais mes pensées dans ton sein : mais non, je ne le ferai pas. Cependant, je t'aime bien et je crois, sur mon âme, que tu m'aimes beaucoup.

HUBERT. — Tant, que quelque chose que vous m'ordonniez d'entreprendre, quand bien même ma mort serait attachée à cette action, par le ciel, je la ferais!

LE ROI JEAN. — Ne sais-je pas que tu la ferais? Mon bon Hubert, Hubert, Hubert, tourne ton œil sur ce jeune garçon là-bas : je vais te dire, mon bon ami, c'est un véritable serpent sur mon chemin, et partout où mon pied se pose, je le rencontre devant moi : me comprends-tu? Tu es son gardien.

HUBERT. — Et je devrai le garder de telle sorte qu'il ne puisse pas nuire à Votre Majesté?

LE ROI JEAN. — La mort.

HUBERT. — Monseigneur!

LE ROI JEAN. — Une tombe.

HUBERT. — Il ne vivra pas.

LE ROI JEAN. — Assez. Je pourrais être joyeux maintenant : Hubert, je t'aime. Bon, je ne veux pas dire ce que je te réserve : rappelle-toi. — Madame, bonne santé : j'enverrai ces pouvoirs à Votre Majesté.

ÉLÉONORE. — Ma bénédiction aille avec toi!

LE ROI JEAN. — En route pour l'Angleterre; partons,

neveu. Hubert vous servira et aura soin de vous en toute loyale obéissance. En route pour Calais, holà!

(Ils sortent).

SCÈNE IV.

En France. — La tente du roi de France.

Entrent le roi PHILIPPE, LOUIS, PANDOLPHE
et les gens de leur suite.

Le roi Philippe. — Voilà donc que sur mer une tempête furieuse a dispersé et empêché de se rejoindre une flotte entière de vaisseaux condamnés à la destruction [10].

Pandolphe. — Courage et espoir! Tout ira bien encore.

Le roi Philippe. — Comment cela peut-il bien aller, lorsque nous avons eu si mauvaise chance? Ne sommes-nous pas battus? Angers n'est-elle pas perdue? Arthur n'est-il pas prisonnier? Divers amis bien chers n'ont-ils pas été tués? Et le sanglant Angleterre n'est-il pas retourné en Angleterre, surmontant tout obstacle, en dépit de France?

Louis. — Et il a fortifié ce qu'il a conquis : une si ardente promptitude servie par une telle prudence, un ordre si régulier dans une affaire si précipitée sont sans exemple. Qui a jamais lu ou entendu le récit d'une action se rapprochant de celle-là?

Le roi Philippe. — Je pourrais supporter qu'Angleterre obtînt cette louange, si nous y pouvions trouver quelque reproche pour notre honte.

Entre CONSTANCE.

Le roi Philippe. — Regardez celle qui vient ici! Un sépulcre où est une âme! un sépulcre qui retient contre sa volonté un esprit immortel dans la vile prison d'un sein affligé. — Je t'en prie, Dame, viens avec moi.

Constance. — Hélas! voyez, voyez maintenant la conséquence de votre paix!

Le roi Philippe. — Patience, bonne Dame! espoir, noble Constance!

Constance. — Non, je refuse tout conseil, toute réparation, tout, excepté celle qui met fin à tous conseils, excepté la vraie réparation, la mort, la mort ! Oh charmant et aimable trépas ! puanteur odoriférante ! putréfaction saine ! haine et terreur des heureux, lève-toi de ta couche d'éternelle nuit, et je baiserai tes os détestables, et je placerai mes yeux dans tes orbites creux, et je donnerai pour anneaux à mes doigts tes vers familiers, et je fermerai l'issue de mon souffle avec ta dégoûtante poussière, et je serai comme toi une charogne monstrueuse. Viens, grimace en me regardant, et je penserai que tu souris, et je t'embrasserai comme ton épouse ! Bien-aimé du malheur, oh viens à moi !

Le roi Philippe. — O noble affliction, silence !

Constance. — Non, non, pas de silence, tant que j'aurai un souffle pour crier. Oh ! pourquoi ma langue n'est-elle pas dans la bouche du tonnerre ! j'ébranlerais alors le monde d'un éclat de mes douleurs, et je réveillerais de son sommeil ce cruel squelette qui ne peut entendre la faible voix d'une dame, qui méprise une invocation toute naïve.

Pandolphe. — Madame, c'est la folie et non le chagrin qui s'exprime par votre bouche.

Constance. — Tu es un impie en me calomniant ainsi. Je ne suis pas folle : ces cheveux que j'arrache, ce sont les miens; mon nom est Constance, j'étais l'épouse de Geoffroy; le jeune Arthur est mon fils et il est perdu. Je ne suis pas folle; plût au ciel que je le fusse ! car alors il est probable que je m'oublierais moi-même. Oh ! si je le pouvais, quel chagrin j'oublierais en même temps ! Prêche-moi quelque philosophie qui puisse me rendre folle, et tu seras canonisé pour ce fait, cardinal : car n'étant pas folle, mais étant sensible au chagrin, la partie raisonnable de moi-même me fait voir les moyens qui pourraient me délivrer de mes malheurs, et me conseille de me tuer ou de me pendre : si j'étais folle, au contraire, je pourrais oublier mon fils, ou penser follement que c'est un enfant de paysans. Je ne suis pas folle, je ne ressens que trop bien, trop bien, la douleur différente de chacune de mes calamités.

Le roi Philippe. — Renouez ces tresses. Oh! quel amour je remarque dans la belle multitude de ces cheveux! là, où par hasard est tombée sur eux une larme argentée, dix mille amis déliés comme la soie, se collent ensemble au moyen de cette larme, se réunissent dans une douleur sociable, comme de vrais, de fidèles, d'inséparables amoureux, qui se pressent les uns contre les autres dans l'adversité.

Constance. — En Angleterre, si vous voulez!

Le roi Philippe. — Renouez vos cheveux.

Constance. — Oui, cela je le ferai. Et voici pourquoi je le ferai. En les arrachant de leurs liens, j'avais crié à haute voix : « Oh! si ces mains pouvaient racheter mon fils, comme elles ont rendu à ces cheveux leur liberté! » mais maintenant, j'envie leur liberté, et je vais les replacer dans leurs liens, parce que mon pauvre enfant est prisonnier. Père cardinal, je vous ai entendu dire que nous verrions et reconnaîtrions dans le ciel ceux que nous avions aimé; si cela est, je reverrai mon fils ; car depuis la naissance de Caïn, le premier enfant mâle, jusqu'à la naissance de celui qui hier a respiré pour la première fois, il n'est pas né une aussi gracieuse créature. Mais maintenant le ver du chagrin va ronger mon bouton et chasser de sa joue sa beauté native, et alors il aura les regards d'un spectre, il sera maigre et livide comme la fièvre ; et il mourra et ressuscitera avec cette physionomie-là, en sorte que, lorsque je le rencontrerai dans la cour du ciel, je ne le reconnaîtrai pas : jamais, jamais plus, je ne contemplerai donc mon gentil Arthur.

Pandolphe. — Vous rendez au chagrin un respect trop excessif.

Constance. — Celui qui me parle n'eut jamais un fils.

Le roi Philippe. — Vous aimez aussi passionnément le chagrin que votre fils.

Constance. — Le chagrin remplit la chambre de mon fils absent, dort dans son lit, monte et descend avec moi, emprunte ses gentils regards, répète ses paroles, me rappelle toutes ses gracieuses qualités, habille de son corps ses vêtements vides; j'ai donc bien raison de raffoler du chagrin. Adieu; si vous aviez éprouvé une perte aussi grande que la mienne, je pourrais vous donner de meilleures consolations que vous ne m'en donnez. (*Elle arrache sa coiffure.*) Je ne veux pas que l'ordre règne sur ma tête, lorsqu'il y a dans mon esprit un tel désordre. O Dieu! mon garçon, mon Arthur, mon bel enfant! ma vie, ma joie, ma nourriture, mon tout au monde! la consolation de mon veuvage et le remède de ma douleur! (*Elle sort.*)

Le roi Philippe. — Je crains qu'elle ne se fasse violence, et je vais la suivre. (*Il sort.*)

Louis. — Il n'y a rien en ce monde qui puisse me donner joie : la vie est aussi ennuyeuse qu'un conte deux fois répété, dont est tourmenté l'oreille assourdie d'un homme qui s'endort, et la honte amère a tellement altéré le goût des douceurs du monde, que le monde ne rend autre chose qu'amertume et honte.

Pandolphe. — Avant la guérison d'une forte maladie, c'est au moment de la convalescence et du retour à la santé, que l'accès est le plus violent; les maux qui prennent congé, montrent surtout leur malice au moment du départ. Qu'avez-vous perdu par la perte de cette journée?

Louis. — Tous mes jours de gloire, de joie et de bonheur.

Pandolphe. — Vous les auriez perdus certainement, si vous aviez gagné cette journée-ci. Non, non; c'est lorsque la fortune s'apprête à faire le plus de bien aux hommes, qu'elle les regarde d'un œil menaçant. Il est extraordinaire de penser combien le roi Jean a perdu par ce qu'il regarde comme une victoire si claire. N'êtes-vous pas affligé qu'Arthur soit son prisonnier?

Louis. — Aussi profondément qu'il est heureux de le tenir.

Pandolphe. — Votre intelligence est aussi jeune que votre sang. Écoutez-moi parler maintenant avec un esprit prophétique, car le souffle seul des paroles que j'ai à vous dire, chassera tout grain de poussière, tout fétu de paille, tout petit obstacle du sentier qui conduira vos pieds directement au trône d'Angleterre; écoutez donc avec attention. Jean s'est emparé d'Arthur, et il ne se peut pas, tant que la chaude vie jouera dans les veines de cet enfant, que Jean l'usurpateur ait une heure, une minute de repos, bien mieux, qu'il respire une seule fois avec le calme de la paix. La main qui s'empare d'un sceptre par la violence, doit, pour le garder, dépenser autant de violence que pour le saisir ; celui qui se trouve placé à une place glissante, ne fera pas le délicat à l'endroit des plus vils supports qui peuvent l'empêcher de tomber : pour que Jean puisse se maintenir, il faut nécessairement qu'Arthur tombe ; il en sera ainsi, car il ne peut en être autrement.

Louis. — Mais que gagnerai-je par la mort du jeune Arthur?

Pandolphe. — Au nom des droits de Madame Blanche, votre femme, vous pourrez réclamer alors tout ce que réclamait Arthur.

Louis. — Oui, et comme Arthur, le perdre, avec la vie et tout....

Pandolphe. — Comme vous êtes naïf et jeune dans ce vieux monde ! Jean vous prépare les voies ; le temps conspire avec vous ; car celui qui pose les bases de sa sécurité dans l'effusion du sang loyal, ne trouvera qu'une sécurité sanglante et déloyale. Cette action si vilainement commise, refroidira les cœurs de tous ses sujets et abattra si bien leur dévouement, qu'ils en viendront à chérir le plus petit événement capable de mettre obstacle à son règne. Il n'y aura pas dans le ciel d'exhalaison naturelle, pas de phénomène naturel, pas de jour mauvais, pas de vent d'espèce ordinaire, pas d'événement habituel dont ils ne rejetteront l'explication simple pour les appeler météores, prodiges, signes, monstres, présages, langues du ciel dénonçant clairement la vengeance de Dieu sur Jean.

Louis. — Peut-être ne touchera-t-il pas à la vie d'Arthur, et se tiendra-t-il pour garanti par son emprisonnement.

Pandolphe. — O Seigneur, lorsqu'il apprendra votre

approche, si le jeune Arthur n'est pas déjà mort, il mourra au moment même de cette nouvelle : alors, les cœurs de tous les sujets de Jean se révolteront contre lui, ils aspireront à baiser les lèvres d'un changement inconnu, et dans le sang qui découlera des doigts de Jean, ils trouveront un ample sujet de révolte et de colère. Il me semble que je vois tout ce vacarme en train : mais comme les choses se préparent pour vous mieux encore que je ne l'ai dit ! Le bâtard de Faulconbridge est maintenant en Angleterre, rançonnant l'église, offensant la charité. Si douze Français seulement y paraissaient en armes, cela serait un appel suffisant[11] pour que dix mille Anglais vinssent se placer de leur côté ; absolument comme une petite balle de neige qui, en roulant, devient bientôt une montagne. O noble Dauphin, venez avec moi trouver le roi. C'est extraordinaire, ce qu'on peut tirer de leur mécontentement, maintenant que leurs âmes ont éprouvé l'excès de l'offense. Partez pour l'Angleterre ; je vais échauffer le roi.

Louis. — Les motifs puissants engendrent les actions extraordinaires, Partons; si vous dites oui, le roi ne dira pas non. (*Ils sortent.*)

ACTE IV.

SCÈNE PREMIÈRE.

Northampton. — Un appartement dans le château.

Entrent HUBERT *et* deux hommes de service.

Hubert. — Chauffez-moi ces fers à blanc et ayez soin de vous tenir derrière la tapisserie : lorsque je frapperai du pied le sein de la terre, sortez bien vite et attachez solidement à la chaise l'enfant que vous trouverez avec moi. Soyez vigilants, partez, et attention.

Premier homme de service. — J'espère que votre garantie nous couvrira contre cette action.

Hubert. — Scrupules déplacés ! Ne craignez rien et ayez soin de faire ce que je dis. (*Sortent les hommes de service.*) Jeune enfant, avancez, j'ai à vous parler.

Entre ARTHUR.

Arthur. — Bonjour, Hubert.

Hubert. — Bonjour, petit prince.

Arthur. — Aussi petit prince que possible, ayant de si grands titres pour être plus grand prince. Vous êtes triste.

Hubert. — Oui, ma foi, j'ai été plus gai que je ne le suis tout à l'heure.

Arthur. — Miséricorde ! il me semble que personne ne devrait être triste que moi : cependant, je me rappelle que lorsque j'étais en France, il y avait de jeunes gentilshommes qui étaient tristes comme la nuit, simplement par fantaisie[1]. Sur mon baptême, si j'étais hors de prison et si je gardais des moutons, je serais aussi joyeux que le jour est long, et je le serais même ici, si je ne soupçonnais que mon oncle médite de me faire encore plus de mal. Il a peur de moi et moi j'ai peur de lui ; est-ce ma faute si je suis le fils de Geoffroy ? Non vraiment, ce n'est pas ma faute. Plût au ciel que je fusse votre fils, car alors, vous m'aimeriez, vous, Hubert.

Hubert, *à part*. — Si je lui parle, avec son babil innocent il va réveiller ma pitié qui maintenant est morte : aussi vais-je brusquer les choses et vite en finir.

Arthur. — Êtes-vous malade, Hubert ? Vous êtes pâle aujourd'hui : ma foi, je voudrais que vous fussiez un peu malade, afin que je pusse passer toute la nuit près de vous et vous veiller : je vous assure que je vous aime plus que vous ne m'aimez.

Hubert, *à part*. — Ses paroles me prennent le cœur. (*Il présente un papier à Arthur.*) Lisez ceci, jeune Arthur.

(*A part.*) Eh bien, qu'est-ce à dire, sot attendrissement? Vas-tu mettre à la porte l'impitoyable fermeté? Je vais faire promptement de crainte que la résolution ne s'échappe hors de mes yeux, sous la forme de tendres larmes féminines. Est-ce que vous ne pouvez pas lire ce papier? Est-ce qu'il n'est pas d'une belle écriture?

ARTHUR. — Trop belle, Hubert, pour un ordre si laid : devez-vous donc brûler mes deux yeux avec des fers rouges?

HUBERT. — Oui, jeune enfant, je le dois.

ARTHUR. — Et vous le ferez?

HUBERT. — Et je le ferai.

ARTHUR. — En aurez-vous le cœur? Lorsque vous avez eu seulement ce mal de tête, j'ai noué mon mouchoir autour de votre front (mon plus beau mouchoir, une princesse l'avait fait pour moi), et je ne vous l'ai jamais redemandé. A minuit j'ai soutenu votre tête de ma main, et vigilant auprès de vous comme les minutes sont vigilantes auprès de l'heure, à chaque instant je vous allégeais le poids du temps, en vous disant : « De quoi avez-vous besoin? » ou bien, « Où est le siège de votre mal? » ou bien, « Quel bon service puis-je vous rendre? » Plus d'un fils de pauvre homme aurait dormi tranquille et ne vous aurait jamais adressé une parole affectueuse; mais vous avez eu un prince pour garde-malade. Vous pouvez croire à la vérité que mon affection était simulée et l'appeler ruse : croyez-le, si vous voulez. Si le ciel veut permettre que vous me fassiez du mal, eh bien, vous le pouvez. Voulez-vous m'enlever les yeux, ces yeux qui ne vous ont seulement jamais regardé et ne vous regarderont jamais avec courroux?

HUBERT. — J'ai juré de le faire et je dois les brûler avec des fers rouges.

ARTHUR. — Oh! personne n'aurait voulu faire cela, si nous n'étions pas dans l'âge de fer où nous sommes! Le fer lui-même, quoique chauffé au rouge, en approchant de ces yeux boirait mes larmes et éteindrait le feu de sa colère, rien que dans la substance de mon innocence; puis ensuite il se consumerait dans la rouille, pour se punir de renfermer du feu capable d'offenser mes yeux. Êtes-vous donc plus dur et plus opiniâtre que le fer forgé? Si un ange était venu vers moi et m'avait dit qu'Hubert m'arracherait les yeux, je ne l'aurais pu croire; nulle autre langue que celle d'Hubert n'aurait pu.....

Hubert, *frappant du pied.* — Avancez.

Rentrent les hommes de service, *avec une corde, des fers rouges, etc.*

Hubert. — Faites comme je vous ai ordonné.

Arthur. — Oh! sauvez-moi, Hubert, sauvez-moi! mes yeux sont crevés rien que par les regards féroces de ces hommes sanguinaires.

Hubert. — Donnez-moi le fer, vous dis-je, et attachez-le ici.

Arthur. — Hélas! quel besoin avez-vous d'être si méchants et si menaçants? Je ne lutterai pas, je serai immobile comme la pierre. Au nom du ciel, Hubert, ne me faites pas lier! Écoutez-moi, Hubert! Renvoyez ces hommes et je serai tranquille comme un agneau; je ne bougerai pas, je ne ferai pas un mouvement de crainte, je ne dirai pas un mot, je ne regarderai pas non plus le fer avec colère; renvoyez seulement ces hommes et je vous pardonnerai, quel que soit le tourment que vous m'imposiez.

Hubert. — Allez, tenez-vous là dedans; laissez-moi seul avec lui.

Premier homme de service. — Je suis fort heureux de n'avoir pas à prendre part à une telle action. (*Sortent les hommes de service.*)

Arthur. — Hélas! Voilà qu'il se trouve que par mes gronderies j'ai chassé mon ami; il a le regard farouche, mais le cœur bon: rappelez-le afin que sa compassion puisse engendrer la vôtre.

Hubert. — Allons, enfant, préparez-vous.

Arthur. — N'y a-t-il pas de remède?

Hubert. — Aucun, si ce n'est de perdre vos yeux.

Arthur. — O ciel! Que n'y a-t-il dans les vôtres un fétu, que n'avez-vous un atome, un grain de poussière, un moucheron, un cheveu égaré, une incommodité quelconque dans ce sens précieux! Alors, en sentant combien les petites choses y occasionnent de souffrance, votre méchant projet vous paraîtrait nécessairement horrible.

Hubert. — Est-ce là la promesse que vous m'aviez faite? Allons, retenez votre langue.

Arthur. — Hubert, l'éloquence d'une paire de langues ne serait pas de trop pour plaider la cause de deux yeux. Ne me dites pas de retenir ma langue, Hubert, ne me dites pas cela! ou bien, coupez ma langue, si vous le voulez, Hubert, pourvu que je garde mes yeux. Oh! épargnez mes yeux quand bien même ils ne devraient me servir qu'à vous regarder toujours! Vrai, sur ma foi, le fer est froid et ne me ferait aucun mal.

Hubert. — Je puis le chauffer, enfant.

Arthur. — Non, en bonne vérité, le feu est mort de chagrin en se voyant employé à des violences imméritées, lui qui n'a été créé que pour donner la joie : voyez plutôt vous-même; il n'y a pas de malice dans ce charbon brûlant; le souffle du ciel a éteint son âme et répandu sur sa tête des cendres de repentir.

Hubert. — Mais avec mon souffle je puis le faire revivre, enfant.

Arthur. — Si vous le faites, cela ne servira qu'à le faire rougir et resplendir de honte devant votre action, Hubert : peut-être même vous lancera-t-il quelque étincelle aux yeux, comme le chien qu'on force à combattre mord le maître qui l'excite à l'attaque. Toutes les choses que vous pourriez employer pour me faire mal, refusent leur service : vous seul manquez de cette pitié qui s'étend jusqu'au feu et au fer cruels, choses connues pour les impitoyables offices auxquels on les emploie.

Hubert. — Eh bien, vis. Je ne toucherais pas à tes yeux pour tous les trésors que ton oncle possède : cependant j'ai juré, et j'avais bien l'intention, enfant, de te les crever avec le fer que voilà.

Arthur. — Oh! maintenant voilà que vous avez repris la physionomie d'Hubert! Pendant tout ce temps-là vous vous êtes déguisé.

Hubert. — Paix, plus un mot : adieu. Votre oncle doit croire que vous êtes mort : je vais charger ces maudits espions de faux rapports, et, gentil enfant, dors tranquille et sois sûr qu'Hubert ne voudrait pas t'offenser au prix de toutes les richesses du monde.

Arthur. — O ciel ! Je vous remercie, Hubert.

Hubert. — Silence ! plus un mot ; venez sans bruit avec moi. Je m'expose pour toi à un grand danger. (*Ils sortent.*)

SCÈNE II.

Northampton. — Une salle d'état dans le palais.

Entrent le roi JEAN, *couronne en tête;* PEMBROKE, SALISBURY *et* autres lords. Le roi *s'assied sur son trône.*

Le roi Jean. — Une seconde fois nous voilà assis sur ce trône, une seconde fois couronné, et, nous l'espérons, contemplé par des regards joyeux.

Pembroke. — « Cette seconde fois, » n'était que la chose a plu à Votre Altesse, était vraiment superflue. Vous aviez déjà été couronné, et cette haute royauté ne vous avait jamais été arrachée; la révolte n'avait jamais taché la fidélité de vos sujets, et le royaume n'était pas troublé de l'attente d'un changement longtemps désiré ou d'un état meilleur.

Salisbury. — En conséquence, s'entourer d'une double pompe, orner un titre déjà somptueux, dorer l'or raffiné, peindre le lys, répandre des parfums sur la violette, refroidir la glace, ou ajouter encore une couleur à l'arc-en-ciel, ou chercher avec la lumière d'un flambeau à illuminer le bel œil du ciel, c'est là ce qu'on peut appeler un excès coûteux et ridicule.

Pembroke. — N'était que votre bon plaisir royal doit être exécuté, cette action serait comme un conte répété qui, dans un second récit, devient ennuyeux, parce qu'il nous est dit hors de propos.

Salisbury. — Par cette action, la physionomie antique et bien connue de nos bonnes vieilles formes est fort défigurée, et comme un vent qui change fait changer la direction d'un navire, elle fait errer deçà et delà le cours des pensées, elle surprend et alarme le jugement, elle rend malade l'opinion bien portante et jette des soupçons sur la vérité en l'affublant d'une robe de mode si nouvelle.

Pembroke. — Lorsque des ouvriers ont envie de faire mieux que bien, leur ambition nuit à leur habileté: souvent, en voulant éviter une faute, on rend cette faute pire par l'excuse, de même que des rapiéçages placés sur un petit accroc font plus mauvais effet en voulant le cacher, que ne faisait cet accroc avant d'être ainsi raccommodé.

Salisbury. — C'est pour cela, qu'avant ce nouveau couronnement, nous vous avons donné nos avis; mais il a plu à Votre Altesse de n'en pas tenir compte, et nous en sommes tous satisfaits, puisque nos volontés doivent, en tout et en partie, s'arrêter devant celles de Votre Altesse.

Le roi Jean. — Je vous ai donné quelques-unes des raisons de ce double couronnement, et je crois qu'elles sont puissantes; je vous en confierai de plus puissantes, plus puissantes encore, lorsque mes craintes seront moins grandes. En attendant, contentez-vous de nommer les abus que vous voudriez voir réformer, et vous verrez combien volontiers je suis prêt à écouter vos requêtes et à les exaucer.

Pembroke. — En ce cas, moi, comme l'organe de ceux que voici, et ayant qualité pour exprimer les dispositions de leurs cœurs à tous, pour moi et pour eux, mais avant tout pour votre salut, qui fait à eux et à moi l'objet de nos meilleures préoccupations, je vous demande avec la plus cordiale instance l'affranchissement d'Arthur, dont la captivité pousse les lèvres murmurantes du mécontentement à exprimer ce dangereux raisonnement: Si vous possédez en droit ce que vous possédez en fait, pourquoi donc vos craintes — les craintes, disent-ils, accompagnent toujours l'injustice — vous poussent-elles à emprisonner votre jeune neveu, à étouffer sa vie sous une barbare ignorance, et à refuser à sa jeunesse le précieux avantage d'une bonne éducation? Afin que vos ennemis actuels n'aient pas ce prétexte pour justifier les occasions de révolte qui peuvent se présenter, accordez-nous le droit de pouvoir dire que vous nous avez ordonné de demander sa liberté; ce n'est pas pour nos intérêts seulement que nous vous la demandons, mais parce que nos intérêts, qui sont attachés aux vôtres, considèrent comme votre intérêt de le mettre en liberté.

Le roi Jean. — Soit : je remets sa jeunesse à votre direction.

Entre HUBERT.

Le roi Jean. — Hubert, quelles nouvelles? (*Il lui parle en particulier.*)

Pembroke. — C'est là l'homme qui devait commettre l'acte sanglant; il a montré sa commission à un de mes amis. L'image d'un crime odieux se trahit dans ses yeux; son aspect mystérieux révèle l'état d'une âme singulièrement troublée, et je crains terriblement qu'elle ne soit accomplie, l'action dont nous redoutions qu'il n'eût reçu l'ordre.

Salisbury. — Sur le visage du roi, les couleurs changent alternativement, selon qu'elles y sont appelées par les émotions de son crime résolu ou les émotions de sa conscience, pareilles à deux hérauts entre deux armées redoutables : son agitation est tellement forte, qu'il faut nécessairement qu'elle crève.

Pembroke. — Et lorsqu'elle crèvera, je crains bien qu'il n'en sorte cette hideuse corruption, la mort d'un aimable enfant.

Le roi Jean. — Nous ne pouvons arrêter la puissante main du trépas. Mes bons Seigneurs, quoique mon désir de vous accorder ce que vous me demandez soit bien vivant, votre requête, à vous, est morte et hors de ce monde. Il nous apprend qu'Arthur est décédé cette nuit.

Salisbury. — En vérité nous redoutions que sa maladie ne fût sans remède.

Pembroke. — En vérité, avant que l'enfant lui-même

sentit qu'il était malade, nous avons appris combien il était près de sa mort. Il faudra répondre de cela, ici ou ailleurs.

Le roi Jean. — Pourquoi me regardez-vous d'un air si solennel? Pensez-vous que je porte les ciseaux de la destinée? que je puisse commander au pouls de la vie?

Salisbury. — Un vilain jeu est ici de toute évidence, et il est honteux que ce soit la grandeur qui le tienne si brutalement. Eh bien, bonne chance à votre jeu! et là-dessus, adieu.

Pembroke. — Arrête encore un instant, Lord Salisbury, et j'irai avec toi à la recherche de l'héritage de ce pauvre enfant, de ce petit royaume d'une tombe dans laquelle on l'a fait entrer de force. Trois pieds de la terre de cette île contiennent celui qui avait droit à l'île entière! Un vilain monde que celui d'aujourd'hui! Cela ne peut être supporté, cela amènera la révolte, à notre grand chagrin, et avant longtemps, je le crains. (*Sortent les Lords.*)

Le roi Jean. — Ils brûlent d'indignation. Je me repens; il n'est pas de fondement solide s'il est jeté dans le sang, pas de vie assurée si elle est achetée par la mort des autres.

Entre un messager.

Le roi Jean. — Tu as des yeux pleins de frayeur : où est ce sang que j'ai vu habiter tes joues? Un ciel si ténébreux ne s'éclaircit pas sans une tempête : verse ton orage. Comment tout marche-t-il en France?

Le messager. — Tout marche de France en Angleterre. Jamais une telle force pour une expédition à l'étranger n'a été levée au sein d'un pays. Ils ont appris à copier votre diligence, car au moment où je dois vous dire qu'ils se préparent, arrivent les nouvelles qu'ils ont tous débarqué.

Le roi Jean. — Mais où donc nos agents se sont-ils enivrés? où se sont-ils endormis? De quoi s'occupe donc ma mère, puisqu'une pareille armée peut être levée en France sans qu'elle en ait entendu parler?

Le messager. — Mon Suzerain, la poussière bouche ses oreilles : le premier d'avril, votre noble mère est morte, et à ce que j'apprends, Monseigneur, Madame Constance était morte trois jours auparavant dans un accès de frénésie : mais cette nouvelle, je l'ai apprise vaguement de la rumeur ; si elle est vraie ou fausse, je n'en sais rien.

Le roi Jean. — Modère ta rapidité, redoutable divinité de l'occasion ! Oh ! fais une ligue avec moi, jusqu'à ce que j'aie satisfait mes pairs mécontents ! Quoi, ma mère morte ! Dans quel désordre doivent se trouver alors mes possessions en France ! Sous la conduite de quel chef viennent les troupes dont tu me donnes le débarquement comme une vérité ?

Le messager. — Sous la conduite du Dauphin.

Le roi Jean. — Tu m'as rempli de vertiges avec ces mauvaises nouvelles.

Entrent LE BÂTARD *et* PIERRE DE POMFRET.

Le roi Jean. — Eh bien, que dit le monde de vos mesures ? Ne cherchez pas encore à me faire entrer dans la tête d'autres mauvaises nouvelles, car elle en est déjà pleine.

Le bâtard. — Mais si vous craignez d'entendre le pire, eh bien, que le pire retombe sur votre tête sans que vous l'appreniez.

Le roi Jean. — Soyez patient avec moi, cousin, car j'étais étourdi sous le flot ; mais maintenant je respire de nouveau au-dessus de la vague, et je puis donner audience à toute voix sans exception, peu importe ce qu'elle ait à me dire.

Le bâtard. — Comment j'ai mené les choses avec le clergé, les sommes que j'ai rassemblées vous le diront : mais comme je revenais ici, en traversant le pays, j'ai trouvé le peuple dans un étrange état d'esprit, inquiété de rumeurs, plein de rêves absurdes, ne sachant pas ce qu'il craint, mais rempli de craintes : et voici un prophète que j'ai ramené avec moi des rues de Pomfret où je l'ai trouvé traînant à ses talons des milliers d'hommes auxquels il chantait dans des rimes grossières et discordantes, qu'avant midi, le jour de la prochaine Ascension, Votre Altesse aurait rendu sa couronne ?

Le roi Jean.— Absurde rêveur, pourquoi as-tu fait cela?

Pierre de Pomfret. — Parce que je sais d'avance que cette vérité s'accomplira.

Le roi Jean. — Hubert, emmène-le, mets-le en prison, et, à midi, le jour où il dit que je rendrai ma couronne, fais-le pendre. Remets-le en lieu sûr et reviens, car j'ai besoin de toi. (*Sort Hubert avec Pierre.*) Oh! mon gentil cousin, connais-tu les nouvelles qui courent; sais-tu qui est arrivé?

Le bâtard. — Les Français, Monseigneur; tous les gens en ont la bouche pleine : en outre, j'ai rencontré Lord Bigot et Lord Salisbury avec des yeux aussi rouges qu'un feu nouvellement allumé, et d'autres encore qui allaient à la recherche de la tombe d'Arthur, qui, disent-ils, a été tué cette nuit à votre instigation.

Le roi Jean. — Gentil parent, va et jette-toi au beau milieu de leurs groupes; j'ai un moyen de reconquérir leur affection : ramène-les devant moi.

Le bâtard. — Je vais à leur recherche.

Le roi Jean. — Oui, mais dépêche-toi; mets ton meilleur pied le premier. Oh! ne me laisse pas avoir des sujets pour ennemis, lorsque des ennemis étrangers effrayent mes villes de la pompe formidable d'une puissante invasion! Sois Mercure, mets des plumes à tes talons, et reviens d'eux à moi, rapide comme la pensée.

Le bâtard. — L'esprit de ce temps-ci m'enseignera la promptitude.

Le roi Jean. — C'est parler comme un vif et noble gentilhomme. (*Sort le Bâtard.*) Suis-le, car peut-être aura-t-il besoin de quelque messager entre moi et mes pairs; sois ce messager.

Le messager.—De tout mon cœur, mon Suzerain. (*Il sort.*)

Le roi Jean. — Ma mère morte!

Rentre HUBERT.

Hubert. — Monseigneur, on raconte qu'on a vu cette nuit cinq lunes, quatre fixes, et la cinquième qui tourne autour des quatre autres avec une rapidité merveilleuse.

Le roi Jean. — Cinq lunes!

Hubert. — Les vieillards et les commères prophétisent là-dessus dans les rues d'une manière dangereuse. La mort du jeune Arthur se trouve fréquemment dans leurs bouches, et, lorsqu'ils parlent de lui, ils secouent la tête et se chuchotent les uns les autres aux oreilles. Celui qui parle serre son auditeur au poignet, tandis que cet auditeur fait de son côté une pantomime pleine d'effroi, en fronçant les sourcils, en faisant des signes de tête, en roulant les yeux. J'ai vu un forgeron qui se tenait ainsi avec son marteau, avalant, la bouche ouverte, les nouvelles que lui donnait un tailleur, pendant que le fer refroidissait sur son enclume; et le tailleur, ses ciseaux et son aune en main, chaussé de pantoufles que dans sa vive précipitation il avait mises de travers, lui parlait de plusieurs milliers de guerriers français qui étaient rangés et prêts à la bataille dans le Kent : un autre artisan maigre et mal lavé est venu interrompre son récit et leur a parlé de la mort d'Arthur.

Le roi Jean. — Pourquoi cherches-tu à m'obséder de ces frayeurs? Pourquoi insister si souvent sur la mort d'Arthur? ta main l'a assassiné : j'avais une raison puissante de désirer sa mort, mais tu n'en avais aucune de le tuer.

Hubert. — Je n'en avais aucune, Monseigneur! comment, ne m'y avez-vous pas provoqué?

Le roi Jean. — C'est la malédiction des rois d'être entourés d'esclaves qui prennent leurs mouvements de colère pour un ordre de violer le domicile de sang de la vie; qui, dans un clignement d'yeux de l'autorité, lisent une loi, et s'imaginent connaître la pensée de la redoutable souveraineté, alors peut-être qu'elle a froncé le sourcil plutôt par humeur que par réflexion.

Hubert. — Voici l'ordre de ce que j'ai fait écrit de votre main et scellé de votre sceau.

Le roi Jean. — Oh! lorsque nous aurons à rendre au ciel nos derniers comptes de la terre, cette main et ce sceau seront les témoins qui nous mèneront à la damnation! Que de fois il suffit, pour faire de mauvaises actions, de voir les instruments qui peuvent les commettre ! Si tu n'avais pas été là près de moi, toi compère marqué, noté, désigné par la main de la nature pour l'accomplissement d'actes honteux, le meurtre ne me serait pas venu à l'esprit ; mais remarquant ton aspect abhorré, te découvrant capable d'une scélératesse sanguinaire, bon à être employé dans des actes dangereux et tout prêt à les entreprendre, je te parlai à voix basse de la mort d'Arthur, et toi, pour conquérir l'affection d'un roi, tu n'as pas hésité à tuer un prince.

HUBERT. — Monseigneur....

LE ROI JEAN. — Si tu avais seulement secoué la tête, ou fait une pause pendant que je te découvrais mes projets en termes voilés, ou tourné sur mon visage un œil interrogateur comme pour m'ordonner de m'exprimer en termes précis, une honte profonde m'aurait frappé de mutisme, m'aurait fait couper court à mes confidences, et les craintes que tu m'aurais montrées auraient engendré en moi d'autres craintes : mais tu m'as compris par mes signes, et par des signes à ton tour tu as parlementé avec le crime. Oui, sans hésitation, tu as laissé ton cœur accepter et par suite ta main brutale accomplir l'exécution de l'acte que nos deux bouches ont horreur de nommer. Hors de mes yeux et que je ne te voie jamais plus ! Mes nobles m'abandonnent et mon pouvoir est bravé, à mes portes même, par les bataillons de forces étrangères ; bien plus, à l'intérieur de ce pays de chair qui est moi, au sein de ce royaume de ma personne, où circulent l'âme et la vie, la guerre et la discorde civile règnent entre ma conscience et la mort de mon neveu.

HUBERT. — Armez-vous contre vos autres ennemis, je ferai la paix entre votre âme et vous. Le jeune Arthur est vivant : cette main que voilà est une main encore vierge et innocente qui n'a pas été peinte des taches rouges du sang ; dans mon cœur n'est jamais entré encore la tragique émotion d'une pensée meurtrière, et vous avez calomnié la nature humaine en calomniant ma personne physique, qui, quelque farouche qu'elle soit extérieurement, est cependant l'enveloppe d'une âme digne d'un meilleur emploi que d'être la meurtrière d'un enfant innocent.

Le roi Jean. — Arthur vit-il? Oh! vas en toute hâte trouver les pairs, jette cette nouvelle sur leur colère maintenant enflammée et ramène-les à l'obéissance! Pardonne le commentaire que mon désespoir m'a fait faire de ta personne, car ma colère était aveugle, et l'illusion horrible d'un meurtre imaginaire te faisait paraître plus hideux que tu n'es. Oh! ne me réponds pas, mais amène les Lords irrités devant moi aussi rapidement qu'il te sera possible! ma prière elle-même n'est que trop lente encore, cours plus vite qu'elle. (*Ils sortent.*)

SCÈNE III.

Northampton. — Devant le château.

Entre ARTHUR, *au haut des murailles.*

Arthur. — Le mur est haut, et cependant je sauterai en bas. Bonne terre, aie pitié de moi et ne me fais pas de mal! Presque personne, ou personne ne me connaît, et, pour ceux qui me connaîtraient, ce costume de mousse me déguisera tout à fait. J'ai peur, et cependant je tenterai l'aventure. Si je puis toucher en bas sans me rompre les membres, je trouverai mille moyens de fuir : autant vaut mourir et partir que mourir et rester. (*Il saute.*) Oh! miséricorde! l'esprit de mon oncle est dans ces pierres : que le ciel reçoive mon âme et que l'Angleterre garde mes os! (*Il meurt.*)[3]

Entrent PEMBROKE, SALISBURY *et* BIGOT.

Salisbury. — Seigneurs, je le rejoindrai à Saint Edmunsbury; c'est notre salut et nous devons accepter l'offre gracieuse de cette occasion que nous fait le temps dangereux où nous sommes.

Pembroke. — Qui a porté cette lettre du cardinal?

ACTE IV, SCÈNE III.

Salisbury. — Le comte Melun, un noble Seigneur français, qui m'en a dit beaucoup plus long sur le bon vouloir du Dauphin, en conversation particulière, que n'en disent ces lignes.

Bigot. — En ce cas, allons le rejoindre demain matin.

Salisbury. — Ou pour mieux dire, mettons-nous en route demain matin, car il nous faut deux longues journées de voyage avant de le rejoindre, Seigneurs.

Entre LE BÂTARD.

Le bâtard. — Heureusement rencontrés une fois encore aujourd'hui, Messeigneurs les mécontents ! Le roi vous fait requérir par moi d'aller le trouver immédiatement.

Salisbury. — Le roi s'est dépossédé lui-même de nos personnes. Nous ne voulons pas border de nos honneurs intacts son mince manteau taché, ni accompagner le pied qui laisse l'empreinte du sang partout où il passe. Retournez-vous-en et rapportez-lui ces paroles ; nous savons le pire de tout.

Le bâtard. — Quoi que vous pensiez, je crois que de bonnes paroles seraient ce qu'il y aurait de mieux.

Salisbury. — Ce sont nos douleurs et non nos manières qui raisonnent pour l'heure.

Le bâtard. — Mais il y a peu de raison dans vos douleurs, par conséquent ce serait raison que vous eussiez des manières.

Pembroke. — Monsieur, Monsieur, l'impatience a ses priviléges.

Le bâtard. — C'est vrai, le privilége de blesser qui s'y laisse emporter, aucun autre.

Salisbury. — Voici la prison. Qui est là, couché par terre ? (*Il aperçoit Arthur.*)

Pembroke. — O mort qui peux t'enorgueillir d'une pure et princière beauté ! La terre n'a pas eu un trou pour cacher ce crime.

Salisbury. — Le meurtre, comme s'il détestait ce qu'il a fait, se dénonce lui-même pour exciter à la vengeance.

Bigot. — Ou bien, peut-être, lorsqu'il eut condamné

cette beauté à la tombe, la trouva-t-il trop précieuse et trop princière pour une tombe.

SALISBURY. — Qu'en pensez-vous, Sir Richard? Avez-vous jamais contemplé, lu, ou entendu chose pareille? Auriez-vous pu le croire? Et quoique vous le voyiez, pouvez-vous parvenir à croire que vous le voyez? La pensée, sans ce spectacle, pourrait-elle imaginer rien de pareil? C'est vraiment le faîte, le sommet, le cimier, le cimier des cimiers des armoiries du meurtre; c'est la honte la plus sanglante, la barbarie la plus sauvage, le coup le plus lâche, que la colère aux yeux de pierre et la rage hagarde aient jamais présentés aux larmes de la douce pitié.

PEMBROKE. — Tous les meurtres passés sont excusés par celui-là, et celui-là est si unique, il défie tellement toute comparaison, qu'il donnera de la pureté et de la piété aux crimes encore à naître de l'avenir, et montrera par le spectacle de cet odieux précédent, que la plus mortelle effusion de sang n'est qu'une plaisanterie.

LE BÂTARD. — C'est là une œuvre maudite et sanglante ; c'est l'action détestable d'une main méchante, si cependant c'est l'œuvre d'une main humaine.

SALISBURY. — Si c'est l'œuvre d'une main humaine? Nous avions d'avance quelque lumière de ce qui allait arriver : c'est là l'œuvre honteuse de la main d'Hubert; le plan et le projet appartiennent au roi : à ce roi, je défends à mon âme de rendre aucune obéissance, et m'agenouillant devant cette ruine d'une vie charmante et en face de sa perfection inanimée, j'exhale l'encens de ce vœu, vœu sacré, de ne jamais goûter les plaisirs du monde, de n'être jamais séduit par la volupté, de n'avoir jamais commerce avec le loisir et le repos, jusqu'à ce que j'aie sanctifié cette main en la consacrant au culte de la vengeance.

BIGOT *et* PEMBROKE *ensemble*. — Nos âmes confirment religieusement tes paroles.

Entre HUBERT.

HUBERT. — Seigneurs, je suis tout essoufflé de la diligence que j'ai mise à vous chercher : Arthur vit, le roi vous envoie mander.

Salisbury. — Oh! il est effronté et ne rougit pas devant la mort. Arrière, détestable scélérat, va-t'en!

Hubert. — Je ne suis pas un scélérat.

Salisbury, *tirant son épée.* — Est-ce que je puis voler la justice?

Le bâtard. — Votre épée est propre, Monseigneur, rengaînez-la.

Salisbury. — Non pas avant que je ne lui aie donné pour fourreau la peau d'un meurtrier.

Hubert. — Reculez, Lord Salisbury, reculez, vous dis-je; par le ciel, je pense que mon épée est aussi perçante que la vôtre : je ne voudrais pas, Monseigneur, vous voir vous oublier, ni vous exposer au danger de ma légitime défense, de crainte que le spectacle de votre colère ne me fît oublier votre dignité, votre grandeur et votre noblesse.

Bigot. — Arrière, fumier! oses-tu braver un noble?

Hubert. — Non, sur mes jours, mais j'oserais défendre ma vie innocente contre un empereur.

Salisbury. — Tu es un meurtrier.

Hubert. — Ne me forcez pas à le devenir ; je ne le suis pas encore. Qui que ce soit dont la langue parle faussement, ne parle pas véridiquement ; qui ne parle pas selon la vérité, ment.

Pembroke. — Mettez-le en pièces.

Le bâtard. — Tenez-vous en paix, vous dis-je.

Salisbury. — Ne vous en mêlez pas ou je vous rosse, Faulconbridge.

Le bâtard. — Tu ferais mieux de rosser d'abord le diable, Salisbury : si tu me regardes seulement de travers, si tu remues le pied, ou si tu permets à ton humeur trop emportée de me faire insulte, je te tue roide. Remets bien vite ton épée au fourreau, sinon je m'en vais vous moudre, toi et ta broche, de façon à vous faire croire que le diable lui-même est venu de l'enfer.

Bigot. — Que prétends-tu faire, illustre Faulconbridge? seconder un scélérat et un meurtrier?

Hubert. — Lord Bigot, je ne suis ni un meurtrier ni un scélérat.

Bigot. — Qui a tué ce prince ?

Hubert. — Il n'y a pas une heure que je l'ai laissé en bonne santé : je l'honorais, je l'aimais, et aussi longtemps que je vivrai, je pleurerai la perte de sa douce personne.

Salisbury. — Ne vous fiez pas à cette eau hypocrite de ses yeux, car la scélératesse n'est pas sans de pareils larmoiements, et lui, qui s'y est depuis longtemps exercé, sait les faire prendre pour les larmes de la pitié et de l'innocence. Venez avec moi vous tous dont les âmes abhorrent les fétides odeurs des charniers : car je suis suffoqué par ces exhalaisons de crimes.

Bigot. — En route pour Bury où est le Dauphin !

Pembroke. — Dites au roi que c'est là qu'il peut nous faire demander. *(Sortent les Lords.)*

Le Bâtard. — Voilà un joli monde ! — Aviez-vous connaissance de ce beau chef-d'œuvre ? Si c'est toi qui as commis cet acte de mort, tu es damné, Hubert, sans recours possible au pardon de l'infinie et inépuisable clémence divine.

Hubert. — Écoutez-moi seulement, Monseigneur.

Le Bâtard. — Va, je vais te dire une chose : tu es un damné aussi noir.... non, rien n'est aussi noir que toi. Tu es plus profondément damné que le prince Lucifer ; il n'y a pas un démon d'enfer aussi hideux que le damné que tu seras, si tu as tué cet enfant.

Hubert. — Sur mon âme,...

Le Bâtard. — Si tu as consenti seulement à cet acte très-cruel, n'espère que dans le seul désespoir ; si tu as besoin d'une corde, le plus petit fil qu'araignée tira jamais de son ventre servira pour t'étrangler ; un roseau deviendra une poutre pour te pendre, et si tu veux te noyer, tu n'auras qu'à mettre un peu d'eau dans une cuillère et ce peu d'eau sera tout un océan, et il y en aura assez pour étouffer un scélérat pareil à toi. Je te soupçonne très-fortement.

Hubert. — Si par acte, par consentement ou pensée criminelle, je suis coupable d'avoir dérobé le doux souffle qui était enfermé dans cette belle argile, puisse l'enfer n'avoir pas assez de souffrances pour me torturer! Je l'ai laissé bien portant.

Le bâtard. — Va, emporte-le dans tes bras. — Je suis, ma foi, abasourdi et je perds mon chemin au milieu des buissons et des dangers de ce monde. Comme facilement tu emportes avec toi toute l'Angleterre! Avec ce brimborion de royauté défunte, tout ce que ce royaume possédait de vie, de droit et de vérité s'est enfui vers le ciel, et maintenant voilà l'Angleterre qui va se tirailler, et se disputer, et mordre à belles dents le droit sans héritier de la puissance orgueilleuse. Maintenant, pour cet os décharné de la majesté, la guerre canine hérisse ses poils courroucés et grogne au visage aimable de la paix : maintenant, les forces étrangères et les mécontentements nationaux se réunissent en une même entente, et comme un corbeau suspendu au-dessus d'une bête morte, l'énorme anarchie attend la décadence imminente de la pompe usurpée. Heureux maintenant ceux dont le manteau et la ceinture pourront résister à cette tempête. — Emportez cet enfant et suivez-moi promptement : je vais me rendre auprès du roi ; nous allons avoir mille affaires sur les bras et le ciel lui-même regarde ce pays avec courroux. (*Ils sortent.*)

ACTE V.

SCÈNE PREMIÈRE.

NORTHAMPTON. — Un appartement dans le palais du roi.

Entrent LE ROI JEAN, PANDOLPHE *avec la couronne, et des gens de leur suite.*

LE ROI JEAN. — Ainsi j'ai mis entre vos mains cet orbe de ma gloire.

PANDOLPHE, *donnant la couronne au roi Jean.* — Reprenez-le de ma main comme tenant du pape votre grandeur souveraine et votre autorité.

LE ROI JEAN. — Tenez maintenant votre parole sacrée : allez trouver les Français et employez tous les pouvoirs que vous tenez de Sa Sainteté pour arrêter leur marche avant que nous soyons en conflagration. Notre noblesse mécontente se révolte ; notre peuple nous marchande l'obéissance et jure allégeance et dévouement à un sang étranger, à une royauté étrangère. Vous seul pouvez apaiser cette inondation de mécontentement ; ne vous arrêtez donc pas, car l'heure actuelle est si malade qu'un remède immédiat doit être appliqué, sinon une ruine incurable s'ensuivra.

PANDOLPHE. — C'est mon souffle qui a soulevé cette tempête à cause de l'opiniâtreté de votre conduite envers le pape ; mais puisque vous voilà soumis et converti, ma voix apaisera cette tempête guerrière et rétablira le beau temps dans votre royaume soulevé ; en ce jour de l'Ascension, rappelez-vous-le bien, sur votre serment de servir le pape, je vais faire déposer les armes aux Français. (*Il sort.*

ACTE V, SCENE I.

Le roi Jean. — Est-ce aujourd'hui l'Ascension? le prophète n'avait-il pas dit que je rendrais ma couronne avant midi le jour de l'Ascension? Je l'ai rendue en effet : j'imaginais que ce serait par contrainte, mais le ciel en soit loué, ce n'est que volontairement.

Entre LE BÂTARD.

Le bâtard. — Tout le Kent a cédé; le château de Douvres seul y tient encore : Londres a reçu comme un hôte bienvenu le Dauphin et ses forces : vos nobles ne veulent pas vous entendre, ils sont partis pour offrir leurs services à votre ennemi, et une étrange incertitude tire de çà et de là le petit nombre de vos douteux amis.

Le roi Jean. — Comment, mes nobles n'ont pas voulu revenir vers moi après avoir appris que le jeune Arthur était vivant?

Le bâtard. — Ils l'ont trouvé mort et jeté dans la rue, cassette vide dont une main damnée avait arraché et volé le joyau.

Le roi Jean. — Ce scélérat d'Hubert m'avait dit qu'il vivait.

Le bâtard. — Sur mon âme, il n'a dit que ce qu'il croyait. Mais pourquoi baissez-vous la tête? pourquoi gardez-vous l'air triste? Soyez grand en action comme vous avez été grand en intention; que le monde ne voie pas la peur et la triste méfiance gouverner les expressions d'un regard royal. Ayez le bouillonnement de l'heure présente; soyez feu avec le feu; menacez celui qui menace, et soutenez le regard de la fanfaronne horreur : alors les inférieurs qui calquent leur conduite sur celle des grands, deviendront grands par votre exemple et s'armeront d'un indomptable esprit de résolution. En avant! et brillez comme le dieu de la guerre, lorsqu'il se dispose à descendre sur le champ de bataille. Montrez de la hardiesse et une confiance pleine d'espoir. Comment? viendront-ils chercher le lion dans son asile pour l'y effrayer? l'y feront-ils trembler? Oh! qu'on ne dise pas une pareille chose! En chasse, courez chercher la révolte plus loin que vos portes et mesurez-vous avec elle avant qu'elle vous approche de si près.

Le roi Jean. — Le légat du pape était avec moi il n'y a qu'un instant ; j'ai fait avec lui une paix heureuse, et il m'a promis de renvoyer les forces conduites par le Dauphin.

Le bâtard. — O ligue sans gloire ! Quoi, quand notre sol est foulé, nous enverrons des propositions pacifiques, nous userons de compromis, d'insinuations, nous parlementerons, nous ferons une vile trêve avec l'armée envahissante ? Quoi, un garçon imberbe, un beau-fils élevé dans la soie viendra braver nos campagnes, faire le noviciat de son courage sur un sol guerrier, se moquer de l'air que nous respirons en y déployant ses drapeaux à son aise, et il ne trouvera pas d'opposition ? Courons aux armes, mon Suzerain : peut-être le cardinal ne pourra-t-il pas faire votre paix, et s'il la fait, qu'on dise au moins que l'ennemi a vu que nous avions l'intention de nous défendre.

Le roi Jean. — Charge-toi de diriger cette situation actuelle.

Le bâtard. — En avant donc et bon courage ! Je suis sûr que notre parti peut affronter encore un plus fier ennemi. (*Ils sortent.*)

SCÈNE II.

Une plaine près de Saint-Edmundsbury.

Entrent en armes LOUIS, MELUN, SALISBURY, PEMBROKE, BIGOT *et leurs soldats.*

Louis. — Monseigneur Melun, faites faire une copie de ce traité, gardez-la en lieu sûr pour que nous la retrouvions si besoin nous en est, et rendez l'original à ces Seigneurs, afin que nos arrangements étant dûment écrits, eux et nous à la fois, en relisant ces papiers, nous nous rappelions pourquoi nous avons fait ce serment et nous gardions inviolablement et fermement nos promesses.

Salisbury. — Elles ne seront jamais rompues de notre

côté. Cependant, noble Dauphin, bien que nous jurions un zèle sans contrainte et une fidélité volontaire à vos desseins, croyez-moi, prince, je ne me réjouis pas qu'il faille chercher dans la révolte maudite l'emplâtre au mal de l'heure actuelle et guérir l'ulcère invétéré d'une blessure en en faisant un grand nombre. Oh! cela attriste mon âme d'être forcé de tirer ce fer de mon côté, pour qu'il fasse des veuves, hélas! et cela dans ce pays où quiconque a besoin d'un secours honorable et d'une défense, crie à haute voix le nom de Salisbury. Mais telle est la pestilence de cette époque, que pour panser et guérir notre droit, nous devons avoir recours à l'action de la dure injustice et de l'anarchie mauvaise. Oh! n'est-ce pas pitié, mes amis désolés, que nous, les fils et les enfants de cette île, nous soyons nés pour voir une heure aussi triste que celle-là, une heure où nous sommes contraints de marcher à la suite d'un étranger, de fouler le noble sein de la patrie, de grossir les rangs de ses ennemis, d'accueillir la noblesse d'un pays lointain et de suivre un drapeau qui n'est pas le nôtre? Oh! cela me donne envie de me retirer à l'écart et de pleurer sur la tache de cette conduite à laquelle nous sommes contraints. Quoi, ici même? O ma nation, si tu pouvais être emportée plus loin! Pourquoi les bras de Neptune qui te font une ceinture ne peuvent-ils t'arracher au sentiment de toi-même et t'emporter sur un rivage païen où ces deux armées chrétiennes combineraient dans une même veine d'amitié leur sang irrité, au lieu de le dépenser ici en si mauvais voisins.

Louis. —Tu montres en ceci un noble caractère, et les grands sentiments qui luttent dans ton cœur font une éruption de noblesse. Oh! quel noble combat s'est engagé en toi entre la nécessité et le loyal patriotisme! Permets-moi d'essuyer cette rosée d'honneur qui sillonne, argentée, ton visage. Mon cœur s'est fondu devant des larmes de femme, ce qui n'est qu'une averse ordinaire de sensibilité, mais l'effusion de ces larmes viriles, cette ondée soulevée par la tempête de l'âme, frappe mes yeux de surprise et me laisse plongé dans une admiration plus grande que si j'avais vu la voûte du ciel se dessiner tout entière à la lumière de brûlants météores. Relève ton front, noble Salisbury, et que ton grand cœur chasse cette tempête; laisse les larmes à ces yeux enfantins qui n'ont jamais contemplé le monde géant dans sa colère, et qui n'ont pas rencontré la fortune ailleurs qu'à des fêtes chaudes d'humeur animale, brillantes de gaieté et de causeries vives. Viens, viens, car tu plongeras ta main dans la bourse de la riche prospérité aussi profondément que Louis lui-même : ainsi ferez-vous tous, vous nobles, qui unissez à ma force les nerfs des vôtres. Et je crois vraiment qu'un ange vient de parler [1]; voyez le saint légat qui s'approche pour nous donner la garantie de la main du ciel, et attacher à nos actions le nom du droit, par une parole sainte.

Entre PANDOLPHE *avec sa suite.*

PANDOLPHE. — Salut, noble prince de France! Voici ce que j'ai à dire : le roi Jean s'est réconcilié avec Rome; son âme s'est rendue, elle qui s'était tant élevée contre la sainte Église, la grande métropole et le siége de Rome : en conséquence, replie maintenant tes étendards menaçants et dompte le sauvage esprit de la guerre furieuse, afin que pareille à un lion nourri à la main, elle se couche doucement aux pieds de la paix et n'ait plus de terreur que l'apparence.

LOUIS. — Votre Grâce me pardonnera, je ne rebrousserai pas chemin; je suis de trop haute naissance pour être gouverné par une volonté étrangère, pour être un subalterne soumis à contrôle, un serviteur utile ou un instrument de n'importe quel état souverain dans le monde. C'est votre souffle qui, à l'origine, alluma les charbons éteints de la guerre entre ma personne et ce royaume châtié; c'est vous qui avez apporté la matière qui devait nourrir le feu, et maintenant l'incendie est beaucoup trop vaste pour être éteint par le même faible souffle qui a suffi pour l'allumer. C'est vous qui m'avez appris où était le droit véritable, vous qui m'avez instruit des intérêts que j'avais dans ce royaume; oui, c'est vous qui m'avez mis cette entreprise au cœur, et maintenant vous venez me dire que Jean a fait sa paix avec Rome? Que me fait cette paix? Par le privilége de mon mariage, je réclame après le jeune Arthur cette terre comme mienne, et maintenant qu'elle est à demi conquise, je dois m'en retourner parce que Jean a fait sa paix avec Rome? Est-ce que je suis l'esclave de Rome? Quel argent a donné Rome, quels hommes a-t-elle fournis, quelles munitions a-t-elle envoyées pour soutenir cette entreprise? N'est-ce pas moi qui en supporte la charge? En est-il d'autres que moi et ceux qui sont soumis à mon obéissance qui suent pour cette affaire et soutiennent cette guerre? N'ai-je pas entendu les insulaires crier *Vive le roi!* à mesure que je côtoyais leurs villes? N'ai-je pas les meilleures cartes pour gagner la partie engagée pour une couronne? Et maintenant j'abandonnerais mon enjeu? Non, non, sur mon âme, on ne dira jamais rien de pareil.

PANDOLPHE. — Vous ne considérez que l'aspect extérieur de cette affaire.

LOUIS. — Extérieur ou intérieur, je ne m'en retournerai pas tant que je n'aurai pas retiré de mon entreprise autant de gloire qu'il en fut promis à ma grande espérance, avant que j'eusse rassemblé cette brave armée et choisi dans le monde ces vaillants courages pour marcher à la conquête et gagner le renom jusque dans les mâchoires du danger et de la mort. (*Une trompette sonne.*) Quelle est la vigoureuse trompette qui nous appelle ainsi?

Entre LE BÂTARD *avec sa suite.*

LE BÂTARD. — Conformément aux usages de la loyauté, je vous demande audience : je suis envoyé pour vous parler. Mon pieux Seigneur de Milan, je viens de la part du roi afin de savoir comment vous avez traité pour lui, et selon votre réponse, je saurai quelle mesure et quelle étendue je devrai donner à mes paroles.

PANDOLPHE. — Le Dauphin fait une opposition trop opiniâtre et ne veut accorder aucune trêve, sur mes instances ; il dit nettement qu'il ne déposera pas les armes.

Le bâtard. — Par tout le sang qu'a jamais soufflé la fureur, ce jeune homme parle bien. Maintenant écoutez notre roi d'Angleterre, car c'est sa royauté même qui vous parle en moi. Il est prêt, et c'est raison qu'il le soit : il sourit devant la singerie et l'insolence de cette invasion, devant cette mascarade harnachée, cette orgie malavisée, cette impertinence d'un imberbe et ces troupes d'enfants, et il est bien disposé à fouetter hors du cercle de ses territoires cette guerre de nains et ces régiments de Pygmées. Cette main qui à vos propres portes même a eu la force de vous bâtonner et de vous faire rentrer par la fenêtre, cette main qui vous a fait vous cacher comme des seaux dans des puits creux, vous blottir sous la litière de vos étables, vous renfermer comme des pions dans des échiquiers et des boîtes, qui vous a fait entretenir fraternité avec les cochons et chercher votre doux salut dans des caves et des prisons, qui vous a fait tressaillir et trembler au seul cri de votre coq national en vous faisant prendre sa voix pour celle d'un Anglais en armes, cette main victorieuse qui vous a donné le fouet dans vos propres logis, pensez-vous donc qu'elle se soit affaiblie ici? Non! Sachez que le brave monarque est sous les armes et que pareil à un aigle au-dessus de son aire, il est suspendu sur vous pour faire fondre le péril sur quiconque viendra trop près de son nid. Et vous, hommes dégénérés, vous ingrats révoltés, vous sanguinaires Nérons qui déchirez le ventre de votre chère mère Angleterre, rougissez de honte, car vos propres femmes et vos filles au visage blême, pareilles à des Amazones, trottinant derrière nos tambours, ont échangé leurs dés contre des gantelets de fer, leurs aiguilles contre des lances et les douces inclinations de leurs cœurs contre des dispositions martiales et sanguinaires.

Louis. — Finis ici ta bravade et retourne-t'en en paix. Nous t'accordons que tu peux nous battre à coups d'injures, porte-toi bien; nous regardons notre temps comme trop précieux pour le dépenser avec un braillard tel que toi.

Pandolphe. — Permettez-moi de parler.

Le bâtard. — Non, c'est moi qui parlerai.

Louis. — Nous ne voulons écouter ni l'un ni l'autre. Résonnez, tambours, et que la voix de la guerre plaide pour nos droits et notre présence en ce pays.

Le bâtard. — Oui, par ma foi, vos tambours lorsqu'ils seront battus crieront, et ainsi ferez-vous quand vous serez battus. Réveille seulement un écho avec le son de ton tambour, et aussitôt, un tambour qui est déjà tout prêt, va retentir aussi haut que le tien; fais-en sonner un second, et un autre va tout aussi fortement déchirer l'oreille du ciel et railler le tonnerre à la voix profonde, car le vaillant roi Jean, qui ne s'est pas fié à ce légat temporisateur dont il s'est servi comme de jouet plutôt que comme d'auxiliaire, est préparé, et sur son front siége la mort décharnée, dont l'office est aujourd'hui de festoyer sur des milliers de Français.

Louis. — Battez, tambours, afin que nous allions chercher ce danger-là.

Le bâtard. — Et tu le trouveras, Dauphin, n'en doute pas. (*Ils sortent.*)

SCÈNE III.

Près de Saint-Edmundsbury. — Un champ de bataille.

Alarmes. — *Entrent* le roi JEAN *et* HUBERT.

Le roi Jean. — Comment va la journée pour nous? Oh! dis-le-moi, Hubert.

Hubert. — Mal, je le crains. Comment se trouve Votre Majesté?

Le roi Jean. — Cette fièvre qui m'a si longtemps fatigué, m'accable. Oh! mon cœur est malade.

Entre un messager.

Le messager. — Monseigneur, votre valeureux parent, Faulconbridge, désire que Votre Majesté abandonne le champ de bataille et lui fasse savoir par moi de quel côté vous vous dirigerez.

LE ROI JEAN. — Dis-lui, du côté de Swinstead, à l'abbaye qui s'y trouve.

LE MESSAGER. — Ayez bon espoir, car le grand renfort qui était attendu par le Dauphin a fait naufrage il y a trois nuits sur les sables de Goodwin. La nouvelle vient d'en être apportée à Richard, à l'instant même. Les Français combattent froidement et font mine de se retirer.

LE ROI JEAN. — Hélas! cette fièvre despotique me brûle et ne me permet pas de souhaiter la bienvenue à ces bonnes nouvelles. Partons pour Swinstead : à ma litière, tout droit; la faiblesse me tient tout entier, et je suis sur le point de m'évanouir. (*Ils sortent.*)

SCÈNE IV.

Une autre partie du champ de bataille.

Entrent SALISBURY, PEMBROKE, BIGOT *et* AUTRES.

SALISBURY. — Je ne croyais pas que le roi fût si bien fourni d'amis.

PEMBROKE. — En avant encore une fois! réveillez l'ardeur des Français, s'ils sont battus, nous sommes battus aussi.

SALISBURY. — Ce diable de bâtard, Faulconbridge, en dépit de tout, tient seul le champ de bataille.

PEMBROKE. — On dit que le roi Jean, très-malade, a quitté le champ de bataille.

Entre MELUN *blessé, conduit par des soldats.*

MELUN. — Conduisez-moi près des révoltés d'Angleterre que voilà.

SALISBURY. — Lorsque nous étions heureux, nous portions d'autres noms.

PEMBROKE. — C'est le comte Melun.

SALISBURY. — Blessé à mort.

MELUN. — Fuyez, nobles Anglais, vous êtes trahis et

ACTE V, SCÈNE IV.

perdus; dégagez-vous de cette impasse de la rébellion, et rappelez à vous la fidélité que vous avez rejetée. Cherchez le roi Jean et tombez à ses pieds; car si les Français restent les maîtres de ce jour de vacarme, ils ont l'intention de vous récompenser des peines que vous prenez en coupant vos têtes: ainsi l'a juré le Dauphin, et moi avec lui, et beaucoup d'autres avec moi, devant l'autel de saint Edmundsbury, ce même autel devant lequel nous vous avons juré une tendre amitié et une éternelle affection.

SALISBURY. — Cela est-il possible? cela peut-il être vrai?

MELUN. — N'ai-je pas la hideuse mort devant les yeux, moi qui n'ai plus qu'un reste de vie qui s'écoule avec mon sang, comme une figure de cire voit sa forme se dissoudre quand elle est placée près du feu? Quelle chose au monde pourrait me porter à vous tromper maintenant, puisque je vais perdre l'avantage de toute fourberie? Pourquoi donc serais-je faux, puisqu'il est vrai que je vais mourir ici et que je ne vivrai ailleurs que par la vérité? Je vous répète que si Louis est victorieux aujourd'hui, il se parjurera s'il laisse vos yeux contempler encore le lever du soleil à l'orient. Cette nuit même, cette nuit dont l'haleine noire et contagieuse fume déjà autour du cimier enflammé du soleil affaibli, vieilli, épuisé de sa journée, cette nuit exécrable même vous verra rendre votre souffle et payer ainsi l'amende inévitable de la trahison par le prix de vos existences à tous, si Louis reste maître de ce jour. Rappelez-moi au souvenir d'un certain Hubert qui est avec votre roi; mon affection pour lui, et cette autre considération encore, que mon grand-père était un Anglais, ont stimulé ma conscience à vous révéler tout ceci[2]. En récompense, je vous en prie, emportez-moi d'ici, hors du bruit et des rumeurs du champ de bataille, et déposez-moi en quelque endroit où je puisse recueillir en paix le reste de mes pensées et séparer mon âme de ce corps dans la contemplation et les pieux désirs.

SALISBURY. — Nous te croyons. Maudite soit mon âme, si je ne chéris pas la tournure et le caractère de cette très-heureuse occasion qui nous servira de guide pour abandonner le sentier de la coupable désertion. Imitons le flot quand il décroit et se retire, laissons là notre débordement et notre cours irrégulier, redescendons vers les rives que nous avons franchies, et coulons avec calme et obéissance, vers notre océan, notre grand roi Jean. Mon bras va te donner son appui pour t'emporter d'ici, car je vois dans tes yeux que les cruelles souffrances de la mort approchent. En avant, amis! Une nouvelle désertion sera l'heureuse nouveauté qui rétablira le vieux droit! (*Ils sortent en soutenant Melun.*)

SCÈNE V.

Le camp français.

Entrent LOUIS *et sa suite.*

Louis. — Il me semblait que le soleil avait honte de se coucher, mais qu'il s'arrêtait et forçait le ciel d'occident à rougir, tandis que les Anglais mesuraient à reculons la propre terre de leur patrie, dans une retraite hésitante. Oh! nous avons brillamment clos la journée lorsqu'après tant de sanglantes fatigues, nous leur avons souhaité la bonne nuit avec une inutile volée de notre mousqueterie, et lorsque restés les derniers sur le champ de bataille, et presque maîtres du terrain, nous avons replié glorieusement nos drapeaux déchirés.

Entre UN MESSAGER.

Le messager. — Où est mon prince, le Dauphin?
Louis. — Le voici, quelles nouvelles?
Le messager. — Le comte Melun est tué; les Lords anglais, sur ses conseils, ont déserté de nouveau, et les renforts que vous désiriez depuis si longtemps ont fait naufrage et ont péri sur les sables de Goodwin.
Louis. — Oh! les exécrables, détestables nouvelles!

Maudit soit ton cœur! Je ne croyais pas être cette nuit aussi triste que m'ont fait ces nouvelles. Qui avait dit que le roi Jean s'était enfui une ou deux heures avant que l'arrivée de la nuit eût séparé nos armées fatiguées?

Le messager. — Quel que soit celui qui a dit cela, il a dit la vérité, Monseigneur.

Louis. — Bien; choisissez de bons campements et prenez bien vos précautions pour cette nuit: le jour ne sera pas aussitôt levé, que je le serai pour tenter l'heureuse chance de demain. (*Ils sortent.*)

SCÈNE VI.

Un endroit découvert dans le voisinage de L'ABBAYE DE SWINSTEAD.

Entrent, en se rencontrant, HUBERT *et* LE BÂTARD.

Hubert. — Qui va là? parlez, oh! parlez vite ou je tire.

Le bâtard. — Ami. Qui es-tu?

Hubert. — Un homme du parti d'Angleterre.

Le bâtard. — Où vas-tu?

Hubert. — Qu'est-ce que cela te fait? Pourquoi ne te demanderais-je pas tes affaires aussi bien que toi les miennes?

Le bâtard. — Hubert, je crois?

Hubert. — Tu as trouvé juste; je veux croire à tout hasard que tu es mon ami, toi qui connais si bien ma voix. Qui es-tu?

Le bâtard. — Qui tu voudras; mais si cela te plaît, tu peux pousser l'amitié pour moi jusqu'à penser que je suis sorti, d'une certaine façon, des Plantagenêts.

Hubert. — Ah! méchante mémoire! toi et la nuit aveugle vous m'avez couvert de confusion. Brave soldat, pardonne à mon oreille de n'avoir pas reconnu ta voix dès sa première intonation.

Le bâtard. — Allons, allons, sans compliments, quelles nouvelles court-il?

Hubert. — Mais justement j'étais en train d'aller à travers les ténèbres à votre rencontre.

Le bâtard. — Sois bref alors, quelles nouvelles?

Hubert. — O mon noble Seigneur, des nouvelles parfaitement assorties à cette nuit, noires, terribles, désolantes, horribles.

Le bâtard. — Montre-moi la plaie de ces mauvaises nouvelles : je ne suis pas une femme, je ne m'évanouirai pas devant elle.

Hubert. — Le roi, je le crains, a été empoisonné par un moine; je l'ai laissé presque sans parole et je me suis échappé pour vous informer de ce danger, afin que vous puissiez mieux prendre vos dispositions pour cette catastrophe imminente que vous ne l'auriez pu si vous aviez appris tardivement l'état des choses.

Le bâtard. — Comment a-t-il pris ce poison? Qui a goûté les mets avant lui?

Hubert. — Un moine, vous dis-je, un scélérat résolu, dont les entrailles ont immédiatement éclaté. Le roi parle encore et peut-être pourra-t-il se rétablir.

Le bâtard. — Qui as-tu laissé pour soigner Sa Majesté?

Hubert. — Comment! ne savez-vous pas? Les Lords sont tous revenus et ont amené avec eux le prince Henri; à la requête du prince, le roi leur a pardonné, et ils sont tous autour de Sa Majesté.

Le bâtard. — Ciel puissant, retiens ton indignation et ne nous tente pas à porter plus que notre charge! Je dois te dire, Hubert, que cette nuit, la moitié de mes troupes, en traversant les sables ont été surprises par la marée, et que ces plages du Lincoln les ont dévorées : moi-même, quoique bien monté, j'ai pu échapper à peine. En route, marchons! conduis-moi auprès du roi; j'ai peur qu'il ne soit mort avant mon arrivée. (*Ils sortent.*)

SCÈNE VII.

Le verger de l'abbaye de Swinstead

Entrent LE PRINCE HENRI, SALISBURY *et* BIGOT.

Le prince Henri. — Il est trop tard; son sang entier est infecté, et son cerveau même, que quelques-uns regardent comme la fragile habitation de l'âme, par les vaines réflexions qu'il laisse échapper, fait présager la fin de la vie mortelle.

Entre PEMBROKE.

Pembroke. — Son Altesse parle encore, et elle est persuadée que si on l'apportait au grand air, cela apaiserait l'incendie du cruel poison qui la dévore.

Le prince Henri. — Qu'on l'apporte ici, dans le jardin. (*Sort Bigot.*) Est-il toujours furieux?

Pembroke. — Il est plus patient que lorsque vous l'avez laissé; même, tout à l'heure, il chantait.

Le prince Henri. — Oh! vanité de la maladie! Les sensations extrêmes, lorsqu'elles se prolongent, finissent par ne plus être senties. La mort, après avoir fait la conquête des membres extérieurs, les laisse insensibles, et, maintenant, elle dirige son siége contre l'âme qu'elle assaille et blesse de légions innombrables d'étranges fantômes qui, dans leur foule et leur empressement pour ce dernier assaut, se confondent pêle-mêle. Il est étrange que la mort puisse chanter. Hélas! je suis l'oiseau né de ce cygne pâle et défaillant qui entonne un hymne lugubre à sa propre mort et qui, de son organe fragile, tire le chant qui berce pour l'éternel repos son âme et son corps.

Salisbury. — Ayez bon espoir, prince, car vous êtes né pour rétablir l'ordre dans ce chaos qu'il laisse après lui si informe et si barbare.

Rentre BIGOT *avec des gens de la suite portant*
LE ROI JEAN *sur un fauteuil.*

LE ROI JEAN. — Oui, parbleu! maintenant mon âme a ses coudées franches; elle n'a pas besoin, pour sortir, de portes ni de fenêtres. Il y a dans ma poitrine un été si chaud que toutes mes entrailles s'émiettent en poussière. Je suis un dessin fait à la plume sur un parchemin et je me raccornis sous l'action de ce feu.

LE PRINCE HENRI. — Comment se porte Votre Majesté?

LE ROI JEAN. — Mal; empoisonné, mort, abandonné, perdu! Nul de vous ne voudra donc ordonner à l'hiver de venir et de mettre ses doigts glacés dans ma gorge, ou faire couler les rivières de mon royaume à travers ma poitrine brûlante, ou commander au nord de baiser de ses vents âpres mes lèvres desséchées afin de me soulager par le froid : je ne vous demande pas beaucoup, je ne vous demande qu'un froid soulagement et vous êtes assez avares et assez ingrats pour me le refuser.

LE PRINCE HENRI. — Oh! s'il y avait dans mes larmes quelque vertu qui pût vous soulager!

LE ROI JEAN. — Le sel qui est en elles est chaud. J'ai en moi un enfer, et le poison y est comme un démon placé pour tyranniser une vie condamnée sans rémission.

Entre LE BÂTARD.

LE BÂTARD. — Oh! je suis hors d'haleine de la violence de ma course et de mon désir empressé de voir Votre Majesté.

LE ROI JEAN. — Oh! cousin, tu es venu pour fermer mes yeux : le câble de mon cœur est rompu et brûlé, et toutes les voiles par lesquelles ma vie naviguait sont réduites à un fil, à un tout petit cheveu; mon cœur ne tient plus qu'à une pauvre corde qui ne résistera que juste le temps de te laisser dire les nouvelles que tu apportes, et puis tout ce que tu vois ne sera plus qu'une motte d'argile, la matière de l'ébauche d'un roi détruit.

LE BÂTARD. — Le Dauphin arrive en toute hâte ici, où Dieu sait comment nous ferons pour lui résister; car en une seule nuit, la meilleure partie de mon armée, comme je me retirais avec l'avantage des armes, a été, sans qu'on pût s'y attendre, dévorée dans les sables par une marée imprévue. (*Le roi meurt.*)

SALISBURY. — Vous racontez ces nouvelles de mort à une oreille tout aussi morte. — Mon Seigneur! mon Suzerain! — Tout à l'heure un roi, maintenant cela.

LE PRINCE HENRI. — Telle sera ma carrière et telle ma fin. Quelle sécurité y a-t-il dans le monde, quel espoir, quel appui, lorsque nous voyons celui qui était tout à l'heure un roi n'être plus qu'un morceau d'argile?

LE BÂTARD. — Es-tu donc parti? Je ne resterai derrière toi que pour faire pour toi l'office de vengeur, et puis mon âme ira te servir au ciel, comme elle t'a servi sur la terre. Et maintenant, maintenant, vous astres seigneuriaux qui rentrez dans vos légitimes sphères, où sont vos forces? Allons, montrez que votre retour à la loyauté est sincère, et venez immédiatement avec moi chasser hors des portes chancelantes de notre patrie agonisante la ruine et une honte qui serait éternelle. Attaquons vite, ou nous allons être attaqués sur-le-champ; le Dauphin brûle à nos talons.

SALISBURY. — Il semble alors que vous n'en savez pas autant que nous. Le cardinal Pandolphe, qui se repose ici dans l'intérieur de cette abbaye, est arrivé il y a une demi-heure, et de la part du Dauphin nous a porté des offres de paix que nous pouvons accepter avec honneur et avec avantage; le Dauphin propose d'abandonner cette guerre.

LE BÂTARD. — Il l'abandonnera bien plus vite lorsqu'il verra que nous sommes décidés à nous défendre énergiquement.

SALISBURY. — Mais c'est déjà fait jusqu'à un certain point, car il a dépêché de nombreux fourgons sur le bord de la mer, et il a remis sa cause et sa querelle à l'arbitrage du cardinal, avec lequel nous partirons ce soir, si vous le jugez convenable, vous-même, moi et les autres Lords, pour consommer heureusement cette affaire.

Le bâtard. — Et vous, mon noble prince, vous ainsi que les autres Seigneurs dont l'absence n'est pas nécessaire, vous suivrez les funérailles de votre père.

Le prince Henri. — Son corps doit être enterré à Worcester, car c'est le vœu qu'il a exprimé[3].

Le bâtard. — Qu'il y soit donc enterré, et puisse votre douce personne soutenir heureusement l'éclat de sa lignée et la gloire du royaume! Devant elle je m'agenouille en toute soumission et je lui fais don pour toujours de mes fidèles services et de mon obéissance.

Salisbury. — Et nous vous offrons de même notre affection qui demeurera à jamais sans tache.

Le prince Henri. — J'ai une âme sensible qui voudrait vous remercier et ne sait comment le faire autrement que par mes larmes.

Le bâtard. — Oh! ne payons au temps que la douleur nécessaire, puisque nous sommes avec lui en avance de chagrins. Cette Angleterre ne fut jamais, et ne sera jamais foulée aux pieds d'un conquérant, à moins qu'elle n'aide d'abord à se blesser elle-même. Maintenant que ses Seigneurs sont rentrés dans leurs foyers, que les quatre coins du monde nous assaillent et nous soutiendrons leur choc : nulle ruine ne peut nous atteindre, si l'Angleterre se reste seulement fidèle à elle-même.

(*Ils sortent.*)

COMMENTAIRE.

ACTE I.

1. *A half faced groat.* Menue monnaie, frappée pour la première fois sous le règne d'Henri VII et représentant l'effigie du souverain de profil, au lieu de la représenter de face comme les monnaies de l'époque précédente. Cette épithète que Philippe jette ironiquement à la tête de son frère Robert, semble avoir été une expression populaire, pour signifier un visage maigre; c'était quelque chose d'analogue à l'expression de *gros comme pour deux liards de beurre*, par laquelle notre peuple désigne une personne malingre ou chétive. Il est inutile de faire remarquer que Shakespeare a commis un anachronisme en faisant mentionner une monnaie frappée sous Henri VII, par un personnage du temps du roi Jean : son excuse c'est que sans doute il savait très-bien qu'il le commettait et qu'il aura préféré, avec raison, sacrifier l'exactitude d'un détail insignifiant, plutôt qu'une expression robuste, populaire et faisant image. Une note de Théobald, à qui nous sommes redevables d'une correction dans ce passage, nous apprend que Henri VIII, après avoir conservé au commencement de son règne l'innovation de son père, revint plus tard aux effigies de face.

2. *Lord of thy presence.* Il est assez difficile de trouver une expression française pour rendre la nuance exacte du titre qu'Éléonore propose à Philippe. *Seigneur sans terre* ne dit pas assez et renferme une nuance ironique qui n'est pas dans la pensée d'Éléonore. *Seigneur de ta seule personne*, se rapproche davantage du véritable sens sans cependant l'atteindre. Ce mot de *presence*, en effet, s'employait officiellement pour désigner certains actes du souverain, ou certaines manifestations de sa personnalité souveraine. Nous trouvons plusieurs fois dans Shakespeare, les mots *in this presence*, pour désigner le conseil royal, présidé par le roi lui-même. Au second acte de ce drame, dans une des scènes qui se passent devant Angers, le roi Jean se qualifie lui-même ainsi, *Lord of my presence*, Seigneur, maître de ma présence. Éléonore fait donc par ces mots une allusion flatteuse et d'une gaieté bienveillante à la royale illégitimité de Philippe, en lui donnant un titre que prenaient les souverains eux-mêmes.

3. *Look where three farthings goes.* Petites pièces d'argent extrêmement menues, frappées sous Élisabeth et portant l'effigie de la reine avec une rose épanouie derrière l'oreille, selon la mode adoptée par les belles dames du temps.

4. Plantagenet, sobriquet donné au petit-fils de Geoffroy, premier comte d'Anjou, à cause de l'habitude qu'il avait prise de porter, fixée à son chapeau, une branche de genêt fleuri. Ce sobriquet se transforma en nom de famille et devint celui de la maison royale d'Angleterre, à partir de Henri II jusqu'au premier Tudor, Henri VII.

5. Expressions populaires par lesquelles on rendait la surprise plus ou moins désagréable, que causait dans une famille, l'arrivée d'un enfant qu'on n'attendait pas ou qu'on n'avait aucune raison de désirer.

6. Nous avons déjà eu plusieurs fois l'occasion de remarquer que le voyageur était, au temps de Shakespeare, un personnage d'une importance mondaine toute particulière. Le voyageur était un lion, une merveille; avoir voyagé équivalait à posséder un brevet d'homme accompli. Ce qui le distinguait c'était l'affectation des modes étrangères et un dédain marqué pour les mœurs de son pays. Il était cependant du meilleur ton d'avoir à sa table quelqu'un de ces désagréables personnages pour l'entendre discourir après dîner de l'excellence des pays étrangers, le cure-dents en bouche, ce qui était considéré comme de la plus suprême élégance. On voit que malgré la distance où nous sommes du temps de Shakespeare, nous n'avons pas beaucoup aboli ces ridicules, et que la mode, dite inconstante, change moins qu'on ne croit. Le personnage qui revient après un voyage de deux mois dans sa patrie, avec l'engouement de l'étranger, existe toujours; le lorgnon ou le pince-nez vaut le cure-dents qui lui-même n'est pas aboli. Le voyageur ridicule est un des personnages les plus fréquents du théâtre anglais au temps de Shakespeare, spécialement des drames du célèbre Ben Jonson.

7. Colbrant, géant danois, qui fut défait par le célèbre chevalier Guy de Warwick, en présence du roi Athlestan, dans un combat que le poëte Drayton a chanté au douzième chant de son *Polyolbion*. JOHNSON.

8. Philippe était le nom donné au moineau à cause de son cri aigu qui répond assez bien à la syllabe *phip*, incessamment répétée.

9. *Basilisco like.* Basilisco est un personnage d'un vieux drame nommé *Soliman et Perseda*, un chevalier ridicule.

ACTE II.

1. C'est à sa grande vaillance que le roi Richard Ier devait son surnom de Cœur de Lion; mais cette explication trop simple n'avait pu satisfaire l'imagination populaire qui en inventa une beaucoup plus merveilleuse que nous ont conservée les chroniques et les ballades. Voici ce qu'on lit, en effet, dans la chronique de Rastall. « On dit qu'un lion fut placé dans la prison du roi Richard pour le dévorer; or, pendant que le lion ouvrait sa gueule, le roi introduisit son bras dans sa gorge et alla chercher le

cœur du lion, si bien qu'il le tua; quelques-uns disent que c'est pour cela qu'il est appelé Cœur de Lion, mais d'autres disent que c'est à cause de sa hardiesse et de son courage. »

2. Ce n'est nullement par le fait du duc d'Autriche que Richard mourut, car on sait qu'il fut tué au siége de Chalus en Limousin, en combattant contre Adhémar, vicomte de Limoges, longtemps après qu'il eut été racheté de sa captivité. Léopold lui-même était mort quelques années avant l'époque où commence ce drame et n'avait pu, par conséquent, prendre part aux événements qui y sont retracés. Il mourut d'une manière mémorable, pour avoir voulu se faire amputer d'un coup de hache, sur une enclume de forgeron, une jambe qu'il s'était brisée en tombant de cheval. L'imagination populaire qui, la plupart du temps est aussi injuste que mal informée, a fort calomnié ce pauvre Léopold; mais le peuple, une fois qu'il a adopté un héros, fût-il le pire des monstres, est aussi aveugle à l'endroit de ses vices, qu'il l'est à l'endroit des vertus de ses adversaires. La haine de Léopold pour Richard n'était que trop justifiée, et cette captivité qui est restée légendaire à l'égal des malheurs de Marie Stuart, était une revanche de l'injure que Richard avait fait subir au duc d'Autriche, lorsque devant Saint-Jean d'Acre, il avait traîné dans la boue le drapeau de ce dernier. Ainsi que le dit fort bien un illustre écrivain anglais moderne, Carlyle, ce n'était pas un homme capable de mourir comme est mort Léopold, qui pouvait laisser trainer son drapeau dans la boue.

3. *White faced shore.* Traduction du nom d'Albion, (*Alba*, la blanche) donné à l'Angleterre à cause de la blancheur de ses falaises.

4. Até, la déesse de la discorde et de l'anarchie.

5. Cette Madame Blanche d'Espagne, fille d'Alphonse I, est notre célèbre régente, Blanche de Castille, mère du grand saint Louis.

6. *That thou mayst be a queen and check the world.* Ce passage résout la question soulevée par quelques auteurs, de savoir si Shakespeare, qui connaissait tous les jeux populaires ou chevaleresques de son époque, connaissait l'antique jeu des échecs. Il est évident que ce passage fait allusion au pouvoir de la *Reine* du jeu d'échecs, pièce qui, au seizième siècle, possédait le privilége de faire échec et mat, que possède aujourd'hui la pièce du *Roi*. (*Note de l'édition* STAUNTON.)

7. L'imagination populaire, non contente de supposer que Léopold était le meurtrier de Richard, inventa qu'il l'avait dépouillé après sa mort, de la fabuleuse peau du lion fabuleux, qu'il avait fabuleusement tué. Shakespeare a reproduit ce préjugé, qui ne laisse pas que de fournir un effet poétique (peut-être à cause de cet effet poétique), d'après le drame de 1591, *The troublesome reign of King John.*

8. Le proverbe auquel le Bâtard fait allusion est celui-ci : « *Mortuo Leoni, et Lepores insultant.* » Les lièvres eux-mêmes insultent au lion mort. *Adages d'Érasme.*

9. Allusion à quelque enseigne d'auberge du temps, où Saint-Georges, était représenté à cheval sur le dragon tué par lui.

10. Il paraît qu'une coutume des chasseurs, lorsqu'ils avaient tué un

daim, était de se teindre les mains de son sang, en manière de trophée. (*édition* STAUNTON.)

11. Ce premier citoyen est désigné dans les premières éditions sous le nom d'Hubert. Cet Hubert serait-il le même personnage que le gardien du prince Arthur, et Shakespeare a-t-il voulu le tirer d'Angers, reconquise par le roi Jean, pour en faire l'exécuteur des vengeances de ce roi. M. Staunton suppose ingénieusement, et d'autres critiques supposent avec lui, que cette désignation est donnée à l'orateur d'Angers parce que c'était, ainsi qu'il arrive souvent au théâtre, le même acteur qui faisait et ce petit rôle du citoyen d'Angers et le rôle d'Hubert. Le copiste aurait alors indiqué le personnage d'après le nom du plus considérable des deux rôles.

12. Le Bâtard fait sans doute allusion à la fusion des factions rivales de Jérusalem, contre l'ennemi commun lors du siége de Jérusalem par Titus. Malone pense que Shakespeare a pu tirer ce fait de *l'histoire des derniers temps de la société politique juive*, par Joseph ben Gorion, traduit de l'hébreu en anglais, par Pierre Morwyn, 1575.

13. Le marc d'argent valait treize shillings, quatre pence, soit seize francs, treize sous, de notre monnaie.

ACTE III.

1. Ce fait n'est pas historique. Constance n'était pas veuve, elle était alors mariée à son troisième époux, Guido, frère du vicomte de Touars et divorcée de son second mari, Ranulph, comte de Chester. MALONE.

2. Ce Salisbury, William Longsword, était de sang royal. Il était fils d'Henri II et de Rosalinde Clifford qui a laissé un nom romanesque et légendaire, la belle Rosalinde.

3. *For grief is proud and make his owner stout.* C'est le texte corrigé par Hanmer. L'ancien texte portait *and make his owner stoop*, car le chagrin est orgueilleux et force celui qui le possède à se courber, ce qui présente un sens contraire au sentiment qu'exprime Constance dans ce passage.

4. Toujours la même confusion légendaire du Vicomte de Limoges et de l'Archiduc d'Autriche. Shakespeare en fin connaisseur qu'il était du public, savait que rien n'est dangereux comme de déranger les habitudes d'imagination des spectateurs. Du moment que la partie populaire de son public croyait, sur la foi de la tradition que le Vicomte de Limoges et l'Archiduc d'Autriche étaient un même personnage, il valait mieux la laisser continuer à le croire que de la déconcerter en lui révélant un fait qui, en lui faisant dresser les oreilles, aurait interrompu son attention et aurait nui ainsi au succès du drame. Il est en effet inadmissible que Shakespeare n'en sût pas plus long que la tradition; mais il a pensé avec raison qu'il valait mieux adopter un mensonge historique que de troubler les habitudes d'imagination de son public.

5. L'anathème de Pandolphe est prononcé dans le *Roi Jean*, de 1591, mais dans le vieux drame de l'évêque Bale, il est curieusement circon-

stancié : « Car puisque le roi Jean se conduit ainsi avec l'église, je le maudis avec la croix, le livre, la cloche et le cierge. Comme cette croix est maintenant détournée de ma face, ainsi je prie Dieu de le séquestrer loin de sa grâce. Comme ce livre est lancé par ma main, ainsi j'espère que Dieu le privera de tous ses bienfaits. Comme cette flamme brûlante disparaît de ce flambeau, ainsi je souhaite que Dieu le mette hors de sa lumière éternelle. Je le retire au Christ, et avec l'accompagnement du glas de cette cloche, je le donne corps et âme au diable d'enfer. »

6. Nous avons déjà vu, dans la *Tempête* que les esprits de l'air avaient entre autres pouvoirs celui de soulever les orages et de répandre la peste.

7. Philippe le bâtard est un personnage historique, ainsi que nous l'avons dit, et il accomplit réellement le bel exploit dont il est ici question. Seulement, ce ne fut pas le duc d'Autriche qu'il tua mais bien le Vicomte de Limoges. On lit dans les chroniques d'Hollinshed, sous la date de 1199 : « La même année, Philippe, fils bâtard du roi Richard, à qui son père avait donné le château et les priviléges de Coinacke (Cosnac?) tua le Vicomte de Limoges pour venger la mort de son père, qui fut tué, comme je vous l'ai dit, en assiégeant le château de Chalus-Cheverell. »

8. Ainsi que nous venons de le voir, l'anathème se prononçait avec le livre, la cloche et le flambeau. Dans un écrit de l'évêque de Winchester, sur les sentences d'excommunication (1295), il est dit que « l'excommunication doit être prononcée *cloches sonnantes et cierges allumés*, parce que les laïques ont beaucoup plus égard à cette solennité qu'à l'effet des sentences. » REED.

9. *Sound one into the drowsy ear of night.* Dans le texte original, ce passage se présente ainsi : *Sound on into the drowsy race of night.* La plupart des commentateurs ont considéré ce passage comme fautif et après de nombreuses corrections, ont fini par arrêter le texte que nous avons adopté. Cependant s'il faut dire notre opinion, le vieux texte ne nous paraît pas aussi fautif qu'on le pense. Il contient une faute bien positive, celle du mot *on*, au lieu de *one*. Mais pourquoi *race* ne serait-il pas le véritable mot écrit par Shakespeare. Nous ne pouvons comprendre pourquoi MM. Staunton et autres commentateurs ne découvrent aucun sens à ce mot. *Race* signifie course ; une course peut se faire tout d'une haleine ou par plusieurs étapes. Or, les étapes de la course de la nuit, comme de la course du jour, sont marquées par les heures. Si donc on corrige le mot *on*, qui est évidemment une faute, en lui substituant le mot *one*, on obtient le sens que voici : « Si la cloche de minuit, de sa langue de fer et de sa bouche de bronze avait sonné *une*, à la course lente et assoupie de la nuit, » sens qu'on peut rejeter en lui préférant celui qui résulte du texte corrigé, mais qui nous paraît aussi clair que l'eau de roche.

10. *A whole armado of convicted sail. Armado* pour flotte, de l'Espagnol *Armada*, nom de cette célèbre flotte espagnole qui, en 1588, avait effrayé l'Angleterre.

11. *They would be as a call ;* ils seraient ici comme un appel. Le

légat fait allusion à la coutume des oiseleurs qui, pour attirer les oiseaux, placent un de leurs frères isolés près du piége préparé, ou contrefont leurs chants et leurs sifflets.

ACTE IV.

1. C'était, paraît-il une mode, chez les jeunes gentilshommes du temps, d'affecter la mélancolie. Les écrivains du temps, notamment Ben Jonson, y font de fréquentes allusions. C'est une mode qui a été bien souvent renouvelée, ainsi qu'en témoignent nos mélancoliques du byronisme moderne, nos désabusés et nos incompris d'après 1830, etc.

2. Ce prophète était un ermite nommé Pierre, en grande vénération parmi le peuple. Il avait prédit la chute du roi, et pour donner plus de crédit à ses paroles, il avait proposé de se dévouer à la mort si ses prophéties n'étaient pas vérifiées. Le roi Jean le prit au mot et au jour marqué par le prophète, comme ses prédictions n'avaient pas été accomplies, Jean le fit périr avec son fils fort innocent de toute prophétie ; de quoi le peuple fut fort indigné, dit Hollinshed, car beaucoup pensaient que ses prédictions s'étaient vérifiées, attendu que la veille de l'Ascension le roi Jean avait renoncé à la souveraineté de son royaume, en rendant ses droits au pape.

3. La mort d'Arthur est restée très-obscure. Cependant la manière dont Shakespeare le fait mourir est d'accord avec une des cinq ou six versions différentes que la tradition nous a transmises. Hollinshed nous apprend que, transporté de Falaise à Rouen, il tomba dans la Seine et s'y noya en voulant s'échapper du château où on l'avait enfermé.

ACTE V.

1. *And even there methinks an angel spake.* Le Dauphin Louis ne veut pas dire précisément que c'était un ange qui parlait par sa bouche, mais en voyant le légat apparaître soudainement à la fin de son discours, il insinue que sans doute un ange l'inspirait parce qu'il présume que le prélat va confirmer les espérances qu'il exprimait.

2. S'il faut en croire Hollinshed, cette révélation du comte Melun et la conspiration dont il accuse le Dauphin et la noblesse française, seraient des faits historiques.

3. Selon Hollinshed, le roi Jean fut enseveli à Croxton Abbey, dans le Staffordshire ; mais voilà que Shakespeare se trouve plus au fait de la vérité historique, qu'il est mieux renseigné que l'historien lui-même. En effet, Steevens et à sa suite les modernes éditeurs de Shakespeare, nous apprennent qu'en 1797, on découvrit à Worcester, une tombe en pierre, renfermant les restes de Jean. De tels petits faits en disent long sur la prétendue ignorance de Shakespeare.

LE
ROI RICHARD II

IMPRIMÉ POUR LA PREMIÈRE FOIS EN 1597 ET REPRÉSENTÉ
PROBABLEMENT EN LA MÊME ANNÉE.

AVERTISSEMENT.

Richard II est un des drames de Shakespeare qui ont eu le plus grand nombre d'éditions de son vivant. La première qui date de 1597, l'année probable de la représentation, fut suivie de près par une seconde, en 1598. Deux autres éditions furent publiées sous le roi Jacques I*er*, l'une en 1608, l'autre en 1615, avec des additions nombreuses dans la grande scène de la déposition au Parlement qui constitue tout le quatrième acte. Ces additions tardives sont probablement de simples restitutions du texte primitif. Shakespeare aura dû selon toute apparence retrancher de sa pièce plusieurs passages pour ne pas déplaire à la reine Élisabeth, laquelle était particulièrement chatouilleuse à l'endroit de la déposition de Richard II et ne pouvait en entendre parler sans colère.

Shakespeare s'est-il servi pour *Richard II*, comme pour *le Roi Jean*, pour les *Henri IV*, pour *Henri V*, pour les *Henri VI*, pour *Richard III*, d'un drame antérieur? Si ce drame a existé, nous ne le possédons pas; mais il semble bien qu'il en a existé un, et même ce vieux drame, aujourd'hui inconnu, a l'honneur de se rattacher d'une manière directe à l'un des événements qui furent le plus douloureux au cœur d'Élisabeth. Lors de l'entreprise criminelle du chevaleresque et ingrat comte d'Essex contre le gouvernement de cette Élisabeth qui l'avait comblé de ses dons, la représentation de cette vieille pièce qui nous est décrite comme surannée (*obsolete*) et tombée dans l'oubli, fut un des moyens dont les conspirateurs se servirent pour chauffer l'opinion populaire et la rendre favorable à leurs projets. Une des charges qu'on fit peser sur un des conspirateurs, Sir Gilly Merrick, fut le fait d'avoir assisté la veille même de la rébellion à la représentation de ce vieux drame, représentation commandée exprès par lui, disait l'accusation, et payée à ses frais ; car quelques-uns des comédiens ayant objecté que le drame étant tombé en oubli ne ferait pas d'argent, une somme extraordinaire de quarante shillings fut donnée par Sir Gilly Merrick comme indemnité aux acteurs. Voilà un petit fait qui dut confirmer dans le cœur d'Élisabeth l'antipathie que lui inspirait la déposition de Richard et lui donner foi dans l'infaillibilité de son pressentiment. Ce jour-là elle dut s'applaudir de la sévérité que la Chambre de l'Étoile avait montrée deux ans auparavant en condamnant à la prison Sir John Haywarde, pour son récit de la déposition de Richard, dans le livre qu'il avait consacré à la première partie de la vie du roi Henri IV.

Une discussion s'est élevée pour savoir si le drame qui avait été représenté en cette occasion n'était pas le *Richard* même de Shakespeare. Les commentateurs anglais à la presque unanimité ont rendu une réponse négative et se sont prononcés pour le vieux drame. Ils ont fait remarquer avec raison que ce drame *suranné et tombé dans l'oubli* dont parlait l'acte d'accusation de Sir Gilly Merrick ne pouvait pas être le drame de Shakespeare édité en 1597 et représenté probablement en cette même année ou en 1596. On a d'ailleurs fait observer qu'une petite découverte de M. Collier plaçait désormais ce fait en dehors de toute controverse. Dans un passage du journal manuscrit du docteur Simon Forman, conservé à la *Bodleian library*, se trouve une analyse d'un *Richard II* représenté en 1611 au théâtre du *Globe*. Aucun des faits et des détails relevés par l'analyse de ce docteur Forman ne se rapporte au *Richard II* de Shakespeare. Jean de Gand semble jouer le personnage d'un conspirateur contre le roi, le duc de Glocester y figure en personne, et enfin il semble que le drame auquel ce vieux précurseur de notre avocat Barbier et ce contemporain de notre L'Étoile assista, comprenait le règne de Richard II tout entier, tandis que le drame de Shakespeare ne comprend, ainsi qu'on le sait, que les deux dernières années de sa vie.

Mais il est une autre circonstance tout aussi décisive que celle-là, qui prouve que le drame représenté à l'occasion de la révolte d'Essex, n'était pas celui de Shakespeare : c'est une parole même d'Élisabeth. Comme elle parcourait, plusieurs mois après cet événement, les registres de la Tour, elle s'arrêta brusquement et dit au greffier, William Lambarde : « Je suis Richard II, savez-vous ? » Lambarde qui vit à quel événement elle faisait allusion : répondit : « Cette très-perverse imagination n'est le fait que d'un bien ingrat gentilhomme, la créature que Votre Majesté a le plus comblée. — Celui qui oublie Dieu, oubliera aussi ses bienfaiteurs, répondit la reine ; cette tragédie a été jouée *quarante fois* dans les théâtres et en pleine rue. » Si le drame a été joué en cette occasion tragique non pas une, mais *quarante fois*, comme le dit la reine, et si ce drame est celui de Shakespeare, il est difficile de comprendre qu'un éclat du courroux d'Élisabeth ne soit pas tombé sur le poëte, et qu'il ait continué à jouir de sa faveur. Pour qu'elle eût continué sa sympathie à Shakespeare après un pareil fait ou pour qu'elle eût seulement consenti à le laisser tranquille, il faudrait qu'elle eût été moins fille d'Henri VIII qu'elle ne le fut. Shakespeare aurait d'ailleurs vraiment mérité tout châtiment qui l'aurait atteint, car un fait pareil à ces quarante représentations équivaudrait à une belle et bonne complicité. Le voyez-vous ingrat comme Essex, jouant le rôle de conspirateur dans une entreprise notoirement criminelle et dont le mobile principal était l'ambition, ce Shakespeare, si prudent, qu'il a réussi à cacher ses opinions religieuses et politiques à tel point qu'on en est encore à discuter pour savoir quelles elles étaient? J'en suis fâché pour les critiques qui ont cru faire grand honneur au libéralisme de Shakespeare en le représentant comme un partisan sournois d'Essex, mais s'il avait été coupable seulement d'être sympathique à une entreprise dont le vrai et légitime salaire était le billot et la hache, son cœur aurait été aussi petit que son imagination était grande.

Enfin il est un fait moral qui s'ajoute aux faits matériels pour prouver que ce n'est pas le drame de Shakespeare dont les conspirateurs se servirent. Ce fait, c'est que ce drame s'ils l'avaient choisi aurait fort mal répondu à leurs desseins. Rien de plus impartial que le *Richard II* de Shakespeare, mais rien de moins favorable aux doctrines d'insurrection qu'il s'agissait de faire agréer de la nation, rien de moins fait pour échauffer anarchiquement les esprits et pour déposer dans les cœurs un ferment de révolte. La pièce est pleine de sentiments monarchiques très-décidés, et l'on y trouve exprimées en très-beau langage, ces doctrines d'inviolabilité du pouvoir royal et d'obéissance passive que l'Église catholique transmit, parmi les legs nombreux qu'elle lui fit, à l'Église anglicane. La déposition de Richard apparaît dans la pièce justifiable en fait, mais illégitime en droit, ce qu'elle fut dans la réalité. Le roi Richard mérite son sort, mais son ennemi n'en est pas moins un usurpateur. Henri de Lancastre n'est nullement sympathique, et il apparaît malgré ses malheurs immérités et sa popularité, faux, sournois, fourbe et cruel. On a beaucoup discuté pour savoir si les doctrines légitimistes, comme on dirait aujourd'hui, exprimées dans la pièce par l'évêque de Carlisle, étaient celles de Shakespeare ; vaines discussions qui ne peuvent rien résoudre, parce qu'elles ont le tort de prêter aux grands esprits les opinions toujours incomplètes des hommes que l'intérêt gouverne et qui moulent leurs opinions sur leurs intérêts. Mais des hommes comme Shakespeare n'ont point de telles opinions partielles et mutilées, et ils savent contempler les choses dans leur intégralité. L'opinion de Shakespeare telle qu'elle ressort de la pièce est double. Par le portrait qu'il trace du roi Richard et la description qu'il fait de son règne, il montre que la déposition du roi fut justifiable et méritée en fait; par les paroles prophétiques qu'il met dans la bouche du roi dépossédé et de l'évêque de Carlisle, par l'horizon de longs malheurs qu'il déroule sous les yeux des spectateurs, par les guerres sanglantes, fruit de cette première violence, qu'il fait apercevoir dans le lointain, il se prononce contre la légitimité de cette déposition. La meilleure preuve que cette déposition était une violation du droit monarchique, c'est qu'elle fut le point de départ d'une succession de luttes sanglantes, les plus implacables dont l'histoire fasse mention, luttes qui ne s'arrêtèrent que sur le champ de bataille de Bosworth, lorsqu'il ne resta plus un rejeton de la maison de Plantagenet (1399-1485). Et comme la violation du droit, en quelque lieu qu'elle se fasse, est une malédiction, même pour ceux qui lui sont le plus étrangers, cette illégitime déposition de Richard II, déchaîna sur nous-mêmes Français l'épouvantable orage des secondes guerres anglaises, le désastre d'Azincourt, les dévastations de Talbot, la dure régence de Bedford.

Cela dit, il faut avouer que la déposition de Richard était tout ce qu'il y a de plus explicable au monde et l'on ne comprend guères que Hume, avec son pénétrant esprit, ait pu écrire que Henri de Lancastre était devenu roi sans que personne ait jamais pu dire pourquoi ni comment. Mais Hume, tout dépourvu de préjugés qu'il était, voyait le plus souvent la politique à travers les lunettes du jacobitisme, et peut-être est-ce là la cause qui lui a fermé les yeux sur la raison d'être de l'avénement du premier Lancastre. L'avénement de Lancastre dans la dernière année du quatorzième siècle fut le premier en date de ces coups de main adroits, prudents et décisifs, par lesquels le peuple anglais conduit par son oligarchie a fondé sa liberté. La révolution qui porta au trône l'exilé Bolingbroke a plus d'une analogie avec celle qui, trois siècles plus tard, porta Guillaume d'Orange sur ce même trône. Dans les deux cas, toute la révolution s'accomplit par un simple transfert de la couronne d'un membre de la famille royale à un autre membre de cette famille royale. Dans les deux cas, la légalité couvrit l'usurpation et le droit fut respecté en principe en même temps qu'il était violé en fait. Aux deux époques, la cécité des deux monarques fut la même jusqu'à leurs derniers jours de règne, tant les négociations de leurs ennemis furent discrètes et adroites. Dans les deux cas, peu de personnes furent mises à l'origine dans le secret des négociations; tout fut dit à voix basse à une seule oreille, par une seule bouche, par l'évêque Arundel, au quatorzième siècle, par Édouard Russell, au dix-septième. Bolingbroke débarqua à Ravenspurg, comme Guillaume à Torbay, seul et sans autre force que les promesses de l'aristocratie anglaise. L'un après l'autre, les grands seigneurs vinrent le rejoindre, comme plus tard ils rejoignirent Guillaume, prudemment, un à un; au bout de quelques semaines le phénomène de la boule de neige s'était opéré, et Bolingbroke marchait sur Londres, — comme plus tard Guillaume, — entouré de toute l'aristocratie et acclamé par les communes, et Richard était déposé presque en même temps qu'il apprenait qu'il était menacé.

Comment Henri Bolingbroke prit la couronne, il est bien aisé de l'expliquer. Il était le membre le plus en évidence de la famille d'Édouard III, et toute la popularité qui s'attachait à cette famille s'était transportée de Richard, le roi légitime, sur son père et sur lui. Il avait pour lui ce menu peuple que Shakespeare nous a montré si respectueux à son égard, ce menu peuple dont les rangs fourmillaient alors de Lollards ou partisans des doctrines de Wycleff. Jean de Gand, le père de Bolingbroke, s'était toujours montré le plus ardent défenseur des Wycleffites tour à tour persécutés et tolérés par Richard, qui toujours irrésolu ne sut jamais prendre à leur égard une politique décidée, et la popularité que Jean de Gand s'était acquise par ce patronage rejaillissait sur son fils. Il avait pour lui les bourgeois des communes, furieux des prodigalités de Richard, de la cherté de son gouvernement sans gloire, de ses impôts d'un arbitraire trop ingénieux et de l'application, sans merci pour leur bourse, de la taxe de la capitation (*poll tax*). Il avait pour lui toute l'aristocratie du royaume irritée de l'assassinat du duc de Glocester, de l'injure qui lui était faite à elle-même dans la personne de Hereford, de l'insolence des favoris du roi. Il avait pour lui la plus grande partie du clergé mécontent des perpétuelles oscillations de Richard, et le principal instrument de son élévation fut Arundel, archevêque de Canterbury, déposé par le pape sur la demande du roi. En un mot, Henri de Lancastre avait pour lui toute la nation. Si l'on tient pour la doctrine moderne de la souveraineté nationale comme principe du pouvoir, il faut avouer que jamais transfert de couronne ne fut plus légal. A la vérité, ce n'était pas à Henri de Hereford que la couronne aurait dû revenir en droit strict, mais à Edmond Mortimer, descendant par sa mère de Lionel, duc de Clarence, troisième fils d'Édouard. Mais Edmond Mortimer avait le double désavantage, d'abord de n'être héritier de Lionel qu'indirectement, tandis que Henri était l'héritier direct de Jean de Gand, et en second lieu de n'être encore qu'un enfant en bas âge, tandis que Henri de Hereford était homme et le seigneur le plus populaire d'Angleterre. Or, le bon sens indique que lorsqu'un peuple dépose un roi, il y a pour lui urgence à chercher son salut dans un homme et non dans un enfant, dans un roi tout fait et non dans un roi à faire.

Quand on voit vivant dans Shakespeare le personnage de *Richard II*, conforme à l'histoire jusqu'au scrupule, on n'a aucune peine à s'expliquer ses malheurs. Irrésolu et violent, prompt à la colère et prompt au désespoir, d'une véhémence féminine, sourd aux conseils et n'écoutant que lui-même, orgueilleux comme un homme qui n'a jamais mis en doute la légitimité de ses caprices, et qui par les déductions d'une logique vicieuse est arrivé à identifier ses caprices avec le droit, parce qu'on lui a enseigné qu'il incarnait le droit en sa personne, tel nous le peint l'histoire et tel nous le peint Shakespeare. Lorsqu'il voit son droit contesté, il est encore moins indigné que terrifié d'étonnement. Il ne peut parvenir à comprendre d'où vient tant d'audace à ses ennemis, et comment ils ont la présomption de dresser la tête devant sa personne sacrée. Hélas, Richard est un solitaire. Il représente ce phénomène déplorable, le prince orphelin devenu roi, et qui à l'âge adulte et à l'âge mûr garde toujours les stigmates du malheur qui a frappé son enfance. Chose curieuse et presque risible, on peut être un orphelin adulte, et l'histoire nous a montré plusieurs fois des rois qui ont toujours conservé ce caractère fatal, Richard II, Henri VI, Louis XIII, Louis XV. Jeune il perdit son père, l'illustre Prince Noir, et son âme au lieu d'être dirigée par la sagesse et la vaillance, le fut désormais par la complaisance et la flatterie. Marié, il fut veuf de bonne heure et resta tel de longues années. Il vécut donc seul, en face de cette famille brillante et ambitieuse d'Édourd III, en face d'oncles populaires et de cousins turbulents, si près de la couronne, que chacun d'eux pouvait la croire sa propriété et était tenté d'étendre la main sur elle. Au milieu de ses flatteurs, de ses parasites, des dix mille hommes qui composaient sa maison, Richard était donc un solitaire, comme le sera tout roi qui se trouvera dans sa situation. Ce caractère a été admirablement compris par Shakespeare, qui nous montre Richard n'écoutant jamais son interlocuteur et se livrant à un monologue perpétuel et intarissable, particularité qu'on peut remarquer chez tous les solitaires. Ce détail si important du personnage de Richard est l'excuse de la seule entorse sérieuse que Shakespeare ait donnée à l'histoire dans ce drame, en faisant une épouse réelle de la reine qui était alors un enfant. Avec son sentiment profond des exigences de l'art dramatique, il a parfaitement compris que Richard, sous peine d'être un caractère presque abstrait et de laisser le spectateur ou le lecteur froid, devait être légèrement tiré de cette solitude à laquelle sa situation le condamna, devait avoir auprès de lui quelqu'un qui pleurât avec lui, qui sympathisât avec ses infortunes, qui fit partie intégrante de sa catastrophe. Absolument seul, Richard n'est qu'une curiosité psychologique; mais si nous voyons une autre créature, et celle-là innocente, enveloppée dans son infortune, si nous voyons cette créature confondre ses larmes avec les siennes, souffrir pour lui et souffrir par lui, à l'instant même les sources du pathétique vont jaillir, et Richard, au lieu de nous intéresser simplement comme un cas de psychologie, va réveiller en nous la sympathie humaine. Le problème délicat qui se présentait à Shakespeare était celui-ci : corriger sans l'effacer cette solitude du roi, et le personnage de la reine résout à merveille ce problème. Grâce à ce personnage, Richard est rattaché à la commune humanité, et en même temps sa solitude reste aussi complète que possible; la reine n'est pour ainsi dire que la lumière qui éclaire cette solitude et nous la découvre. Il est et il n'est plus seul en même temps; il n'est plus seul puisqu'il a quelqu'un pour le plaindre, et cependant ne peut-on pas dire qu'il est abandonné du monde entier, ce roi d'Angleterre, qui dans son malheur ne reçoit de témoignage de sympathie que de sa femme, frappée comme lui.

Je me trompe, il est un second personnage qui fait ressortir merveilleusement cet abandon du roi; celui du pauvre valet d'écurie qui seul parmi les sujets de Richard compatit à son sort. Ce personnage du valet d'écurie est en plus d'un sens un trait de génie admirable. Il montre entre autres choses combien Shakespeare était fidèle à l'histoire, et comment il s'entendait à la transformer sans la fausser. Ce qui a touché le plus vivement le palefrenier dans la scène de la déposition de Richard, c'est que Bolingbroke était monté sur un cheval rouan nommé *Barbary* qui était un des chevaux favoris du roi. — Et quelle attitude avait ce cheval sous le fardeau de Bolingbroke? demande Richard. — Il semblait fier de la charge qu'il portait, répond le palefrenier. Ainsi Richard a été abandonné de tous, même de ses animaux favoris, et cette ingratitude du cheval Barbary, venant après la désertion du royaume entier, nous touche plus que si elle était humaine; c'est la goutte d'eau qui fait déborder le vase, jaillir de notre cœur les sources de la compassion. Même le cheval *Barbary!* l'infortune ne peut être plus complète. Eh bien, cette touchante anecdote est historique, seulement dans l'histoire, le cheval est un lévrier, et la scène se passe à une époque qui la rend moins pathétique. En effet, nous lisons dans Froissard que lorsque le duc de Lancastre vint porter au roi Richard renfermé dans Flint Castle la proposition de se remettre prisonnier entre ses mains, un lévrier favori du roi, nommé Math, qui ne se laissait approcher de personne sauf de Richard, et qui avait l'habitude de poser ses pattes de devant sur les épaules du roi, en se levant tout droit, s'en vint au duc de Lancastre dès qu'il l'aperçut, et lui fit les caresses familières qu'il avait coutume de faire à son maître. « Le lévrier vous festoie aujourd'hui comme roi d'Angleterre, que vous serez, dit Richard, et le lévrier en a connaissance naturelle. » Dans l'histoire, l'anecdote n'est dramatique que comme un pressentiment, mais dans le drame elle est pathétique comme l'infortune irrémédiable.

Le caractère du Bolingbroke de Shakespeare est exactement celui que nous présente l'histoire, altier par nature et humble par politique, aristocrate renforcé avec ses égaux et courtisan de popularité jusqu'à la bassesse, combinant dans un rare et dangereux mélange l'audace et la prudence, résolu et louvoyant. C'est bien là l'habile nageur entre deux eaux, qui profita de la popularité que son père s'était acquise en protégeant les Lollards, et qui une fois sur le trône sut s'acquérir l'appui du clergé partagé à son endroit, en portant les lois contre les hérétiques. Sournois et légèrement faux, il avait un penchant à la vengeance froide qui ressemble à de la cruauté, et Shakespeare nous fait sentir ce trait de sa nature par la promptitude avec laquelle il fait décapiter les favoris de Richard. Déférent et respectueux jusqu'à l'obséquiosité, il enleva à Richard sa couronne, le chapeau à la main; jamais on n'a dépouillé personne avec plus d'égards et en lui faisant plus de révérences. Mais ce qui est plus inaperçu, c'est le scrupule admirable avec lequel Shakespeare a dessiné le caractère du duc d'York, l'oncle du roi et de Bolingbroke. Edmond Langley, duc d'York, était, nous disent les historiens, un prince indolent et qui abhorrait se déranger pour autre chose que la chasse ; tel nous le montre en effet Shakespeare lors de la nouvelle du débarquement de son neveu ; on ne saurait dire ce qui le trouble davantage, les dangers de l'État ou l'ennui d'être importuné. Nature inoffensive, il est bon parent, il aime le roi, (cette affection est historique, et comme Shakespeare nous la fait bien comprendre, dans le récit admirable que le duc fait à la duchesse d'York de la promenade de Richard le vaincu et du triomphant Bolingbroke à travers les rues de Londres), mais il aime aussi son neveu Hereford : entre les deux son cœur balance ; il voudrait que Richard n'eût pas tort, mais il trouve que Bolingbroke a raison, et tout en grondant, réprimandant et bougonnant, il passe du côté de Bolingbroke. C'est une des défections les plus comiques et aussi les plus naturelles que l'on puisse imaginer ; le duc d'York trahit, en accablant son neveu de reproches pour l'acquit de sa conscience, et une fois qu'il l'a bien réprimandé et appelé rebelle, il lui sourit et l'appelle roi. Rarement on a touché les ressorts invisibles et subtils de la nature humaine avec une adresse plus sûre que ne l'a fait Shakespeare dans ce personnage du duc d'York.

Quoique le drame porte pour titre *La vie et la mort du roi Richard II*, il ne comprend en réalité que les deux dernières années de Richard. Pas un mot des autres événements de son règne, des mouvements des Wycleffites, de la révolte de Wat Tyler. Ce n'est pas un panorama historique à la manière de ses drames chroniques, c'est une véritable tragédie, presque à la manière classique, dont tous les événements se rapportent à un but commun et sont resserrés dans une étroite unité. *Le roi Jean* et *Le roi Richard II* sont les seuls drames historiques de Shakespeare qui possèdent cette unité. Tous les événements du *Roi Jean* ont pour centre l'histoire d'Arthur; tous les événements du *Roi Richard II* tendent au même dénouement, la déposition de Richard; mais l'unité est plus stricte dans la seconde de ces deux pièces que dans la première.

Ce drame est écrit dans le style métaphorique à outrance qui caractérise la seconde manière de Shakespeare, et que nous avons essayé de décrire dans l'avertissement qui précède *Le Roi Jean*. Mais il est beaucoup moins précis dans sa bizarrerie que celui du *Roi Jean*; il flotte de la manière la plus étrange, tout à fait comme les nuages qui dessinent des formes en les déchirant, et se colorent de teintes aussitôt disparues qu'aperçues. Cependant ce style qui est souvent de mauvais goût, fait infiniment mieux pénétrer dans le caractère de Richard que ne le ferait un style plus sobre et plus châtié. Il n'y avait qu'un style de cette nature, excessif et alambiqué, subtil et violent, qui pût peindre ce caractère de Richard oscillant dans la même minute entre les extrêmes les plus opposés de la confiance et de la crainte, de l'arrogance et du désespoir, et qui par cela même est condamné à parler avec emphase et recherche. Supposez un homme dont l'état d'âme soit tel qu'il passe en une minute de l'éclat de rire aux averses de larmes, et

AVERTISSEMENT.

qu'il ressemble à ces jours de printemps qu'on appelle populairement des quatre saisons et où tous les temps sont mêlés à la fois, pluie, soleil, vent, froidure, (jours de fort mauvais goût et qu'un poëte ne pourrait décrire avec vérité sans quelques complications de style), et vous aurez une idée du caractère de Richard. Un style excessif pouvait donc peindre seul cette âme excessive, un style flottant et sans précision pouvait seul rendre cette âme incertaine et vacillante, et il se trouve ainsi qu'en faisant acte de mauvais goût, Shakespeare a fait encore preuve de génie, car un langage simple eût été tout à fait *inadéquat* à un pareil caractère qui appelait au contraire comme son expression naturelle un langage alambiqué. Cette observation pourra paraître paradoxale, elle n'est cependant que d'une vérité tout à fait élémentaire, pour les initiés de simple premier degré en matière de mystères poétiques. A sujet monstrueux, style monstrueux; à sujet subtil, style subtil; à caractère violent et incertain, langage excessif et flottant.

PERSONNAGES DU DRAME.

LE ROI RICHARD II.
EDMOND DE LANGLEY, DUC D'YORK, \
JEAN DE GAND, DUC DE LANCASTRE, / oncles du roi.
HENRI, surnommé BOLINGBROKE, DUC DE HEREFORD, fils de JEAN DE GAND, par la suite LE ROI HENRI IV.
LE DUC D'AUMERLE, fils du DUC D'YORK.
THOMAS MOWBRAY, DUC DE NORFOLK.
LE DUC DE SURREY.
LE COMTE DE SALISBURY.
LE COMTE DE BERKELEY.
LE COMTE DE NORTHUMBERLAND.
HENRI PERCY, son fils.
LORD ROSS.
LORD WILLOUGHBY.
LORD FITZWATER.
LE LORD MARÉCHAL ET D'AUTRES LORDS.
L'ÉVÊQUE DE CARLISLE.
L'ABBÉ DE WESTMINSTER.
SIR PIERCE D'EXTON.
SIR STEPHEN SCROOP.
BUSHY, \
BAGOT, } créatures du ROI RICHARD.
GREEN, /
UN CAPITAINE D'UNE BANDE DE GALLOIS.

LA REINE, femme de RICHARD II.
LA DUCHESSE DE GLOCESTER.
LA DUCHESSE D'YORK.
UNE DAME DE LA SUITE DE LA REINE.

LORDS, HÉRAUTS, OFFICIERS, SOLDATS, DEUX JARDINIERS, UN GEÔLIER, UN MESSAGER, UN VALET D'ÉCURIE et autres comparses.

SCÈNE. — En divers lieux de l'Angleterre et du pays de Galles.

LE
ROI RICHARD II.

ACTE I.

SCÈNE PREMIÈRE.

LONDRES. — Un appartement dans le palais

Entrent LE ROI RICHARD *et sa suite,* JEAN DE GAND *et d'autres* NOBLES.

LE ROI RICHARD. — Vieux Jean de Gand[1], vénérable Lancastre, as-tu, conformément à ta promesse et à ton serment, conduit ici Henri de Hereford, ton fils audacieux, pour prouver la vérité de cette bruyante accusation qu'il éleva dernièrement contre le duc de Norfolk, Thomas Mowbray, et que nous n'eûmes pas alors le loisir d'écouter?

JEAN DE GAND. — Oui, mon Suzerain.

LE ROI RICHARD. — Dis-moi encore, l'as-tu sondé pour savoir s'il l'accuse en vertu de quelque ancien ressentiment, ou s'il l'accuse honorablement, comme c'est le devoir de tout bon sujet, sur quelque preuve certaine de trahison?

JEAN DE GAND. — Autant que j'ai pu le pénétrer, il l'accuse sur quelque dangereuse intention dirigée contre Votre

Altesse et qu'il a découverte en lui, nullement par malice invétérée.

LE ROI RICHARD. — Alors appelez-les en notre présence : nous entendrons l'accusateur et l'accusé parler librement face contre face, front menaçant contre front menaçant (*Sortent des gens de l'escorte.*) Ils sont tous deux très-hautains et pleins de courroux, sourds comme la mer et prompts comme le feu dans leur colère.

Rentrent LES GENS DE L'ESCORTE *avec* BOLINGBROKE[2] *et* NORFOLK.

BOLINGBROKE. — Puissent de nombreuses années de jours heureux échoir à mon gracieux Souverain, mon très-affectueux Suzerain !

NORFOLK. — Puisse chacun de vos jours ajouter au bonheur du jour précédent, jusqu'à ce que le ciel envieux de l'heureux privilége de la terre ajoute un titre immortel à votre couronne !

LE ROI RICHARD. — Nous vous remercions tous deux : cependant il y en a un de vous deux qui se contente de nous flatter, ainsi qu'il ressort du motif qui vous amène devant nous, c'est-à-dire votre accusation réciproque de haute trahison. Cousin de Hereford, qu'est-ce que tu as à dire contre le duc de Norfolk, Thomas Mowbray?

BOLINGBROKE. — D'abord (que le ciel enregistre mes paroles!), je viens ici, devant cette présence princière, en qualité d'appelant, dans toute la ferveur de fidélité d'un sujet, par souci de la précieuse sécurité de mon prince et libre de tout autre motif de haine illégitime. Maintenant, Thomas Mowbray, je me tourne vers toi et remarque bien les compliments par lesquels je t'aborde ; car ce que je dis, mon corps le prouvera sur cette terre, ou mon âme divine en répondra dans le ciel. Tu es un traître et un mécréant, de trop bonne extraction pour ce que tu es et d'âme trop méchante pour mériter de vivre ; car plus beau et plus clair est le ciel, plus hideux paraissent les nuages qui courent sur sa surface. Une fois encore, pour aggraver ton signalement, je t'enfonce dans la gorge le

nom d'affreux traître, et je désire, si mon Souverain y
consent, qu'avant de sortir d'ici mon épée justement tirée
prouve ce qu'exprime ma langue.

NORFOLK. — Que les froides paroles que je vais prononcer n'accusent pas mon zèle : ce n'est pas par les procédés des disputes de femmes, par les amères clameurs de deux langues passionnées que peut être jugée la cause qui nous divise : c'est un sang bouillant qui veut être refroidi pour cette affaire. Cependant je ne peux me vanter d'avoir une patience assez disciplinée pour garder le silence et ne rien dire du tout. En premier lieu, le respect profond que j'ai pour Votre Altesse me retient de lâcher les rênes et de donner de l'éperon à mon libre discours, qui sans cela courrait à toute bride jusqu'à ce qu'il eût fait rentrer dans sa gorge augmentés du double ces mots de trahison. J'oublie sa haute naissance, son extraction royale; j'oublie qu'il est parent de mon Suzerain, et je le défie, et je crache sur lui, et je l'appelle scélérat et lâche calomniateur. Pour soutenir ces paroles, je suis prêt à le combattre, en lui accordant tous les avantages de la lutte, dussé-je pour le rencontrer escalader à pied, même les crêtes glacées des Alpes ou tout autre terrain inhabitable où jamais Anglais n'osa poser son pied. En attendant, que cette déclaration défende ma loyauté : par tout ce que j'espère, il a très-faussement menti.

BOLINGBROKE. — Lâche pâle et tremblant, je te jette ici mon gage de combat en me dépouillant de ma qualité de parent du roi et en mettant de côté ma haute extraction royale, dont tu fais un empêchement non par respect, mais par peur. Si l'effroi de ta culpabilité t'a laissé assez de force pour relever le gage de mon honneur, baisse-toi et ramasse-le; par ce gage et par toutes les autres coutumes de la chevalerie, je soutiendrai contre toi, arme contre arme, ce que j'ai avancé et ce que tu pourrais encore imaginer de pire.

NORFOLK. — Je le relève et je jure par cette épée qui gentement me frappa chevalier sur l'épaule, que je te répondrai par tout loyal combat et en toute noble épreuve

de jugement chevaleresque : et quand je serai à cheval,
puissé-je n'en pas descendre vivant, si je suis un traître
ou si je combats pour une cause injuste!

Le roi Richard. — Qu'est-ce que notre cousin met à
la charge de Mowbray? Il faudra que l'accusation soit bien
grave pour parvenir à nous donner sur lui un simple
soupçon.

Bolingbroke. — Écoutez, ce que je dis, je le prouverai
sur ma vie, et je dis que Mowbray a reçu à titre de solde
pour les soldats de Votre Altesse huit mille *nobles* qu'il a
retenus pour des usages criminels, comme un traître déloyal et un scandaleux scélérat. En outre, je dis, et je le
prouverai en combat ou ici ou ailleurs, jusqu'aux lieux
les plus éloignés que l'œil d'un Anglais ait jamais contemplés, que toutes les trahisons qui ont été complotées et
qui ont éclaté dans le royaume durant ces dix-huit dernières années, tiraient de Mowbray le déloyal leur source
et leur première impulsion. En outre, je dis, et je prouverai plus amplement sur sa vie détestable la vérité de ce
que j'avance, qu'il a comploté la mort du duc de Glocester[3], qu'il a inspiré les soupçons de ses ennemis à la
prompte crédulité, et que, par suite, comme un lâche
traître, il a fait écouler son âme innocente avec les flots
de son sang : et ce sang, semblable à celui d'Abel quand il
fut sacrifié, crie vers moi, même des cavernes muettes de
la terre pour demander justice et rigoureux châtiment, et
par la glorieuse noblesse de ma descendance, ce bras-ci
le vengera ou ma vie y restera!

Le roi Richard. — A quelle hauteur monte sa résolution! Thomas de Norfolk, que réponds-tu à ceci?

Norfolk. — Oh! que mon Souverain détourne son visage et ordonne à ses oreilles d'être sourdes un peu de
temps, jusqu'à ce j'aie prouvé à cet opprobre de sa race,
à quel point Dieu et les gens de bien détestent un si infâme menteur!

Le roi Richard. — Mowbray, nos yeux et nos oreilles
sont sans partialité : fût-il mon frère, bien plus, l'héritier de mon royaume, au lieu d'être simplement le fils du

frère de mon père, j'en fais le serment sur le respect dû à mon sceptre, une si proche parenté de notre sang sacré ne lui constituerait aucun privilége, et ne ferait incliner en rien l'inflexible fermeté de mon âme droite. Il est notre sujet, Mowbray, et tu l'es aussi ; je t'autorise à parler librement et sans crainte.

Norfolk. — Alors, Bolingbroke, tu mens par l'hypocrite canal de ta gorge, tu mens aussi bassement que ton cœur est bas ! Les trois quarts de la somme que j'avais reçus pour Calais, je les ai fidèlement distribués aux soldats de Son Altesse ; la dernière partie, je l'ai gardée sur consentement du roi, car mon souverain Seigneur était alors mon débiteur pour reliquat d'un compte considérable qui datait de l'époque où j'allai en France chercher sa reine[4]. Avale donc ce démenti. Quant à ce qui est de la mort de Glocester, je ne l'ai pas tué ; mais j'avoue à ma propre honte, que dans cette occasion, j'ai négligé d'exécuter le devoir auquel je m'étais engagé. Quant à vous, mon noble Lord de Lancastre, honorable père de mon ennemi, j'ai une fois dressé une embûche contre votre vie, et c'est un péché qui torture mon âme repentante ; mais je m'en confessai avant de recevoir ma dernière communion, et j'ai scrupuleusement demandé le pardon de Votre Grâce, qui, je l'espère, me l'a accordé. Voilà ma faute ; quant aux autres accusations, elles proviennent de la rancune d'un scélérat, d'un lâche, d'un traître très-dégénéré, et je m'en défendrai hardiment en personne. Je jette donc en échange du sien, mon gage aux pieds de ce traître outrecuidant, et je lui prouverai que je suis un loyal gentilhomme par le meilleur sang que contienne sa poitrine, ce dont j'ai si hâte, que je prie de tout mon cœur Votre Altesse de nous assigner le jour de notre épreuve judiciaire.

Le roi Richard. — Gentilshommes qu'enflamme le courroux, laissez-vous diriger par moi : purgeons cette colère sans avoir recours à la saignée : voilà ce que nous prescrivons sans être médecin. Une malignité profonde fait une trop profonde incision : oubliez, pardonnez ;

mettez fin à votre querelle et faites la paix; nos docteurs disent que le mois où nous sommes n'est pas bon pour la saignée. Mon bon oncle, que cette querelle finisse au lieu où elle a commencé; nous calmerons le duc de Norfolk; vous, calmez votre fils.

Jean de Gand. — Le rôle de pacificateur convient à mon âge : mon fils, rejette son gage au duc de Norfolk.

Le roi Richard. — Et toi, Norfolk, rejette-lui le sien.

Jean de Gand. —Eh bien, Harry, eh bien? l'obéissance te commande de ne pas m'obliger à te commander une seconde fois.

Le roi Richard. — Norfolk, rejette-lui son gage, nous te l'ordonnons; il n'y a pas à résister.

Norfolk. — C'est moi-même qui me jette à tes pieds, mon redouté Souverain. Tu peux me demander ma vie, mais non ma honte : mon devoir te doit ma vie; mais mon beau nom qui, en dépit de la mort, vivra sur mon tombeau, tu ne voudras pas le livrer en proie au noir déshonneur. Je suis ici honni, accusé, insulté, percé jusqu'au fond de l'âme par la lance envenimée de la calomnie qu'aucun baume ne peut guérir, sauf le sang de celui d'où s'exhala ce poison.

Le roi Richard. — Cette rage doit connaître le frein; donne-moi son gage, les lions domptent les léopards [5].

Norfolk. — Oui, mais ils n'effacent pas les taches de sa fourrure : prenez seulement ma honte et je rends son gage. Mon cher, cher Seigneur, le plus pur trésor que procure cette vie mortelle, est une réputation sans tache : cela détruit, les hommes ne sont que du limon doré et de l'argile peinte. Un courage hardi dans une poitrine loyale est un joyau dix fois verrouillé dans une cassette. Mon honneur est ma vie; tous deux ne font qu'une seule et même chose : enlevez-moi mon honneur et ma vie est finie. Ainsi, mon cher Suzerain, permettez-moi de prouver mon honneur; c'est par lui que je vis, et pour lui je consens à mourir.

Le roi Richard. — Cousin, rejetez le gage que vous avez reçu : commencez.

Bolingbroke. — O Dieu ! défendez mon âme d'un si hideux péché ! Dois-je paraître, cimier à bas, devant mon père ? ou bien avec la tremblante timidité d'un mendiant, vais-je m'accuser de ma fierté devant cet effronté poltron ? Avant que ma langue consente à blesser mon honneur par une telle offensante faiblesse, ou à sonner une si basse fanfare pour une telle réconciliation, mes dents couperont le servile instrument de cette palinodie craintive et le cracheront saignant, au grand déshonneur de cet homme, là où la honte a établi son domicile, c'est-à-dire au visage de Mowbray. (*Sort Jean de Gand.*)

Le roi Richard. — Nous ne sommes pas nés pour prier, mais pour commander : puisque nous ne pouvons vous rendre amis, soyez prêts, sous peine d'en répondre sur vos vies, à comparaître à Coventry le jour de saint Lambert : là vos lances et vos épées décideront le gros procès de votre haine obstinée : puisque nous ne pouvons vous réconcilier, nous verrons la justice de Dieu désigner le vrai chevalier par la victoire. — Lord maréchal, commandez à nos officiers militaires de se préparer à prendre leurs mesures pour ce combat particulier. (*Ils sortent.*)

SCÈNE II.

Londres. — Un appartement dans le palais du duc de Lancastre.

Entrent JEAN DE GAND *et* la duchesse de GLOCESTER [6].

Jean de Gand. — Hélas ! les liens du sang qui m'unissaient à Woodstock me sollicitent plus encore que vos clameurs à poursuivre les bouchers de sa vie ; mais puisque le pouvoir de réparation réside dans les mains mêmes qui ont commis le crime que nous ne pouvons réparer, remettons notre querelle à la volonté du ciel qui, lorsqu'il verra que les temps sont mûrs sur la terre, fera pleuvoir le feu de sa vengeance sur les têtes des offenseurs.

La duchesse de Glocester. — Quoi ! l'amour fraternel ne trouve pas en toi un plus vif éperon ? L'affection n'a-t-elle pas de feu vivant dans ton vieux sang ? Les sept fils d'Édouard, dont tu es un toi-même, étaient comme sept vases remplis de son sang sacré, ou comme sept belles branches issues d'un même tronc : quelques-uns de ces sept vases ont été desséchés par le cours de la nature ; quelques-unes de ces branches ont été coupées par les destins : mais Thomas, mon cher Seigneur, ma vie, mon Glocester, ce vase plein du sang sacré d'Édouard, cette branche florissante de sa très-royale racine, la main de l'envie l'a brisé et toute la précieuse liqueur a été répandue, le fer tranchant du meurtre l'a coupé et toutes les feuilles de son été se sont flétries. Ah ! Gand, son sang était le tien ; le même lit, le même ventre, la même ardeur, le même moule qui t'ont créé, l'avaient fait homme, et quoique tu vives et que tu respires, tu es cependant assassiné en lui. C'est, à beaucoup d'égards, consentir à la mort de ton père que de voir froidement la mort de ton malheureux frère, qui était la copie même de ton père. N'appelle pas cela résignation, Gand, c'est désespoir : en souffrant que ton frère soit ainsi assassiné, tu montres tout ouvert le chemin qui conduit à ta vie et tu apprends au meurtre atroce à t'égorger : ce que nous appelons résignation chez les gens de basse classe est pâle et froide lâcheté chez les cœurs nobles. Que dirai-je ? pour sauvegarder ta propre vie, le meilleur moyen est de venger la mort de mon Glocester.

Jean de Gand. — La querelle appartient à Dieu ; car c'est le substitut de Dieu, son lieutenant oint sous ses yeux mêmes qui est l'auteur de la mort de Glocester : si cette mort est injuste, que le ciel la venge, car jamais je ne lèverai contre son ministre un bras courroucé.

La duchesse de Glocester. — A qui donc, hélas ! pourrai-je adresser mes plaintes ?

Jean de Gand. — A Dieu, le champion et le défenseur de la veuve.

La duchesse de Glocester. — Eh bien alors, je le ferai.

Adieu, vieux Gand. Tu vas à Coventry pour assister au combat de notre cousin de Hereford et du sanguinaire Mowbray? O puissent les trahisons faites à mon mari guider la lance de Hereford, afin qu'elle perce la poitrine du boucher Mowbray! Ou si la mauvaise fortune veut qu'il manque la première carrière, que les péchés de Mowbray pèsent d'un poids si lourd dans son sein que, brisant les reins de son coursier fumant, ils fassent précipiter le cavalier dans l'arène, tête première, et le livrent, le misérable lâche, à mon cousin Hereford! Adieu, vieux Gand; celle qui fut naguère la femme de ton frère, doit finir sa vie avec sa compagne, la douleur.

JEAN DE GAND. — Sœur, adieu; il faut que j'aille à Coventry : aie à ton logis le même bonheur que je désire pour mon voyage!

LA DUCHESSE DE GLOCESTER. — Un mot encore, cependant; la douleur rebondit là où elle tombe, non par l'effet de sa légèreté, mais de son poids. Je prends mon congé avant d'avoir commencé à parler, car le chagrin n'a pas fini quand il semble avoir achevé. Recommande-moi à mon frère, Edmond York. Las! c'est tout. Voyons, ne pars pas ainsi : quoique ce soit tout ce que j'ai à dire, ne t'en vas pas si vite : je me rappellerai autre chose. Recommande-lui, — ô quoi? — recommande-lui de venir bien vite me visiter à Plashy. Hélas! et qu'est-ce que le bon vieux York y verra, sinon des chambres vides, des murailles dégarnies [7], des offices dépeuplés de serviteurs, des pavés qu'on ne foule plus? et pour toute bienvenue, qu'entendra-t-il, sinon mes gémissements? Par conséquent, contente-toi de me recommander à lui : qu'il ne vienne pas chez moi chercher le chagrin; le chagrin habite en tous lieux. Désolée, désolée, je vais partir; et désolée, mourir; ce dernier congé que je prends de toi arrache les larmes de mes yeux. (*Ils sortent.*)

SCÈNE III.

osfort Green, près de Coventry.

Entrent LE LORD MARÉCHAL *et* AUMERLE[8].

Le lord maréchal. — Monseigneur Aumerle, Henri Hereford est-il armé?

Aumerle. — Oui, complétement, et il brûle d'entrer en lice.

Le lord maréchal. — Le duc de Norfolk, plein d'entrain et d'ardeur, n'attend que la sommation de la trompette de l'appelant.

Aumerle. — Eh bien, en ce cas, les champions sont tout prêts et n'attendent plus que l'arrivée de Sa Majesté.

(*Fanfares de trompettes. Entrent* le roi RICHARD *qui s'assied sur un trône,* JEAN DE GAND, BUSHY, BAGOT, GREEN *et autres qui prennent leurs places respectives. Une trompette sonne et d'autres trompettes lui répondent de l'intérieur du théâtre. Alors entre* NORFOLK, *sous son armure, précédé par un* héraut.)

Le roi Richard. — Maréchal, demandez à ce champion là-bas pourquoi il est venu ici en armes : demandez-lui son nom, et procédez régulièrement à lui faire affirmer par serment la justice de sa cause.

Le lord maréchal. — Au nom de Dieu et du roi, dis-nous qui tu es et pourquoi tu viens ici sous une armure de chevalier; contre quel homme te présentes-tu et quelle est ta querelle ? parle véridiquement comme te le commandent ton titre de chevalier et ton serment, et qu'ensuite le ciel et ta valeur te défendent!

Norfolk. — Mon nom est Thomas Mowbray, duc de Norfolk; je viens ici engagé par mon serment (que le ciel préserve un chevalier de violer jamais!), afin de défendre à la fois ma loyauté et ma véracité envers Dieu, mon roi

ACTE I, SCÈNE III.

et sa postérité, contre le duc de Hereford qui m'appelle, et par la grâce de Dieu et de ce mien bras, afin de lui prouver, en défendant ma personne, qu'il est un traître envers Dieu, mon roi et moi, et que le ciel me défende comme je combats pour la vérité! (*Il prend sa position.*)

Une trompette sonne. Entre BOLINGBROKE, *sous son armure, précédé par un* HÉRAUT.

LE ROI RICHARD. — Maréchal, demandez à ce chevalier qui est là-bas en armes, qui il est et pourquoi il vient ici, ainsi revêtu des habillements de la guerre, et conformément à notre loi, faites-lui régulièrement attester sous serment la justice de sa cause.

LE LORD MARÉCHAL. — Quel est ton nom et pourquoi viens-tu ici devant le roi Richard, dans sa lice royale? Contre qui viens-tu? Quelle est ta querelle? Parle comme un véridique chevalier et puisse le ciel te défendre!

BOLINGBROKE. — Je suis Henri de Hereford, de Lancastre et de Derby, et je me présente ici en armes pour prouver dans cette arène, par la grâce de Dieu et la valeur de mon bras, sur la personne de Thomas Mowbray, duc de Norfolk, qu'il est un traître, infâme et dangereux envers le Dieu du ciel, le roi Richard et moi, et puisse le ciel me défendre comme je combats loyalement!

LE LORD MARÉCHAL. — Sous peine de mort, que personne ne soit assez audacieux ou assez effrontément téméraire pour approcher des barrières, sauf le maréchal et les officiers chargés de régler ces loyales épreuves.

BOLINGBROKE. — Lord Maréchal, laissez-moi baiser la main de mon Souverain et courber le genou devant sa majesté, car Mowbray et moi nous sommes pareils à deux hommes qui font vœu d'un long et pénible pèlerinage; permettez-nous donc de dire un affectueux adieu à nos divers amis et de prendre congé d'eux selon toutes les formes.

LE LORD MARÉCHAL. — L'appelant présente à Votre Altesse tous ses devoirs et implore la faveur de baiser votre main et de prendre congé de vous.

Le roi Richard. — Nous descendrons et nous le serrerons dans nos bras. Cousin de Hereford, si ta cause est juste, que la fortune soit avec toi dans ce combat royal ! Adieu, mon sang; si aujourd'hui tu es répandu, nous pourrons te pleurer, mais non te venger.

Bolingbroke. — Oh! que nul œil noble ne profane pour moi une larme si la lance de Mowbray fait couler mon sang; je marche à ce combat contre Mowbray, avec la confiance du faucon quand il fond sur un oiseau. Mon affectueux Seigneur, (*au Lord maréchal*), je prends congé de vous, de vous aussi, mon noble cousin, Lord Aumerle : je prends congé, non pas malade, bien que j'aie affaire avec la mort, mais jeune, vigoureux et respirant avec joie. Allons, comme aux festins d'Angleterre, je goûte au meilleur mets le dernier, afin de rendre plus douce la fin du repas. (*A Jean de Gand.*) O toi, terrestre auteur de ma vie, toi dont le courage juvénile, en moi rajeuni, me soulève d'une double vigueur pour me faire atteindre à la hauteur où est placée la victoire, augmente par tes prières la solidité de mon armure et aiguise par tes bénédictions la pointe de ma lance afin qu'elle pénètre comme cire la cotte de mailles [9] de Mowbray et que le nom de Jean de Gand reluise d'un nouvel éclat par la vaillante conduite de son fils.

Jean de Gand. — Que Dieu te fasse triomphant dans ta bonne cause ! Sois prompt comme l'éclair dans la lutte; que tes coups doublés et redoublés tombent comme un tonnerre étourdissant sur le casque de ton méchant et perfide ennemi : fais appel à ta jeune ardeur; sois vaillant et vis.

Bolingbroke. — Que mon innocence et Saint Georges me donnent la victoire. (*Il prend sa position.*)

Norfolk, *se levant.* — Quel que soit le lot que me réserve Dieu ou ma fortune, ici doit vivre ou mourir, fidèle au trône du roi Richard, un gentilhomme loyal, juste et sans tache. Jamais captif ne rejeta d'un cœur plus libre, les chaînes de son esclavage et n'embrassa le trésor de son affranchissement sans contrôle avec plus de joie que mon âme bondissante n'en éprouve à célébrer la fête de ce combat avec mon adversaire. Très-puissant Suzerain, et vous pairs, mes compagnons, recevez de ma bouche un souhait d'heureuses années. Je vais au combat alerte et joyeux comme au plaisir : la loyauté porte un cœur tranquille.

Le roi Richard. — Adieu, Milord : je reconnais dans tes yeux, de manière à ne pas m'y tromper, la vertu alliée à la valeur. Ordonnez le combat, maréchal, et commencez. (*Le roi et les Lords retournent à leurs siéges.*)

Le lord maréchal. — Henri de Hereford, de Lancastre et de Derby, reçois ta lance et que Dieu protége le droit!

Bolingbroke, *se levant*. — Fort comme une tour dans mon espérance, je réponds *Amen*.

Le lord maréchal, *à un officier*. — Allez porter cette lance à Thomas, duc de Norfolk.

Premier héraut. — Henri de Hereford, de Lancastre et de Derby, se présente ici aux noms de Dieu, de son Souverain et de lui-même, pour prouver, sous peine d'être reconnu menteur et félon, que le duc de Norfolk, Thomas Mowbray, est traître envers Dieu, son Souverain et lui, et il ose le défier au combat.

Second héraut. — Ici est présent Thomas Mowbray, duc de Norfolk, pour se défendre et prouver, sous peine d'être reconnu menteur et félon, que Henri de Hereford, de Lancastre et de Derby, est déloyal envers Dieu, son Souverain et lui, et courageusement et avec un ardent désir, il n'attend pour commencer que le signal de la trompette.

Le lord maréchal. — Sonnez, trompettes, et vous combattants, avancez. (*On sonne une charge.*) Arrêtez, le roi a jeté son bâton[10].

Le roi Richard.—Que tous deux déposent leurs heaumes et leurs lances et retournent à leurs siéges. (*Aux Lords.*) Venez conférer avec nous. Que les trompettes sonnent, pendant que nous allons annoncer à ces ducs ce que nous avons décidé.(*Longue fanfare.—Aux combattants.*)Avancez, et écoutez ce que nous avons décidé avec notre conseil. Comme la terre de notre royaume ne doit pas être souillée de ce sang précieux qu'elle a nourri; comme nos yeux détestent l'aspect des plaies civiles creusées par le tranchant d'épées concitoyennes; comme dans notre opinion, ce sont l'orgueil au vol d'aigle, aux pensées ambitieuses dont l'essor tente l'escalade du ciel, et la haine d'une envieuse rivalité qui vous excitent à réveiller notre paix doucement sommeillante dans ce berceau de notre contrée avec la suave respiration d'un enfant; comme ce tintamarre des tambours aux rauques clameurs, ce redoutable charivari des trompettes aux aigres fanfares, et ce cliquetis sonore des armes de fer entre-choquées pourraient, en la réveillant, faire fuir d'effroi l'aimable paix hors de nos frontières, et nous forcer à marcher dans le sang même de nos parents, nous vous bannissons de nos territoires : vous, cousin Hereford, sous peine de la vie, jusqu'à ce que deux fois cinq étés aient enrichi nos champs, vous ne saluerez pas nos beaux domaines, mais vous foulerez sur la terre étrangère les sentiers de l'exil.

BOLINGBROKE. — Votre volonté soit faite. Ma consolation, c'est que ce soleil qui vous échauffe ici brillera aussi sur moi, et que ces rayons d'or qu'il vous prête ici, tomberont aussi sur moi et doreront mon exil.

LE ROI RICHARD. — Pour toi, Norfolk, un arrêt plus rigoureux et que je prononce quelque peu à contre-cœur t'est réservé. Les heures à la marche invisiblement lente ne détermineront pas le terme indéfini de ton dur exil. Je prononce contre toi, sous peine de ta vie, cette parole sans espoir : « Ne reviens jamais. »

NORFOLK. — Une dure sentence, mon tout-puissant Suzerain, et fort inattendue de la bouche de Votre Altesse. J'avais mérité de recevoir des mains de Votre Altesse une meilleure récompense que ce coup cruel qui me rejette errant dans l'espace. Le langage que j'ai appris ces quarante dernières années, mon anglais natal, il me faut l'oublier maintenant : maintenant ma langue ne m'est pas d'une plus grande utilité qu'une viole ou une harpe sans cordes ; elle doit être maintenant comme un bon instrument fermé dans son étui, ou qui, s'il en est tiré, est mis entre des mains qui ne savent pas le toucher pour en tirer l'harmonie. Vous avez emprisonné ma langue au dedans de ma bouche derrière les doubles grilles de mes dents et de mes lèvres, et le geôlier qui doit prendre soin de moi, c'est la stupide, insensible, stérile ignorance. Je suis trop vieux maintenant pour cajoler une nourrice, trop avancé en âge pour devenir un écolier : qu'est-ce donc que ta sentence, sinon une mort muette qui vole à ma bouche les paroles qu'elle exhalait avec son souffle depuis ma naissance ?

Le roi Richard. — Il ne te sert en rien d'en appeler à notre compassion ; après notre sentence les plaintes viennent trop tard.

Norfolk. — Ainsi donc, je me retire de la lumière de mon pays pour habiter les ombres solennelles de la nuit éternelle. (*Il fait un mouvement pour se retirer.*)

Le roi Richard. — Reviens ici et emporte avec toi ce serment que tu vas prononcer. Posez sur notre épée royale vos mains proscrites[11], et jurez sur le service que vous devez à Dieu (celui que vous nous devez nous l'exilons avec vous), de tenir le serment que nous vous déférons. Jurez, — et que la loyauté et Dieu vous aident à tenir cette promesse, — de ne jamais chercher dans l'exil l'affection l'un de l'autre, de ne jamais vous regarder en face l'un l'autre, de ne jamais vous écrire, vous resaluer, ni vous réconcilier, de ne jamais changer en accalmie la tempête hautaine de votre haine soulevée dans votre pays, de ne jamais vous rencontrer par dessein prémédité, pour conspirer, intriguer ou machiner quelque mal contre nous, notre pouvoir, nos sujets ou notre royaume.

Bolingbroke. — Je jure.

Norfolk. — Et moi, je jure d'observer toutes ces conditions.

Bolingbroke. — Norfolk, je m'adresse à toi, autant qu'il m'est permis de m'adresser à mon ennemi : en ce moment, si le roi nous avait laissé faire, une de nos âmes serait errante dans les airs, bannie de ce fragile sépulcre de notre chair, comme notre chair est maintenant bannie de ce pays. Confesse tes trahisons avant de fuir ce royaume; puisque tu as loin à aller, n'emporte pas avec toi le lourd fardeau d'une âme coupable.

NORFOLK. — Non, Bolingbroke, si jamais je fus traître, puisse mon nom être effacé du livre de vie et puissé-je être banni du ciel, comme je suis banni d'ici! mais ce que tu es, nous le savons, Dieu, toi et moi, et le roi, je le crains, n'aura que trop tôt à se repentir. Adieu, mon Suzerain; désormais je ne puis m'égarer, le monde entier est ma route, sauf pour revenir en Angleterre. (*Il sort.*)

LE ROI RICHARD. — Oncle, je vois l'affliction de ton cœur dans le miroir de tes yeux; l'expression de ta tristesse a retranché quatre années de son exil. (*A Bolingbroke.*) Lorsque six hivers glacés se seront écoulés, reviens de ton exil le bienvenu dans ta patrie.

BOLINGBROKE. — Quel long laps de temps peut tenir dans une petite parole! Quatre traînants hivers et quatre folâtres printemps s'envolent avec un seul mot; telle est la puissance de la parole des rois.

JEAN DE GAND. — Je remercie mon Suzerain, puisque, à ma considération, il abrége de quatre années l'exil de mon fils; mais je retirerai de cela peu d'avantage, car avant que les six années qu'il doit passer en exil aient eu le temps de changer leurs lunes et de ramener leurs saisons, ma lampe vide d'huile et ma flamme épuisée par l'âge seront éteintes par la vieillesse et la nuit éternelle: ce pouce de flambeau sera brûlé et consumé, et la mort aveugle ne me permettra pas de revoir mon fils.

LE ROI RICHARD. — Allons donc, oncle, tu as encore bien des années à vivre.

JEAN DE GAND. — Mais pas une seule minute que tu puisses me donner, roi: tu peux abréger mes jours par le chagrin morose et me retirer des nuits, mais tu ne peux me prêter un matin; tu peux aider le temps à labourer mon visage des sillons de l'âge, mais tu ne peux arrêter les progrès d'une seule ride. Ta parole peut concourir à ma mort avec le temps ; mais une fois mort, ton royaume ne pourrait racheter ma vie.

Le roi Richard. — Ton fils a été banni après mûre délibération, et ta bouche a eu part au verdict. Pourquoi donc, alors, as-tu semblé approuver notre justice?

Jean de Gand. — Les choses douces au goût sont souvent d'aigre digestion. Vous m'avez pressé d'être juge ; mais j'aurais préféré que vous m'eussiez ordonné de plaider comme un père. Oh! s'il avait été un étranger et non mon enfant, j'aurais été plus doux pour excuser sa faute : j'ai cherché à éviter le reproche de partialité, et j'ai détruit ma propre vie par cette sentence. Hélas! j'attendais que quelques-uns d'entre vous me dissent que j'étais trop sévère, de me défaire ainsi de mon enfant; mais vous avez donné permission à ma langue récalcitrante de me faire ce tort contre ma volonté.

Le roi Richard. — Adieu, cousin. Oncle, ordonne-lui de tenir sa promesse. Nous le bannissons pour six ans et il partira. (*Sortent le roi Richard et sa suite. Fanfares.*)

Aumerle. — Adieu, cousin, que des lieux où vous habiterez vos lettres nous apprennent ce que votre personne ne pourra plus nous faire savoir.

Le lord maréchal. — Monseigneur, je ne prends pas congé de vous, car je chevaucherai à vos côtés jusqu'à ce que nous soyons au bout de ce royaume.

Jean de Gand. — Oh! pourquoi donc économises-tu tes paroles et ne réponds-tu pas aux adieux de tes amis?

Bolingbroke. — J'ai trop peu de paroles pour prendre congé de vous, et cependant ma langue devrait au contraire se montrer prodigue de ses fonctions pour exhaler l'abondante douleur de mon cœur.

Jean de Gand. — Le sujet de ton chagrin n'est qu'une absence temporaire.

Bolingbroke. — Quand la joie est absente, le chagrin est présent tout le temps.

Jean de Gand. — Que sont six hivers? ils sont bien vite écoulés.

BOLINGBROKE. — Oui, pour les hommes qui sont dans la joie ; mais le chagrin fait dix heures d'une seule.

JEAN DE GAND. — Appelle cet exil un voyage que tu fais par plaisir.

BOLINGBROKE. — Mon cœur qui sent trop que c'est un pèlerinage forcé soupirera lorsqu'il lui donnera ce nom qui n'est pas le sien.

JEAN DE GAND. — Regarde le cercle morose que parcourront tes pas fatigués comme une monture où tu devras placer le précieux joyau de ton retour.

BOLINGBROKE. — Oh plutôt, chacune des ennuyeuses enjambées que je ferai me rappellera par quelle distance je serai séparé des joyaux que j'aime. Il me faudra faire le long apprentissage des routes de l'étranger, et lorsque enfin j'aurai ma liberté, de quoi pourrai-je me vanter, sinon d'avoir été un homme de peine au service de la douleur ?

JEAN DE GAND. — Toutes les places que visite l'œil du ciel sont pour un homme sage des ports et des havres heureux. Apprends à la nécessité que tu subis à considérer qu'il n'est pas de vertu supérieure à la nécessité. Persuade-toi que c'est toi qui as banni le roi, et non pas que c'est le roi qui t'a banni : le malheur pèse d'un poids d'autant plus lourd qu'il s'aperçoit qu'il est plus faiblement supporté. Va, dis-toi que c'est moi qui t'ai envoyé conquérir l'honneur, et non pas que le roi t'a exilé ; ou bien suppose qu'une peste dévorante flotte dans notre air et que tu fuis vers un climat plus pur. Écoute, que tout ce que ton âme tient pour précieux, ton imagination sache l'attribuer aux lieux où tu vas et non pas aux lieux d'où tu viens. Suppose que les oiseaux chanteurs sont des musiciens, que le gazon que tu fouleras est la chambre royale ornée de nattes, que les fleurs sont de belles dames et que tes pas ne sont qu'une mesure voluptueuse ou une danse ; car le hargneux chagrin a moins de pouvoir pour mordre l'homme qui le raille et le porte légèrement.

BOLINGBROKE. — Oh ! qui donc peut tenir du feu dans sa main et se croire sur le Caucase glacé ? Qui peut émousser le tranchant aigu de l'appétit par la simple imagination d'un festin? ou se rouler tout nu dans la neige de décembre, en pensant à la chaleur d'un été imaginaire? Oh! non, la connaissance du bien ne fait que plus fortement sentir le mal : la dent du cruel chagrin n'est jamais plus venimeuse que lorsqu'elle mord sans faire saigner la blessure.

Jean de Gand. — Viens, viens, mon fils, je vais te mettre sur ton chemin : si j'avais ta jeunesse et ta cause, je ne voudrais pas rester.

Bolingbroke. — Eh bien, adieu, sol d'Angleterre; adieu, douce terre, ma mère, ma nourrice qui me portes encore ; en quelque lieu que je sois errant, je pourrai me vanter d'être, quoique banni, un véritable Anglais. (*Ils sortent.*)

SCÈNE IV.

Un appartement dans le palais du roi.

Entrent le roi RICHARD, BAGOT *et* GREEN. AUMERLE *entre après eux.*

Le roi Richard. — Nous l'avons remarqué. — Cousin Aumerle, avez-vous conduit sur sa route le hautain Hereford ?

Aumerle. — J'ai conduit le hautain Hereford, puisque vous l'appelez ainsi, jusqu'à la première grande route seulement et je l'ai quitté là.

Le roi Richard. — Et, dites-moi, a-t-il été versé au départ abondance de larmes ?

Aumerle. — Ma foi, pas une seule de ma part, si ce n'est que le vent du nord-est, qui nous soufflait alors aigrement au visage, a réveillé le flux lacrymal endormi et a ainsi attendri d'une larme nos secs adieux.

Le roi Richard. — Qu'a dit notre cousin lorsqu'il s'est séparé de vous?

Aumerle. — « Adieu, » mais comme mon cœur refusait

à ma langue le droit de profaner un tel mot, cela m'a fourni le moyen de contrefaire l'accablement d'un si grand chagrin, que les paroles semblaient ensevelies dans le tombeau de ma douleur. Ma foi, si ce mot *adieu* avait pu allonger les heures et ajouter des années à son court exil, il aurait eu un volume d'*adieux;* mais comme cela ne se pouvait pas, il n'en a eu aucun de moi.

Le roi Richard. — Il est notre cousin, cousin; mais il est douteux que lorsque le temps le rappellera de l'exil dans ses foyers, notre parent revienne voir ses amis. Nous-même, Bushy, et Bagot et Green ici présents, nous avons observé sa courtoisie envers le bas peuple : nous avons remarqué l'humble et familière politesse par laquelle il semblait vouloir pénétrer dans son cœur; nous avons vu la déférence qu'il jetait en pâture aux manants, faisant la cour à de pauvres artisans par l'artifice de ses sourires et la tenue de sa résignation dans la mauvaise fortune, comme s'il avait voulu mener en exil leur affection avec lui. Il a tiré son bonnet à une marchande d'huîtres, et deux charretiers qui lui avaient souhaité la protection de Dieu pour son exil, ont obtenu le tribut de son souple genou, avec des «je vous remercie, mes compatriotes, mes affectueux amis, » tout comme si notre Angleterre était son héritage et qu'il fût au premier degré l'espérance de nos sujets.

Green. — Bon, il est parti; que ces pensées s'en aillent avec lui. Maintenant, aux rebelles qui se sont levés en Irlande : il faut agir promptement, mon Suzerain, avant qu'un plus long sursis ne leur fournisse de plus grands moyens pour leur succès et la ruine de Votre Majesté.

Le roi Richard. — Nous irons en personne à cette guerre, et comme nos coffres, par suite d'une trop grande magnificence et de trop libérales largesses sont devenus quelque peu légers, nous sommes obligés d'affermer notre domaine royal. Le revenu de cette ferme nous fournira les moyens de faire face aux affaires qui nous sont survenues. Si cela ne suffit pas, nos lieutenants, à l'intérieur, obtiendront des blancs seings par lesquels ils pourront taxer à de fortes sommes d'or ceux qu'ils connaîtront pour riches [12], et ils nous enverront ces sommes pour faire face à nos besoins; car nous allons partir pour l'Irlande immédiatement.

Entre BUSHY.

Le roi Richard. — Quelles nouvelles, Bushy?

Bushy. — Le vieux Jean de Gand est dangereusement malade, Monseigneur; il a été attaqué subitement, et il a envoyé en toute hâte pour supplier Votre Majesté d'aller le voir.

Le roi Richard. — Où est-il?

Bushy. — A Ely-House.

Le roi Richard. — Grand Dieu, mettez maintenant dans la tête de ses médecins la pensée de le conduire immédiatement à sa tombe! La garniture de ses coffres nous fera des habits pour nos soldats dans ces guerres d'Irlande. Venez, Messieurs, allons tous le visiter : prions Dieu qu'en faisant toute diligence nous arrivions encore trop tard!

Tous ensemble. — *Amen.* (*Ils sortent.*)

ACTE II.

SCÈNE PREMIÈRE.

Londres. — Un appartement dans Ely-House.

JEAN DE GAND *sur une couche;* le duc D'YORK [1]
et autres autour de lui.

Jean de Gand. — Le roi viendra-t-il, afin que je puisse

exhaler mon dernier souffle en conseils salutaires pour sa jeunesse légère?

LE DUC D'YORK. — Ne vous tourmentez pas et ne fatiguez pas votre souffle, car c'est en vain qu'on adresse des conseils à son oreille.

JEAN DE GAND. — Oh! oui, mais on dit que les voix des mourants forcent l'attention comme une profonde harmonie : lorsque les paroles sont rares, elles sont rarement dépensées en vain ; car ils exhalent la vérité ceux qui exhalent leurs paroles dans la souffrance. Celui qui bientôt ne pourra plus rien dire est plus écouté que ceux qui sont poussés à bavarder par la jeunesse et le bonheur ; on remarque plus les morts des hommes que leurs vies ; de même que le dernier goût des mets est le plus doux, ainsi le coucher du soleil, les derniers accents de la musique s'impriment plus fortement dans le souvenir que les choses depuis longtemps passées, et quoique Richard n'eût pas voulu écouter les conseils de ma vie, l'austère discours de mon agonie pourra peut-être ouvrir ses oreilles sourdes.

LE DUC D'YORK. — Non, elles sont remplies par d'autres sons plus flatteurs, par exemple les louanges sur sa puissance : puis il y a les chansons lascives dont l'oreille de la jeunesse écoute toujours le son empoisonné ; puis le récit des modes courantes dans la fière Italie[2] dont notre nation tardivement singeresse suit les manières clopin-clopant par basse imitation. Quelle est la vanité qu'enfante n'importe quel coin du monde, aussi vile qu'elle soit, pourvu qu'elle soit nouvelle, qui ne soit chuchotée bien vite à son oreille? Là où la volonté est en lutte avec le bon sens, les conseils arrivent trop tard pour être écoutés : n'essayez pas de diriger celui qui prétend choisir son chemin lui-même. Tu manques de souffle et tu veux perdre celui qui te reste?

JEAN DE GAND. — Il me semble que je suis un prophète nouvellement inspiré, et voici en expirant ce que je prédis de lui. La flamme fougueuse et précipitée de ses désordres ne peut durer longtemps, car les feux violents se consument vite; les petites pluies durent longtemps, mais les tempêtes soudaines sont courtes; il s'essouffle bien vite, celui qui trop chaudement éperonne; la nourriture avalée avec trop d'empressement étrangle le mangeur; la vanité légère, cormoran insatiable, lorsqu'elle a consumé toutes ses ressources, fait proie d'elle-même. Ce trône royal de rois, cette île porte-sceptre, cette terre de majesté, ce siége de Mars, cet autre Éden, ce demi-paradis, cette forteresse que la nature s'est bâtie à elle-même contre l'invasion³ et la violence de la guerre, cette florissante pépinière d'hommes, ce petit univers, cette pierre précieuse enchâssée dans la mer d'argent qui lui rend le service d'un rempart ou celui d'un fossé de défense autour d'un château, contre l'envie de pays moins heureux; ce coin béni, cette terre, ce royaume, cette Angleterre, cette matrice féconde de rois souverains, redoutés pour leur race, fameux par leur naissance, renommés par les exploits que, pour le service de la foi chrétienne et de la vraie chevalerie, ils ont portés loin de leur patrie, jusqu'aux lieux où dans l'opiniâtre Judée s'élève le sépulcre, rançon du monde, du fils de la bienheureuse Marie; le pays de ces chères âmes, ce cher, cher pays, cher pour sa réputation à travers le monde, est maintenant affermé, — ah! prononcer de telles paroles me tue! — comme un petit fief ou une misérable ferme⁴: cette Angleterre entourée par la mer triomphante et dont les rivages de rochers repoussent les assauts jaloux de l'humide Neptune, est maintenant enchaînée honteusement par des liens de parchemins pourris et tachés d'encre; cette Angleterre qui avait coutume de conquérir les autres peuples a fait une honteuse conquête d'elle-même. Oh! si ce scandale pouvait finir avec ma vie, combien heureuse serait ma mort prochaine!

Entrent LE ROI RICHARD, LA REINE, AUMERLE, BUSHY, GREEN, BAGOT, ROSS *et* WILLOUGHBY.

LE DUC D'YORK. — Le roi est arrivé : agissez doucement avec sa jeunesse, car les jeunes et chauds étalons, quand on les irrite, n'en sont que plus rétifs.

La reine. — Comment se porte Lancastre, notre noble oncle?

Le roi Richard. — Allons, courage, mon homme. Comment se porte le vieux Gand?

Jean de Gand. — Oh! comme ce nom convient bien à mon état! Je suis un vieux gant, en vérité, je n'ai plus que la peau à force d'être vieux : le chagrin a gardé en moi un jeûne fatigant, et qui peut s'abstenir de manger sans se réduire à n'être qu'une peau? J'ai longtemps veillé sur l'Angleterre endormie : les veilles engendrent la maigreur et la maigreur n'est que peau : le bonheur dont certains pères se repaissent, je veux dire les regards de mes enfants, j'en jeûne strictement, et c'est par ce jeûne que tu m'as réduit à l'état de gant; je suis un parchemin bon pour la tombe, sec comme la tombe, dont le ventre creux n'hérite de rien que d'os.

Le roi Richard. — Des malades peuvent-ils donc jouer si spirituellement sur leurs noms?

Jean de Gand. — Non, mais la misère se plaît à se moquer d'elle-même : puisque tu cherches à tuer mon nom en moi, je me raille de mon nom pour te flatter, grand roi.

Le roi Richard. — Est-ce que les mourants flattent ceux qui doivent vivre?

Jean de Gand. — Non, non, ce sont les vivants qui flattent ceux qui meurent.

Le roi Richard. — Et cependant toi qui es en train de mourir, tu dis que tu me flattes.

Jean de Gand. — Oh! non, c'est toi qui meurs, quoique je sois le plus malade.

Le roi Richard. — Je suis en santé, je respire et je te vois malade.

Jean de Gand. — Celui qui m'a créé sait combien je te vois malade; je te vois avec la vue d'un malade et je te vois malade. Ton lit de mort n'est rien moins que le pays où est couchée malade ta réputation, et toi, trop insoucieux patient que tu es, tu remets ton corps sacré aux soins de ces médecins qui les premiers te blessèrent. Dans le cercle de ta couronne qui n'est pas plus large que ta tête, mille flatteurs trouvent moyen de se mouvoir, et cependant le mal qui se commet dans ce petit espace n'embrasse pas moins que tout le pays. Oh! si ton grand-père, d'un œil prophétique, avait vu comment le fils de son fils ruinerait ses fils, il aurait mis ta honte hors de ta portée, en te déposant avant que tu possédasses le trône que tu es possédé maintenant de déposer. Oh! neveu, quand tu serais régent du monde, ce serait une honte d'affermer ce pays; mais quand tout ton univers consiste dans ce pays, n'est-ce pas une action plus que honteuse de l'humilier ainsi? Tu es maintenant le propriétaire exploiteur de l'Angleterre, tu n'en es pas le roi: ton pouvoir qui crée la loi s'est rendu l'esclave de la loi, et toi....

Le roi Richard. — Et toi, lunatique à l'esprit affaibli, qui te prévaux du privilége de la maladie, as-tu l'audace de permettre à tes admonitions glacées de faire pâlir nos joues et d'exciter la fureur à chasser notre sang royal de sa résidence native? Vraiment, par la très-royale majesté de mon trône, si tu n'étais pas le frère du fils du grand Édouard, cette langue qui roule si rondement au dedans de ta tête ferait rouler ta tête de tes insolentes épaules.

Jean de Gand. — O fils de mon frère Édouard, ne m'épargne pas sous ce prétexte que j'étais le fils de son père Édouard; semblable au pélican, tu as déjà soutiré de ce sang et tu t'en es soûlé dans tes orgies. Mon frère Glocester, âme honnête et d'intentions droites, — puisse-t-il être au ciel parmi les âmes bienheureuses! — peut prouver et témoigner qu'il t'en coûte peu de répandre le sang d'Édouard: unis-toi à la maladie qui m'accable en ce moment, et que ta cruauté, tranchante comme la faux de la vieillesse, abatte d'un seul coup une fleur depuis trop longtemps desséchée. Vis dans ta honte, mais puisse ta honte ne pas mourir avec toi! Que ces mots soient à jamais tes bourreaux! Portez-moi à mon lit et de là à ma tombe ; qu'ils chérissent la vie ceux qui y possèdent affection et honneur ! (*Il sort porté par ses gens.*)

Le roi Richard. — Et que ceux-là meurent qui possèdent vieillesse et radotage ; tu possèdes les deux et tu appartiens deux fois à la tombe.

Le duc d'York. — Je conjure Votre Majesté d'imputer ses paroles au délire de la maladie et de la vieillesse : il vous aime, sur ma vie, et vous tient pour aussi cher que vous tiendrait pour cher, Harry, duc de Hereford, s'il était ici.

Le roi Richard. — C'est juste, vous dites vrai : telle l'affection de Hereford, telle aussi la sienne, et la mienne répond à la leur ; que les choses soient ce qu'elles sont.

Entre NORTHUMBERLAND.

Northumberland. — Mon Suzerain, le vieux Gand se recommande à Votre Majesté.

Le roi Richard. — Que dit-il ?

Northumberland. — Rien, vraiment, tout est dit : sa langue est maintenant un instrument sans cordes ; paroles, vie et tout, le vieux Lancastre a tout épuisé.

Le duc d'York. — Puisse York être le premier qui fasse ainsi banqueroute ! quoique la mort soit pauvre, elle met fin à la misère mortelle.

Le roi Richard. — Le fruit le plus mûr est celui qui tombe le premier, et ainsi fait-il, lui. Son temps est fini ; nous, il nous faut continuer notre pèlerinage : mais, assez là-dessus. Maintenant, à nos guerres d'Irlande : il nous faut vaincre ces barbares Kernes à la chevelure ébouriffée, les seuls êtres venimeux qui vivent dans un pays où rien de venimeux n'a le privilége de vivre [5], et comme ces grandes affaires entraînent des charges, nous nous saisissons pour nos besoins, de l'argenterie, de la monnaie, des revenus et des meubles qui étaient en la possession de notre oncle Jean de Gand.

Le duc d'York. — Combien de temps garderai-je patience ? Combien de temps l'affectueux dévouement me forcera-t-il à souffrir l'injustice ? Ni la mort de Glocester,

ni le bannissement de Hereford, ni les affronts faits à
Gand, ni les maux particuliers de l'Angleterre, ni les
empêchements mis au mariage du pauvre Bolingbroke [6],
ni ma propre disgrâce, n'ont jamais donné une expression d'aigreur à mon visage calme, ni ridé mon front
d'un seul pli de mécontentement en face de mon Souverain. Je suis le dernier des fils du noble Édouard,
dont ton père, le prince de Galles, était l'aîné. Jamais
lion ne fut plus impétueux dans la guerre, jamais gentil
agneau ne fut plus doux dans la paix que ce jeune et
princier gentilhomme. Tu as son visage, car tel il était
lorsqu'il comptait le nombre de tes heures; mais lorsqu'il
fronçait le sourcil, c'était contre les Français et non
contre ses amis; sa noble main avait conquis ce qu'elle
dépensait et ne dépensait pas ce qu'avait conquis la
main triomphante de son père : ses mains étaient rouges
du sang des ennemis de sa race, mais étaient pures du
sang de ses parents. O Richard! York a été emporté
trop loin par la douleur; sans cela il n'aurait jamais
voulu vous comparer.

LE ROI RICHARD. — Qu'est-ce, mon oncle, qu'y a-t-il?

LE DUC D'YORK. — Oh! mon Suzerain, pardonnez-moi,
s'il vous plaît; sinon, prenant mon parti de n'être pas pardonné, je me tiens pour satisfait. Cherchez-vous donc à
saisir et à accaparer entre vos mains les titres et les
droits du banni Hereford? Gand n'est-il pas mort,
et Hereford n'est-il pas vivant? Gand n'était-il pas un
homme juste, et Harry n'est-il pas loyal? Est-ce que le
premier ne méritait pas d'avoir un héritier, et son héritier n'est-il pas un fils bien méritant? Enlève à Hereford ses droits et au temps ses priviléges et ses titres
traditionnels; fais que demain ne succède pas à aujourd'hui; renonce à être ce que tu es, car comment
es-tu roi si ce n'est par légitime hérédité et par succession? Maintenant, devant Dieu, — et Dieu défende que
je dise vrai! — si vous saisissez injustement les droits
de Hereford, si vous révoquez les lettres patentes qui lui
donnent droit de revendiquer son héritage par l'entremise

de ses mandataires[7], et si vous lui niez l'hommage qu'il vous a rendu, vous amassez mille dangers sur votre tête, vous perdez un nombre infini de cœurs bien disposés, et vous aiguillonnez mon affectueuse patience à des pensées auxquelles l'honneur et l'allégeance ne voudraient pas donner accès.

Le roi Richard. — Pensez ce que vous voudrez : nous nous saisissons de son argenterie, de ses biens, de sa monnaie et de ses terres.

Le duc d'York. — Je ne resterai pas ici pour être témoin de cela. Adieu, mon Suzerain ; ce qui résultera d'une telle chose, nul ne peut le dire ; mais on peut comprendre que de mauvaises mesures il ne peut sortir de bons résultats. (*Il sort.*)

Le roi Richard. — Va, Bushy, va tout droit trouver le comte de Wiltshire ; ordonne-lui de venir nous rejoindre à Ely House pour expédier cette affaire. Dès demain matin, nous partirons pour l'Irlande ; et il n'est que temps, je crois. En notre absence, nous créons Lord gouverneur d'Angleterre, notre oncle York ; car il est juste, et nous a toujours beaucoup aimé. Venez, notre reine : demain, il nous faudra nous séparer ; soyons gais, car le temps qu'il nous reste à passer ensemble est court. (*Fanfares. Sortent le roi, la reine, Aumerle, Bushy, Green et Bagot.*)

Northumberland. — Eh bien, Milords, le duc de Lancastre est mort ?

Ross[8]. — Et vivant aussi, car maintenant son fils est duc.

Willoughby[9]. — Simplement par le titre, mais non par le revenu.

Northumberland. — Il le serait opulemment des deux façons, si la justice avait ses droits.

Ross. — Mon cœur est gros, mais il se brisera à force de silence, avant qu'il ne se soulage par les libertés de ma langue.

Northumberland. — Voyons, exprime ta pensée, et qu'il perde à jamais la parole celui qui répétera tes paroles pour te nuire.

WILLOUGHBY. — Ce que tu avais à dire a-t-il rapport au duc de Hereford? S'il en est ainsi, parle hardiment, ami; mon oreille a soif d'entendre parler de lui pour son bien.

Ross. — Je ne puis rien du tout pour son bien, à moins que vous n'appeliez un bien, l'action de le plaindre d'être ainsi dépouillé et châtré de son patrimoine.

NORTHUMBERLAND. — Par le nom de Dieu, c'est une honte que de telles injustices lui soient faites, à lui, un prince royal, et à beaucoup d'autres de sang noble, dans ce pays en décadence. Le roi ne s'appartient pas à lui-même, mais il est bassement mené par ses flatteurs, et ce dont ils accuseront n'importe lequel de nous par pure haine, le roi le poursuivra successivement contre chacun de nous, contre nos vies, nos enfants et nos héritiers.

Ross. — Il a pillé les Communes par des taxes énormes, et il a presque perdu leur affection : il a imposé des amendes aux nobles pour d'anciennes querelles, et il a presque perdu leur affection.

WILLOUGHBY. — Et chaque jour de nouvelles exactions sont inventées, telles que blancs seings, dons de bienveillance, et je ne sais quoi encore ; mais, au nom de Dieu, où tout cela passe-t-il ?

NORTHUMBERLAND. — Ce ne sont pas les guerres qui l'ont dévoré, car au lieu de faire la guerre, il a bassement cédé par compromis ce que ses nobles ancêtres avaient acquis par la lutte. Il a dépensé dans la paix plus qu'eux dans la guerre.

Ross. — Le comte de Wiltshire tient le royaume à ferme.

WILLOUGHBY. — Le roi est en banqueroute comme un homme ruiné.

NORTHUMBERLAND. — L'opprobre et la ruine sont suspendus au-dessus de sa tête.

Ross. — Et cependant, malgré ses lourdes taxes, il n'a d'argent pour ces guerres irlandaises que par le vol du duc banni....

NORTHUMBERLAND. — Son noble parent. O roi très-dégénéré ! Mais, Lords, nous entendons siffler cette terrible tempête, et cependant nous ne cherchons pas d'asile pour éviter l'ouragan ; nous voyons le vent enfler nos voiles d'une manière menaçante, et cependant nous ne luttons pas et nous nous laissons tranquillement sombrer.

Ross. — Nous voyons le naufrage même où nous devons périr, et pour avoir laissé naître les causes de ce naufrage, le danger est maintenant devenu inévitable.

Northumberland. — Non pas : j'aperçois la vie qui regarde, même au travers des orbites creux de la mort ; mais je n'oserais dire à quelle distance sont de nous les nouvelles qui doivent nous apporter espoir.

Willoughby. — Voyons, fais-nous part de tes pensées, comme nous te faisons part des nôtres.

Ross. — Parle avec confiance, Northumberland : nous trois ne faisons qu'un avec toi; en parlant ouvertement, tes paroles restent à l'état de pures pensées : par conséquent, parle hardiment.

Northumberland. — Voici donc les choses. De Port Le Blanc, une baie de Bretagne, j'ai reçu avis que Harry, duc de Hereford, Reignold, Lord Cobham, qui s'est échappé dernièrement de la surveillance du duc d'Exeter[10], son frère, le ci-devant archevêque de Cantorbéry[11], Sir Thomas Erpingham, Sir John Ramston, Sir John Norbery, Sir Robert Waterton et Francis Quoint, tous bien équipés par le duc de Bretagne, avec huit grands vaisseaux et trois mille hommes de guerre, se rendent ici en toute diligence et comptent toucher prochainement nos rivages du Nord. Peut-être y seraient-ils déjà, s'ils n'avaient pas attendu le départ du roi pour l'Irlande. Si donc nous voulons secouer le joug de notre esclavage, remplumer l'aile meurtrie de notre patrie languissante, racheter de l'usure notre couronne ternie, nettoyer la poussière qui cache l'or de notre sceptre et rendre à la majesté souveraine son aspect naturel, en poste avec moi pour Ravenspurg : mais si vous n'osez pas, retenus par la crainte, restez et gardez le silence ; moi j'irai.

Ross. — A cheval! à cheval! parle de tes doutes à ceux qui ont peur.

Willoughby. — Que mon cheval tienne bon et je serai là-bas le premier. (*Ils sortent.*)

SCÈNE II.

Londres. — Un appartement dans le palais.

Entrent LA REINE, BUSHY *et* BAGOT.

Bushy. — Madame, Votre Majesté est beaucoup trop triste; vous avez promis, lorsque vous vous êtes séparée du roi, de vous éloigner de cette mélancolie qui attriste la vie et d'ouvrir votre cœur aux dispositions joyeuses.

La reine. — Je l'ai promis pour plaire au roi; mais si je veux me plaire à moi-même, je ne puis tenir ma promesse; pourtant je ne me connais aucune raison de souhaiter la bienvenue à un hôte comme le chagrin, si ce n'est l'adieu qu'il m'a fallu adresser à un aussi cher hôte que mon cher Richard. Et cependant il me semble que quelque douleur non encore née, mais déjà toute formée dans le sein de la fortune, se prépare à venir me trouver; au dedans de moi, mon âme tremble de je ne sais quoi; elle s'afflige de ce quelque chose plus encore que de sa séparation d'avec mon Seigneur le roi.

Bushy. — La substance de tout chagrin a vingt reflets qui ressemblent au chagrin lui-même, mais qui ne sont pas lui; car l'œil du chagrin égaré dans sa faculté de vision par les larmes aveuglantes, divise une même chose entre divers objets, pareil à ces peintures en perspective[12] qui regardées en face ne présentent rien que confusion, mais qui regardées de côté laissent distinguer des formes séparées : c'est ainsi que Votre Majesté, considérant de côté le départ de votre Seigneur, découvre dans ce départ mille motifs de gémir, outre l'absence de sa personne; mais ces motifs, considérés dans leur réalité, ne sont que des ombres de ce qui n'est pas. Ainsi, trois fois gracieuse reine, ne pleurez pas pour autre chose que pour le départ de votre Seigneur, car il n'existe pas pour vous d'autre chagrin; ou s'il en existe, c'est par le fait de l'illusion trompeuse de votre œil en larmes qui pleure sur des choses imaginaires comme sur des choses réelles.

La reine. — Il se peut qu'il en soit ainsi; cependant mon âme me persuade au dedans de moi qu'il en est autrement : quoi qu'il en soit, je ne puis être que triste; si mortellement triste, que bien que ma pensée ne s'arrête sur rien de précis lorsque je pense, je sens mon cœur faillir et se déchirer sous ce rien douloureux.

Bushy. — Ce n'est rien que crainte chimérique, ma gracieuse reine.

La reine. — Nullement : les craintes chimériques dérivent toujours de quelque chagrin antérieur; il n'en est pas ainsi du mien, car, ou bien le néant a engendré mon chagrin indéterminé, ou bien ce néant qui m'afflige correspond à quelque réalité; c'est par anticipation que je possède ce chagrin, mais quel est-il? Cela ne m'est pas encore connu; je ne puis lui donner de nom; c'est un chagrin sans nom, je crois.

Entre GREEN.

Green. — Dieu sauve Votre Majesté! Heureusement rencontrés, Messieurs; j'espère que le roi n'est pas encore embarqué pour l'Irlande.

La reine. — Pourquoi espères-tu qu'il ne l'est pas? il vaut mieux espérer qu'il l'est; car ses projets réclament de la diligence, et la diligence exige un bon espoir : pourquoi donc espères-tu qu'il n'est pas embarqué?

Green. — Parce que lui, notre espoir, aurait pu alors faire revenir ses troupes et changer en désespoir l'espérance d'un ennemi qui a posé solidement le pied en ce pays. Le banni Bolingbroke s'est rappelé lui-même de l'exil, et les armes à la main, il est arrivé heureusement à Ravenspurg.

La reine. — Le Dieu du ciel veuille que non!

Green. — Oh! Madame, ce n'est que trop vrai : et ce

qui est pis, le Lord Northumberland, son fils, le jeune Harry Percy, les Lords de Ross, de Beaumond, et de Willoughby, se sont enfuis avec tous leurs puissants amis pour aller le rejoindre.

Bushy. — Pourquoi n'avez-vous pas proclamé traîtres Northumberland et tous les autres factieux révoltés?

Green. — C'est ce que nous avons fait : là-dessus le comte de Worcester a brisé son bâton, résigné sa charge de grand intendant et tous les serviteurs de la maison du roi se sont enfuis avec lui pour aller rejoindre Bolingbroke.

La reine. — Ah! Green, tu es la sage-femme qui m'as accouchée du chagrin que je portais en moi, et Bolingbroke est l'héritier funeste que ma douleur enfantait : maintenant mon âme a mis au monde son monstre, et moi mère à peine délivrée, je halète sous le poids du malheur uni au malheur, du chagrin joint au chagrin.

Bushy. — Ne désespérez pas, Madame.

La reine. — Qui pourrait m'en empêcher ? Je veux désespérer et entrer en inimitié avec l'espoir trompeur; c'est un flatteur, un parasite; il repousse en arrière la mort qui doucement délierait les liens de cette vie sans ce faux espoir qui en prolonge l'agonie.

Green. — Voici venir le duc d'York.

La reine. — Avec des signes de guerre sur son vieux visage. Oh, sa physionomie est pleine d'inquiétudes pressantes !

Entre le duc D'YORK.

La reine. — Oncle, au nom de Dieu, dites-nous quelques paroles consolantes.

Le duc d'York. — Si je faisais cela, je mentirais à ma pensée : les consolations sont dans le ciel, et nous, nous sommes sur la terre, où rien n'existe que des croix, des soucis et des chagrins. Votre époux est parti pour gagner un lointain enjeu, tandis que d'autres venaient pour lui faire perdre ici sa partie. Il m'a laissé pour soutenir son royaume, moi qui faible par l'âge ne puis me soutenir moi-même; maintenant arrive l'heure de maladie que ses excès ont amenée; maintenant il va savoir à quoi s'en tenir sur les amis qui le flattaient.

Entre UN SERVITEUR.

LE SERVITEUR. — Monseigneur, votre fils était parti avant mon arrivée.

LE DUC D'YORK. — Il était parti! bien, alors! que tout aille comme cela voudra! Les nobles se sont enfuis, les Communes sont froides et se révolteront, je le crains, en faveur de Hereford. Maraud, rends-toi à Plashy, chez ma sœur de Glocester; avertis-la de m'envoyer immédiatement mille livres : tiens, prends mon anneau.

LE SERVITEUR. — Monseigneur, j'avais oublié de le dire à Votre Seigneurie; je me suis arrêté à Plashy aujourd'hui, comme je revenais; mais je vous affligerai en vous rapportant le reste.

LE DUC D'YORK. — Qu'y a-t-il, drôle?

LE SERVITEUR. — Une heure avant mon arrivée, la duchesse était morte.

LE DUC D'YORK. — Dieu ait pitié de nous! quels torrents de maux se précipitent à la fois sur ce malheureux pays! Je ne sais que faire : plût au ciel (pourvu qu'il n'y eût pas été provoqué par ma déloyauté) que le roi eût fait tomber ma tête avec celle de mon frère[13]. Quoi, est-ce qu'on n'a pas dépêché des courriers pour l'Irlande? Comment trouverons-nous l'argent nécessaire pour ces guerres? Venez, sœur; nièce, aurais-je dû dire : pardonnez-moi, je vous prie. (*Au serviteur.*) Va, camarade, rends-toi à la maison, procure-toi quelques chariots et rapporte-moi l'armure qui s'y trouve. (*Sort le serviteur.*) Messieurs, voulez-vous venir rassembler des hommes? Si je sais comment et par quels moyens mettre en ordre ces affaires que le désordre a jetées entre mes mains, ne me croyez jamais plus. Tous deux sont mes parents; l'un est mon souverain que mon devoir et mon serment m'obligent à défendre; l'autre est aussi mon parent, mon parent que le roi a outragé et à qui ma conscience et ma parenté m'ordonnent de faire droit. Bon, il nous faut faire quelque chose. Venez, nièce, je vous placerai en lieu sûr. Messieurs, allez rassembler vos hommes et venez me trouver immédiatement au château de Berkeley. Je devrais aller aussi à Plashy; mais le temps ne me le permettra pas: tout va de travers; tout est laissé au hasard. (*Sortent le duc d'York et la reine.*)

Bushy. — Le vent est bon pour porter des nouvelles en Irlande, mais aucune n'en revient. Pour ce qui est de nous, lever des forces proportionnelles à celles de l'ennemi est tout à fait impossible.

Green. — D'ailleurs notre affection cordiale pour le roi nous fait cordialement haïr de ceux qui n'aiment pas le roi.

Bagot. — Et puis les Communes chancellent; car elles portent leur dévouement dans leurs bourses, et quiconque y puise, remplit leurs cœurs d'une haine mortelle en proportion du vide qu'il y fait.

Bushy. — Il s'ensuit que le roi est généralement condamné.

Bagot. — Si elles ont du jugement, nous sommes condamnés en même temps, car nous avons été toujours près du roi.

Green. — Eh bien, je vais immédiatement chercher un refuge au château de Bristol; le comte de Wiltshire y est déjà.

Bushy. — J'irai avec vous, car les Communes nous rendront peu de services, à moins que ce ne soit comme des mâtins pour nous mettre tous en pièces. Voulez-vous venir avec nous?

Bagot. — Non, j'irai en Irlande auprès de Sa Majesté. Adieu: si les présages du cœur ne sont pas vains, nous trois, nous nous séparons ici pour ne pas nous revoir.

Bushy. — Cela dépend du succès des efforts d'York pour repousser Bolingbroke.

Green. — Hélas! pauvre duc! la tâche qu'il entreprend est aussi difficile que de compter des grains de sable et de dessécher des océans: pour un qui combattra de son côté, mille déserteront. Adieu, donc, pour aujourd'hui et pour toujours.

Bushy. — Bah! nous pouvons encore nous retrouver.

Bagot. — Jamais, je le crains. (*Ils sortent.*)

SCÈNE III.

Les Landes du Glocestershire.

Entrent BOLINGBROKE *et* NORTHUMBERLAND
avec leurs forces.

Bolingbroke. — A quelle distance sommes-nous maintenant de Berkeley, Milord?

Northumberland. — Vous pouvez m'en croire, noble Lord, je suis un étranger ici dans le Glocestershire. Ces hautes collines sauvages, ces chemins raboteux et inégaux allongent les lieues et augmentent la fatigue, et cependant vos beaux discours ont été comme du sucre et ont rendu ce dur voyage doux et délectable. Mais j'y pense, quelle route fatigante, entre Ravenspurg et Cotswold, auront Ross et Willoughby, eux qui seront privés de votre compagnie qui, je le répète, a beaucoup trompé l'ennui et la longueur de mon voyage : il est vrai que le leur est adouci par l'espoir de trouver le plaisir que je possède présentement, et l'espérance du bonheur contient presque autant de bonheur que cette espérance réalisée ; elle fera trouver courte leur route à ces Lords fatigués, courte comme la mienne l'a été par la présence de ce que je possède, votre noble compagnie.

Bolingbroke. — Ma compagnie est d'une valeur très-inférieure à vos bonnes paroles. Mais qui vient ici?

Northumberland. — C'est mon fils, le jeune Harry Percy, envoyé, d'où qu'il vienne, par mon frère Worcester.

Entre HARRY PERCY.

Northumberland. — Harry, comment se porte votre oncle?

PERCY. — Je croyais, Milord, que j'aurais appris par vous de ses nouvelles.

NORTHUMBERLAND. — Comment, est-ce qu'il n'est pas avec la reine?

PERCY. — Non, mon bon Lord; il a quitté la cour, brisé le bâton de sa charge et dispersé la maison du roi.

NORTHUMBERLAND. — Quelle raison a-t-il eue? il n'était pas dans ces résolutions lorsque nous avons causé ensemble pour la dernière fois.

PERCY. — C'est parce que Votre Seigneurie a été proclamé traître. Mais, Milord, il est allé à Ravenspurg pour offrir ses services au duc de Hereford, et il m'a fait passer par Berkeley pour reconnaître l'étendue des forces que le duc d'York y avait levées, en me donnant avis d'avoir à me rendre ensuite à Ravenspurg.

NORTHUMBERLAND. — Avez-vous oublié le duc de Hereford, enfant?

PERCY. — Non, mon bon Lord; car je ne puis avoir oublié ce que je ne me rappelle pas : à ma connaissance, je ne l'ai vu de ma vie.

NORTHUMBERLAND. — Alors, apprenez à le connaître maintenant; voici le duc.

PERCY. — Mon gracieux Lord, je vous offre mes services, tel que je suis, faible, novice et jeune; mais j'espère que je mûrirai d'année en année et que je me rendrai digne de services plus méritoires et plus importants.

BOLINGBROKE. — Je te remercie, gentil Percy, et sois sûr que je ne me regarde jamais comme aussi heureux que lorsque je puis me rappeler mes bons amis; si ma fortune croît en même temps que ton affection, elle sera la récompense de ta loyale fidélité : mon cœur fait cette promesse et ma main la scelle ainsi.

NORTHUMBERLAND. — Combien y a-t-il d'ici à Berkeley, et quelle attitude y fait le bon vieux York avec ses hommes de guerre?

PERCY. — Voici là-bas le château, derrière ce bouquet d'arbres; il est défendu par trois cents hommes, à ce qu'on me dit : il renferme les Lords d'York, de Berkeley et de **Seymour**; aucun autre de nom et de noble réputation.

Northumberland. — Voici venir les Lords de Ross et de Willoughby, couverts de sang à force d'avoir éperonné, la face cramoisie de la diligence qu'ils ont faite.

Entrent ROSS *et* WILLOUGHBY.

Bolingbroke. — Salut, Milords, je sais que vous avez mis votre affection à la poursuite d'un traître banni : tout mon trésor ne se compose encore que d'impalpables remercîments, mais lorsqu'il sera plus riche, il sera la récompense de votre affection et de vos efforts.

Ross. — Votre présence suffit à nous faire riches, très-noble Lord.

Willoughby. — Et surpasse de beaucoup les fatigues que nous avons prises pour arriver en face d'elle.

Bolingbroke. — Encore des remercîments, cette caisse du pauvre; jusqu'à ce que ma fortune enfant devienne majeure, ils doivent servir de garantie à ma libéralité. Mais qui vient ici?

Northumberland. — C'est Milord de Berkeley, si je ne me trompe.

Entre BERKELEY.

Berkeley. — Milord de Hereford, mon message vous concerne.

Bolingbroke. — Milord, ma réponse est à Lancastre : je suis venu pour chercher ce nom en Angleterre, et je dois trouver ce titre dans les paroles qui sortent de votre bouche avant de répondre à aucune d'elles.

Berkeley. — Ne vous méprenez pas, Milord; ce n'est pas mon intention de supprimer aucun des titres de Votre Honneur. Je viens à vous, Milord, (Lord de ce que vous voudrez) de la part du très-gracieux régent de ce royaume, le duc d'York, pour savoir ce qui vous pousse à profiter de l'absence du roi pour troubler, par cette prise d'armes nationales, notre paix nationale?

Bolingbroke. — Je n'aurai pas besoin de faire transporter par vous mes paroles; voici venir Sa Grâce en personne.

Entre YORK *avec sa suite.*

BOLINGBROKE, *s'agenouillant.* — Mon noble oncle!

LE DUC D'YORK. — Montre-moi l'humilité de ton cœur et non celle de ton genou dont l'hommage est faux et trompeur.

BOLINGBROKE. — Mon gracieux oncle!

LE DUC D'YORK. — Ta, ta! ne me donne pas de la grâce, ne me donne pas de l'oncle; je ne suis pas l'oncle d'un traître, et ce mot de grâce n'est qu'un sacrilége dans une bouche déloyale. Pourquoi ces pieds de proscrit et de banni ont-ils osé toucher un atome de terre anglaise? Et il y a bien d'autres pourquoi. Pourquoi ces pieds ont-ils osé faire tant de milles sur le sein paisible de l'Angleterre, en effrayant ses villages pâles de crainte, par la guerre et le déploiement d'armements détestables? Viens-tu ici parce que le roi consacré est absent? Mais, fol enfant, le roi est resté en partant, et son pouvoir repose dans mon sein loyal. Si j'étais encore le possesseur de cette chaude jeunesse que j'avais, lorsque le brave Gand, ton père, et moi, nous arrachâmes le prince Noir, ce jeune Mars parmi les hommes, du milieu des rangs de milliers de Français, oh! comme ce bras, maintenant prisonnier de la paralysie, te châtierait et administrerait bien vite à ta faute la correction qu'elle mérite!

BOLINGBROKE. — Mon gracieux oncle, faites-moi connaître ma faute; quelle est sa gravité et en quoi consiste-t-elle?

LE DUC D'YORK. — Elle consiste dans ce qu'il y a de plus grave, dans une rébellion énorme et une trahison détestée : tu es un banni et tu es venu ici, avant l'expiration de ton exil, braver ton souverain en prenant les armes contre lui.

BOLINGBROKE. — Quand je fus banni, je fus banni Hereford : mais maintenant que je reviens, je reviens pour le titre de Lancastre. Mon noble oncle, j'en conjure

Votre Grâce, considérez mes griefs avec un œil impartial. Vous êtes mon père, car il me semble qu'en vous je vois le vieux Gand vivant. Eh bien, mon père, pouvez-vous permettre que je sois condamné à errer en vagabond, que mes droits et mes titres soient arrachés par force de mes armes et soient donnés à des prodigues parvenus? Pourquoi suis-je né? Si mon cousin le roi est roi d'Angleterre, on doit m'accorder que je suis duc de Lancastre. Vous avez un fils, Aumerle, mon noble parent; si vous étiez mort avant mon père, et qu'Aumerle eût été foulé aux pieds comme moi, il aurait trouvé dans son oncle Gand un père pour faire lever ses griefs et leur donner une chasse à mort. On me refuse le pouvoir de revendiquer mon héritage et cependant mes lettres patentes m'en donnent le droit. Tous les biens de mon père sont saisis et vendus, et consacrés à un mauvais usage. Que voudriez-vous que je fisse? Je suis un sujet et j'en appelle à la loi : on me refuse des mandataires; alors il me faut bien revendiquer en personne mes droits à l'héritage légitime de mes ancêtres.

NORTHUMBERLAND. — Le noble duc a été beaucoup trop outragé.

ROSS. — Il dépend de Votre Grâce de lui faire droit.

WILLOUGHBY. — Des hommes bas ont été enrichis de ses dépouilles.

LE DUC D'YORK. — Milords d'Angleterre, laissez-moi vous dire ceci : j'ai ressenti les torts faits à mon neveu, et j'ai employé tous mes efforts pour lui faire faire réparation : mais venir ainsi, en agression armée, être son propre vengeur et se faire réparation à soi-même, se faire droit par la révolte illégale, cela ne peut être; et vous qui le soutenez dans cette manière d'agir, vous favorisez la rébellion et vous êtes tous des rebelles.

NORTHUMBERLAND. — Le noble duc a juré qu'il n'était venu que pour réclamer ce qui lui appartenait, et pour cette revendication légitime, nous avons tous juré de lui donner appui; que celui qui brisera ce serment ne connaisse plus la joie.

Le duc d'York. — Bien, bien, je vois le but de tous ces armements; je ne puis m'y opposer, je suis obligé de le confesser, parce que mon pouvoir est faible et que tout est laissé à la dérive : mais si je le pouvais, par celui qui me donna la vie, je vous ferais tous arrêter et je vous ferais vous incliner devant la souveraine clémence du roi; mais puisque je ne le peux pas, sachez que je resterai neutre. Ainsi, portez-vous bien, à moins qu'il ne vous plaise d'entrer dans le château et de vous y reposer pour cette nuit.

Bolingbroke. — Nous acceptons votre offre, mon oncle; mais il nous faut décider Votre Grâce à venir avec nous au château de Bristol, qui, dit-on, est occupé par Bushy, Bagot et leurs complices, ces chenilles de l'État que j'ai juré d'extirper et d'écraser.

Le duc d'York. — Il se peut que j'aille avec vous : mais cependant je réfléchirai; car j'ai conscience de violer les lois de notre pays. Vous n'êtes pour moi ni amis, ni ennemis, mais vous êtes les bienvenus. Les choses qui sont hors de toute réparation me laissent hors de tout souci. (*Ils sortent.*)

SCÈNE IV.

Un camp dans le pays de Galles.

Entrent SALISBURY[14] *et* un capitaine.

Le capitaine. — Milord de Salisbury, nous avons attendu dix jours, c'est à grand'peine que nous avons retenu nos compatriotes, et cependant nous n'avons reçu aucunes nouvelles du roi; par conséquent, nous allons nous disperser : adieu.

Salisbury. — Attends encore un autre jour, fidèle Gallois : le roi a reposé toute sa confiance en toi.

Le capitaine. — On croit que le roi est mort; nous ne resterons pas davantage. Les lauriers se sont tous desséchés dans notre pays[15]; les météores font se cacher d'effroi les étoiles fixes du ciel ; la lune à la face pâle jette des regards sanglants sur la terre ; des prophètes au maigre visage chuchotent des changements terribles ; les gens riches ont la mine sombre et les coquins sautent et dansent, les premiers parce qu'ils craignent de perdre ce qu'ils possèdent, et les autres parce qu'ils espèrent dans l'anarchie et la guerre. Ces signes-là présagent la mort ou la chute des rois. Adieu ; nos compatriotes sont partis et se sont enfuis, bien assurés que Richard, leur roi, est mort. (*Il sort.*)

SALISBURY. — Richard, je vois avec les regards d'une âme accablée de tristesse, ta gloire tomber du firmament jusqu'à la vile terre ! Ton soleil se couche en pleurant à l'occident, prophétisant les tempêtes à venir, le malheur et la tourmente ; tes amis sont partis pour assister tes ennemis, et toutes choses marchent contrairement à ta fortune. (*Il sort.*)

ACTE III.

SCÈNE PREMIÈRE.

Le camp de BOLINGBROKE à BRISTOL.

Entrent BOLINGBROKE, LE DUC D'YORK, NORTHUMBERLAND, PERCY, WILLOUGHBY, ROSS; DES OFFICIERS *marchent derrière eux amenant* BUSHY *et* GREEN, *prisonniers.*

BOLINGBROKE. — Faites avancer ces hommes. Bushy et Green, je ne torturerai pas vos âmes, puisqu'elles doivent dans quelques instants se séparer de vos corps, en vous reprochant trop fortement vos existences pernicieuses. car ce serait contraire à la charité : cependant, pour laver mes mains de votre sang, je dois ici publiquement dévoiler quelques-unes des causes de votre mort. Vous avez égaré un prince, un roi héréditaire, un gentilhomme d'un sang illustre et d'un noble visage, par vous complétement dénaturé et défiguré. Vous avez, jusqu'à un certain point, par vos nocturnes orgies, établi un divorce entre sa reine et lui, interrompu la possession d'un lit royal et flétri la beauté des joues d'une belle reine par les larmes qu'arrachaient à ses yeux vos ignobles désordres. Moi-même, prince par la fortune de mon berceau, proche du roi par le sang, proche dans son affection, jusqu'au moment où vous l'avez amené à me mal juger, j'ai dû courber le cou sous vos insultes, j'ai dû exhaler le souffle anglais de mes soupirs vers des nuages étrangers, j'ai dû manger le pain amer de l'exil, pendant que vous vous engraissiez de mes richesses, que vous dévastiez mes parcs, abattiez mes forêts, arrachiez mes armoiries de mes propres fenêtres[1], effaciez mes devises, pendant enfin que vous ne me laissiez d'autres signes pour montrer au monde que j'étais gentilhomme, que l'opinion des hommes et mon propre sang. Cela et beaucoup plus que tout cela, beaucoup plus que le double de tout cela, vous condamne à la mort. — Voyez à les remettre à l'exécuteur et à la main de la mort.

Bushy. — Le coup de la mort est pour moi mieux venu que Bolingbroke ne l'est pour l'Angleterre. Milords, adieu.

Green. — Ma consolation, c'est que le ciel recevra nos âmes et punira l'injustice des peines de l'enfer.

Bolingbroke. — Milord Northumberland, voyez à les faire exécuter. (*Sortent Northumberland et autres avec les prisonniers.*) Oncle, vous dites que la reine est à votre demeure ; au nom de Dieu, veillez à ce qu'elle y soit bien traitée. Dites-lui que je lui envoie mes plus affectueuses salutations ; prenez soin tout spécialement de lui faire transmettre mes compliments.

LE DUC D'YORK. — J'ai dépêché un de mes gentils-hommes avec des lettres où je lui parle au long de votre affection pour elle.

BOLINGBROKE. — Merci, mon aimable oncle. — Venez, Milords; en route pour combattre Glendower et ses complices. Un peu de labeurs encore, et puis ensuite le repos.

(*Ils sortent.*)

SCÈNE II.

La côte du PAYS DE GALLES. — Un château en vue.

Fanfares : tambours et trompettes. Entrent LE ROI RICHARD, L'ÉVÊQUE DE CARLISLE, AUMERLE *et* DES SOLDATS.

LE ROI RICHARD. — Ce château tout proche, est celui qu'on appelle le château de Barkloughly?

AUMERLE. — Oui, Monseigneur. Comment Votre Grâce se trouve-t-elle de respirer cet air après vos récentes secousses sur les mers en courroux?

LE ROI RICHARD. — Nécessairement je dois m'en bien trouver : je pleure de joie de me retrouver une fois encore dans mon royaume. Chère terre, ma main te salue, quoique des rebelles te blessent des sabots de leurs chevaux : comme une mère longtemps séparée de son cher enfant, déborde lorsqu'elle le retrouve, en pleurs et en sourires, ainsi moi, pleurant, souriant, je te salue, ma terre, et je te fais amitié de mes royales mains. Ne nourris pas l'ennemi de ton Souverain, mon aimable terre; ne réjouis pas de tes douceurs ses sens de bête de proie : mais que tes araignées qui sucent tes humeurs venimeuses, et que tes crapauds à la lente démarche encombrent son chemin, et nuisent aux traîtres pieds qui te foulent de leurs pas usurpateurs. Lâche tes guêpes au piquant aiguillon contre mes ennemis, et lorsqu'ils cueilleront une fleur sur ton sein, aie soin, je t'en prie, qu'elle contienne un serpent caché, qui d'un coup mortel de sa double langue puisse insinuer la mort dans les veines des ennemis de ton Souverain. Ne vous moquez pas comme d'un acte insensé de cette adjuration, Milords : cette terre se trouvera douée de sentiment, et ces pierres se transformeront en soldats armés, avant que son Souverain légitime succombe sous les armes d'une ignoble rébellion.

L'Évêque de Carlisle. — Ne craignez pas, Monseigneur ; ce pouvoir qui vous fit roi a le pouvoir de vous conserver roi en dépit de tous. Les ressources que nous offre le ciel doivent être acceptées et non refusées : lorsque le ciel veut, et que nous ne voulons pas ce qu'il veut, en refusant l'offre du ciel, nous refusons les moyens de secours et de réparation.

Aumerle. — Il veut dire, Monseigneur, que nous sommes trop négligents ; tandis que Bolingbroke, grâce à notre confiance, grandit et se fortifie en puissance et en partisans.

Le roi Richard. — Décourageant cousin ! ne sais-tu pas que lorsque l'œil investigateur du ciel est caché derrière le globe qui éclaire le monde inférieur, les voleurs et les larrons devenus audacieux, sèment invisibles le meurtre et l'outrage ; mais que lorsque sortant de nouveau de dessous cette sphère terrestre, il enflamme les cimes hautaines des pins orientaux, et darde sa lumière dans tout antre de crime, alors les meurtres, les trahisons, les crimes détestés, dépouillés du manteau que leur prêtait la nuit, apparaissent nus, tremblants devant eux-mêmes ? Ainsi lorsque ce voleur, ce traître, Bolingbroke, qui a fait son sabbat dans la nuit, pendant que nous étions aux Antipodes, nous verra nous lever de notre trône, notre Orient, ses trahisons apparaîtront rougissantes sur son visage, et incapable de soutenir la lumière du jour, effrayé de lui-même, il tremblera devant son crime. Toute l'eau de la mer orageuse et mugissante ne peut effacer l'huile sainte sur le front d'un roi consacré ; le souffle des hommes qui ne sont qu'enfants du monde ne peut renverser le député élu par le Seigneur. A chacun des hommes que Bolingbroke a contraint de lever un acier malfaisant contre notre couronne d'or, Dieu oppose en faveur de son Richard un des anges glorieux qu'il tient à sa solde céleste : si les anges combattent, de faibles mortels doivent succomber, car le ciel protége toujours le droit.

Entre SALISBURY.

Le roi Richard. — Soyez le bienvenu, Milord : à quelle distance sont vos forces ?

Salisbury. — Ni plus près ni plus loin, mon gracieux Seigneur, que ce faible bras-ci. Le découragement gouverne ma langue et m'ordonne de ne parler que de désespoir. Un jour de retard de trop, mon noble Seigneur, aura, je le crains, assombri tous tes heureux jours sur la terre. Oh ! rappelle le jour d'hier, ordonne au temps de revenir, et tu auras douze mille soldats ! Aujourd'hui, aujourd'hui, jour malheureux, il est trop tard ; ce jour renverse tes joies, tes amis, ta fortune, ton pouvoir ; car tous les Gallois entendant raconter que tu étais mort sont allés rejoindre Bolingbroke, se sont dispersés et ont fui.

Aumerle. — Ayez confiance, mon Suzerain ; pourquoi le visage de Votre Grâce est-il si pâle ?

Le roi Richard. — Il n'y a qu'un instant, le sang de vingt mille hommes triomphait sur ma face ; maintenant ils se sont enfuis, et jusqu'à ce qu'il me revienne autant de sang, n'aurai-je pas raison de paraître pâle et comme mort ? Tous ceux qui cherchent leur sûreté abandonnent mon parti ; car le temps a mis une tache sur mon orgueil.

Aumerle. — Confiance, mon Suzerain : rappelez-vous qui vous êtes.

Le roi Richard. — Je m'étais oublié moi-même : ne suis-je pas roi ? Réveille-toi, majesté poltronne ! tu sommeilles. Le nom de roi ne vaut-il pas vingt mille noms ? Arme-toi, arme-toi, mon nom ! un sujet chétif frappe ta gloire souveraine. Ne baissez pas vos yeux vers la terre, vous favoris d'un roi. Ne sommes-nous pas hauts en puissance ? que hautes soient aussi nos pensées : je sais que mon oncle York a d'assez grandes forces pour nous tirer d'embarras. Mais qui vient ici?

Entre SIR STEPHEN SCROOP.

SCROOP. — Puisse mon souverain avoir plus de santé et de bonheur que ne peut lui en annoncer ma voix montée au ton de la tristesse.

LE ROI RICHARD. — Mon oreille est ouverte et mon cœur préparé. Ce que tu peux m'annoncer de pire n'est qu'une perte des choses de ce monde. M'annonces-tu que mon royaume est perdu? Eh bien, c'était mon souci, et quelle perte est-ce là d'être délivré du souci? Bolingbroke s'efforce-t-il d'être aussi grand que nous? il ne sera pas plus grand; s'il sert Dieu, nous le servirons aussi, et nous serons ainsi son égal. Nos sujets se révoltent-ils? nous ne pouvons remédier à cela; ils rompent leur foi envers Dieu, aussi bien qu'envers nous: crie-moi malheur, destruction, ruine, perte, décadence! la mort est ce qu'il y a de pire, et la mort aura nécessairement son jour.

SCROOP. — Je suis heureux que Votre Altesse soit si bien armée pour supporter les nouvelles de la calamité. Pareille à un jour d'orage hors de saison qui force les fleuves d'argent à noyer leurs rivages, comme si le monde s'était tout entier dissous en larmes, telle déborde au delà de toute limite la colère de Bolingbroke, couvrant votre royaume effrayé d'acier dur et brillant, et de cœurs plus durs que l'acier. Les barbes blanches ont armé du casque leurs chefs maigres et chauves contre ta majesté, et les enfants aux voix de femmes s'efforcent de contrefaire la voix virile et revêtent leurs membres féminins de roides et lourdes armures; tes propres chapelains apprennent à bander contre ta couronne l'if deux fois fatal de leurs arcs[2]; il n'est pas jusqu'aux fileuses qui ne brandissent des hallebardes rouillées contre ton pouvoir: jeunes et vieux se révoltent à la fois contre ton trône, et tout va plus mal que je n'ai le pouvoir de le dire.

LE ROI RICHARD. — Tu n'as que trop bien, trop bien rapporté de si mauvaises nouvelles. Où est le comte de

Wiltshire? où est Bagot? qu'est devenu Bushy? où est Green? comment ont-ils fait pour laisser le dangereux ennemi prendre la mesure de nos états par une marche si tranquille? Si nous l'emportons, leurs têtes payeront pour cela : je suis sûr qu'ils ont fait leur paix avec Bolingbroké.

Scroop. — Ils ont en effet fait leur paix avec lui, Monseigneur.

Le roi Richard. — O scélérats, vipères, damnés sans rémission! chiens, tout disposés à caresser le premier venu! serpents, échauffés du sang de mon cœur, et qui piquent mon cœur! tous trois Judas, et chacun trois fois pire que Judas! Ils ont pu faire la paix! Que pour cette offense, le terrible enfer fasse la guerre à leurs âmes souillées!

Scroop. — Le doux amour, je le vois, changeant ses qualités, peut se transformer en la plus âcre et la plus mortelle haine : rappelez la malédiction que vous avez prononcée sur leurs âmes; ils ont fait leur paix avec leurs têtes et non avec leurs mains : ceux que vous maudissez ont reçu le coup suprême de la main destructive de la mort, et gisent tout de leur long, étendus dans la fosse creuse.

Aumerle. — Est-ce que Bushy, Green et le comte de Wiltshire sont morts?

Scroop. — Oui, tous trois ont été décapités à Bristol.

Aumerle. — Où est le duc, mon père, avec ses forces?

Le roi Richard. — Qu'il soit où il voudra, peu importe. Que personne ne parle de consolation : parlons de tombeaux, de vers et d'épitaphes; faisons de la poussière notre papier, et avec la pluie de nos yeux écrivons *chagrin* sur le sein de la terre. Choisissons les exécuteurs de nos volontés et parlons de testaments; et cependant, non, pas de cela non plus, car que pouvons-nous léguer à la terre, sinon les corps que nous y déposons? Nos terres, nos vies et tout, appartiennent à Bolingbroke; il n'y a que la mort que nous puissions appeler nôtre, plus cette petite statuette de terre stérile qui sert de pâte et de vêtement à nos os. Au nom de Dieu, asseyons-nous à terre, et racontons de tristes histoires de morts royales; disons comment les uns ont été déposés, les autres tués dans la guerre, certains hantés par les fantômes de ceux qu'ils ont déposés, ceux-ci empoisonnés par leurs femmes, ceux-là tués dans leur sommeil, tous assassinés. La mort en effet tient sa cour dans le cercle de la couronne qui entoure les tempes mortelles d'un roi ; là, trône la macabre raillant son pouvoir et faisant la grimace à sa pompe ; elle lui accorde un souffle, une courte scène pour jouer au monarque, se faire craindre et tuer par ses regards ; elle le remplit d'une vaine suffisance personnelle, comme si cette chair qui sert de rempart à notre vie était un imprenable airain ; et après s'être bien amusée, elle vient à la fin avec une petite épingle percer le mur de ce château, et adieu le roi ! Couvrez-vous et ne moquez pas par un respect solennel l'être de chair et de sang que je suis ; mettez de côté le respect, la tradition, les formes, la politesse d'étiquette, car vous n'avez fait tout ce temps que vous méprendre sur moi : je vis de pain comme vous, comme vous je sens la nécessité, j'éprouve le chagrin, j'ai besoin d'amis : avec une pareille sujétion, comment pouvez-vous me dire que je suis un roi ?

L'ÉVÊQUE DE CARLISLE. — Monseigneur, les hommes sages ne s'arrêtent pas inertes à gémir sur leurs malheurs ; mais ils préviennent immédiatement les accidents qui les feraient gémir. Craindre votre ennemi c'est donner par votre faiblesse — car la crainte paralyse la force — force à votre ennemi, et vos folies combattent ainsi contre vous-même. Craindre et être tué ! que peut-il vous arriver de pire en combattant ? Combattre et mourir, c'est détruire la mort par la mort, tandis que craindre et mourir, c'est payer à la mort un servile hommage.

AUMERLE. — Mon père a des forces ; informez-vous de lui, et apprenez à vous faire un corps d'un seul membre.

LE ROI RICHARD. — Tu me grondes justement. Orgueilleux Bolingbroke, je viens échanger des coups avec toi dans cette journée qui doit être celle de notre jugement. Cet accès de crainte est dissipé ; c'est une tâche aisée de conquérir notre propre bien. Dis-moi, Scroop, où se trouve mon oncle avec ses forces? parle avec douceur, ami, en dépit de l'aigreur de tes regards.

Scroop. — Les hommes jugent par la physionomie du ciel de l'état du temps et de la disposition de la journée; de même pouvez-vous juger par mes regards sombres et douloureux, que ma langue doit vous faire un rapport plus douloureux encore. Je joue au bourreau, en retardant, de détail en détail, la pire nouvelle que j'aie à vous annoncer. Votre oncle York s'est joint à Bolingbroke; tous vos châteaux du Nord se sont rendus, et tous vos gentilshommes du Sud ont pris les armes pour son parti.

Le roi Richard. — Tu en as dit assez. (*A Aumerle.*) Maudit sois-tu, cousin, toi qui m'as fait sortir du doux état de résignation où j'étais plongé pour me jeter dans le désespoir! Que dites-vous maintenant? Quel espoir avons-nous maintenant? Par le ciel, je le haïrai éternellement celui qui me conseillera d'avoir encore espoir. Allons à Flint-Castle; là, je me consumerai en languissant; un roi, esclave du malheur, obéira royalement au malheur. Licenciez les forces qui me restent, et qu'elles aillent cultiver le champ qui offre quelque espérance de moisson, car pour moi, d'espérance il ne m'en reste aucune. Que personne ne parle pour modifier cette résolution; car le conseil ne serait que vain.

Aumerle. — Mon Suzerain, un mot.

Le roi Richard. — Il me fait un double tort celui qui me blesse par les flatteries de sa langue. Licenciez mes soldats, qu'ils s'éloignent de la nuit de Richard et aillent vers le jour radieux de Bolingbroke. (*Ils sortent.*)

SCÈNE III.

Le pays de Galles. — Une plaine devant Flint-Castle.

Entrent avec tambours et drapeaux, BOLINGBROKE *avec ses forces,* YORK, NORTHUMBERLAND *et autres.*

Bolingbroke. — Ainsi, par ce rapport, nous apprenons

ACTE III, SCÈNE III.

que les Gallois se sont dispersés et que Salisbury est allé trouver le roi, qui a récemment débarqué sur cette côte avec quelques amis particuliers.

NORTHUMBERLAND. — Les nouvelles sont heureuses et excellentes, Monseigneur; Richard a caché sa tête non loin d'ici.

LE DUC D'YORK. — Il conviendrait au Lord Northumberland de dire le roi Richard. Hélas! quel malheureux jour que celui où un roi consacré doit cacher sa tête!

NORTHUMBERLAND. — Votre Grâce se méprend, c'est seulement pour être bref que j'ai omis son titre.

LE DUC D'YORK. — Il a été un temps où si vous aviez été aussi bref avec lui, il aurait été bref avec vous en vous raccourcissant de toute la longueur de votre tête, pour vous permettre de prendre ainsi la tête sur lui.

BOLINGBROKE. — Ne vous méprenez pas plus qu'il ne faut, mon oncle.

LE DUC D'YORK. — Et vous, mon bon neveu, ne *prenez* pas plus que vous ne devez, de crainte de vous *méprendre*. Le ciel est au-dessus de nos têtes.

BOLINGBROKE. — Je le sais, mon oncle, et je ne m'oppose pas à sa volonté. Mais qui vient ici?

Entre PERCY.

BOLINGBROKE. — Sois le bienvenu, Harry. Comment, est-ce que ce château ne veut pas se rendre?

PERCY. — Monseigneur, le château est royalement défendu contre ton entrée.

BOLINGBROKE. — Royalement! Comment, il ne contient pas de roi?

PERCY. — Si, mon bon Seigneur, il contient un roi; le roi Richard est enfermé à l'intérieur de ces remparts de chaux et de pierre, et avec lui se trouvent Lord Aumerle, Lord Salisbury, Sir Stephen Scroop, plus un ecclésiastique de haute dignité, mais lequel, je n'ai pas pu l'apprendre.

NORTHUMBERLAND. — Oh, c'est probablement l'évêque de Carlisle.

Bolingbroke, *à Northumberland.* — Noble Seigneur, marchez vers la grossière carcasse de cet ancien château, et par la voix de la trompette de cuivre, envoyez à ses sourds échos les paroles de parlementation ainsi conçues : Henri Bolingbroke embrasse à deux genoux la main du roi Richard, et envoie à sa très-royale personne son obéissance et l'expression sincère de la loyauté de son cœur ; dites que je suis venu ici pour déposer à ses pieds mes armes et mes forces, pourvu qu'on m'accorde franchement que mon bannissement sera rapporté et que mes terres me seront rendues ; sinon, je ferai usage de tous les avantages de mes forces, et j'abattrai la poussière de l'été sous les averses de sang qui pleuvront des blessures d'Anglais massacrés. A quel point l'âme de Bolingbroke est loin d'avoir le désir de faire pleuvoir cette tempête rouge sur le sein frais et vert du beau royaume du roi Richard, mon hommage offert à genoux le lui révélera respectueusement. Allez, annoncez cela, pendant que nous marchons ici sur le tapis de gazon de cette plaine.

NORTHUMBERLAND *s'avance vers le château avec une trompette.*

Bolingbroke. — Marchons sans faire retentir le menaçant tambour, afin que des remparts ébréchés de ce château nos loyales propositions puissent être bien entendues. Il me semble que le roi Richard et moi nous ne devrions pas nous rencontrer avec moins de terreur que les éléments du feu et de l'eau, lorsqu'en se heurtant, leur choc tonnant déchire le visage nuageux du ciel. Qu'il soit le feu, moi je serai l'eau qui cède ; qu'à lui soit la colère, tandis que je ferai pleuvoir mes eaux sur la terre, — sur la terre et non sur lui. Marchons et voyons la contenance du roi Richard.

ACTE III, SCÈNE III.

Une trompette sonne pour demander un pourparler; une autre trompette lui répond de l'intérieur du château. Fanfares. Paraissent sur les remparts, LE ROI RICHARD, L'ÉVÊQUE DE CARLISLE, AUMERLE, SCROOP *et* SALISBURY.

BOLINGBROKE[3]. — Voyez, voyez, le roi Richard apparaît en personne, comme le soleil mécontent sort en rougissant du portail enflammé de l'Orient, lorsqu'il s'aperçoit que les envieux nuages sont disposés à obscurcir sa gloire et à ternir la trace radieuse de son voyage vers l'Occident.

LE DUC D'YORK. — Il a cependant toujours l'air d'un roi : voyez, son œil aussi brillant que celui de l'aigle lance la majesté impérieuse! Hélas! hélas! malheur, si quelque offense tachait tant d'éclat !

LE ROI RICHARD, *à Northumberland.* — Nous sommes étonné; nous avons attendu tout ce temps que tu fléchirais un genou respectueux, car nous pensions être ton roi légitime. Si nous le sommes, comment tes genoux ont-ils pu oublier de rendre à notre présence leur devoir d'obéissance? Si nous ne le sommes pas, montre-nous la main de Dieu qui nous a démis de notre lieutenance; car nous savons qu'aucune main de chair et de sang ne peut se saisir de notre sceptre sacré, à moins qu'elle ne le profane, ne le vole, ou ne l'usurpe. Quoique vous pensiez que tous, suivant votre exemple, ont damné leurs âmes en se séparant de nous, et que nous sommes seul et privé d'amis, sachez-le cependant, mon maître, le Dieu tout-puissant, rassemble dans ses nuages, pour nous secourir, des armées de fléaux, et ces fléaux frapperont vos enfants encore à naître et à engendrer, à vous qui osez lever contre ma tête vos mains vassales et menacer la gloire de ma précieuse couronne. Dites à Bolingbroke (car il me semble qu'il est là-bas), que chacun des pas qu'il fait dans mon royaume est une trahison dangereuse. Il est venu pour ouvrir le rouge testament de la guerre sanglante; mais avant que la couronne qu'il convoite soit portée en paix, les *couronnes* sanglantes de dix mille fils de la femme enlaidiront la face en fleurs de l'Angleterre, changeront le tempérament de sa paix à la pâleur de vierge en celui d'une indignation empourprée, et arroseront l'herbe de ses pâturages de fidèle sang anglais.

Northumberland. — Le roi du ciel défende que Notre Seigneur le roi soit ainsi assailli par des armes à la fois citoyennes et ennemies! Ton trois fois noble cousin, Henri Bolingbroke, embrasse humblement ta main; il jure par la tombe honorée qui recouvre les os de votre royal grand-père, par les vertus royales de vos deux sangs, — courants qui sortent d'une même gracieuse source, — et par la main du belliqueux Gand, maintenant enseveli, et par sa propre dignité et son propre honneur à lui-même, serment qui renferme tout ce qui peut être dit ou juré, que son arrivée ici n'a pas d'autre but que de revendiquer ses titres héréditaires et de solliciter à genoux une immédiate libération; cela une fois accordé par ta royale puissance, il abandonnera ses armes brillantes à la rouille, remettra à leurs étables ses chevaux bardés, et rapportera son cœur au service loyal de Votre Majesté. Cela, il jure sur sa foi de prince que c'est juste, et moi, sur ma foi de gentilhomme, je le crois.

Le roi Richard. — Northumberland, rapporte que le roi fait cette réponse. Son noble cousin est ici le très-bienvenu, et toutes ses nobles demandes seront exaucées sans contradiction : avec toute la gracieuse éloquence que tu possèdes, rapporte à ses aimables oreilles mes plus tendres compliments. (*Northumberland retourne vers Bolingbroke. Le roi continue en s'adressant à Aumerle.*) Nous nous abaissons, cousin, n'est-il pas vrai, par une si humble attitude et de si gracieuses paroles? Rappelons-nous Northumberland, pour envoyer un défi au traître et puis mourir?

Aumerle. — Non, mon bon Seigneur; combattons avec des paroles courtoises, jusqu'à ce que le temps nous envoie des amis et que les amis nous prêtent le secours de leurs épées.

Le roi Richard. — O Dieu! ô Dieu! faut-il que ma

langue qui prononça la sentence de bannissement contre cet homme orgueilleux qui est là-bas, soit obligée de la rapporter avec des paroles doucereuses! Oh, si je pouvais être aussi grand que mon chagrin, ou plus petit que mon nom! Oh, si je pouvais oublier ce que j'ai été, ou ne pas me rappeler ce qu'il faut que je sois maintenant! Te gonfles-tu, cœur orgueilleux? Je te donnerai libre champ pour battre, puisque des ennemis ont libre champ pour nous battre, toi et moi.

Aumerle. — Northumberland revient de la part de Bolingbroke.

Le roi Richard. — Que faut-il que le roi fasse maintenant? Doit-il se soumettre? le roi se soumettra. Doit-il être déposé? le roi en sera satisfait. Doit-il perdre le nom de roi? Au nom de Dieu, qu'il le perde. J'échangerai mes joyaux contre une collection de chapelets, j'échangerai mon palais somptueux contre un ermitage, mon gai costume[4] contre la robe d'un mendiant, mes gobelets ciselés contre un plat de bois, mon sceptre contre un bâton de pèlerin, mes sujets contre un couple de saints sculptés, et mon grand royaume contre un petit tombeau, un petit, petit tombeau, un obscur tombeau : ou bien, qu'on m'enterre sur le grand chemin du roi, sur quelque route ordinaire, où les pieds des sujets puissent à toute heure marcher sur la tête de leur souverain; ils marchent bien sur mon cœur, maintenant que je vis; une fois enseveli, pourquoi ne marcheraient-ils pas sur ma tête? Aumerle, tu pleures, mon cousin au tendre cœur! Nous engendrerons le mauvais temps par nos larmes méprisées; nos larmes et nos soupirs noieront la moisson d'été et feront la disette dans cette terre révoltée. Ou bien nous ferons les petits fous avec nos malheurs, et nous prendrons nos larmes pour sujet de quelque jolie gageure; par exemple, nous les laisserons toujours couler à la même place, jusqu'à ce qu'elles nous aient creusé dans la terre une paire de tombeaux, et lorsque nous y serons couchés, on inscrira sur nos pierres : *Ici reposent deux parents qui creusèrent leurs fosses avec les larmes de leurs yeux.* Est-ce que ce malheur n'aurait pas bon air? Bon, bon, je vois que je ne dis que des sornettes et que vous vous moquez de moi. Très-puissant prince, Monseigneur Northumberland, que dit le roi Bolingbroke? Sa Majesté donnera-t-elle à Richard permission de vivre jusqu'à ce qu'il meure naturellement? Vous n'avez qu'à faire une révérence et Bolingbroke dira oui.

Northumberland. — Monseigneur, il attend dans la basse cour du château pour conférer avec vous. Vous plairait-il de descendre?

Le roi Richard. — *Descendre!* je descends, pareil à un Phaéthon à l'éclat trompeur qui n'a pas le pouvoir de conduire ses coursiers révoltés. (*Northumberland retourne auprès de Bolingbroke.*) Dans la basse cour! Basses cours en effet celles où les rois sont assez bas pour descendre à l'appel des traîtres et leur y faire grâce. *Dans la basse cour? Descendre?* A bas, cour! A bas, roi! car les hiboux nocturnes font entendre leurs cris là où les alouettes dans leurs ascensions devraient faire entendre leurs chants. (*Ils se retirent des remparts.*)

Bolingbroke. — Que dit Sa Majesté?

Northumberland. — La douleur et l'angoisse du cœur le font parler follement comme un homme en frénésie : cependant il est venu.

Entrent le roi RICHARD *et les personnes de sa suite au bas du château.*

Bolingbroke. — Écartez-vous tous et montrez à Sa Majesté un loyal respect. Mon gracieux Seigneur. (*Il s'avance et s'agenouille.*)

Le roi Richard. — Mon beau cousin, vous avilissez votre genou princier en donnant à la vile terre l'orgueil de le baiser; mon cœur aimerait à sentir votre affection plus que mon œil blessé n'aime à voir votre courtoisie. Debout, mon cousin, debout; votre cœur est haut, je le sais, aussi haut au moins que ceci (*montrant sa tête*), quoique votre genou soit abaissé.

Bolingbroke. — Mon gracieux Seigneur, je viens seulement pour réclamer mon bien

LE ROI RICHARD. — Votre bien est à vous, et je suis à vous, et tout est à vous.

BOLINGBROKE. — Soyez à moi, mon très-redouté Souverain, autant que mes loyaux services mériteront votre affection.

LE ROI RICHARD. — Vous méritez beaucoup; ceux-là méritent bien de posséder qui connaissent le plus solide et le plus sûr moyen pour acquérir. Oncle, donnez-moi votre main : allons, séchez vos yeux; les larmes montrent l'amour que vous avez pour moi, mais elles n'ont pas pouvoir de remède. Cousin, je suis trop jeune pour être votre père, quoique vous soyez assez vieux pour être mon héritier. Ce que vous désirez, je vous le donnerai, et bien volontiers encore; car nous devons faire ce que la force veut que nous fassions. Marchons vers Londres : cela vous convient-il, cousin?

BOLINGBROKE. — Oui, mon bon Seigneur.

LE ROI RICHARD. — Alors je ne dois pas dire non. (*Fanfares.* — *Ils sortent.*)

SCÈNE IV.

LANGLEY. — Le jardin du DUC D'YORK.

Entrent LA REINE *et* DEUX DAMES.

LA REINE. — Quel passe-temps inventerons-nous ici, dans ce jardin, pour chasser la pesante pensée du souci?

PREMIÈRE DAME. — Madame, nous jouerons aux boules.

LA REINE. — Cela me fera penser que le monde est plein d'aspérités, et que ma fortune court hors de sa voie.

PREMIÈRE DAME. — Madame, nous danserons.

LA REINE. — Mes jambes ne peuvent garder la mesure avec plaisir, lorsque mon pauvre cœur déborde de chagrin sans mesure. Donc, pas de danse, mon enfant; quelque autre passe-temps.

PREMIÈRE DAME. — Madame, nous dirons des contes.

LA REINE. — Joyeux ou tristes?

Première dame. — De l'un ou l'autre genre, Madame.

La reine. — D'aucun des deux, mon enfant; car s'ils sont joyeux, la joie me manquant entièrement, ils ne m'en rappelleront que plus vivement mon chagrin, et s'ils sont tristes, comme je suis déjà pleine de tristesse, ils ajouteront une douleur nouvelle à mon absence de joie : ce que j'ai, je n'ai pas besoin de le doubler, et ce qui me manque, il ne sert à rien de le regretter.

Première dame. — Madame, je chanterai.

La reine. — C'est bien si tu as un motif pour cela; mais tu me plairais davantage si tu pleurais.

Première dame. — Je pleurerais, Madame, si cela devait vous faire du bien.

La reine. — Et moi aussi je pleurerais si les pleurs pouvaient me faire du bien, et je n'aurais jamais besoin de t'emprunter aucune larme[5]. Mais arrête, voici venir les jardiniers : enfonçons-nous sous l'ombre de ces arbres. Je parie ma misère contre un paquet d'épingles qu'ils vont parler des affaires de l'État, car c'est ce que fait un chacun lorsqu'une révolution est sous vent : le malheur est l'avant-coureur du malheur. (*La reine et les Dames se retirent à l'écart.*)

Entrent un jardinier *et* deux domestiques.

Le jardinier. — Allons, lie-moi ces abricots qui pendillent là-bas et qui, pareils à des enfants indisciplinés, font courber leur branche mère sous l'oppression de leur poids prodigue; donne un peu d'appui à ces rameaux qui se courbent. Va, toi, et comme un exécuteur, coupe les têtes de ces brindilles qui poussent trop vite et qui s'élèvent trop haut dans notre république; tout doit être de niveau dans notre gouvernement. Pendant que vous serez occupés à ces soins, je vais aller arracher les mauvaises herbes qui sucent sans profit les sucs du sol et les enlèvent aux fleurs salubres.

Premier domestique. — Pourquoi chercherions-nous, dans l'enceinte d'une palissade, à mettre toutes choses en ordre, en forme, en dues proportions, et à montrer un modèle d'État bien ordonné, lorsque notre jardin aux murailles d'eau, notre pays entier est plein d'herbes; que ses plus belles fleurs sont étouffées, que pas un seul de ses arbres à fruit n'est émondé, que ses haies sont ruinées, que ses allées sont en désordre, et que toutes ses herbes salubres fourmillent de chenilles?

LE JARDINIER. — Garde le silence : celui qui a permis ce printemps désordonné est arrivé lui-même maintenant à la chute des feuilles : les herbes que protégeaient ses feuilles toutes larges étendues, et qui tout en le rongeant avaient l'air de le soutenir, sont arrachées, racines et tout, par Bolingbroke; je veux dire le comte de Wiltshire, Bushy et Green.

PREMIER DOMESTIQUE. — Quoi! sont-ils morts?

LE JARDINIER. — Ils sont morts, et Bolingbroke s'est emparé du roi prodigue. Oh! quelle pitié cela est qu'il n'ait pas orné et décoré son royaume comme nous faisons de ce jardin! Nous, en saison voulue, nous saignons l'écorce, la peau de nos arbres fruitiers, de crainte qu'enorgueillis de séve et de sang, ils ne se perdent par trop de richesses : s'il eût agi ainsi avec les grands et les ambitieux, ils auraient pu vivre, eux pour porter des fruits d'obéissance, et lui pour les goûter. Nous émondons les branches superflues afin que les rameaux fertiles puissent vivre; s'il eût agi ainsi, il aurait gardé cette couronne que lui a presque enlevée la prodigalité des heures frivoles.

PREMIER DOMESTIQUE. — Comment! vous croyez alors que le roi sera déposé?

LE JARDINIER. — Abaissé, il l'est déjà, et déposé, il le sera probablement; il est arrivé la nuit dernière des lettres qui disent des nouvelles sinistres à un ami du bon duc d'York.

LA REINE. — Oh! je suis étouffée jusqu'à en mourir par le besoin de parler! (*Elle s'avance avec ses Dames.*) Portrait du vieil Adam, préposé aux soins de ce jardin, comment ta langue blessante et grossière ose-t-elle exprimer ces nouvelles déplaisantes? Quelle Ève, quel serpent t'a suggéré de faire une seconde représentation de la chute de l'homme maudit? Pourquoi dis-tu que le roi Richard est déposé? Oses-tu, toi qui vaux à peine mieux que la terre, prophétiser sa chute? Dis, où, quand, comment, as-tu appris ces mauvaises nouvelles? Parle, misérable !

Le jardinier. — Pardonnez-moi, Madame : j'éprouve peu de joie à répéter ces nouvelles : cependant, ce que je dis est vrai. Le roi Richard est sous la main puissante de Bolingbroke; leurs fortunes à tous deux ont été pesées : dans le plateau de Votre Seigneur il n'y a rien que lui-même, plus quelques vanités qui le font léger ; mais dans le plateau du grand Bolingbroke, outre sa personne, se trouvent tous les pairs anglais, et avec ce poids il l'emporte sur le roi Richard. Courez à Londres, et vous verrez que ces nouvelles sont vraies; je ne dis que ce que chacun sait.

La reine. — Malheur agile, toi dont les pieds sont si légers, est-ce que ce n'était pas à moi que revenait ton message, et je suis la dernière à le recevoir? Oh! tu as voulu me servir la dernière, afin que je pusse garder plus longtemps ta douleur dans ma poitrine. Venez, mes Dames, allons retrouver, à Londres, le roi de Londres dans le deuil. Comment! étais-je donc née pour orner de mes regards affligés les triomphes du grand Bolingbroke? Jardinier, pour m'avoir appris ces nouvelles de malheurs, je prie Dieu que les plantes que tu greffes puissent ne jamais croître. (*Sortent la reine et les Dames*.)

Le jardinier. — Pauvre reine! si ton état devait s'en bien trouver, je souhaiterais que mon habileté de jardinier fût soumise à ta malédiction. Elle a laissé tomber là une larme ; à cette place, je planterai une plate-bande de rue, la triste herbe de grâce. La rue, qui veut dire la même chose que compassion, sera prochainement vue ici, en souvenir d'une reine en pleurs. (*Ils sortent.*)

ACTE IV.

SCÈNE UNIQUE.

Londres. — Westminster-Hall[1].

Les Lords spirituels à la droite du trône; les Lords temporels à la gauche; les Communes au milieu. — Entrent BOLINGBROKE, AUMERLE, SURREY, NORTHUMBERLAND, PERCY, FITZWATER, un autre lord, l'évêque de CARLISLE, l'abbé de WESTMINSTER *et des gens de leurs suites. Des* officiers *viennent derrière eux amenant* BAGOT.

Bolingbroke. — Faites avancer Bagot. Maintenant, Bagot, décharge franchement ton âme; que sais-tu de la mort du noble Glocester? qui la complota avec le roi, et qui se chargea de l'office sanglant de mettre fin à ses jours avant leur terme?

Bagot. — En ce cas, mettez en face de moi le Lord Aumerle.

Bolingbroke. — Avancez, mon cousin, et regardez cet homme.

Bagot. — Monseigneur Aumerle, je sais que votre langue audacieuse dédaigne de nier ce qu'elle a dit une fois. A cette époque maudite où la mort de Glocester fut complotée, je vous ai entendu dire : « Mon bras n'est-il pas d'une belle longueur, lui qui peut atteindre, de la tranquille cour d'Angleterre jusqu'à Calais, la tête de mon oncle? » A cette même époque, parmi beaucoup d'autres propos, je vous ai entendu dire que vous refuseriez l'offre de cent mille couronnes, si en retour Bolingbroke devait revenir en Angleterre, et vous ajoutiez en outre que ce pays serait bien heureux si votre cousin mourait.

Aumerle. — Princes et nobles Lords, quelle réponse ferai-je à cet homme vil? dois-je déshonorer mes heureuses étoiles au point de me mettre sur le pied d'égalité avec lui pour le châtier? Je dois le faire, ou bien il faut que mon honneur soit souillé par l'accusation de ses lèvres calomnieuses. Voici mon gage, le sceau de mort délivré de ma main qui te marque pour l'enfer. Je dis que tu mens, et je maintiendrai que ce que tu as dit est faux dans le sang de ton cœur, quoiqu'il soit bien trop vil pour teindre la lame de mon épée de chevalier.

Bolingbroke. — Bagot, arrête; tu ne relèveras pas ce gage.

Aumerle. — Un seul excepté, je voudrais que ce fût le plus grand de cette assemblée qui m'eût ainsi outragé.

Fitzwater. — Si ta valeur a besoin d'égalité, voici mon gage, Aumerle, en échange du tien. Par ce beau soleil qui me montre la place où tu te trouves, je t'ai entendu dire, et tu le disais en t'en vantant, que tu étais l'auteur de la mort du noble Glocester. Tu mens vingt fois si tu nies ce propos, et je ferai rentrer avec la pointe de ma rapière ta fausseté, là où elle fut engendrée, c'est-à-dire dans ton cœur.

Aumerle. — Tu n'oserais pas vivre pour voir ce jour-là, lâche.

Fitwzater. — Sur mon âme, je voudrais que ce fût à l'instant même.

Aumerle. — Tu es damné en enfer pour tes paroles, Fitzwater.

Percy. — Aumerle, tu mens; Son Honneur est aussi loyal dans cette provocation que tu es toi déloyal, et en témoignage de ce que je dis, je jette ici mon gage, pour prouver sur toi la vérité de mes paroles jusqu'à extinction de souffle; relève-le, si tu l'oses.

Aumerle. — Et si je ne le relève pas, puissent mes mains se pourrir et ne plus jamais brandir un acier vengeur au-dessus du heaume brillant de mon ennemi!

Un lord. — Parjure Aumerle, je jette mon gage à terre pour le même motif, et je te lance d'un seul coup autant de démentis qu'on en peut crier dans ton oreille de traître entre un soleil et un autre : voici le gage de mon honneur; sers-t'en pour une épreuve, si tu l'oses.

Aumerle. — Qui me provoque encore? Par le ciel, je répondrai à tous : j'ai mille courages dans un seul cœur pour répondre à vingt mille comme vous.

Surrey [2]. — Milord Fitzwater, je me rappelle parfaitement ce jour où vous causiez, vous et Aumerle.

Fitzwater. — C'est très-vrai ; vous étiez présent alors, et vous pouvez témoigner avec moi que ce que je dis est vrai.

Surrey. — C'est aussi faux, par le ciel, que le ciel lui-même est véridique.

Fitzwater. — Tu mens, Surrey.

Surrey. — Malhonnête bambin! ce démenti donnera à mon épée un tel amour de la vérité qu'elle poursuivra réparation et vengeance jusqu'à ce que toi, le donneur de démentis et ton démenti, soyez couchés en terre aussi paisiblement que le crâne de ton père. Comme preuve de ce que je dis, voici le gage de mon honneur; sers-t'en pour une épreuve, si tu l'oses.

Fitzwater. — Comme tu éperonnes chaudement un cheval fougueux! Si je suis capable d'oser boire, manger, respirer et vivre, je suis capable de rencontrer Surrey dans un lieu écarté et de cracher sur lui, pendant que je lui dirai qu'il ment, qu'il ment, et qu'il ment : voici le gage de ma bonne foi qui t'oblige à subir ma vigoureuse correction. Aussi vrai que j'espère prospérer dans ce nouveau régime, Aumerle est coupable de ce dont je l'accuse véridiquement : en outre, j'ai entendu le proscrit Norfolk dire que toi, Aumerle, tu avais envoyé deux de tes hommes à Calais pour assassiner le noble duc.

Aumerle. — Que quelque honnête chrétien m'accorde un gage pour le démenti que je donne à Norfolk : je lui jette celui-ci, s'il peut être rappelé de l'exil pour défendre son honneur.

Bolingbroke. — Ces querelles resteront suspendues jusqu'à ce que Norfolk soit rappelé : il sera rappelé, et quoique mon ennemi, il sera rétabli dans toutes ses terres et seigneuries : lorsqu'il sera revenu, nous obligerons Aumerle à soutenir l'épreuve.

L'évêque de Carlisle. — On ne verra jamais ce jour d'honneur. Longtemps le proscrit Norfolk a combattu pour Jésus-Christ dans les glorieuses batailles chrétiennes, déployant l'étendard de la croix chrétienne, contre les noirs païens, Turcs et Sarrasins : fatigué des œuvres de la guerre, il s'était retiré en Italie, et là, à Venise, il a rendu son corps à la terre de ce charmant pays, et son âme pure à son capitaine Christ, sous les couleurs duquel il avait si longtemps combattu.

Bolingbroke. — Quoi, évêque, Norfolk est-il mort?

L'évêque de Carlisle. — Aussi sûrement que je vis, Monseigneur.

Bolingbroke. — Que la douce paix conduise sa douce âme dans le sein du bon vieux Abraham ! — Lords appelants, vos différends resteront suspendus jusqu'à ce que nous vous assignions vos jours d'épreuves.

Entre le duc d'York *avec sa suite.*

Le duc d'York. — Grand duc de Lancastre, je viens à toi de la part de Richard au panache abattu ; il consent de sa pleine volonté à t'adopter pour héritier et il cède son sceptre puissant à la possession de ta main royale. Monte sur son trône, toi qui deviens aujourd'hui son successeur, et vive longtemps Henri, quatrième du nom !

Bolingbroke. — Au nom de Dieu, je monterai les marches du trône royal.

L'évêque de Carlisle. — Vraiment, qu'à Dieu ne plaise ! Il est possible que mes paroles sonnent mal devant cette royale présence, cependant c'est à moi qu'il appartient le mieux de dire la vérité. Plût à Dieu que quelqu'un dans cette noble assemblée fût assez noble pour être le juge loyal du noble Richard ! alors celui-là serait averti par une réelle noblesse de s'abstenir d'une si odieuse faute. Quel sujet a pouvoir de prononcer sentence sur son roi, et quels sont ceux qui siégent ici qui ne sont pas les sujets de Richard? Les voleurs ne sont pas jugés sans qu'on les entende, quelque évidence que présentent leurs crimes; et la figure de la majesté de Dieu, son capitaine, son lieutenant, son député élu, le roi oint, couronné, établi depuis des années, sera jugé par la bouche d'un sujet et d'un inférieur sans que lui-même soit présent? O Dieu, défendez que dans un pays chrétien, des âmes civilisées commettent un acte si noir, si détestable, si infâme! Je parle à des sujets, et je parle comme un sujet, excité par Dieu à prendre hardiment ainsi le parti de son roi. Milord de Hereford ici présent, que vous appelez roi, est un traître indigne envers le roi du hautain Hereford. Si vous le couronnez, écoutez ma prophétie : le sang des Anglais engraissera la terre et les siècles futurs gémiront pour cet acte indigne; la paix ira sommeiller chez les Turcs et les infidèles, et dans ce royaume, séjour de la paix, les guerres tumultueuses mettront aux prises alliés contre alliés, et parents contre parents; le désordre, l'horreur, la terreur, la révolte habiteront ici, et cette terre sera nommée le champ du Golgotha et des crânes des morts. Oh! si vous élevez cette maison-ci contre cette maison-là, cet acte engendrera la plus malheureuse division qui tomba jamais sur cette terre frappée de malédiction! Prévenez cela, résistez à cela, que cela ne soit pas, de crainte que vos enfants et les enfants de vos enfants ne crient contre vous malheur [3]!

Northumberland. — Vous avez bien raisonné, Messire, et pour vos peines, nous vous arrêtons ici pour crime de haute trahison. Milord de Westminster, prenez soin de le tenir en sûreté jusqu'au jour de son jugement. — Vous plairait-il, Milords, d'accéder à la demande des Communes?

Bolingbroke. — Amenez ici Richard, afin qu'il puisse abdiquer en vue de tout le monde; en procédant ainsi, nous ne donnerons pas lieu au soupçon.

Le duc d'York. — Je serai son introducteur. (*Il sort.*)

Bolingbroke. — Milords qui êtes ici sous notre arrêt, donnez vos garanties que vous vous présenterez aux jours de vos épreuves. (*A l'évêque de Carlisle.*) Nous sommes peu redevables à votre affection et nous comptions peu sur votre concours.

Rentre YORK *avec* LE ROI RICHARD *et des* OFFICIERS *portant la couronne.*

LE ROI RICHARD. — Hélas! pourquoi suis-je appelé devant un roi avant d'avoir secoué les pensées royales par lesquelles je régnais? C'est à peine si je commence à savoir insinuer, flatter, m'incliner, fléchir mes membres. Donnez le temps au chagrin de me dresser à cette soumission. Cependant je me rappelle bien les traits de ces hommes : n'étaient-ils pas à moi? Ne m'ont-ils pas maintes fois crié, *profond salut?* Ainsi fit Judas pour le Christ : mais lui, sur douze hommes, il n'en trouva qu'un seul de faux; moi, sur douze mille, je n'en ai pas trouvé un seul de vrai. Dieu sauve le roi! Personne ne dira-t-il, *Amen?* Dois-je être à la fois le prêtre et le clerc? Eh bien, alors, *Amen!* Dieu sauve le roi, quoique je ne sois pas le roi, et cependant, *Amen*, si le ciel pense que ce soit moi. Pour faire quel service m'envoie-t-on chercher?

LE DUC D'YORK. — Pour accomplir de ton plein gré ce que les fatigues de la majesté t'ont fait offrir, la résignation de ton pouvoir et de ta couronne à Henri Bolingbroke.

LE ROI RICHARD. — Donnez-moi la couronne. Ici, cousin, prenez la couronne; de ce côté ma main, de cet autre côté la vôtre. Maintenant cette couronne d'or ressemble à un puits profond dans lequel deux seaux se remplissent alternativement; en haut, dansant toujours dans l'air celui qui est vide, et l'autre en bas, invisible et plein d'eau; je suis le seau qui est en bas plein de larmes, je baigne dans mes douleurs, pendant que vous montez en haut.

BOLINGBROKE. — Je croyais que vous aviez résigné volontairement la couronne.

LE ROI RICHARD. — Oui, ma couronne, mais mes douleurs sont toujours miennes; vous pouvez me déposer de mon pouvoir et de mes dignités, mais non de mes douleurs; j'en suis toujours le roi.

BOLINGBROKE. — Vous me donnez avec votre couronne une partie de vos soucis.

Le roi Richard. — Vos soucis en grandissant ne diminuent pas mes soucis à moi. Mon souci, c'est la perte du souci, opérée par les vieux soucis; votre souci, c'est le gain du souci, gagné par un nouveau souci: les soucis que je donne, je les ai, quoique je les donne; ils suivent la couronne et, cependant, ils restent avec moi.

BOLINGBROKE. — Êtes-vous content de résigner la couronne?

Le roi Richard. — Oui, non; non, oui; car je ne dois plus rien être; et cependant, non, non; car c'est à toi que je la résigne. Regarde maintenant comme je me détruis moi-même : je retire de ma tête ce poids pesant, de ma main ce sceptre incommode, de mon cœur l'orgueil du pouvoir royal. Je lave l'huile qui m'a consacré avec mes propres larmes, je donne ma couronne avec mes propres mains, je nie mon pouvoir sacré avec ma propre langue, je souffle avec ma propre haleine sur tous les serments d'obéissance; j'abjure toute pompe et toute majesté; j'abandonne mes châteaux, mes rentes, mes revenus; je nie mes actes, mes décrets, mes statuts. Dieu pardonne toutes les violations de serments qu'on fait envers moi! Dieu garde entiers tous les serments qu'on te prête! Que moi qui n'ai plus rien, il ne m'afflige en rien, et que toi qui as tout acquis, il te donne joie en tout! Puisses-tu vivre longtemps pour t'asseoir sur le trône de Richard et puisse Richard être bientôt étendu dans une fosse! Dieu protége le roi Henri et lui envoie de nombreuses années pleines de beaux jours! voilà ce que dit Richard tombé de sa royauté. Que reste-t-il encore?

NORTHUMBERLAND, *lui présentant un papier.* — Rien, si ce n'est de lire ces accusations et ces graves attentats commis par votre personne et par vos compagnons contre l'État et l'intérêt du royaume, afin que les consciences puissent juger, par la confession que vous ferez, que vous êtes justement déposé.

Le roi Richard. — Me faut-il faire cela? Me faut-il

effiler la trame de mes folies passées? Noble Northumberland, si tes fautes étaient écrites, cela ne te couvrirait-il pas de confusion de les lire dans une si belle assemblée? Si tu étais obligé à telle chose, tu trouverais dans ce registre de tes fautes un article détestable, celui qui contient la déposition d'un roi et la lacération d'un serment fortement engagé, article marqué d'une tache et condamné dans le livre du ciel : oui, et vous qui êtes là et qui me regardez me débattre avec ma misère, quoiqu'il y en ait quelques-uns qui, comme Pilate, se lavent les mains et me montrent un semblant de pitié, oui vous, Pilates, vous m'avez livré ici à ma croix de douleur, et l'eau ne peut laver votre péché.

Northumberland. — Monseigneur, dépêchez, lisez ces articles.

Le roi Richard. — Mes yeux sont pleins de larmes, je ne puis voir : cependant l'eau salée ne les aveugle pas tellement que je ne puisse voir ici une bande de traîtres. Oui, et si je tourne les regards sur moi-même, je découvre que je ne suis pas moins traître que les autres; car j'ai donné ici le consentement de mon âme pour dépouiller de sa pompe le corps d'un roi; car j'ai rendu la gloire basse, j'ai fait de la souveraineté une serve, de l'orgueilleuse majesté une sujette, et du pouvoir un paysan.

Northumberland. — Monseigneur....

Le roi Richard. — Je ne suis pas ton Seigneur, homme insolent et hautain, ni le Seigneur de personne; je n'ai pas de nom, pas de titre; non, il n'est pas jusqu'à ce nom qui me fut donné au baptême qui ne soit usurpé. Hélas! quel malheur! faut-il que j'aie traversé tant d'hivers pour ne pas savoir maintenant de quel nom me nommer? Oh! que ne suis-je un dérisoire roi de neige, pour me fondre en gouttes d'eau, exposé comme je le suis au soleil de Bolingbroke! Bon roi, grand roi, qui n'es cependant pas grandement bon, si ma parole a encore quelque valeur en Angleterre, commande qu'un miroir soit apporté immédiatement pour qu'il me montre quelle face j'ai, maintenant que mon visage est en banqueroute de sa majesté.

BOLINGBROKE. — Que quelqu'un d'entre vous aille chercher un miroir. (*Sort un assistant.*)

NORTHUMBERLAND. — Lisez ce papier en attendant qu'on apporte le miroir.

LE ROI RICHARD. — Démon! tu me tourmentes avant que je n'aille en enfer.

BOLINGBROKE. — Ne le pressez pas davantage, Milord Northumberland.

NORTHUMBERLAND. — En ce cas, les Communes n'auront pas satisfaction.

LE ROI RICHARD. — Elles seront satisfaites : j'en lirai assez, quand je contemplerai le livre même où mes péchés sont écrits, et ce livre, c'est moi-même. (*Entre l'assistant avec un miroir.*) Donnez-moi ce miroir, je vais vous lire ce livre. Comment, mes rides ne sont pas plus profondes? Comment, la douleur a frappé des coups si nombreux sur mon visage et ne m'a pas fait des blessures plus profondes? O miroir flatteur! tu me trompes, pareil aux compagnons de ma prospérité! Ce visage est-il le visage de celui qui chaque jour entretenait dix mille hommes sous son toit domestique? Ce visage est-il celui qui, pareil au soleil, forçait à cligner des yeux ceux qui le regardaient? Est-ce là la face qui vit tant de folies en face, et qui à la fin a été *effacée* par Bolingbroke? Une gloire fragile brille sur ce visage, et aussi fragile que cette gloire est ce visage; (*il brise le verre contre terre*) car il est là, brisé en mille morceaux. Roi silencieux, remarque la morale de ce jeu ; vois comme ma douleur a eu vite détruit mon visage.

BOLINGBROKE. — L'ombre de votre douleur a détruit l'ombre de votre visage.

LE ROI RICHARD. — Répète cela. L'ombre de ma douleur? Ah! voyons : c'est très-vrai, mon chagrin est tout intérieur, et ces expressions extérieures du gémissement sont simplement des ombres du chagrin invisible, dont se gonfle en silence l'âme torturée. C'est là qu'est la substance de mon chagrin, et je te remercie, ô roi, pour ta grande générosité qui ne s'est pas contentée de me donner une cause de gémir, mais qui a voulu encore m'enseigner la manière de déplorer cette cause. Je vais vous demander une faveur, puis je partirai et je ne vous importunerai plus. L'obtiendrai-je?

BOLINGBROKE. — Nommez-la, beau cousin.

LE ROI RICHARD. — *Beau cousin!* je suis plus grand qu'un roi, car lorsque j'étais roi, mes flatteurs n'étaient que des sujets; maintenant que je suis un sujet, j'ai un roi ici pour flatteur. Puisque je suis si grand, je n'ai plus besoin de mendier.

BOLINGBROKE. — Demandez, cependant.

LE ROI RICHARD. — Et obtiendrai-je?

BOLINGBROKE. — Vous obtiendrez.

LE ROI RICHARD. — Alors accordez-moi la permission de m'en aller.

BOLINGBROKE. — Où?

LE ROI RICHARD. — Où vous voudrez, pourvu que je sois hors de vos yeux.

BOLINGBROKE. — Allez, quelqu'un de vous, conduisez-le à la Tour.

LE ROI RICHARD. — Oh, voilà qui est bon! *me conduire!* Vous êtes tous en effet gens de conduite, vous qui si lestement avez su vous élever sur la chûte d'un roi légitime. (*Sortent le roi Richard, quelques Seigneurs et une garde.*)

BOLINGBROKE. — Nous fixons solennellement à mercredi prochain notre couronnement: préparez-vous, Milords. (*Tous sortent, sauf l'évêque de Carlisle, l'abbé de Westminster et Aumerle.*)

L'ABBÉ DE WESTMINSTER. — Nous avons contemplé ici un malheureux spectacle.

L'ÉVÊQUE DE CARLISLE. — Le malheur est à venir; les enfants encore à naître sentiront ce jour-ci les blesser comme des épines.

AUMERLE. — Saints ecclésiastiques, n'y a-t-il pas un moyen de débarrasser le royaume de cette tache pernicieuse?

L'ABBÉ DE WESTMINSTER. — Monseigneur, avant que

je vous ouvre librement ma pensée, vous prêterez le serment non-seulement de garder mon secret, mais d'accomplir tout ce qu'il m'arrivera de décider. Je vois vos fronts pleins de mécontentement, vos cœurs pleins de chagrins et vos yeux pleins de larmes. Venez souper avec moi; je vous exposerai un plan qui nous montrera à tous un heureux avenir. (*Ils sortent.*)

ACTE V.

SCÈNE PREMIÈRE.

LONDRES. — Une rue conduisant à LA TOUR.

Entrent LA REINE *et* SES DAMES.

LA REINE. — Le roi va venir de ce côté; c'est le chemin qui mène à cette fatale tour de Jules César[1], dont les flancs de pierre doivent servir de prison à mon Seigneur déchu, sur l'arrêt de l'orgueilleux Bolingbroke. Reposons-nous ici, si toutefois cette terre rebelle garde quelque place de repos pour la femme de son roi légitime.

Entre LE ROI RICHARD *sous escorte.*

LA REINE. — Mais doucement, regardez, ou plutôt ne regardez pas, se flétrir ma belle rose : cependant, levez les yeux, contemplez-la, afin que la pitié vous dissolve en rosée, et que vous lui rendiez sa fraîcheur par les larmes d'une sincère affection. — O toi, image de la place où fut l'antique Troie, effigie de l'honneur, tombe du roi Richard, et non plus le roi Richard; ô toi, très-belle hôtellerie, pourquoi faut-il que le chagrin au triste visage soit logé en toi, alors que le triomphe est devenu un convive de taverne?

LE ROI RICHARD. — Ne t'unis pas avec le chagrin, ma belle épouse, ne t'unis pas avec lui, si tu ne veux pas que ma mort soit trop brusque : apprends, chère âme, à regarder notre première condition comme un heureux rêve dont nous nous sommes éveillés et qui nous laisse avec notre réelle condition que voici : je suis, ma douce amie, le frère inséparable de la dure fatalité, et elle et moi nous tiendrons compagnie jusqu'à la mort. Va-t'en en France ; cloître-toi dans quelque maison religieuse. Il nous faut par nos existences saintes conquérir la couronne d'un nouveau monde, puisque nos heures profanes nous ont enlevé la couronne de ce monde-ci.

LA REINE. — Quoi ! mon Richard est-il à la fois transformé de corps et affaibli d'esprit ? Bolingbroke a-t-il déposé ton intelligence ? est-il entré dans ton cœur ? Le lion mourant allonge sa patte, et s'il ne peut blesser autre chose, il blesse au moins la terre, dans sa colère d'être vaincu, et toi qui es un lion et un roi des animaux, vas-tu comme un écolier prendre avec douceur ta correction, baiser la verge et caresser la rage avec une basse humilité ?

LE ROI RICHARD. — Oui, roi des animaux, en vérité ; si j'avais gouverné autre chose que des bêtes, je régnerais encore heureusement sur des hommes. Amie, naguères encore reine, prépare-toi à partir de suite pour la France : pense que je suis mort, et que tu reçois ici de moi, comme à mon lit de mort, mon dernier adieu en ce monde. Dans les ennuyeuses soirées d'hiver, assieds-toi près du feu, avec de vieilles bonnes gens ; fais-toi raconter par eux les récits des âges de malheur depuis longtemps écoulés, et avant de leur souhaiter bonne nuit, pour leur rendre le plaisir douloureux qu'ils t'auront donné, raconte-leur mon histoire lamentable, et renvoie tes visiteurs pleurant à leurs lits. Car, vois-tu, les tisons insensibles sympathiseront eux-mêmes avec les douloureux accents de ta langue et trouveront des larmes pour éteindre le feu par compassion : quelques-uns se couvriront de cendres, d'autres se revêtiront de charbon, comme signe de deuil pour la déposition d'un roi légitime.

Entre NORTHUMBERLAND *avec sa suite.*

Northumberland. — Monseigneur, Bolingbroke a changé d'avis; c'est à Pomfret et non à la Tour que vous devez aller². Quant à vous, Madame, on a pris des mesures pour que vous vous dirigiez en toute hâte sur la France³.

Le roi Richard. — Northumberland, échelle par laquelle le grandissant Bolingbroke monte à mon trône, le temps ne sera pas vieilli de bien nombreuses heures, avant que ton ignoble crime, arrivant à maturité, ne se répande en humeur purulente. Tu en viendras à penser que, quand bien même il diviserait le royaume et t'en donnerait la moitié, ce serait trop peu pour l'avoir aidé à conquérir le tout : lui, de son côté, pensera que toi qui sais le moyen de planter des rois illégitimes, tu découvriras, sans qu'on aie besoin de beaucoup t'aider pour cela, un autre moyen pour le précipiter de son trône usurpé. L'affection des amis scélérats se convertit en crainte, cette crainte en haine, et la haine pousse l'un d'eux, ou les pousse tous deux, à une catastrophe dont ils sont dignes et à une mort méritée.

Northumberland. — Mon péché retombera sur ma tête et voilà tout. Prenez congé et séparez-vous ; car vous devez vous séparer sans délai.

Le roi Richard. — Doublement divorcé! Méchantes gens, vous violez un double mariage ; le mariage entre ma couronne et moi, et le mariage entre moi et mon épouse. Laisse-moi effacer par un baiser le serment qui nous a unis, toi et moi; et cependant non, car c'est avec un baiser que fut fait ce serment. Sépare-nous, Northumberland, et dirige-nous, moi sur le nord où le pays languit sous les frissons du froid pénétrant et l'insalubrité, ma femme sur la France d'où elle partit en pompe pour venir ici ornée comme le doux mai, et où elle retourne pareille à la Toussaint ou au plus court des jours de l'année.

La reine. — Devons-nous être séparés ? devons-nous nous quitter ?

Le roi Richard. — Oui, mon amour, ta main doit se séparer de ma main, ton cœur doit se séparer de mon cœur.

La reine. — Bannissez-nous tous deux, et envoyez le roi avec moi.

Northumberland. — Ce serait charitable, mais peu politique.

La reine. — Alors, laissez-moi aller là où il va.

Le roi Richard. — Ainsi nous deux, pleurant ensemble, nous ferions une même harmonie de douleur. Pleure pour moi en France, je pleurerai pour toi ici. Mieux vaut être loin, que d'être près l'un de l'autre sans être près d'un mutuel bonheur. Va, compte ta route par tes soupirs, je compterai la mienne par mes gémissements.

La reine. — Alors celui qui aura la plus longue route est celui qui gémira le plus.

Le roi Richard. — Comme la route est courte, je pousserai deux soupirs pour chaque pas et je ralentirai le voyage par le poids des chagrins de mon cœur. Allons, allons, que notre cour au chagrin soit rapide, puisqu'en l'épousant il doit si longtemps rester avec nous. Un baiser fermera nos lèvres et nous nous séparerons en silence. C'est ainsi que je te donne mon cœur et que je prends le tien. (*Ils s'embrassent.*)

La reine. — Rends-moi le mien ; ce serait une triste action que de prendre ton cœur et de le tuer. (*Ils s'embrassent de nouveau.*) Maintenant que j'ai repris le mien, pars, je vais essayer de le tuer avec un soupir.

Le roi Richard. — Nous égayons trop le malheur par les retards de ces caresses. Une fois encore, adieu ; que notre douleur dise le reste. (*Ils sortent.*)

SCÈNE II.

Londres. — Un appartement dans le palais du duc d'York.

Entrent le duc *et* la duchesse D'YORK.

La duchesse d'York. — Monseigneur, lorsque les pleurs interrompirent votre récit, vous m'aviez dit que vous achèveriez de me raconter l'arrivée de nos deux cousins à Londres.

Le duc d'York. — Où en suis-je resté?

La duchesse d'York. — A ce triste incident, Monseigneur, de mains grossières et rebelles qui du haut des fenêtres, jetaient de la poussière et des ordures sur la tête du roi Richard.

Le duc d'York. — Eh bien, comme je vous le disais, le duc, le grand Bolingbroke, monté sur un coursier ardent et impétueux qui semblait bien connaître son ambitieux cavalier, s'avançait d'un pas lent mais majestueux, pendant que toutes les bouches criaient: « Dieu te protége, Bolingbroke ! » Vous auriez cru que les fenêtres elles-mêmes parlaient, tant il y avait de têtes jeunes et vieilles qui s'entassaient avec empressement aux ouvertures, désireuses de voir son visage, et que toutes les murailles par les images peintes des tapisseries dont elles étaient recouvertes, disaient toutes à la fois: « Jésus te protége! sois le bienvenu, Bolingbroke ! » Lui, pendant ce temps-là, tête nue, et incliné plus bas que le cou de son cheval, se tournant tantôt d'un côté, tantôt de l'autre, leur disait : « Je vous remercie, mes compatriotes, » et ce faisant, il poursuivait sa marche.

La duchesse d'York. — Hélas, pauvre Richard ! quelle figure faisait-il alors?

Le duc d'York. — De même que dans un théâtre, après qu'un acteur aimé a quitté la scène, les spectateurs fixent leurs yeux avec indifférence sur l'acteur qui entre ensuite et trouvent son bavardage ennuyeux, de même et avec plus de mépris encore, les yeux de la foule se sont fixés insolemment sur Richard. Personne n'a crié: Dieu le protége! nulle bouche joyeuse ne lui a souhaité la bienvenue; mais de la poussière a été jetée sur sa tête sacrée qu'il secouait avec un si noble chagrin et dont le visage était tellement partagé entre les sourires et les larmes, signes de sa douleur et de sa résignation, que si Dieu, pour quelque puissant motif caché, n'avait pas recouvert d'acier les cœurs des hommes, ces cœurs auraient forcément éclaté devant un tel spectacle et que la barbarie elle-même aurait eu pitié de lui. Mais le ciel a la main dans ces événements et nous devons nous soumettre avec calme à sa puissante volonté. Nous sommes maintenant par serment les sujets de Bolingbroke, dont je reconnais pour toujours le pouvoir et l'honneur.

La duchesse d'York. — Voici venir mon fils Aumerle.

Le duc d'York. — Celui qui était Aumerle, mais qui s'est perdu pour être l'ami du roi Richard; Madame, vous devez maintenant l'appeler Rutland[1]. J'ai dans le parlement engagé pour lui ma parole que son obéissance et que sa loyale soumission envers le nouveau roi seraient inaltérables.

Entre AUMERLE.

La duchesse d'York. — Sois le bienvenu, mon fils! Quelles sont les violettes qui émaillent à cette heure le sein verdoyant de ce nouveau printemps?

Aumerle. — Madame, je ne le sais pas et je ne m'en soucie guère. Dieu sait que j'aime autant ne pas faire partie de ce printemps que d'être une de ses fleurs.

Le duc d'York. — Bon, mon fils; tâchez de vous bien comporter dans ce nouveau printemps, si vous ne voulez pas être cueilli avant floraison. Quelles nouvelles d'Oxford? les joûtes et les triomphes continuent-ils?

Aumerle. — Autant que je sache, Monseigneur, ils continuent.

Le duc d'York. — Vous irez, j'en suis sûr.

AUMERLE. — J'en ai l'intention, si Dieu ne s'y oppose pas.

LE DUC D'YORK. — Qu'est-ce que c'est que ce sceau qui sort de ta poitrine? Comment, tu pâlis! laisse-moi voir cet écrit.

AUMERLE. — Monseigneur, ce n'est rien.

LE DUC D'YORK. — Peu importe alors qui le voie : je veux être satisfait; laisse-moi voir cet écrit.

AUMERLE. — Je supplie Votre Grâce de me pardonner; c'est une affaire de peu d'importance que, pour certaines raisons, je ne voudrais pas laisser voir.

LE DUC D'YORK. — Et que moi, pour d'autres raisons, je prétends voir, Monsieur. Je crains, je crains....

LA DUCHESSE D'YORK. — Que pouvez-vous craindre? ce n'est rien que quelque engagement qu'il aura contracté pour un gai costume qu'il destine au jour du triomphe.

LE DUC D'YORK. — Alors c'est un engagement qu'il s'est souscrit à lui-même? Comment a-t-il sur lui l'engagement qu'il a souscrit à un autre? Femme, tu es une sotte. Enfant, laisse-moi voir cet écrit.

AUMERLE. — Pardonnez-moi, je vous en conjure; je ne puis pas le montrer.

LE DUC D'YORK. — Je veux être satisfait; montre-le-moi, te dis-je. (*Il enlève le papier et le lit.*) Trahison! ignoble trahison! Scélérat! traître! manant!

LA DUCHESSE D'YORK. — Qu'y a-t-il, Monseigneur?

LE DUC D'YORK. — Holà! y a-t-il quelqu'un ici?

Entre UN VALET.

LE DUC D'YORK. — Sellez mon cheval. Dieu ait pitié de nous! quelle trahison c'est là!

LA DUCHESSE D'YORK. — Eh bien, qu'y a-t-il, Monseigneur?

LE DUC D'YORK. — Donnez-moi mes bottes, dis-je; sellez mon cheval. Sur mon honneur, sur ma vie, sur ma foi, je vais dénoncer le scélérat! (*Sort le valet.*)

LA DUCHESSE D'YORK. — Qu'y a-t-il, Monseigneur?

LE DUC D'YORK. — Taisez-vous, sotte femme.

LA DUCHESSE D'YORK. — Je ne veux pas me taire : qu'y a-t-il, mon fils?

AUMERLE. — Soyez tranquille, ma bonne mère ; il n'y en a pas là plus que je ne peux en payer avec ma pauvre vie.

LA DUCHESSE D'YORK. — En payer avec ta vie!

LE DUC D'YORK. — Apportez-moi mes bottes, je vais aller trouver le roi.

Rentre LE VALET *avec les bottes.*

LA DUCHESSE D'YORK. — Frappe-le, Aumerle. Pauvre enfant, tu es tout interdit. (*Au valet.*) Hors d'ici, vilain! ne te montre jamais plus à mes yeux!

LE DUC D'YORK. — Donnez-moi mes bottes, dis-je.

LA DUCHESSE D'YORK. — Qu'est-ce donc, York, que vas-tu faire? Est-ce que tu ne dois pas cacher la faute de ton sang? Avons-nous d'autres fils? sommes-nous capables d'en avoir d'autres? Est-ce que le temps n'a pas tari ma fécondité? et tu veux arracher à ma vieillesse mon bel enfant et me voler mon nom sacré de mère? Ne te ressemble-t-il pas? n'est-il pas tien?

LE DUC D'YORK. — Folle et sotte femme, est-ce que tu veux laisser caché ce noir complot? Ils sont une douzaine qui ont prêté serment et se sont réciproquement engagés, leurs mains étendues, à tuer le roi à Oxford.

LA DUCHESSE D'YORK. — Il n'en sera pas ; nous le garperons ici : et alors en quoi cela le regarde-t-il?

LE DUC D'YORK. — Arrière, folle femme! je le dénoncerais, fût-il vingt fois mon fils.

LA DUCHESSE D'YORK. — S'il t'avait coûté les mêmes gémissements qu'à moi, tu serais plus compatissant. Mais je vois ta pensée, maintenant ; tu soupçonnes que j'ai été déloyale à ton lit et que c'est un bâtard et non ton fils. Mon doux York, mon doux mari, n'aie pas cette pensée ; il te ressemble autant qu'homme peut te ressembler ; il ne me ressemble pas à moi, ni à personne de mon sang, et pourtant je l'aime.

Le duc d'York. — Laisse-moi passer, femme indocile!
(*Il sort.*)

La duchesse d'York. — Cours après lui, Aumerle! Monte sur son cheval, donne de l'éperon, cours en toute hâte, arrive avant lui devant le roi et sollicite ton pardon avant qu'il ne t'accuse. Je ne resterai pas longtemps en arrière : quoique je sois vieille, je suis sûre que je pourrai courir aussi vite que York, et je ne me relèverai pas de terre avant que Bolingbroke ne t'ait pardonné. En route, partons[5]! (*Ils sortent.*)

SCÈNE III.

Windsor. — Un appartement dans le château.

Entrent BOLINGBROKE roi, PERCY *et* d'autres lords.

Bolingbroke. — Personne ne peut-il me donner des nouvelles de mon libertin de fils? Il y a maintenant trois mois pleins que je ne l'ai pas vu : si quelque malheur nous menace, c'est lui. Plaise à Dieu, Milords, qu'on puisse le trouver. Cherchez à Londres, parmi les tavernes, car on dit qu'il les fréquente journellement avec des compagnons sans frein ni mœurs, appartenant à ces gens qui s'embusquent dans des allées étroites, battent notre guet et volent les passants ; et lui, jeune gars frivole et efféminé, il se fait un point d'honneur de soutenir une bande si dissolue[6].

Percy. — Monseigneur, j'ai vu le prince il y a deux jours à peu près et je l'ai informé des fêtes tenues à Oxford.

Bolingbroke. — Et qu'a dit le galant?

Percy. — Il a répondu qu'il irait au bordel, qu'il prendrait un gant à une des créatures les plus publiques, qu'il le porterait comme un gage d'amour, et qu'avec ce trophée il se faisait fort de désarçonner le plus robuste jouteur.

Bolingbroke. — Aussi dissolu qu'effronté : cependant à travers son effronterie et sa corruption, j'aperçois certaines lueurs qui me donnent de meilleures espérances que ses années plus mûres pourront réaliser heureusement. Mais qui vient ici?

Entre AUMERLE *avec précipitation.*

AUMERLE. — Où est le roi?

BOLINGBROKE. — Qu'a donc notre cousin pour être en tel émoi et rouler des yeux si effrayés?

AUMERLE. — Dieu protége Votre Grâce! Je conjure Votre Majesté de m'accorder un instant d'entretien seul avec elle.

BOLINGBROKE. — Retirez-vous et laissez-nous seuls ici. (*Sortent Percy et les Lords.*) Qu'y a-t-il, maintenant, notre cousin?

AUMERLE, *s'agenouillant.*—Puissent mes genoux prendre racine en terre pour jamais, puisse ma langue s'attacher à mon palais, à moins que je ne sois pardonné avant de me lever ou de parler.

BOLINGBROKE. — Cette faute a-t-elle été commise, ou bien en est-elle restée à l'intention? Si elle rentre dans la seconde de ces conditions, quelque odieuse qu'elle puisse être, je te la pardonne pour conquérir ta future affection.

AUMERLE. — Alors donnez-moi la permission de tourner la clef, afin que personne n'entre jusqu'à ce que mon récit soit fini.

BOLINGBROKE. — Fais selon ton désir. (*Aumerle ferme la porte.*)

LE DUC D'YORK, *de l'extérieur.* — Mon Suzerain, prends garde; fais attention à toi; tu as un traître en ta présence.

BOLINGBROKE. —Scélérat, je vais me garantir contre toi.

AUMERLE. — Retiens ta main vengeresse; tu n'as aucune raison de craindre.

LE DUC D'YORK, *de l'extérieur.* — Ouvre la porte, roi confiant, follement courageux! Vas-tu me forcer par affection, à prendre en face de toi le ton de la révolte? Ouvre la porte ou je vais la briser. (*Bolingbroke ouvre la porte.*)

Entre LE DUC D'YORK.

BOLINGBROKE. — Qu'y a-t-il, mon oncle ? parlez; reprenez haleine; dites-nous à quelle distance le danger est de notre personne, afin que nous puissions nous armer pour marcher à sa rencontre.

LE DUC D'YORK. — Parcours l'écrit que voilà et tu connaîtras la trahison que mon essoufflement m'empêche de raconter.

AUMERLE. — Rappelle-toi, en le lisant, ta promesse précédente : je me repens; consens à n'y pas lire mon nom, mon cœur n'est pas complice de ma main.

LE DUC D'YORK. — Oui, cela était vrai avant que ta main eût apposé ton nom ici, scélérat! Roi, j'ai enlevé ce papier de la poitrine du traître; c'est la crainte et non l'affection qui dicte son repentir : oublie d'avoir pitié de lui, de peur que ta pitié ne se transforme en un serpent qui te piquera au cœur.

BOLINGBROKE. — O l'odieuse, la dangereuse, l'audacieuse conspiration! O père loyal d'un fils traître! source aux eaux pures, immaculées, blanches comme l'argent, d'où a pris naissance ce ruisseau qui s'est sali en traversant des terrains de boue! ton excès de bien se convertit en mal, mais l'abondance de tes vertus fera pardonner cette tache mortelle de ton coupable fils.

LE DUC D'YORK. — En sorte que ma vertu sera l'entremetteuse de ses vices et que sa honte dépensera mon honneur, comme les fils prodigues dépensent l'or de leurs pères économes. Mon honneur vit si son déshonneur meurt, ou bien son déshonneur forcera ma vie à s'écouler dans la honte. Tu me tues en lui permettant de vivre; si tu lui laisses le souffle, c'est le traître qui vit et l'honnête homme qui est mis à mort.

LA DUCHESSE D'YORK, *de l'extérieur*. — Holà, mon Suzerain! au nom de Dieu laissez-moi entrer.

BOLINGBROKE. — Quelle est la suppliante à la voix perçante qui pousse ce cri désespéré?

LA DUCHESSE D'YORK. — C'est une femme et ta tante,

grand roi; c'est moi. Consens à parler avec moi, aie pitié de moi, ouvre la porte ; celle qui te mendie est une mendiante qui n'a jamais mendié auparavant.

Bolingbroke. — Notre scène change ; d'une pièce sérieuse, nous passons à la comédie de *La Mendiante et le Roi*. Mon dangereux cousin, faites entrer votre mère ; je sais qu'elle vient supplier pour votre odieux péché. (*Aumerle va ouvrir la porte.*)

Le duc d'York. — Quelle que soit la personne qui te supplie, si tu pardonnes, cette clémence fera prospérer de nouveaux crimes. Ce membre corrompu une fois retranché, les autres membres restent sains ; épargné, celui-là corrompra tous les autres.

Entre la duchesse D'YORK.

La duchesse. — O roi, ne crois pas cet homme au cœur dur ! l'amour qui ne s'aime pas lui-même ne peut aimer personne.

Le duc d'York. — Femme frénétique, que viens-tu faire ici ? ton vieux sein veut-il une fois encore nourrir un traître ?

La duchesse d'York. — Mon aimable York, sois patient. (*Elle s'agenouille.*) Écoutez-moi, mon noble Suzerain.

Bolingbroke. — Relevez-vous, ma bonne tante.

La duchesse d'York. — Non, pas encore, je t'en conjure : car je marcherai sur mes genoux et je ne connaîtrai aucun de ces jours que connaissent les heureux, jusqu'à ce que tu me donnes le bonheur, que tu m'ordonnes d'être heureuse, en pardonnant à Rutland, mon enfant coupable.

Aumerle, *s'agenouillant*. — Je joins mes génuflexions aux supplications de ma mère.

Le duc d'York, *s'agenouillant*. — J'oppose à leurs supplications, à tous deux, mes génuflexions loyales. Puisses-tu mal prospérer, si tu fais grâce !

La duchesse d'York. — Parle-t-il sérieusement ? regardez son visage ; ses yeux ne versent pas de larmes, ses prières sont pour rire ; ses paroles viennent de sa bouche seule, mais les nôtres viennent du cœur. Il ne prie que faiblement et son désir serait d'être refusé ; nous, nous vous prions du cœur, de l'âme et de tout : il serait heureux, j'en suis sûre, de relever ses vieux membres ; nos genoux à nous resteront courbés jusqu'à ce qu'ils prennent racine en terre : ses prières sont pleines de menteuse hypocrisie ; les nôtres sont pleines de zèle sincère et de profonde intégrité. Nos prières dépassent la valeur des siennes ; accordez-leur donc cette clémence que les vraies prières doivent obtenir..

BOLINGBROKE. — Relevez-vous, ma bonne tante.

LA DUCHESSE D'YORK. — Non, ne dites pas « relevez-vous, » mais dites d'abord « je pardonne », et ensuite, « relevez-vous. » Oh ! si j'étais ta nourrice, si j'étais chargée de t'apprendre à parler, « pardon » serait le premier mot qui sortirait de tes lèvres. Je n'ai vraiment jamais su, jusqu'à ce moment, ce qu'était le désir d'entendre une parole. Roi, dis : « je pardonne ; » que la pitié t'enseigne à le dire : le mot est court, mais il est encore plus doux que court ; nul mot ne convient autant aux lèvres des rois que celui de pardon.

LE DUC D'YORK. — Roi, prononcez le mot en français ; dites : *pardonnez-moi* [7].

LA DUCHESSE D'YORK. — Enseignes-tu au pardon à détruire le pardon ? O mon âcre mari, mon Seigneur au cœur dur, tu mets le mot en guerre avec le mot ! Prononce ce mot, pardon, avec le sens qu'il a dans notre pays ; nous ne comprenons pas ce français à double sens. Ton œil commence à parler déjà, que ta langue continue ; ou bien encore fais descendre ton oreille dans ton cœur compatissant, afin qu'entendant comme nos plaintes et nos prières sont perçantes, la pitié te pousse à répéter ce mot « pardon. »

BOLINGBROKE. — Ma bonne tante, relevez-vous.

LA DUCHESSE D'YORK. — Je ne demande pas à me relever ; le pardon est toute la requête que je présente.

BOLINGBROKE. — Je lui pardonne, comme je désire que Dieu me pardonne.

LA DUCHESSE D'YORK. — O gain heureux d'une génuflexion ! cependant je tremble encore de crainte : répète-le ; dire deux fois, je pardonne, n'est pas pardonner deux fois, mais rendre un seul pardon plus fort.

BOLINGBROKE. — De tout mon cœur, je lui pardonne.

LA DUCHESSE D'YORK. — Tu es un dieu sur terre.

BOLINGBROKE. — Mais quant à notre digne beau-frère[8], à l'abbé, et aux autres membres de cette bande de conspirateurs, la mort va immédiatement leur donner la chasse. Mon bon oncle, faites envoyer quelques détachements à Oxford ou en n'importe quel endroit que se trouvent ces traîtres : ils ne vivront pas en ce monde, je le jure, et je mettrai la main sur eux, si je puis découvrir où ils sont. Oncle, adieu, et vous cousin, adieu aussi : votre mère a bien prié ; montrez-vous loyal.

LA DUCHESSE D'YORK. — Viens, mon ancien fils ; je prie Dieu qu'il fasse de toi un nouvel homme.

SCÈNE IV.

WINDSOR. — Un autre appartement dans le château.

Entrent SIR PIERCE D'EXTON *et* UN VALET.

EXTON. — N'as-tu pas remarqué les paroles que le roi a prononcées? « N'ai-je pas d'ami, a-t-il dit, qui veuille me délivrer de cette crainte vivante? » Est-ce que ce ne sont pas ses paroles?

LE VALET. — Oui, ses paroles mêmes.

EXTON. — « N'ai-je pas d'ami? » a-t-il dit : il a répété cela deux fois. Il a insisté deux fois là-dessus, n'est-ce pas?

LE VALET. — Oui.

EXTON. — Et en parlant ainsi, il me regardait d'une manière interrogative, comme s'il eût voulu dire : Je voudrais que tu fusses l'homme qui fît faire divorce de cette terreur à mon cœur; sous-entendant le roi qui est à Pomfret. Viens, partons : je suis l'ami du roi et je le débarrasserai de son ennemi. (*Ils sortent.*)

SCÈNE V.

POMFRET. — Le donjon du château.

Entre LE ROI RICHARD.

LE ROI RICHARD. — Je me suis ingénié à chercher comment je pourrais comparer cette prison avec le monde : mais comme le monde est peuplé et qu'il n'y a ici d'autre créature que moi, je n'ai pu y réussir ; cependant, je vais tâcher de trouver. Je comparerai ma cervelle à la femelle de mon esprit, et mon esprit au mâle de ma cervelle ; à eux deux, ils procréent une génération de pensées qui, à leur tour, en engendrent d'autres, et ces pensées peuplent ce petit monde qui est moi ; elles ressemblent vraiment aux gens qui peuplent le monde, car aucune n'est contente. Les meilleures, les pensées des choses divines, sont entremêlées de scrupules et mettent aux prises les mots avec les mots, comme celles-ci, par exemple : « Laissez venir à moi les petits ; » et encore : « Il est plus difficile d'entrer, qu'à un chameau de passer par le trou d'une aiguille. » Les pensées qui ont l'ambition pour objet cherchent d'impossibles miracles ; comment, par exemple, ces vains et faibles ongles pourraient s'y prendre pour s'ouvrir un passage à travers la cuirasse de pierre de ce dur monde, c'est-à-dire les vieilles murailles de ma prison ; et comme elles ne peuvent pas y aboutir, elles meurent dans leur propre orgueil. Les pensées qui recommandent la résignation, nous consolent en nous disant que nous ne sommes pas le premier des captifs de la fortune et que nous ne serons pas le dernier, comme ces sots mendiants qui, mis au carcan, donnent à leur honte ce refuge, que d'autres y ont été et y seront mis, et qui dans cette pensée trouvent une manière de consolation à porter leur propre infortune sur le dos de ceux qui ont enduré le même traitement. C'est ainsi qu'en une seule personne, je joue le rôle de plusieurs acteurs, dont aucun n'est content. Quelquefois je suis roi; alors la trahison me fait souhaiter d'être un mendiant, et c'est ce que je suis. Puis, l'écrasante pénurie me persuade que j'étais plus heureux lorsque j'étais roi, et alors je redeviens roi : mais, peu à peu, j'arrive à réfléchir que je suis détrôné par Bolingbroke, et immédiatement je ne suis plus rien. Mais quelque personnage que je sois, ni pour moi, ni pour aucune autre créature humaine, il ne saurait y avoir de satisfaction en rien, avant de rencontrer la satisfaction de n'être rien. (*Musique.*) Est-ce de la musique que j'entends? Ah! ah! gardez vos temps : combien est désagréable la douce musique, lorsque les temps ne sont pas gardés et qu'on n'observe pas la mesure! Il en est de même dans la musique de la vie humaine. Ici, j'ai l'oreille assez délicate pour surprendre le temps interrompu sur une corde mal réglée; mais je n'ai pas eu d'oreille pour observer que mon temps était interrompu dans l'harmonie qui devait régner entre mon pouvoir et le temps. J'ai abusé du temps, et maintenant le temps abuse de moi; car maintenant le temps m'a pris pour l'horloge qui marque ses divisions : mes pensées sont les minutes, et mes soupirs sont le tic-tac qui marque l'heure sur mes yeux, montre visible, où mon doigt, pareil à l'aiguille d'un cadran, se dirige toujours pour essuyer mes larmes. Maintenant, Monsieur, les sons qui indiquent l'heure qu'il est, sont les gémissements de douleur qui frappent sur mon cœur, qui est la cloche : c'est ainsi que les soupirs, les larmes, les gémissements marquent les minutes, les secondes, les heures; mais mon temps court en poste auprès de la joie orgueilleuse de Bolingbroke, tandis que je suis ici à dire des folies, Jacquemart de son horloge. Cette musique me rend fou; qu'elle ne joue plus; car bien que la musique ait souvent rétabli des fous dans leur bon sens, il me semble, par ce que je sens, qu'elle pourrait rendre fous les hommes sages. Cependant, béni soit le cœur de celui qui me la donne! car c'est un signe d'affection, et l'affection pour

Richard est un joyau d'un prix singulier dans ce monde qui tout entier le hait.

Entre UN VALET D'ÉCURIE.

LE VALET. — Salut, prince royal!

LE ROI RICHARD. — Merci, noble pair! le meilleur marché de nous deux est de dix *groats* trop cher. Qui es-tu? et comment viens-tu ici, où personne ne vient jamais, excepté le morose chien de garde qui m'apporte ma nourriture pour permettre à mon infortune de vivre?

LE VALET. — J'étais un pauvre valet de tes écuries, roi, lorsque tu régnais ; faisant route pour York, après beaucoup de difficultés, j'ai enfin obtenu la permission de pouvoir contempler le visage de celui qui fut mon royal maître. Oh! comme mon cœur saignait, lorsque je contemplai, dans les rues de Londres, le jour du couronnement, Bolingbroke monté sur le rouan Barbary! ce cheval que tu as si souvent monté toi-même, ce cheval que j'ai si soigneusement élevé!

LE ROI RICHARD. — Il montait Barbary? Dis-moi, gentil ami, quel air avait sous lui ce cheval?

LE VALET. — Un air si fier, qu'on eût dit que la terre ne pouvait pas le porter.

LE ROI RICHARD. — Tellement fier il était d'avoir Bolingbroke sur son dos! Cette rosse avait mangé du pain de ma main royale ; c'est cette main qui par ses caresses lui a donné cette fierté. Ne pouvait-il faire de faux pas? ne pouvait-il s'abattre (puisque l'orgueil doit tomber), et briser le cou de l'homme orgueilleux qui usurpait son dos? Pardon, mon cheval! pourquoi te faire des reproches, puisque créé pour être dominé par l'homme, tu es né pour porter? Je n'avais pas été créé cheval, et cependant, je porte un fardeau comme un âne, surmené et épuisé que je suis par le manége de Bolingbroke.

Entre UN GARDIEN *avec un plat*.

LE GARDIEN, *au valet*. — Camarade, quitte la place ; on ne peut rester plus longtemps ici.

Le roi Richard. — Si tu m'aimes, pars, il en est temps.

Le valet.—Ce que ma langue n'ose pas dire, mon cœur le dira. (*Il sort.*)

Le gardien.—Monseigneur, vous plairait-il de manger?

Le roi Richard. — Goûte d'abord de ces mets, comme c'est ta coutume.

Le gardien. — Monseigneur, je n'ose pas. Sir Pierce d'Exton, qui est venu tout récemment de la part du roi, ordonne le contraire.

Le roi Richard.—Le diable emporte Henri de Lancastre et toi! La patience est usée et j'en suis las.

(*Il frappe le gardien.*)

Le gardien. — Au secours, au secours, au secours!

Entrent sir PIERCE D'EXTON *et des serviteurs armés.*

Le roi Richard. — Qu'est-ce maintenant? Que veut la mort avec cette attaque brutale? Scélérat, ta main brandit l'instrument de ta propre mort. (*Il arrache une arme à l'un des hommes et le tue.*) Va, toi, et remplis une autre chambre de l'enfer. (*Il en tue un second; alors Exton le frappe.*) Cette main qui poignarde ainsi ma personne brûlera dans le feu qui ne s'éteint jamais. Exton, ta main cruelle a taché la terre du roi du propre sang du roi. Monte, monte, mon âme, dont le trône est en haut, tandis que ma chair grossière s'affaisse ici pour mourir. (*Il meurt.*)

Exton. — Aussi plein de valeur que de sang royal ! j'ai éteint les deux. Oh, plût au ciel que ce fût une action juste ! car maintenant le diable qui me disait que c'était une bonne action, me dit qu'elle est enregistrée dans l'enfer. Je vais porter ce roi mort au roi vivant : qu'on enlève les autres et qu'on leur donne ici la sépulture[9]. (*Ils sortent.*)

SCÈNE VI.

Windsor. — Un appartement dans le château.

Fanfares. Entrent BOLINGBROKE *en costume royal,* le duc D'YORK, *des* seigneurs *et des gens de la suite.*

Bolingbroke. — Mon cher oncle York, les dernières nouvelles que j'apprends portent que les rebelles ont consumé par le feu notre ville de Chichester dans le Gloucestershire ; mais s'ils sont pris ou massacrés, on ne nous le dit pas.

Entre NORTHUMBERLAND.

Bolingbroke. — Salut, Milord ; quelles nouvelles ?
Northumberland. — D'abord je souhaite à ton pouvoir sacré toute la fortune possible. La nouvelle la plus récente est que j'ai envoyé à Londres les têtes de Salisbury, de Spencer, de Blunt et de Kent ; la manière dont ils ont été pris vous sera minutieusement expliquée dans ce papier.
(*Il lui présente un papier.*)
Bolingbroke. — Nous te remercions pour tes peines, gentil Percy : nous accorderons à ton mérite des récompenses justement méritées.

Entre FITZWATER.

Fitzwater. — Monseigneur, j'ai envoyé d'Oxford à Londres les têtes de Brocas et de Sir Bennet Seely, deux de ces traîtres dangereusement associés qui avaient comploté à Oxford ta ruine funeste.
Bolingbroke. — Je n'oublierai pas tes peines, Fitzwater ; très-noble est ton mérite, je le reconnais avec joie.

Entre PERCY *avec* l'évêque de CARLISLE.

Percy. — Le grand conspirateur, l'abbé de Westminster,

accablé du fardeau de sa conscience et d'une noire mélancolie, a cédé son corps à la tombe; mais l'évêque de Carlisle est ici vivant pour attendre ton jugement royal et la condamnation de son orgueil.

BOLINGBROKE. — Carlisle, voici votre sentence : choisis quelque lieu écarté, quelque pieuse retraite, autre que celles que tu possèdes et jouis-y de la vie ; pourvu que tu vives en paix, meurs libre de toute persécution : car quoique tu aies été toujours mon ennemi, j'ai aperçu en toi de nobles éclairs d'honneur.

Entre SIR PIERCE D'EXTON *avec une escorte portant un cercueil.*

EXTON. — Grand roi, dans ce cercueil je te présente tes craintes ensevelies : ici repose inanimé le plus puissant et le plus grand de tes ennemis, Richard de Bordeaux, par moi apporté en ces lieux.

BOLINGBROKE. — Exton, je ne te remercie pas; car tu as de ta main fatale commis un acte qui retombera en scandale sur ma tête et sur tout ce glorieux pays.

EXTON. — C'est sur un mot de votre bouche que j'ai commis cet acte, Monseigneur.

BOLINGBROKE. — Ceux qui ont besoin du poison, n'aiment pas pour cela le poison, et je ne t'aime pas ; bien que je le désirasse mort, je hais le meurtrier et j'aime l'homme assassiné. Reçois pour récompense les remords de ta conscience ; mais tu n'auras jamais de moi une bonne parole ni une faveur. Vas errer avec Caïn à travers les ombres de la nuit, et ne montre jamais ta tête au jour et à la lumière. Lords, je proteste que mon âme est navrée de douleur qu'il ait fallu m'arroser de sang pour me faire grandir : venez, pleurez avec moi sur ce fait que je regrette, et mettez-vous immédiatement en deuil ; je ferai un voyage en Terre Sainte pour laver de ce sang ma main coupable : marchez avec recueillement à ma suite, et honorez mon deuil par vos pleurs en suivant cette bière prématurée.

(*Ils sortent.*)

COMMENTAIRE.

ACTE I.

1. La coutume autrefois était de distinguer les différents princes nés d'un même père par le nom du lieu où ils étaient nés. C'est ainsi que nous verrons Henri V, avant de monter sur le trône, désigné sous le nom de Henri Monmouth, parce qu'il était né à Monmouth dans le pays de Galles; Jean de Gand s'appelait ainsi parce qu'il était né à Gand, en Belgique. Quoiqu'il soit représenté par Shakespeare comme extrêmement vieux, Jean de Gand à l'époque de sa mort n'était âgé que de cinquante-huit ans. Dans une note curieuse, Malone montre par de nombreux exemples que nos pères faisaient commencer la vieillesse à un âge que nous regardons aujourd'hui comme la maturité, et il en donne justement pour raison qu'à cette époque les hommes s'établissant plus jeunes, il en résultait qu'un adolescent de dix-huit ans pouvait être père et qu'on pouvait être à quarante ans un vénérable aïeul. Mais pour la noblesse, il y avait une raison plus particulière encore; les nobles entraient très-jeunes dans la vie publique, en sorte qu'au bout de vingt ans, lorsqu'ils avaient à peine atteint la quarantaine, il y avait si longtemps qu'ils *tenaient l'affiche* sans désemparer, comme on dit dans l'argot d'aujourd'hui, qu'ils faisaient l'effet d'être très-vieux, alors qu'ils étaient encore fort jeunes. A quarante ans, un noble avait déjà assisté à trois ou quatre siéges, combattu dans une demi-douzaine de batailles rangées, figuré comme ambassadeur dans deux ou trois cours de l'Europe, mis la main à des intrigues politiques sans nombre, en sorte qu'on comptait son âge d'après la somme de son expérience.

2. Le duc de Hereford s'appelait Bolingbroke, pour la même raison que son père s'appelait Gand, parce qu'il était né au château de Bolingbroke, dans le Lincolnshire.

3. Thomas de Woodstock, duc de Glocester, oncle de Richard II et septième fils d'Édouard III, fut mis à mort à Calais, à l'instigation de Richard, dit-on, par Thomas Mowbray, duc de Norfolk, en 1397, c'est-à-dire un an avant l'époque où commence ce drame.

4. La reine dont il s'agit ici, était la seconde femme de Richard, Isa-

belle, fille du roi de France Charles VI. Elle avait alors à peine huit ans, par conséquent le rôle historique que nous verrons Shakespeare lui prêter est de la pure invention du poëte. Le duc de Norfolk avait été un des négociateurs chargés d'accomplir le contrat et de signer la trêve de trente ans qui était la conséquence de ce mariage. La première femme de Richard, Anne, fille de l'empereur d'Allemagne Charles IV, avait été épousée en 1382 et était morte à Shene en 1394.

5. Le lion figurait dans le blason d'Angleterre, et le cimier des Norfolk était un léopard doré.

6. Éléonore Bohun, femme de Thomas de Woodstock, duc de Glocester. On voit encore sa tombe à l'abbaye de Westminster. (*Édition* STAUNTON).

7. Dans les grandes maisons d'autrefois, les murailles étaient tendues, pendant la résidence de leurs maîtres, de ces riches tapisseries historiques que nous admirons aujourd'hui. Lorsqu'ils partaient, ces tapisseries étaient enlevées et roulées et les murailles restaient nues.

8. Édouard, comte de Rutland, fils aîné d'Edmond Langley, duc d'York, cinquième fils d'Édouard III, fut créé duc d'Aumerle ou *Albemarle* (Aumale en Normandie) par son cousin Richard, en 1397. C'est ce duc d'York que nous verrons mourir dans la pièce de *Henri V*. Le Lord maréchal en cette circonstance était le duc de Surrey.

9. *Mowbray waxen coat*. Est-ce bien *waxen* qu'il faut lire et n'y a-t-il pas une erreur dans ce passage? Une note de Steevens explique cette épithète par ce fait que les cottes de mailles étaient si flexibles et se moulaient si bien sur toutes les attitudes du corps, qu'elles pouvaient être comparées à de la cire.

10. *Warder*. Sorte de bâton de commandement qui était tenu par l'arbitre ou président de ces sortes de combats judiciaires. Lorsque le président tenait le bâton levé, cela signifiait *chargez*; lorsqu'il le jetait, *arrêtez*.

11. Dans une note très-curieuse de son édition, M. Staunton remarque qu'il n'est fait mention que deux fois dans Shakespeare, de cette très-ancienne coutume de jurer sur l'épée qui a son origine dans la barbarie guerrière des Germains. Maintenant comment jurait-on? Sur la lame transversalement étendue, ou sur la poignée? Dans *Hamlet*, où l'on peut supposer que les coutumes barbares sont encore en vigueur, les guerriers doivent jurer sur la lame transversalement étendue, et c'est ainsi que Retzsch a représenté cette scène. D'ailleurs la poignée des épées barbares ne présentait pas une étendue suffisante pour que la main pût s'y poser en signe de serment. Dans *Richard II*, au contraire, c'est sur la poignée depuis longtemps formée en croix sous l'influence des idées chrétiennes que le serment doit se prêter.

12. Une des causes d'impopularité de Richard II fut entre autres taxes oppressives et arbitraires, le très-ingénieux moyen qu'il avait inventé pour se procurer de l'argent, connu sous le nom de *Blank Charters*. On faisait signer aux communes, aux gentilshommes, aux communautés religieuses des billets en blanc que l'officier du roi remplissait ensuite à sa fantaisie.

ACTE II.

1. Edmond Langley, ainsi nommé parce qu'il était né à Langley, près Saint-Albans, duc d'York, cinquième fils d'Édouard III. Il eut historiquement le caractère irrésolu, indolent, que lui prête Shakespeare. L'évêque Lowth le décrit comme un prince ami des plaisirs et ennemi des affaires, consultant toujours son repos et n'agissant jamais avec énergie en aucune occasion. Dans la chronique rimée qui nous est parvenue, le contemporain, Hardyng, en trace le même portrait. « Lorsque tous les Lords allaient au conseil et au parlement, lui allait chasser aux chiens et aux faucons. » Il le décrit du reste comme charitable et bon pour les pauvres, et il ajoute que lorsque le roi l'eut fait maître de sa fauconnerie et grand veneur, il fut plus content de cette charge que de toutes ses richesses.

2. Johnson a fait remarquer qu'à l'époque de Richard II, l'Italie était sans influence sur les modes de l'Angleterre, mais Shakespeare commet fréquemment et sciemment de légers anachronismes lorsqu'il s'agit d'introduire dans ses pièces une critique des mœurs contemporaines. L'imitation de l'Italie est une des manies qu'il ridiculise avec le plus d'insistance. D'ailleurs est-il bien vrai que l'Italie fût même à cette époque sans influence sur le monde féodal d'Angleterre? Mille faits prouvent le contraire, et pour en prendre un qui se rapporte directement au drame présent, ne lisons-nous pas dans Froissard que lorsque Bolingbroke dut se battre en champ clos, il envoya auprès de Galéas, duc de Milan, pour se procurer la meilleure armure possible?

3. *Against infection and the hand of war*. Tel est le vieux texte. *Infection* signifie infection, peste. Est-il probable que Shakespeare ait voulu dire que l'Angleterre était protégée contre la peste, alors qu'elle était fréquemment visitée par ce fléau? Farmer, et à sa suite Malone, ont proposé de lire *infestion* dans le sens de *infestation*, irruption, invasion.

4. Cette accusation de Jean de Gand est confirmée par les témoignages contemporains. « Dans la vingt-deuxième année du règne de Richard II, le bruit se répandit que le roi avait loué à ferme le royaume à Sir William Scroope, comte de Wiltshire, et par la suite trésorier d'Angleterre, à Sir John Bushey, à Sir John Bagot et à Sir Henri Greene chevaliers. » *Chronique de* FABIAN.

5. Allusion à la légende d'après laquelle saint Patrick aurait chassé d'Irlande tous les reptiles venimeux.

6. Le duc de Hereford, après son bannissement, se rendit en France, où il fut reçu avec honneur à la cour, et il aurait obtenu en mariage la fille unique du duc de Berry, oncle du roi de France, si Richard n'avait mis obstacle à cette alliance. STEEVENS.

7. A la mort de toute personne noble et devant le service chevaleresque, on dressait un inventaire de ses biens et on établissait l'âge de son héri-

tier. Si cet héritier était mineur il devenait pupille du roi, mais s'il était en majorité, il avait droit de réclamer un ordre d'*ouster la main* (ôter la main), ce qui signifiait que la main du roi se retirait de lui et que ses biens lui étaient délivrés.

8. William, Lord Ross de Hamlake, par la suite trésorier de Henri IV.

9. William, Lord Willoughby de Eresby, allié plus tard de très-près à la famille royale, car il épousa Jeanne, veuve d'Edmond Langley, duc d'York.

10. Il y a là une petite erreur historique. La personne qui s'était échappée des mains du duc d'Exeter était non Lord Cobham, mais le fils du comte d'Arundel et le frère de l'archevêque de Canterbury nommé dans le vers suivant.

11. Arundel, frère du comte, fut un des instruments les plus puissants de la conspiration qui porta Henri de Lancastre sur le trône. Il avait été privé de son siège d'archevêque de Canterbury par le pape à la requête de Richard, c'est pourquoi il est nommé l'*ex*-archevêque.

12. La mode de ces *perspectives* n'est pas tellement passée qu'il soit bien nécessaire d'expliquer au lecteur de quoi Shakespeare a voulu parler. On les emploie fréquemment pour des usages politiques ou pour d'autres infiniment coupables. Il s'agit de peintures ou de dessins qui vus de face représentent une certaine chose, et vus de côté en représentent une autre.

13. De quelle décapitation le duc d'York veut-il parler? Glocester fut assassiné non décapité, mais c'est probablement à sa mort que le duc fait allusion. Peut-être aussi fait-il allusion aux menaces de Richard à Jean de Gand au commencement de ce deuxième acte.

14. John Montacute, comte de Salisbury.

15. Détail mentionné par Hollinshed. Le laurier était considéré comme un arbre augural. S'il fleurissait, le bonheur devait pleuvoir sur le lieu où il s'élevait; s'il se flétrissait, le malheur devait visiter cette même place.

ACTE III.

1. Dans les anciennes maisons seigneuriales, les armes du maître étaient fréquemment peintes sur les vitraux coloriés.

2. Le if doublement fatal, et parce que son bois est transformé en instrument de mort, et parce que ses feuilles ont une qualité vénéneuse.

3. Quelques commentateurs étonnés de trouver des paroles aussi respectueuses dans la bouche de Bolingbroke, qui se présente en armes contre le roi, avaient proposé de les attribuer à un autre personnage, et nous avions d'abord partagé leur avis; mais, réflexion faite, elles sont bien dans le caractère et obséquieux et faux de Bolingbroke, et nous les ai laissons.

4. *My gay apparel*. Le roi Richard était célèbre pour ses dépenses de garde-robe. « Il avait, dit Hollinshed, un habit qu'il fit faire d'or et de pierres précieuses et qui était évalué à 30 000 marcs. » Steevens.

5. *And I could sing, would weeping do me good*, et je chanterais, si pleurer pouvait me faire du bien. Tel est le texte. Quelques commentateurs pensent qu'il faut lire *weep*, pleurer, au lieu de *sing*, chanter ; je me permets de partager leur avis et de préférer le sens qui résulte du texte ainsi corrigé arbitrairement au sens très-alambiqué, très-obscur, pour ne pas dire incompréhensible, que donne le texte respecté.

ACTE IV.

1. Westminster-Hall fut rebâtie par Richard lui-même. Les travaux commencèrent en 1397 et se terminèrent en 1399 et il y eut cette particularité remarquable que la première séance qui s'y tint eut pour objet la déposition du roi.

2. Thomas Holland, comte de Kent, frère de John Holland, comte d'Exeter, fut créé duc de Surrey en 1397. Il était comme Exeter demi-frère du roi par sa mère Jeanne, veuve du Prince Noir, remariée à Lord Holland.

3. Ce discours de l'évêque de Carlisle n'est que le développement très-exact des paroles que prête au prélat le chroniqueur Hollinshed.

ACTE V.

1. La tradition attribue l'érection de la tour de Londres à Jules César.

2. Richard fut cependant bien enfermé à la tour avant d'être transféré à Pomfret. M. Staunton dans une note des plus curieuses donne d'après certains manuscrits conservés à la bibliothèque impériale de Paris, le récit d'une visite que rendit au roi déposé Bolingbroke, en compagnie du duc d'York et d'Aumerle. Ce qu'il y a de remarquable dans ce récit c'est que les divers personnages s'y présentent exactement avec le caractère que leur attribue Shakespeare. Bolingbroke y est jusqu'à la fin respectueux, légèrement hypocrite et faux, un peu bas ; Richard fiévreux, nerveux, colérique et d'une violence toute féminine, mais conservant l'orgueil royal jusque dans son extrême impuissance.

3. La reine Isabelle qui avait alors huit ans ne retourna en France qu'en 1401, après un traité expressément conclu pour son retour, à Leulingen.

4. Un des premiers actes de Bolingbroke fut de priver de leurs duchés ses cousins Aumerle, Surrey, et Exeter, et de les réduire aux comtés de Rutland, de Kent, et de Huntingdon.

5. Cette scène est scrupuleusement historique.

6. La jeunesse dissolue de Henri Monmouth, plus tard Henri V. est

célèbre, mais Malone a fait remarquer qu'à l'époque où se passa la scène dont il est ici question, Henri avait à peine douze ans.

7. Ces mots *pardonnez-moi* sont en français dans l'original.

8. Le beau-frère dont il est ici question est John, duc d'Exeter, comte de Huntingdon, mari de Lady Élisabeth, sœur de Bolingbroke.

9. Richard fut-il assassiné, et Bolingbroke eut-il la main dans sa mort? Le soupçon public le poursuivit toute sa vie, mais il ne manqua jamais, comme Shakespeare nous le montre, de décliner toute responsabilité dans cet acte. La version la plus probable c'est que le roi se laissa mourir de faim. Selon d'autres, il serait mort après avoir souffert pendant quinze jours de la faim, de la soif, du froid, et d'indignités de toutes sortes, infligées par ses gardiens.

LE
ROI HENRI IV

IMPRIMÉ POUR LA PREMIÈRE FOIS EN 1598; DATE PROBABLE
DE LA REPRÉSENTATION 1597.

AVERTISSEMENT.

La première édition connue de ce drame est de 1598. Cinq autres suivirent rapidement, quatre du vivant de l'auteur, la cinquième à la date de 1622, un an avant la grande édition in-folio. Ce grand nombre de réimpressions à dates si rapprochées témoigne de l'immense popularité dont a dû jouir ce drame qui réunit en effet toutes les conditions d'un spectacle populaire, tant par son caractère que par le choix de ses héros. Le patriotisme, la verve comique, la vaillante bonne humeur, une mâle noblesse sans dédain pour la commune humanité et s'exprimant de préférence dans le langage populaire, telles sont les qualités qui brillent dans ce drame à leur plus haut degré d'excellence. Pour ce qui est des personnages principaux, ils appartiennent à ces variétés de héros qui ont été de tout temps plus particulièrement chers au cœur du peuple, les téméraires d'une part, les bons enfants de l'autre. Hotspur est de la race du chevalier Roland et de Richard Cœur de Lion; le prince Henri possède cet assemblage de vices et de vertus qui, plus que toute autre chose, a rendu populaire notre Henri IV. Quant à la représentation, il faut selon toute vraisemblance la rapporter à l'année 1597.

Il faut que le succès de cette pièce ait été bien grand, puisqu'il semble avoir remis en honneur un vieux drame informe, nommé *Les fameuses victoires du roi Henri V*, sur lequel Shakespeare a fondé quelques-unes des scènes du sien. Ce vieux drame que la troupe d'Henslowe avait joué encore en 1595, fut réimprimé en 1598, l'année même où parut la première édition de l'*Henri IV* de Shakespeare. Rien de plus absurde, comme composition et comme conception, que cette œuvre qui n'embrasse pas moins que les deux règnes d'Henri IV et d'Henri V, véritable parade populaire de baraques foraines. Et cependant, Shakespeare en a tiré quelque chose au moyen de ce même procédé par lequel les fées et les magiciens tirent un carrosse doré d'une citrouille, et par lequel Dieu, selon l'expression du Psalmiste, fait fleurir le désert comme une rose. Il y a pris non des caractères et des situations, mais des indications. La scène du vol sur le grand chemin s'y trouve; mais combien grossière et maladroite! Shakespeare n'a eu garde comme le vieil auteur d'accepter avec la crédulité populaire la complicité du prince Henri; consultant non la tradition, mais la nature, il a fait de cette affaire une farce d'étourdi en belle humeur. Quelque débauché qu'il soit, le prince Henri ne perdra pas le sens moral, au point d'aller gratuitement, inutilement, contre tout bon sens, commettre un crime bas et vil; mais voler les voleurs afin de restituer le larcin aux gens volés, voilà une aubaine pour un espiègle tout-puissant! La scène capitale du vieux drame, est la scène en cour de justice, conséquence de cette belle équipée de grande route, dans laquelle le prince Henri frappe au visage le Lord grand juge qui l'a fait arrêter. Avec le bon sens du génie, Shakespeare n'en a fait aucun usage, et s'est borné à mentionner cet événement dans le second *Henri IV*. Il a parfaitement compris qu'un tel fait, historique ou non, présentait un spectacle violent et grossier que le spectateur ne pardonnerait pas, et qui enlèverait toute sympathie au prince Henri. Enfin Shakespeare a puisé dans le vieux drame les indications de la scène de reproches du roi Henri à son fils et de la scène de l'enlèvement de la couronne dans le second *Henri IV*. En général le vieil auteur anonyme a suivi la tradition sur les relations du prince Henri et de son père. Ce qu'il y a d'étrange dans cette vieille production, c'est que le prince Henri est présenté comme capable de tout sans perdre l'estime de l'auteur. Mais Shakespeare, mieux éclairé, s'est contenté de nous insinuer que le prince Henri n'aimait pas son père et de nous faire sentir pourquoi, par l'opposition de leurs caractères. Rien ne ressemble moins à la nature franche, ouverte, loyale du prince Henri que la nature tortueuse, dissimulée, louche, cruelle d'Henri IV. Le prince Henri, avec la sincérité de son caractère, ne pouvait point ne pas reconnaître que, quels que fussent les torts de Richard, les moyens par lesquels son père lui avait pris la couronne n'étaient pas d'une très-scrupuleuse loyauté; peut-être un grain de mépris entrait-il dans son âme pour le populaire usurpateur, et lorsqu'on le voit s'associer à des voleurs de grand chemin, on n'a aucune peine à croire qu'il s'amuse à parodier l'élévation de son père au trône et à prouver d'une manière comique que bon sang ne peut mentir.

Sir John Falstaff figure dans ce vieux drame, sous le nom de Sir John Oldcastle; mais certes, ce n'est pas là que Shakespeare a pris l'indication de cet impérissable bouffon, car ce personnage n'a dans cette pièce absolument aucun caractère particulier. Pas un mot, pas une saillie. Tout ce que Shakespeare a emprunté au drame, c'est le nom du personnage. En effet, à l'origine, le Falstaff de Shakespeare s'appelait Sir John Oldcastle, et c'est sous ce nom qu'il se présenta au public dans le premier *Henri IV*. Sans doute, Shakespeare ignorait à cette époque que ce nom était celui d'un baron du temps d'Henri V, Sir John Oldcastle, plus connu sous le nom de Lord Cobham qu'il avait pris par suite de son mariage avec l'héritière de Cobham. Ce Lord Cobham semble avoir été populaire pour la protection ardente qu'il prêta aux wycleffites, protection qui après bien des aventures le fit condamner par deux fois, la première par le tribunal ecclésiastique, la seconde par le roi Henri V dont il avait été pourtant un des familiers. Mais tout différent qu'il était de son père, Henri lui ressemblait par un point, il était implacable comme lui, et Lord Cobham s'étant rendu coupable pour échapper à la condamnation ecclésiastique qui pesait sur lui de trames de nature à porter atteinte au pouvoir d'Henri V, ce dernier confirma la sentence ecclésiastique et le fit brûler comme hérétique, à son retour de France, en 1418. Il est assez singulier que ce soit un pareil caractère qui ait été représenté comme un personnage facétieux, mais peut-être, en adoptant la tradition consacrée par le vieux drame, Shakespeare ne s'éloignait-il pas beaucoup de la vérité. Il est possible que Sir John Oldcastle eût laissé un renom populaire de bon enfant, et ses opinions wycleffites loin de contredire cette supposition la confirment au contraire. Le peuple, encore une fois, aime les héros faits à son image, et d'autre part il est des hommes qui prennent les mœurs de leurs opinions et qui ne croient être fidèles aux gens qu'ils défendent que lorsqu'ils partagent leurs habitudes. Il est donc très-possible que Sir John Oldcastle ait été à la fois un wycleffite et un facétieux personnage, et qu'il fût resté populaire encore plus pour la seconde de ces qualités que pour la première. L'existence d'un noble anglais vivant au milieu de ses paysans, au quinzième siècle, ne présentait pas toujours un parfait modèle d'urbanité; en outre, si comme dans le cas présent, il voulait patroner et défendre les opinions populaires, quelle meilleure tactique que de vivre avec le peuple, d'adopter son langage, et de partager ses mœurs? Autre considération: en patronant les lollards, Sir John Oldcastle se mettait en opposition ouverte avec les lois du royaume, et se condamnait forcément à des exploits de grand chemin. Routier, chef de bandes qui n'étaient pas toutes composées de chanteurs d'hymnes et d'hommes pieux, il dut bien des fois permettre et tolérer des actes de brigandage et n'en être que plus admiré pour cela. Enfin

AVERTISSEMENT.

entre sa condamnation par le tribunal ecclésiastique et sa condamnation par Henri V, Sir John Oldcastle après s'être évadé de prison, fut obligé à la vie d'*Outlaw*, et en cette qualité, il dut reprendre ses anciennes habitudes d'aventurier encore aggravées. Il est donc très-possible que Shakespeare ne se soit point trompé en faisant de ce chef des wycleffites un facétieux héros et qu'il ait tout simplement transformé le personnage de la tradition populaire.

Effaça-t-il le nom de Sir John Oldcastle, lorsque la vérité historique lui fut connue? Y eut-il après la représentation d'*Henri IV*, quelque réclamation des alliés des Cobham? Y eut-il quelques murmures de la part des protestants zélés, des puritains toujours croissant en importance, qui aimaient à trouver la tradition de leur foi dans leur propre pays et qui rattachaient leurs origines à Wycleff autant qu'à Luther et à Calvin? On ne sait, mais toujours est-il que le nom fut effacé avant que la seconde partie d'*Henri IV* fût achevée, ainsi qu'en témoigne une phrase de l'*épilogue* de cette seconde partie, où le poëte s'excuse d'avoir confondu Sir John Falstaff avec Sir John Oldcastle qui mourut martyr. Nous croirions volontiers qu'il y eut quelques murmures de la part des protestants zélés, car une pièce faussement attribuée à notre poëte contre tout bon sens, et dont la date ne peut être placée qu'après celle de la représentation du premier *Henri IV*, intitulée *la première partie de Sir John Oldcastle*, contient un court prologue où se trouvent ces paroles : « ce n'est pas un glouton engraissé que nous vous présentons, ni un vieux conseiller du jeune vice, mais un homme dont la vertu brille d'un éclat suprême, un vaillant martyr et un vertueux pair, auquel nous nous efforcerons, dans la mesure où l'exige de nous votre faveur, de payer le tribut d'affection que nous lui devons pour sa sincère fidélité et son dévouement loyal à son souverain et au bien de son pays. » On sent l'aigreur et le reproche dans ce prologue qui est en parfaite harmonie avec les sentiments exprimés dans cette pièce, œuvre grossière, mais non sans mérite, d'un protestant zélé, quel que fût son auteur, Heywood (comme le voulait Farmer) ou tout autre.

Le nom de Sir John Oldcaste fut donc effacé et celui de John Falstaff lui fut substitué. On pense que ce nom n'est qu'une légère variante de celui de Sir John Falstoffe que nous verrons figurer dans la première partie d'*Henri VI*. Ce Falstoffe, qui avait vu les trois règnes de Richard, d'Henri IV et d'Henri V, figura dans les guerres de France, remporta la victoire des Harengs, mais prit honteusement la fuite à la bataille de Patay, à la suite de laquelle Talbot le fit dégrader. Il avait donc laissé un mauvais renom, et qui n'était rien moins que populaire, et Shakespeare, qui avait besoin d'un personnage à peu près historique pour ce caractère, pouvait l'employer pour en faire le compagnon de débauches du prince Henri, sans aucun inconvénient.

Non, ce n'est pas dans ce vieux drame que Shakespeare a trouvé l'indication de ce personnage prodigieusement original de Falstaff, mais dans la nature et dans l'observation directe du monde qui présente ce caractère en plus grande abondance qu'on ne le croit. Toutefois, si l'on veut qu'il ne l'ait pas tiré directement de la nature, il est une source à laquelle personne n'a encore pensé, et d'où ce personnage me semble avoir découlé. La source capable de laisser jaillir de ses flots une pareille baleine humaine n'est rien moins que la source limoneuse et puissante de notre grand Rabelais. Il n'est pas impossible que Shakespeare, qui lisait tout, eût trouvé moyen de lire, d'une manière ou d'une autre, les œuvres de ce colossal bouffon qu'il était si bien fait pour comprendre. Une foule de menus détails indiquent qu'il connaissait autrement que de renommée l'auteur de Pantagruel. Dans *Comme il vous plaira*, nous avons vu Rosalinde parler des dimensions énormes de la bouche de Gargantua. Dans le *Soir des rois*, nous avons vu le spirituel bouffon Feste se livrer à des inventions de géographie fantastique et de noms propres d'hommes et de peuples qui rappellent exactement les inventions de Rabelais ; les Vapiens, l'équinoxe de Queubus, Pigrogromitus, le savant Quinapalus. Si Shakespeare n'avait pas lu Rabelais, le bouffon Feste l'avait lu certainement, car il imite de la manière la plus heureuse la dialectique embrouillée et la logique à contre-sens des scolastiques sorbonniens et des magistrats imbéciles que Rabelais met en scène. « J'ai enjuponné ta gracieuse offrande, dit-il à Messire André qui lui avait donné quelques sous pour sa maîtresse, car le nez de Malvolio n'est pas un manche de fouet, Madame a une main blanche et les Myrmidons ne sont pas des cabarets à bière. » Une telle phrase ferait la plus heureuse figure dans la bouche des plaideurs au procès entre les seigneurs de Humevesne et de Baisecul. D'autres fois, dans sa manière de raisonner, sensément insensée, il rencontre les trouvailles imprévues de la logique des spirituels raisonneurs de Rabelais, spécialement de Panurge : voyez sa conversation avec Viola sur la fausseté des mots au début du troisième acte, sa conversation avec le duc sur l'avantage que les ennemis ont sur les amis, au début du cinquième, et dites si de pareils traits ne vous rappellent pas Rabelais. Mais j'appelle très-particulièrement l'attention du lecteur sur un passage du second *Henri IV* qui est tout ce qu'il y a de plus concluant au monde, le passage où Falstaff resté seul au quatrième acte, après avoir subi les reproches du prince Jean de Lancastre, se met à faire l'éloge du Xérès et des heureux effets qu'il a sur les facultés et les sentiments. Il y a là une page admirable qui semble avoir été traduite de Rabelais et n'avoir rien perdu de sa saveur originale par la traduction. Même logique plaisante ; même large développement de la pensée bouffonne poursuivie avec une dialectique aussi serrée que comique jusque dans ses plus singulières conséquences ; même vaste période, coupée avec art, de manière que chacune de ses parties se tienne debout par elle-même; c'est à croire que pendant quelques minutes, Shakespeare a échangé son âme contre celle de Rabelais ; c'est plus qu'une imitation adroite, c'est le modèle lui-même dans toute son originalité.

Shakespeare avait lu Rabelais, cela n'est pas douteux. Si donc il a pris quelque part l'idée du personnage, c'est chez ce roi des bouffons. Panurge, compagnon de Pantagruel, comme Falstaff est le compagnon du prince Henri, a pu lui servir de prototype. Tous deux se distinguent par les mêmes qualités et les mêmes vices; même amusante drôlerie, même forme d'esprit, même *humour*, même absence de sens moral, même invincible penchant à la sensualité, même lâcheté comique. Jamais Panurge ne fit mieux l'éloge de la dive bouteille que Falstaff ne fait l'éloge du bon Xérès, jamais Panurge ne claqua des dents pendant la tempête mieux que Falstaff ne contrefit le mort à la bataille de Shrewsbury, jamais Panurge ne s'entendit mieux à duper marchands et hôteliers que Falstaff ne s'entend à ruiner son hôtesse. Il n'y a qu'une différence très-sensible entre eux, différence qui constitue l'individualité de chacun d'eux: Panurge est un jeune drôle alerte et maigre ; Falstaff est un vieux drôle pesant et gras. Mais c'est probablement cette antithèse qui aura tenté Shakespeare et qui lui sera venue à la pensée en lisant les hauts faits de Panurge. Si on faisait un Panurge gras, se sera-t-il dit, et cette simple particularité de tempérament lui aura suffi pour créer un personnage tout différent. En effet, les deux personnages, bien qu'affligés de vices semblables, ne représentent en aucune façon la même nature de péché. Panurge représente le vice volontaire; ce qu'il est, il l'est par choix; vagabondage, bohème, misère, tout cela est le fait de son libre arbitre pervers. Mais le pauvre Falstaff est une véritable victime de la nature qui lui a fait le ventre si gros et les tripes si voraces. Il ne pourrait en aucune façon ne pas être ce qu'il est, c'est-à-dire un esclave soumis aux exigences de la chair. Combien de fois n'avez-vous pas vu dans le monde ces hommes qui sont les très-humbles valets de la boue dont ils sont faits ; le spirituel Falstaff est comme eux le domestique de sa propre obésité. Une chose touche dans Falstaff et nous le rend intéressant au plus haut point, c'est sa parfaite candeur. Il obéit à sa chair comme l'enfant obéit à sa mère, innocemment, docilement, respectueusement, sans songer le moins du monde à se révolter. Si sa panse pouvait parler, voici certainement comment elle s'exprimerait : « C'est un enfant bien sage, le gros chevalier. Oh ! bien obéissant, bien gentil, et qui n'est pas mutin comme tant d'autres ! Il fait toujours ce qu'on lui dit de faire, et n'est pas de ces raisonneurs qui veulent apprendre à leur ventre comment doit se faire la digestion, ni de ces enfants songe-creux qui ne sont jamais exacts à l'heure des repas ou qui vous ont des idées de l'autre monde sur la nécessité de la sobriété, ni de ces orgueilleux qui rougissent de leur maman, la panse, et qui se conduisent avec elle en mauvais fils, comme de sots beaux esprits qu'ils sont. » Il est candide jusque dans son effronterie, ce brave Falstaff ; quand il est surpris en flagrant délit de mensonge ou de lâcheté, il ne songe pas à nier, mais sans se déconcerter, et avec l'aplomb des enfants qui répondent *parce que* lorsqu'ils sont pris en faute, il soutient contre toute évidence l'innocence de sa conduite. Au fond, il est bon homme et sans malice offensive, comme sont tous les hommes gras ; car il n'y a de méchants et de pervers véritables que parmi les maigres. Il ne fait de mal à son prochain que dans la mesure des exigences de sa panse. Comment veut-on qu'il songe à nuire à autrui, lorsqu'il n'a pas trop de tout son temps pour s'occuper de lui et que son ventre lui donne une telle besogne ! Pauvre Falstaff ! lâche calomnié ! menteur injustement traité ! tu es le parfait modèle des esclaves de la chair, la fleur des gloutons, le chevalier loyal et sans peur de l'intempérance. Combien de tes frères parmi les maigres se sont raillés de toi, qui n'avaient ni ton esprit, ni ta candeur, ni ta bonhomie !

Falstaff est le compagnon du prince qu'il amuse, comme Panurge est le compagnon de Pantagruel. Rien au premier abord de plus étrange que cette association, mais rien de plus naturel et que présente plus fréquemment le spectacle du monde. Avez-vous jamais vu quelque jeune aristocrate essuyant ses bottines sur le dos de quelque goujat qu'il a pris pour compagnon, et se servant de sa face comme de crachoir pour dégorger les humeurs de son âme; c'est le spectacle que présente l'association du prince Henri et de Falstaff. Ces sortes d'associations semblent contre nature; au fond pour les puissants, elles sont dans la jeunesse la meilleure des éducations. La leçon que donnent à un jeune prince de pareils compagnons, c'est la leçon que les aristocratiques Spartiates donnaient à leurs enfants, par le spectacle de l'Ilote ivre. Il est excellent pour un homme destiné à commander d'avoir vécu dans la compagnie des goujats, non seulement pour apprendre à les haïr, mais parce qu'ils sont la meilleure des médecines et le meilleur des vaccins. L'orgueil, qui est inséparable du commandement, peut nuire singulièrement, et à celui qui commande et à ceux qui sont commandés, s'il n'a été débarrassé à temps de ce qu'il a de grossier et de malfaisant. Or, voilà le service que Falstaff rend au prince Henri, il lui permet de jeter la gourme de son infatuation, il le préserve de la future petite vérole de l'orgueil, et le tempérament moral du prince Henri étant ainsi clarifié, purgé de ses humeurs, il sera digne un jour d'être roi et de remporter contre nous, hélas! la victoire d'Azincourt. Mais dans cette victoire, grâce au service de purgatif qu'il a rendu au prince, Falstaff qui craint tant les coups entre au moins pour moitié.

Plus qu'aucune autre des pièces de Shakespeare, *Henri IV*

est un musée vivant de l'humanité d'autrefois. Quiconque veut voir le moyen âge anglais dans toutes ses variétés et ses contrastes de race et de caractère, n'a qu'à lire cette œuvre admirable. On a loué Shakespeare comme peintre de races, mais on n'a pas assez montré à quel point il avait le sentiment de ces fines nuances, par lesquelles les hommes vivant sur un même territoire, se distinguaient de région à région, de province à province. Le camp des confédérés contre le roi Henri contient trois types différents, appartenant à trois races différentes; chacun présente une forme particulière. Hotspur, c'est le grand seigneur anglo-normand dans ses défauts comme dans ses qualités : intrépide, brutal, orgueilleux, habitué à considérer comme d'une autre race que lui ceux qu'il mène au combat, populaire cependant par sa vaillance sans pareille, et surtout par sa parfaite loyauté et sa profonde horreur du mensonge. *Dites la vérité et faites honte au diable :* dans ce proverbe populaire qu'il cite, est tout le caractère d'Hotspur, et aussi tout le caractère anglais depuis le moyen âge jusqu'à nos jours. Glendower est une merveille de fidélité ethnographique. Voilà le Gallois avec son charme et sa faiblesse, dessiné avec le soin le plus délicat dans ses nuances les plus imperceptibles, vaillant à la manière celtique, par pétillement et vivacité du sang, la tête près du bonnet, rêveur, imaginatif, superstitieux, s'enivrant de fables et de poésies, volontiers menteur, mais aussi volontiers crédule, menteur par plaisir d'imagination, crédule pour le même motif, un mélange poétique du Breton et du Gascon. Douglas, c'est l'Écossais des montagnes, le chef de clan *Highlander*, habitué aux audaces des coups de main et de la maraude, volontiers vantard, mais tenant les promesses de sa vantardise jusqu'à la première défaite. Ce qu'il annonce qu'il sera, il l'est tant qu'il est victorieux; mais est-il atteint par la défaite, subitement il s'affaisse et tout son courage s'évanouit.

PERSONNAGES DU DRAME.

Le roi HENRI IV.
HENRI, prince de Galles,
JEAN, prince de Lancastre, } fils du roi.
RALPH NEVILLE, comte de Westmoreland
Sir WALTER BLUNT.
THOMAS PERCY, comte de Worcester.
HENRI PERCY, comte de Northumberland.
HENRI PERCY, surnommé HOTSPUR, son fils.
EDMOND MORTIMER, comte des Marches.
SCROOP, archevêque d'York.
ARCHIBALD, comte de Douglas.
Sir MICHAEL, ami de l'archevêque d'York.
OWEN GLENDOWER, chef des Gallois.
Sir RICHARD VERNON.
Sir JOHN FALSTAFF.
POINS,
GADSHILL, } compagnons de FALSTAFF.
PETO,
BARDOLPH,

Lady PERCY, femme d'HOTSPUR et sœur de MORTIMER.
Lady MORTIMER, femme de MORTIMER et fille de GLENDOWER.
Mistress QUICKLY, hôtesse de la taverne de la Tête de Sanglier, dans Eastcheap.

Lords, Officiers, un Shériff, un Cabaretier, un Chambrier, Garçons de taverne, deux Voituriers, des Voyageurs et des Gens de service.

Scène. — Angleterre.

LE ROI HENRI IV.

(PREMIÈRE PARTIE.)

ACTE I.

SCÈNE PREMIÈRE.

Londres. — Un appartement dans le palais.

Entrent LE ROI HENRI, WESTMORELAND, SIR WALTER BLUNT *et autres.*

Le roi Henri. — Tout moulu que nous sommes, tout blême de soucis que nous sommes, trouvons un moment pour permettre à la paix effrayée de revenir à elle, et de nous annoncer de sa voix essoufflée les nouvelles luttes que nous devons commencer sur des plages lointaines. Pas plus longtemps la bouche altérée de cette terre ne teindra ses lèvres du sang de ses propres enfants[1]; pas plus longtemps la guerre ne creusera ses champs de ses tranchées, et n'écrasera ses fleurs sous les sabots ferrés des coursiers de guerre. Ces yeux ennemis, semblables aux météores d'un ciel troublé, tous de même race et de même sang, qui se rencontraient récemment dans le choc des luttes intestines et dans la furieuse étreinte des massacres entre citoyens, maintenant confondus dans les mêmes rangs fraternels, regarderont tous le même horizon, et n'auront plus de menaces pour leurs amis, leurs parents et leurs alliés. Le tranchant de la guerre, comme une épée mal engaînée, ne coupera plus son maître. En conséquence, amis, c'est au lointain sépulcre du Christ, dont nous sommes maintenant le soldat, et sous la bienheureuse croix duquel nous nous sommes engagé à combattre, que nous allons conduire une armée de ces Anglais, dont les membres robustes furent créés dans le sein de leur mère pour donner la chasse aux païens sur les champs sacrés, que foulèrent les pieds bénis qui, il y a quatorze cents ans, furent cloués pour notre salut sur la dure croix. Mais ce projet est déjà vieux d'une année, et il est inutile de vous dire que nous voulons partir; ce n'est donc pas pour vous avertir que nous sommes assemblés ici. En conséquence, vous, mon gentil cousin Westmoreland, faites-moi connaître ce que notre conseil a décidé hier pour cette chère expédition.

WESTMORELAND. — Mon Suzerain, ce prochain départ était chaudement discuté hier soir même, et plusieurs états de dépense étaient déjà arrêtés, lorsque, tout à la traverse, est arrivé un courrier du pays de Galles, chargé de tristes nouvelles, dont la pire était que le noble Mortimer, en conduisant au combat les hommes du Herefordshire contre le sauvage et aventureux Glendower, est tombé dans les mains barbares de ce Gallois, qu'un millier de ses gens ont été massacrés, et qu'il a été accompli sur leurs cadavres, par les femmes galloises, de tels outrages, des mutilations si bestiales et si indignes, qu'on ne peut sans rougir les répéter ni les nommer.

LE ROI HENRI. — Il paraît alors que les nouvelles de cette affaire ont interrompu la discussion de notre expédition de Terre-Sainte?

WESTMORELAND. — Oui, mon gracieux Seigneur, ces nouvelles accompagnées par d'autres; car il en est venu du nord de plus mauvaises et de plus désagréables, et en voici la substance : le jour de la Sainte-Croix [2], le vaillant Hotspur [3], le jeune Henri Percy, et le brave Archibald, cet Écossais si courageux et si renommé, se sont rencontrés à Holmedon, et y ont passé selon toute apparence une heure sérieuse et sanglante, à en juger par ce que les nouvelles nous apprennent du bruit de leur artillerie; car celui qui les a portées était monté à cheval au moment où la lutte était dans tout son feu et dans toute sa rage, et ne savait aucunement quelle en était l'issue.

Le roi Henri. — Nous avons ici un ami très-cher et d'une loyale diligence, Sir Walter Blunt, qui vient de descendre de cheval, tout poudreux des différentes poussières des terrains qui séparent Holmedon du lieu où nous sommes, et il nous apporte de bonnes et consolantes nouvelles. Le comte de Douglas a été mis en déroute, et Sir Walter a vu sur les plaines d'Holmedon, dix mille hardis Écossais et vingt-deux chevaliers nageant dans leur sang: Hotspur a fait prisonnier Mordake, comte de Fife et fils aîné du vaincu Douglas[4], et les comtes d'Athol, de Murray, d'Angus et de Monteith. N'est-ce pas là un glorieux butin, une galante prise, mon cousin? Eh?

Westmoreland. — Sur ma foi! c'est une conquête dont un prince peut se vanter.

Le roi Henri. — Oui, et par cette réflexion, tu me rends triste et tu me fais connaître le péché d'envie contre Milord Northumberland, qui a le bonheur d'être le père d'un fils si remarquable, d'un fils qui est le thème des louanges de quiconque connaît l'honneur, d'un fils qui est comme la tige la plus élancée d'un bosquet, le favori et l'orgueil de la douce Fortune; tandis que moi, témoin de sa gloire, il me faut voir la débauche et le déshonneur souiller le front de mon jeune Henri. Oh! s'il pouvait être prouvé que quelque fée rôdant de nuit a échangé nos enfants dans les langes où ils dormaient, et nommé le mien Percy, le sien Plantagenet! J'aurais alors son Henri et lui le mien; mais chassons-le de nos pensées. Que pensez-vous, cousin, de l'orgueil de ce jeune Percy? Il garde pour son propre compte les prisonniers qu'il a surpris dans cette aventure, et m'envoie dire que je n'en aurai pas d'autre que Mordake, comte de Fife[5]!

WESTMORELAND. — C'est là le fruit des leçons de son oncle, de Worcester, qui vous est hostile sur tous les points, et qui lui apprend à hérisser ses plumes et à dresser la crête de sa jeunesse contre Votre Majesté.

LE ROI HENRI. — Mais je l'ai fait mander pour qu'il réponde de ses paroles; pour cette cause, nous devons négliger un peu de temps notre saint projet sur Jérusalem. Cousin, le prochain mercredi, nous tiendrons notre conseil à Windsor; informez-en les Lords, mais revenez promptement auprès de moi, car j'en ai plus à dire et à faire, que la colère ne me permet d'en expliquer.

WESTMORELAND. — Je vous obéirai, mon Suzerain.

(*Ils sortent.*)

SCÈNE II.

LONDRES. — Un appartement dans la maison du PRINCE HENRI [6].

Entrent LE PRINCE HENRI *et* FALSTAFF.

FALSTAFF. — Eh bien ! Hal, quel moment du jour est-il, mon garçon?

LE PRINCE HENRI. — Ton esprit est devenu si épais à force de boire du vieux Xérès, de te déboutonner après souper et de dormir sur les bancs après midi, que tu as oublié de demander la chose que tu désires réellement savoir. Que diable as-tu à faire avec le moment du jour? A moins que les heures ne soient des verres de Xérès, les minutes des chapons, les horloges des langues de maquerelles, les cadrans les enseignes de maisons publiques, et le glorieux soleil lui-même une belle fille bien chaude, en taffetas couleur de flammes, je ne vois pas de raison pour que tu prennes la peine inutile de demander le moment du jour qu'il est.

FALSTAFF. — Vrai, vous vous rapprochez de mon opinion, Hal; car nous qui prenons les bourses, nous marchons à la clarté de la lune et des sept étoiles, et non à la clarté de Phébus, ce *chevalier errant si blond*[7]. Et je t'en prie, mon aimable plaisant, lorsque tu seras roi,... que Dieu protége Ta Grâce,... je devrais dire Ta Majesté; car de grâce tu n'en auras aucune....

Le prince Henri. — Comment! aucune?

Falstaff. — Non, sur ma foi, pas même autant de *grâces* qu'il en faut pour servir de prologue à un déjeuner composé d'un œuf et d'une simple tartine de beurre.

Le prince Henri. — Eh bien, et puis? achève, voyons! rondement, rondement!

Falstaff. — Eh bien donc, lorsque tu seras roi, aimable plaisant, ne permets pas que nous qui sommes les gardes du corps de la nuit, on nous appelle voleurs des trésors de la beauté du jour : fais en sorte qu'on nous appelle *forestiers de Diane, gentilshommes de l'ombre, mignons de la lune*, et que les gens disent que nous sommes des hommes de bon gouvernement, étant gouvernés comme la mer par notre noble et chaste maîtresse, la lune, sous la protection de laquelle.... nous volons.

Le prince Henri. — Tu parles bien, et ce que tu dis est très-logique, car notre fortune, à nous lunatiques, a son flux et son reflux comme la mer, étant gouvernée comme la mer par la lune. Voici un exemple : une bourse d'or très-*résolument* escroquée le lundi soir, et très-*dissolument* dépensée le mardi matin, enlevée avec le cri de *Holà, déposez!* et dépensée avec le cri de *Holà, apportez*[8]! telle est l'image de notre fortune; tantôt aussi basse que le pied de l'échelle, tantôt aussi haute que la cîme de la potence.

Falstaff. — Par le Seigneur, tu dis vrai, mon garçon. Et mon hôtesse de la taverne n'est-elle pas une très-douce fille?

Le prince Henri. — Douce comme le miel de l'Hybla, mon vieux détrousseur de grandes routes [9]. Et une casaque en peau de buffle n'est-ce pas aussi un très-doux vêtement de gendarme?

Falstaff. — Qu'est-ce à dire? qu'est-ce à dire, mauvais plaisant? qu'est-ce que ces pointes et ces subtilités? Eh, nom d'une peste! qu'ai-je à démêler avec une casaque de buffle?

Le prince Henri. — Eh, nom d'une vérole! qu'ai-je à démêler avec mon hôtesse de la taverne?

Falstaff. — Bon, tu l'as appelée pour faire les comptes mille et une fois.

Le prince Henri. — T'ai-je jamais appelé pour payer ta part?

Falstaff. — Non, je te rends justice, tu as tout payé ici.

Le prince Henri. — Oui, et ailleurs, tant que ma bourse pouvait y suffire, et lorsqu'elle ne l'a pu, j'ai usé de mon crédit.

Falstaff. — Oui certes, et tellement usé, que s'il n'était pas apparent que tu es héritier apparent.... Mais je t'en prie, mon aimable plaisant, est-ce qu'il se dressera encore des potences en Angleterre lorsque tu seras roi, et les gens de résolution seront-ils toujours refrénés, comme maintenant, par le mors rouillé de cette vieille grotesque, la mère loi? Lorsque tu seras roi, ne pends pas un voleur.

Le prince Henri. — Non, c'est toi qui pendras.

Falstaff. — Je les pendrai? O exquis! par le Seigneur, je ferai un brave juge.

Le prince Henri. — Tu juges faux déjà; j'entends que tu auras la pendaison des voleurs et qu'ainsi tu deviendras un rare homme de potence.

Falstaff. — Bien, Hal, bien, et cela jusqu'à un certain point conviendrait aussi bien à mon humeur que de solliciter à la cour, je puis le dire.

Le prince Henri. — Solliciter? pour te faire nipper d'un emploi?

Falstaff. — Oui, pour me faire nipper, car le bourreau n'a pas une mince garde-robe. Mordieu, je suis aussi mélancolique qu'un gros minet [10], ou un ours mené à la chaine.

Le prince Henri. — Ou un vieux lion, ou un luth d'amoureux.

Falstaff. — Oui, ou le ronflement d'une cornemuse du Lincolnshire [11].

ACTE I, SCÈNE II.

Le prince Henri. — Que dis-tu d'un lièvre [12] ou de la mélancolie du fossé de Moor [13]?

Falstaff. — Tu as les comparaisons les plus offensantes et tu es bien, ma foi, le plus métaphorique, le plus canaille, le plus aimable jeune prince.... Mais, Hal, je t'en prie, ne me tourmente plus de ces vanités. Plût à Dieu que toi et moi nous connussions un endroit où on pût acheter une provision de bonne renommée : un vieux Lord du conseil m'a tancé dans la rue à votre sujet, l'autre jour, Monsieur; mais je n'ai pas fait attention à lui : et cependant il parlait très-sagement, mais je n'ai pas fait attention à lui : et cependant il parlait très-sagement, et dans la rue encore.

Le prince Henri. — Tu as bien fait, car la sagesse crie dans les rues et personne n'y fait attention [14].

Falstaff. — Oh! tu répètes mes mots d'une manière damnable, et tu es en vérité capable de faire damner un saint. Tu m'as fait beaucoup de mal, Hal; Dieu te le pardonne! Avant de te connaître, Hal, je ne connaissais rien; et maintenant, si j'ose dire la vérité, je vaux à peine mieux qu'un des damnés. Je dois renoncer à cette vie et j'y renoncerai; par le Seigneur, si je n'y renonce pas, je suis un scélérat; je ne voudrais pas me damner pour tous les fils de roi de la chrétienté.

Le prince Henri. — Où prendrons-nous une bourse demain, Jack?

Falstaff. — Pardi, où tu voudras, mon garçon; je ferai partie de l'affaire; si je refuse, appelle-moi scélérat et vilipende-moi.

Le prince Henri. — Je vois en toi un bon amendement de conduite; tu passes de la prière à l'escamotage des bourses.

Entre POINS *à quelque distance.*

Falstaff. — Eh Hal, c'est ma vocation, Hal; ce n'est pas péché à un homme de travailler selon sa vocation. Poins! — Nous allons savoir si Gadshill a pu jeter un filet. Oh! si les hommes étaient sauvés par leur mérite, quel trou dans l'enfer serait assez chaud pour lui? C'est le plus omnipotent coquin qui ait jamais crié *arrête* à un honnête homme.

Le prince Henri. — Bonjour, Ned.

Poins. — Bonjour, mon doux Hal. Que dit M. Remords? Que dit Sir John vin sucré [15]? Jack, comment vous arrangez-vous, le diable et toi, à propos de ton âme que tu lui as vendue, le dernier vendredi saint pour un verre de Madère et une cuisse de chapon froid?

Le prince Henri. — Sir John s'en tient à sa parole, le diable aura son affaire; car il n'a jamais fait mentir les proverbes, et par conséquent *le diable aura son dû*.

Poins. — Alors tu es damné parce que tu gardes parole au diable.

Le prince Henri. — Sans cela, il aurait été damné pour avoir dupé le diable.

Poins. — Mais ça, mes gars, mes gars, soyez demain matin, à quatre heures, à Gadshill [16] : il y a des pèlerins qui se rendent à Canterbury avec de riches offrandes, et des marchands qui se rendent à Londres avec des bourses grasses : j'ai des masques pour vous tous ; de votre côté, vous avez vos chevaux. Gadshill couche cette nuit à Rochester, et j'ai commandé un souper pour demain soir à Eastcheap. Il nous sera aussi facile de faire la chose que de dormir un somme. Si vous voulez venir, je bourrerai vos bourses de *couronnes*; sinon, restez au logis et soyez pendus.

Falstaff. — Écoutez, *Eduard* [17]; si je reste au logis et si je n'y vais pas, je vous pendrai pour y être allé.

Poins. — Vraiment, amas de viande?

Falstaff. — Hal, feras-tu partie de la bande?

Le prince Henri. — Qui, moi, dérober? moi un voleur? non, sur ma foi.

Falstaff. — Il n'y a ni honnêteté, ni virilité, ni bonne camaraderie en toi, et tu ne sors pas du sang royal, si tu n'oses pas arrêter pour dix shillings.

Le prince Henri. — Eh bien, alors, une fois dans ma vie, je veux bien être un fou.

FALSTAFF. — Pardi, voilà qui est bien dit.

LE PRINCE HENRI. — Bah, arrive que pourra, je resterai au logis.

FALSTAFF. — Par le Seigneur, alors, je serai un traître quand tu seras roi.

LE PRINCE HENRI. — Je n'en ai souci.

POINS. — Sir John, je t'en prie, laisse-nous seuls, le prince et moi ; je lui donnerai de si bonnes raisons pour cette aventure qu'il viendra.

FALSTAFF. — Bien ! Dieu vous donne à toi l'esprit de persuasion et à lui des oreilles capables de comprendre, afin que ce que tu dis puisse le décider et qu'il puisse croire ce qu'il entendra, en sorte que le vrai prince consente pour rire à être un faux voleur ; car les pauvres abus de notre temps ont grand besoin d'être protégés. Adieu : vous me trouverez dans Eastcheap.

LE PRINCE HENRI. — Adieu, printemps de novembre ! adieu, été de la Toussaint ! (*Sort Falstaff.*)

POINS. — Maintenant, mon bon doux Seigneur de miel, montez à cheval demain avec nous ; j'ai à exécuter un tour que je ne puis mener à fin tout seul. Falstaff, Bardolph, Peto et Gadshill voleront les gens auxquels nous avons déjà dressé un guet-apens ; vous et moi, nous aurons soin de n'y pas être, et lorsqu'ils auront le butin, si nous ne les volons pas vous et moi, coupez cette tête de mes épaules.

LE PRINCE HENRI. — Mais comment ferons-nous pour nous séparer d'eux en partant ?

POINS. — Parbleu, nous partirons avant ou après eux, et nous leur indiquerons un lieu de rendez-vous où nous serons libres de ne pas nous trouver ; alors ils accompliront l'exploit eux-mêmes, et ils ne l'auront pas plutôt accompli que nous tomberons sur eux.

LE PRINCE HENRI. — Oui, mais il est probable qu'ils reconnaîtront qui nous sommes à nos chevaux, à nos habits ou à toute autre marque.

POINS. — Bah ! ils ne verront pas nos chevaux ; je les attacherai dans le bois : nous changerons nos masques lorsque nous les aurons quittés, et maraud, j'ai pour cette occasion des fourreaux de bougran qui cacheront nos habits qu'ils connaissent.

LE PRINCE HENRI. — Mais je crains qu'ils ne soient trop forts pour nous.

POINS. — Bah, il y en a deux que je connais pour des lâches aussi fieffés qu'aucun de ceux qui aient jamais tourné le dos, et quant au troisième, s'il se défend plus longtemps que de raison, je veux bien renier les armes. Le sel de cette plaisanterie consistera dans les mensonges incomparables que ce dernier gras coquin nous racontera lorsque nous serons réunis à souper : comment il a combattu contre trente personnes au moins ; quelles parades, quels coups, quelles attaques il lui a fallu soutenir, et la plaisanterie consistera dans le démenti que nous lui donnerons.

LE PRINCE HENRI. — Bon, j'irai avec toi : fournis-toi de toutes les choses qui nous seront nécessaires et viens me retrouver demain soir dans Eastcheap ; j'y souperai. Adieu.

POINS. — Adieu, Monseigneur. (*Il sort.*)

LE PRINCE HENRI. — Je vous connais tous, et je veux bien pour un temps protéger les caprices sans frein de votre paresse. Par cette conduite, j'imiterai le soleil qui permet aux vils et contagieux nuages de voiler sa beauté au monde, afin que lorsqu'il lui plaira de redevenir lui-même et qu'on aura besoin de lui, il se fasse admirer davantage en perçant à travers les impures et laides vapeurs des brouillards qui semblaient l'étouffer. Si toute l'année se composait de jours de fête, s'amuser serait aussi ennuyeux que travailler ; mais quand ils viennent rarement, ils viennent désirés, et rien ne plaît, si ce n'est les choses rares et accidentelles. C'est ainsi que lorsque je quitterai cette conduite déréglée, et que je payerai la dette que je n'aurai jamais promise, je dépasserai d'autant plus l'attente des hommes que je donnerai plus que je ne m'y étais engagé : pareille à un métal brillant sur un fonds terne, ma réformation étincelant sur mes fautes paraîtra plus méritoire et attirera plus les regards qu'une réputation qui n'a aucune tache pour la faire ressortir. Je donnerai scandale, pour me faire du scandale une arme d'habile défense, réparant le temps perdu alors que les hommes penseront le moins que cela m'est possible. (*Il sort*.)

SCÈNE III.

LONDRES. — Un appartement dans le palais.

Entrent LE ROI HENRI, WORCESTER, HOTSPUR, SIR WALTER BLUNT *et autres*.

LE ROI HENRI. — Mon sang a été trop froid et trop calme; il ne s'est pas révolté devant ces indignités, et comme vous avez découvert ma bonté naturelle, vous avez en conséquence foulé ma patience aux pieds : mais soyez sûrs que je veux dorénavant être ce que je dois être, redoutable et imposant, et non plus obéir à mon caractère qui s'est montré coulant comme l'huile, doux comme un tendre duvet, et qui en conséquence m'a fait perdre mes titres à ce respect que les âmes hautaines n'accordent jamais qu'aux hautains.

WORCESTER. — Notre maison, mon Suzerain lige, mérite peu que le fouet de la grandeur s'abatte sur elle, surtout le fouet de cette grandeur que nos propres mains ont aidé à faire si puissante.

NORTHUMBERLAND. — Monseigneur....

LE ROI HENRI. — Worcester, va-t'en ; car je lis dans tes yeux la menace et la désobéissance. O Monsieur, votre attitude est trop hardie et trop tranchante, et la majesté n'a pu jamais permettre les défis insolents lancés par les regards d'un serviteur. Vous avez libre permission de nous quitter ; lorsque nous aurons besoin de vos services et de vos conseils, nous vous enverrons chercher. (*Sort Worcester — A Northumberland*) Vous étiez en train de parler?

NORTHUMBERLAND. — Oui, mon bon Seigneur. Ces prisonniers qu'Harry Percy, ici présent, a faits à Holmedon, et qu'on réclame au nom de Votre Majesté, n'ont pas été, dit-il, refusés avec autant de violence qu'on l'a rapporté à Votre Majesté : c'est donc l'envie ou quelque méprise qui est coupable de cette faute, et non pas mon fils.

HOTSPUR. — Mon Suzerain, je n'ai pas refusé de prisonniers ; mais il me souvient que lorsque le combat fut fini, que je n'en pouvais plus de fureur et de fatigue, que j'étais essoufflé et épuisé, appuyé sur mon épée, il est venu un certain Seigneur, propret, coquettement mis, frais comme un jeune marié, dont le menton nouvellement rasé ressemblait à une terre en chaume au temps de la moisson : il était parfumé comme un coiffeur, et tenait entre son pouce et son index une petite cassolette qu'il portait et éloignait de son nez, lequel nez finit enfin par se fâcher et répondit à ces offrandes de parfum par un éternûment : il ne cessait de sourire et de bavarder ; et comme les soldats passaient près de lui portant des cadavres, il les appela des coquins mal appris et sans savoir vivre, d'oser placer entre le vent et sa noblesse une sale et vilaine charogne. Il me questionna avec mille termes fleuris de petite maîtresse, et parmi d'autres choses, il me demanda mes prisonniers au nom de Votre Majesté. Moi, qui étais alors en proie à de vives souffrances, mes blessures s'étant refroidies, ennuyé de ce mannequin, dans ma douleur et mon impatience, je lui répondis je ne sais trop quoi, qu'il les aurait ou qu'il ne les aurait pas ; car cela m'enrageait de le voir parader avec tant de coquetterie, sentir si bon, et parler comme une dame de compagnie, de canons, et de tambours, et de blessures, Dieu me pardonne ! et de l'entendre me dire que le remède le plus souverain qui fût au monde contre une blessure interne était le spermaceti, et que c'était grande pitié, oui vraiment, que ce scélérat de salpêtre qui a si lâchement détruit tant de braves et vigoureux gaillards eût été tiré des entrailles de la terre ; sans ces vils canons il aurait lui-même été soldat. A ce verbiage stérile et sans suite, j'ai répondu vaguement, ainsi que je vous l'ai dit, Monseigneur; et je vous en conjure, ne permettez pas que son rapport acquière la valeur d'une accusation et s'interpose entre mon affection et Votre Majesté souveraine.

Blunt. — Les circonstances bien considérées, mon bon Seigneur, il est raisonnable de laisser tomber tout ce que Harry Percy peut avoir répondu à une telle personne, dans un tel lieu, à un tel moment, ainsi que tout le reste du rapport, de ne jamais le relever pour lui faire tort, et de ne l'accuser en aucune façon de ce qu'il a dit alors, puisqu'il le justifie maintenant.

Le roi Henri. — Oui, mais cependant il refuse ses prisonniers, à moins que nous n'acceptions de payer immédiatement à nos dépens la rançon de son beau-frère, l'imbécile Mortimer qui, sur mon âme, a volontairement livré les existences de ceux qu'il menait au combat contre ce grand magicien, ce damné Glendower, dont la fille, à ce que nous apprenons, a récemment épousé le comte des Marches [18]. Nos coffres doivent-ils donc être épuisés pour ramener un traître dans ses foyers? Devons-nous payer la trahison? Avons-nous besoin de transiger avec des hommes dangereux lorsqu'ils se sont perdus et trahis eux-mêmes? Non, qu'il crève de faim dans les montagnes stériles; car je ne tiendrai jamais pour mon ami l'homme dont la bouche me demandera de dépenser un *penny* pour ramener à son logis le rebelle Mortimer.

Hotspur. — Le rebelle Mortimer! il n'a jamais été pris, mon Souverain lige, que par le hasard de la guerre. Pour prouver que cela est vrai, il suffit de laisser parler une seule de ces blessures, de ces blessures éloquentes qu'il reçut vaillamment, lorsque sur la rive couverte de roseaux de la belle Severne, il passa près d'une heure à faire échange de courage, dans une lutte corps à corps, avec le grand Glendower : trois fois ils reprirent haleine, et trois fois ils burent d'un mutuel consentement aux flots rapides de la Severne, qui, effrayée des regards farouches qu'ils lançaient alors, courut de peur vers les roseaux tremblants et cacha sa chevelure ondée dans le creux de la rive tachée du sang de ces vaillants lutteurs.

Jamais une politique basse et corrompue n'a dissimulé ses manœuvres sous de telles mortelles blessures, et n'a consenti volontairement à en recevoir autant. Qu'on ne le calomnie donc plus avec cette accusation de révolte.

Le roi Henri. — Tu le représentes faussement, Percy, tu le représentes faussement; il ne s'est jamais battu avec Glendower; je te le déclare, il aurait mieux aimé se battre seul avec le diable que d'avoir Owen Glendower pour adversaire. N'es-tu pas honteux? Mais, maraud, qu'à l'avenir je ne vous entende plus parler de Mortimer. Envoyez-moi vos prisonniers le plus rapidement possible, ou vous entendrez parler de moi d'une façon qui vous déplaira. Milord Northumberland, nous vous autorisons à partir avec votre fils. Envoyez-nous vos prisonniers, ou vous entendrez parler de nous. (*Sortent le roi Henri, Blunt, et la suite.*)

Hotspur. — Quand le diable viendrait et rugirait pour les demander, je ne les enverrai pas. Je vais courir après lui et le lui dire, car je veux soulager mon cœur, fût-ce au risque de ma tête.

Northumberland. — Quoi! ivre de colère? arrêtez et apaisez-vous un peu; voici venir votre oncle.

Rentre WORCESTER.

Hotspur. — Ne plus parler de Mortimer! mordieu, j'en parlerai, et que mon âme n'obtienne pas miséricorde si je ne me joins à lui! Oui, pour sa défense, j'épuiserai toutes mes veines, et je répandrai goutte par goutte sur la poussière ce sang qui m'est cher, mais j'élèverai ce Mortimer qu'on foule aux pieds aussi haut au-dessus de terre que ce roi oublieux, que cet ingrat et corrompu Bolingbroke.

Northumberland, *à Worcester*. — Frère, le roi a rendu fou votre neveu.

Worcester. — Qui donc a allumé ce courroux depuis mon départ?

Hotspur. — Il voulait, parbleu, avoir tous mes prisonniers, et lorsque je l'ai pressé de nouveau de payer la rançon du frère de ma femme, alors sa joue est devenue pâle, et tremblant au seul nom de Mortimer, il a tourné sur mon visage un regard de mort.

Worcester. — Je ne puis le blâmer : Mortimer n'avait-il pas été proclamé par Richard qui est mort, le premier de son sang?

Northumberland. — Oui, j'ai entendu cette proclamation : c'était lorsque le malheureux roi, dont Dieu nous pardonne les infortunes, partit pour son expédition d'Irlande, qu'il dut interrompre et dont il revint pour être déposé et peu après assassiné.

Worcester. — Mort pour laquelle la grande voix du vaste monde ne cesse de nous accuser et de parler de nous en vils termes.

Hotspur. — Mais, doucement, je vous prie; le roi Richard avait-il donc proclamé mon frère Edmund Mortimer héritier de la couronne?

Northumberland. — Oui, je l'ai entendu en personne.

Hotspur. — Alors, je ne puis plus blâmer son cousin le roi d'avoir exprimé le désir de le voir crever de faim dans les montagnes stériles. Mais sera-t-il dit que vous, qui avez placé la couronne sur la tête de cet homme ingrat, et qui portez à cause de lui la tache détestable d'une complicité de meurtre, sera-t-il dit que vous subirez un monde de malédictions en passant pour ses agents, pour ses vils auxiliaires de second ordre, pour ses cordes, son échelle ou plutôt son bourreau? Oh! pardonnez-moi, si je descends à des expressions si basses pour vous montrer la condition et la catégorie dans lesquelles vous vous rangez sous ce roi artificieux. Aurez-vous la honte qu'on dise de nos jours, ou qu'on rapporte dans les chroniques des temps à venir, que des hommes de votre noblesse et de votre pouvoir se sont engagés tous deux dans une affaire injuste, — comme tous deux vous l'avez fait, Dieu vous le pardonne! — en déracinant Richard, cette douce et aimable rose, pour planter cette épine, cette chenille, Bolingbroke? Et supporterez-vous la honte plus grande encore que l'on dise que vous êtes bafoués, dupés et mis à l'écart par celui pour lequel toutes ces hontes sont tombées sur vous? Non, il est temps encore de racheter vos honneurs ternis et de vous replacer dans la bonne opinion du monde : vengez-vous du mépris outrageant et injurieux de ce roi orgueilleux qui, jour et nuit, étudie comment il pourrait s'acquitter de tout ce qu'il vous doit en vous en payant sanguinairement par la mort; je dis donc....

Worcester. — Paix! neveu, ne dis rien de plus : maintenant, je vais ouvrir un livre secret et découvrir devant vos mécontentements, à la prompte intelligence, une chose profonde et dangereuse, aussi pleine de périls, et demandant un esprit aussi aventureux que de traverser un courant à la voix mugissante sur le pont peu solide du manche d'une lance.

Hotspur. — Si on tombe, bonne nuit! Il s'agit de s'enfoncer ou de nager. Déchaînez le danger de l'est à l'ouest, pourvu que l'honneur lui fasse front du nord au sud, et puis laissez-les combattre. Oh! le sang bouillonne davantage à réveiller un lion qu'à lancer un lièvre.

Northumberland. — L'imagination de quelque grand exploit le pousse hors des bornes de la modération.

Hotspur. — Par le ciel, il me semble que ce serait un saut aisé, que d'aller enlever l'honneur brillant jusqu'à la lune à la face pâle, ou qu'il serait facile de plonger dans les profondeurs du gouffre, là où la sonde n'a jamais atteint, et d'en retirer par les cheveux l'honneur noyé, de manière à permettre à celui qui l'en retirerait de jouir sans rival de toutes ses dignités : mais à bas ces demi-mariages avec l'honneur!

Worcester. — Le voilà qui embrasse un monde de fantômes, mais nullement la réalité qu'il devrait poursuivre. Mon bon neveu, accordez-moi quelques instants d'audience.

Hotspur. — Je vous demande pardon.

Worcester. — Ces mêmes nobles Écossais qui sont vos prisonniers....

Hotspur. — Je les garderai tous; par le ciel, il n'aura pas un seul de ces Écossais; non, quand bien même un

Écossais suffirait à sauver son âme, il ne l'aurait pas : par cette main, je les garderai.

Worcester. — Vous vous égarez et vous ne prêtez pas l'oreille à mes desseins. Ces prisonniers vous les garderez.

Hotspur. — Certes, je les garderai; voilà qui est net. Il a dit qu'il ne voulait pas racheter Mortimer; il m'a défendu de parler de Mortimer; mais j'irai le trouver lorsqu'il dormira, et je crierai de toutes mes forces à son oreille, *Mortimer!* Bien mieux, j'aurai un sansonnet à qui j'apprendrai à parler, et qui ne dira rien que *Mortimer*, et je le lui donnerai pour tenir sa colère en mouvement.

Worcester. — Écoutez-moi, neveu; un mot.

Hotspur. — Je renonce ici solennellement à toute autre étude qu'à celle de faire enrager et d'irriter ce Bolingbroke. Et quant à ce soudard de prince de Galles [19], n'était que son père ne l'aime pas, je crois, et serait heureux qu'il lui arrivât quelque malheur, je le ferais empoisonner dans un pot d'ale.

Worcester. — Adieu, neveu! je vous parlerai lorsque vous serez plus disposé à écouter.

Northumberland. — Ah çà, quelle mouche te pique et quelle sotte impatience t'aiguillonne à jacasser ainsi comme une femme, sans prêter d'attention à d'autre voix que la tienne?

Hotspur. — Ah! voyez-vous, je suis fouetté et sanglé de verges, je me sens mordu par toute une fourmilière, lorsque j'entends parler de ce vil politique, Bolingbroke. Au temps de Richard, — comment appelez-vous cet endroit? — malédiction sur lui! c'est dans le Glocestershire, là où demeurait son fou d'oncle, le duc, son oncle d'York; — alors que, pour la première fois, je courbai le genou devant ce roi des sourires, ce Bolingbroke, sang de Dieu! lorsque lui et vous, vous reveniez de Ravenspurg.

Northumberland. — Au château de Berkeley.

Hotspur. — Vous dites vrai. Oh! quelle masse de courtoisies confites me furent alors offertes par ce chien couchant! Vous rappelez-vous? « lorsque sa fortune enfant sèrait majeure » et « mon noble Harry Percy », et « mon cher cousin ». Oh! que le diable enlève les dupeurs de cette espèce! — Le ciel me pardonne! — Mon oncle, dites votre affaire; car j'ai fini.

WORCESTER. — Mais si vous n'avez pas fini, continuez; nous attendrons votre loisir.

HOTSPUR. — J'ai fini, sur ma foi.

WORCESTER. — En ce cas, revenons à vos prisonniers écossais. Mettez-les immédiatement en liberté sans rançon, et faites du fils de Douglas votre unique agent pour lever des troupes en Écosse, lesquelles, pour diverses raisons que je vous enverrai écrites, seront aisément accordées, soyez-en sûr. Vous, Milord, pendant que votre fils sera ainsi occupé en Écosse, insinuez-vous dans le cœur de ce noble prélat, qui est tant aimé, l'archevêque....

HOTSPUR. — D'York, n'est-ce pas?

WORCESTER. — Lui-même; il supporte avec amertume la mort de son frère, Lord Scroop, à Bristol. Je ne parle pas par conjecture, comme d'une chose que je crois possible, je parle d'une chose que je sais être ruminée, complotée, arrangée, et qui n'attend plus que la présence de l'occasion qui la fera réussir.

HOTSPUR. — Je flaire la chose; sur ma vie, cela marchera bien.

NORTHUMBERLAND. — Tu lâches toujours les chiens avant que le gibier soit découvert.

HOTSPUR. — Parbleu! il ne se peut pas que ce ne soit un superbe projet : et puis les forces de l'Écosse et d'York jointes à celles de Mortimer, eh?

WORCESTER. — Et elles se réuniront.

HOTSPUR. — Ma foi, c'est un projet excessivement bien combiné.

WORCESTER. — Et puis ce ne sont pas de minces raisons que celles qui nous ordonnent de nous hâter de sauver nos têtes en rassemblant nos forces; car aussi droite que soit notre conduite, le roi se regardera toujours comme notre débiteur, et pensera que nous nous regardons comme mal payés, jusqu'à ce qu'il ait trouvé moyen de nous rembourser capital et intérêts. Et voyez déjà comme il commence à nous rendre étrangers les regards de son affection.

Hotspur. — Oui, c'est ce qu'il fait, c'est ce qu'il fait; nous nous vengerons de lui.

Worcester. — Adieu, neveu. N'avancez dans cette affaire que selon les instructions que vous donneront mes lettres. Lorsque le temps sera mûr, et ce sera incessamment, j'irai secrètement trouver Glendower et Lord Mortimer; alors, d'après les mesures que je prendrai, vous, Douglas, et toutes nos forces ensemble, nous nous trouverons heureusement réunis pour rétablir entre nos propres mains, redevenues fortes, notre fortune, que nous maintenons aujourd'hui avec tant d'incertitude.

Northumberland. — Adieu, mon bon frère : nous réussirons, j'en ai confiance.

Hotspur. — Oncle, adieu : oh! qu'elles soient courtes les heures qui nous séparent du moment où le tumulte des champs de bataille, le fracas des coups échangés et les gémissements seront les applaudissements de notre joûte!
(*Ils sortent.*)

ACTE II.

SCÈNE PREMIÈRE.

Rochester. — La cour d'une auberge.

Entre un voiturier avec une lanterne à la main.

Premier voiturier. — Holà! hé! S'il n'est pas quatre heures du matin, je veux être pendu : le chariot du berger[1] est au-dessus de la cheminée neuve, et cependant notre cheval n'est pas encore chargé. Hé, hôtelier!

L'HÔTELIER, *de l'intérieur.* — On y va, on y va.

PREMIER VOITURIER. — Je t'en prie, Tom, bats la selle de Courtaud et mets un peu de laine sous les bords; la pauvre rosse est écorchée au garrot plus que de raison.

Entre un autre VOITURIER.

SECOND VOITURIER. — Les pois et les fèves sont ici aussi humides qu'un chien mouillé, et c'est juste le bon moyen de donner des vers aux pauvres roussins : cette maison est sens dessus dessous depuis la mort de l'hôtelier Robin.

PREMIER VOITURIER. — Pauvre garçon! il n'a plus eu un seul bon moment depuis que le prix des avoines a monté; ça a été sa mort.

SECOND VOITURIER. — Je crois que c'est la plus mauvaise maison de toute la route de Londres pour les puces : je suis aussi criblé de marques qu'une tanche.

PREMIER VOITURIER. — Qu'une tanche? par la messe, il n'y a jamais eu un roi dans la chrétienté qui ait été mieux mordu que je ne l'ai été depuis le premier chant du coq.

SECOND VOITURIER. — Parbleu! ils ne nous donnent jamais de pot de chambre, ce qui fait que nous sommes obligés de pisser dans la cheminée, et alors votre pisse vous engendre des puces comme un étang [2].

PREMIER VOITURIER. — Hé, hôtelier! arrive et va te faire pendre! arrive!

SECOND VOITURIER. — J'ai là un chargement de lard et deux balles de gingembre qu'il me faut conduire jusqu'à Charing-cross.

PREMIER VOITURIER. — Corps de Dieu! les dindons qui sont dans ma pannière sont presque morts de faim. — Hé, hôtelier! Peste soit de toi! Est-ce que tu n'as jamais d'yeux dans la tête? Est-ce que tu ne peux pas entendre? Je veux bien être un scélérat si te casser la caboche n'était pas faire une aussi bonne action que de boire un coup. Arrive et va te faire pendre. Tu n'as donc pas de conscience?

Entre GADSHILL.

GADSHILL. — Bonjour, voituriers. Quelle heure est-il?
PREMIER VOITURIER. — Je crois qu'il est deux heures.
GADSHILL. — Je t'en prie, prête-moi ta lanterne pour aller voir mon cheval à l'écurie.
PREMIER VOITURIER. — Non, doucement, je vous prie ; je sais une farce qui, sur ma foi, en vaut deux comme celle-là.
GADSHILL. — Je t'en prie, toi, prête-moi la tienne.
DEUXIÈME VOITURIER. — Oui, quand cela, pouvez-vous me le dire ? *Prête-moi ta lanterne*, dit-il : parbleu, je te verrai pendre avant.
GADSHILL. — Maraud de voiturier, à quelle heure pensez-vous être à Londres ?
DEUXIÈME VOITURIER. — D'assez bonne heure pour aller au lit avec une chandelle, je te le garantis. Venez, voisin Mugs, nous allons appeler les Messieurs ; ils veulent voyager de compagnie, car ils ont beaucoup de bagages. (*Sortent les voituriers.*)
GADSHILL. — Holà, hé, chambrier !
LE CHAMBRIER, *de l'intérieur*. — Tout prêt, répondit le filou.
GADSHILL. — C'est aussi bien répondu que si tu disais : *tout prêt, répondit le chambrier ;* car tu ne diffères pas plus d'un filou que celui qui avertit ne diffère de celui qui fait le coup ; c'est toi qui indiques les moyens [3].

Entre LE CHAMBRIER.

LE CHAMBRIER. — Bonjour, Monsieur Gadshill. Ce que je vous ai dit hier soir se trouve parfaitement exact. Il y a un propriétaire des landes du Kent qui a apporté avec lui trois cents marcs d'or : je le lui ai entendu dire hier soir, à souper, à quelqu'un de sa société, une manière d'employé, un homme qui a aussi abondance de bagages, Dieu sait ce que c'est. Ils sont déjà levés et demandent des œufs et du beurre ; ils vont partir à la minute.
GADSHILL. — Maraud, s'ils ne se rencontrent pas en

route avec les clercs de saint Nicolas [4], je veux bien te donner mon cou à couper.

LE CHAMBRIER. — Non, je ne veux pas de cela; je t'en prie, réserve cela pour le bourreau; car je sais que tu adores saint Nicolas aussi dévotement que peut le faire un homme sans foi.

GADSHILL. — Que me parles-tu du bourreau ? si je suis pendu, je ferai la moitié d'une paire de grasses potences; car si je suis pendu, le vieux Sir John le sera avec moi, et tu sais qu'il n'est pas étique. Bah ! il y a d'autres Troyens dont tu ne te doutes pas, qui, par plaisir, sont fort contents de donner du lustre à notre profession, et qui, si l'on regardait de trop près à nos affaires, arrangeraient le tout par considération pour leur crédit. Ce n'est pas à ces va-nu-pieds de grand chemin, à ces porteurs de gourdin qui vous assomment pour trois pences, à ces écervelés hannetons de cabaret, aux moustaches imbibées de bière, que je suis associé; mais avec de la noblesse et des gens bien posés, des bourgmestres et des grands propriétaires, gens qui savent se conduire, qui vont frapper plus vite que parler, parler plus vite que boire, et boire plus vite que prier : et cependant je mens, morbleu! car ils font continuellement leurs dévotions à leur saint qui est la bourse du public, ou plutôt ils ne lui font pas leurs dévotions, mais ils s'en servent à leur dévotion, car ils la déchirent du haut en bas et en font la peau de leurs bottes.

LE CHAMBRIER. — Comment; ils prennent la bourse du public pour leurs bottes? Et, résisteront-elles à l'eau dans les mauvais chemins ?

GADSHILL. — Certes, certes; c'est là justice elle-même qui les a graissées. Nous volons comme chez nous, en sécurité parfaite; nous avons la recette de la graine de fougère, nous sommes invisibles [5].

LE CHAMBRIER. — Oh! sur ma foi, je crois que vous êtes plus redevables à la nuit qu'à la graine de fougère pour votre invisibilité.

GADSHILL. — Donne-moi ta main, tu auras ta part de l'affaire, aussi vrai que je suis un homme loyal.

Le chambrier. — Non, assurez-la-moi plutôt sur votre foi de voleur fourbe.

Gadshill. — Va ; *homo* est un nom commun à tous les hommes. Ordonne à l'hôtelier de faire sortir mon genêt de l'étable. Adieu, sale drôle. (*Ils sortent.*)

SCÈNE II.

La route près de Gadshill.

Entrent LE PRINCE HENRI, POINS, BARDOLPH *et* PETO.

Poins. — Allons, cachons-nous, cachons-nous : j'ai éloigné le cheval de Falstaff, et il fait autant de *frous frous* que du velours gommé.

Le prince Henri. — Tiens-toi à l'écart. (*Ils se retirent.*)

Entre FALSTAFF.

Falstaff. — Poins ! Poins ! eh sois pendu ! Poins !

Le prince Henri *s'avançant*. — Silence, coquin aux gros rognons que tu es ! quel braillement fais-tu là ?

Falstaff. — Où est Poins, Hal ?

Le prince Henri. — Il est monté tout en haut de la colline : je vais aller le chercher. (*Il fait semblant de chercher Poins et se retire.*)

Falstaff. — Je suis maudit de voler dans la compagnie de ce filou ; la canaille a emmené mon cheval et l'a attaché je ne sais où. Si je suis obligé de faire encore à pied vingt pas de plus, je serai complétement essoufflé. Bon, après tout je ne doute pas que je ne meure d'une honnête mort, si je parviens à éviter la potence pour avoir tué ce coquin-là. Depuis ces vingt-deux ans, il n'y a pas d'heure où je n'aie juré de renoncer à sa compagnie, et cependant je suis ensorcelé dans la société de ce drôle. Si la canaille ne m'a pas donné des drogues pour se faire aimer de moi, je veux être pendu ; cela ne peut être autrement ; j'ai bu des drogues. Poins! Hal! peste de vous deux! Bardolph! Peto! je veux bien crever de faim, si je vais voler à un pas plus loin. S'il n'est pas vrai que devenir honnête homme et planter là ces drôles serait une aussi bonne action que de boire, je veux bien être le plus franc vaurien qui ait jamais mâché avec une dent. Huit toises d'un terrain inégal, cela équivaut pour moi à faire soixante et dix milles à pied, et les scélérats au cœur de pierre le savent parfaitement. C'est une malédiction quand les voleurs ne savent pas être loyaux les uns envers les autres! (*Ils sifflent.*) *Tssss!* La peste de vous tous! donnez-moi mon cheval, coquins, donnez-moi mon cheval, et allez vous faire pendre.

Le prince Henri, *revenant*. — Paix, grosse panse! couche-toi, applique ton oreille contre terre, et écoute si tu n'entends pas la marche des voyageurs.

Falstaff. — Avez-vous des leviers pour me relever quand je serai par terre? Sang de Dieu! je ne porterais pas ma chair aussi loin à pied une seconde fois pour tout le trésor de ton père. Que diable avez-vous à me monter ainsi sur le dos [5]?

Le prince Henri. — Tu mens; tu n'es pas monté, tu es démonté.

Falstaff. — Je t'en prie, mon bon prince Hal, aide-moi à retrouver mon cheval, bon fils de roi.

Le prince Henri. — A bas, coquin! dois-je vous servir d'hôtelier?

Falstaff. — Va donc, et pends-toi avec tes jarretières d'héritier présomptif. Si je suis pris, je vous accuserai pour cela. Si je ne fais pas faire sur vous des ballades qu'on chantera sur des airs ignobles, je veux bien qu'un verre de vin me serve de poison. Lorsqu'une plaisanterie va si loin et à pied encore, je l'exècre.

Entre GADSHILL.

Gadshill. — Arrêtez!

Falstaff. — C'est ce que je fais contre ma volonté.

Entrent POINS, PETO, *et* BARDOLPH.

Poins. — Oh! c'est notre chien d'arrêt: je reconnais sa voix.

Bardolph. — Quelles nouvelles?

Gadshill. — Encapuchonnez-vous, encapuchonnez-vous; mettez vos masques: il y a de l'argent du roi qui descend la colline; il se rend au coffre-fort du roi.

Falstaff. — Vous mentez, vous, coquin; il se rend à la taverne du roi.

Gadshill. — Il y a assez d'argent pour nous munir tous.

Falstaff. — D'une potence.

Le prince Henri. — Messieurs, vous quatre, vous les attendrez dans l'étroite avenue; Ned Poins et moi, nous irons plus bas : s'ils échappent à votre attaque, ils tomberont dans notre embuscade.

Peto. — Combien sont-ils ?

Gadshill. — Quelque chose comme huit ou dix.

Falstaff. — Malepeste! est-ce que ce n'est pas eux qui nous voleront?

Le prince Henri. — Comment, Sir Jean de la Panse serait un lâche?

Falstaff — Ma foi, je ne suis pas Jean de Gand, votre grand-père; mais cependant je ne suis pas un lâche, Hal.

Le prince Henri. — Bien, nous mettrons ce courage à l'épreuve.

Poins. — Maraud de Jack, ton cheval est derrière la haie : lorsque tu en auras besoin, tu l'y trouveras. Adieu, et tiens ferme.

Falstaff. — Eh bien, maintenant, dût-on me pendre, je ne pourrais pas le battre.

Le prince Henri, *à part, à Poins*. — Ned, où sont nos déguisements?

Poins. — Ici, tout près : éloignons-nous. (*Sortent le prince Henri et Poins.*)

Falstaff. — Maintenant, mes maîtres, je vous dis, heureuse chance : que chacun soit à son affaire.

Entrent LES VOYAGEURS.

PREMIER VOYAGEUR.—Venez, voisin; le garçon fera descendre la colline à nos chevaux; nous, nous la descendrons à pied pendant ce temps-là et nous nous dégourdirons les jambes.

LES VOLEURS *tous ensemble.* — Arrêtez!

LES VOYAGEURS. — Jésus nous protége!

FALSTAFF. — Frappez! jetez-les à terre! coupez leur la gorge à ces scélérats! Ah! chenilles voraces! coquins gras à lard! ils nous détestent nous, jeunes gens : renversez-les! enlevez-leur leur laine!

LES VOYAGEURS. — Oh! nous sommes perdus pour toujours, nous et les nôtres!

FALSTAFF. — Pendus soyez-vous, coquins pansus! êtes-vous perdus? Non, gras coquins; je voudrais que tous vos trésors fussent ici! Marchez, pans de lard, marchez! Comment, coquins! ne faut-il pas que les jeunes gens vivent?... Vous êtes grands jurés, n'est-ce pas? nous allons vous faire jurer, ma foi. (*Les voleurs sortent, poussant devant eux les voyageurs.*)

LE PRINCE HENRI.—Les voleurs ont lié les honnêtes gens; si toi et moi nous pouvions voler les voleurs et nous en retourner gaiement à Londres, nous aurions là un thème de conversation pour toute une semaine, un sujet de rire pour tout un mois, et un souvenir plaisant pour toute la vie.

POINS.—Tenons-nous à l'écart, je les entends qui viennent. (*Ils se retirent.*)

Rentrent LES VOLEURS.

FALSTAFF. — Venez, mes maîtres, partageons, et puis à cheval avant qu'il soit jour. Si le prince et Poins ne sont pas deux couards fieffés, il n'y a pas d'équité au monde : il n'y pas plus de valeur dans ce Poins que dans un canard sauvage.

LE PRINCE HENRI. — Votre argent!

POINS. — Scélérats! (*Ils se précipitent sur les voleurs.*

Ceux-ci s'enfuient, et Falstaff, après une estocade ou deux, s'enfuit aussi, laissant le butin derrière eux.)

Le prince Henri. — Enlevé avec grande facilité. Maintenant, montons gaiement à cheval. Les voleurs sont dispersés et saisis d'une crainte si grande, qu'ils n'osent pas s'approcher l'un de l'autre : chacun prend son camarade pour un sergent. En route, mon bon Ned. Falstaff sue à mort, et engraisse la maigre terre à mesure qu'il marche. Si cela n'était pour rire, il me ferait pitié.

Poins. — Comme le coquin rugissait! (*Ils sortent.*)

SCÈNE III.

Warkworth. — Un appartement dans le château.

Entre HOTSPUR *lisant une lettre.*

Hotspur. — « Mais pour ma part, Milord, je serais heureux d'être là, en raison de l'affection que je porte à votre maison. » *Il serait heureux!* Pourquoi ne l'est-il pas alors? Quant à l'affection qu'il porte à notre maison, il la montre en ceci qu'il aime mieux sa propre grange que notre maison. Voyons encore quelques phrases : « L'entreprise dans laquelle vous vous lancez est dangereuse.... » Parbleu, cela est certain; il est dangereux de prendre froid, de dormir, de boire; mais je vous dis, moi, Milord le sot, que c'est dans ce buisson, le danger, que nous cueillons cette fleur, la sécurité. « L'entreprise dans laquelle vous vous lancez est dangereuse; les amis que vous avez nommés sont incertains; le moment lui-même est mal choisi, et votre plan tout entier est trop léger pour pouvoir faire équilibre à une aussi grande résistance. » C'est votre avis? c'est votre avis? Eh bien, je vous répète que vous êtes un rustre lâche et sans cervelle et que vous mentez. Qu'est-ce que c'est que cet imbécile! Par le Seigneur, notre plan est aussi bon que plan qui fut jamais formé; nos amis sont sincères et déterminés : c'est un bon plan, ce sont de bons amis, et tout cela est plein d'espérance : un plan excellent, de très-bons amis. Quel coquin au cœur gelé cela fait! Comment! Milord d'York approuve le projet et le plan général d'action. Mordieu! si j'étais tout à l'heure près de cette canaille, je lui casserais la tête avec l'éventail de sa femme. N'y a-t-il pas dans cette affaire mon père, mon oncle et moi? N'y a-t-il pas Lord Edmond Mortimer, Milord d'York et Owen Glendower? N'y a-t-il pas en outre les Douglas? N'ai-je pas toutes leurs lettres, par lesquelles ils me promettent de me rejoindre en armes le neuf du mois prochain? Et n'y a-t-il pas quelques-uns d'entre eux qui sont en marche déjà? Quelle canaille de païen, quel infidèle cela fait! Eh! vous allez voir maintenant que, dans la sincérité de sa frayeur et de son cœur tremblant, il ira trouver le roi et lui découvrira tous nos projets. Oh! je voudrais pouvoir me dédoubler et me donner des soufflets pour avoir proposé à ce pot de lait écrémé une aussi honorable action! Pendu soit-il! Qu'il aille prévenir le roi : nous sommes prêts. Je partirai ce soir.

Entre LADY PERCY.

HOTSPUR. — Eh bien, Kate, il faut que je vous quitte d'ici à deux heures.

LADY PERCY. — Oh! mon bon Seigneur, pourquoi restez-vous ainsi tout seul? Pour quelle offense ai-je été toute cette quinzaine une femme bannie du lit de mon Harry? Dis-moi, mon doux Seigneur, qu'est-ce qui t'enlève l'appétit, la gaieté et le précieux sommeil? Pourquoi baisses-tu tes yeux vers la terre et tressailles-tu si souvent lorsque tu es seul? Pourquoi tes joues ont-elles perdu leur fraîcheur, et pourquoi donnes-tu mon trésor et mon bien légitime à la rêverie aux yeux vagues et à la maudite mélancolie? J'ai veillé près de toi pendant tes sommeils légers, et je t'ai entendu murmurer des histoires de guerres farouches, parler en termes de manége à ton coursier bondissant, crier « courage! en avant! » Puis tu as parlé de sorties et de retraites, de tranchées, de tentes, de palissades, de forteresses, de parapets, de basilics [7], de canons, de couleuvrines, de rançon de prisonniers, de soldats tués et de tous les épisodes ordinaires d'un combat à outrance. Ton âme était tellement en guerre au dedans de toi et te secouait si fortement pendant ton sommeil, que de ton front découlaient des chapelets de gouttes de sueur, comme des bulles apparaissent à la surface d'une eau fraîchement troublée, et sur ton visage passaient d'étranges mouvements pareils à ceux que nous voyons passer sur le visage d'un homme qui retient son souffle sous la nécessité de quelque grande hâte soudaine. Oh! quels présages sont ceux-là? Quelque grave affaire préoccupe mon Seigneur; il faut que je la connaisse, ou bien il ne m'aime pas.

HOTSPUR. — Holà!

Entre UN VALET.

HOTSPUR. — Gilliams est-il parti avec le paquet?

LE VALET. — Oui, Milord, il y a une heure.

HOTSPUR. — Butler a-t-il amené ces chevaux de chez le shériff?

LE VALET. — Il vient d'amener un cheval à l'instant même, Milord.

HOTSPUR. — Quel cheval? un cheval rouan, essorillé, n'est-ce pas?

LE VALET. — Oui, Milord.

HOTSPUR. — Ce rouan sera mon trône. Bon, je vais le monter immédiatement. *O espérance*[8]! Ordonne à Butler de le mener dans le parc. (*Sort le valet.*)

LADY PERCY. — Mais entendez-vous, Milord?

HOTSPUR. — Que dis-tu, Milady?

LADY PERCY. — Qu'est-ce qui vous emporte d'ici?

HOTSPUR. — Parbleu, mon cheval, ma chérie, mon cheval.

LADY PERCY. — Chut, singe à tête folle! une belette n'a pas une plus grande inquiétude que celle qui vous agite. Sur ma foi, je veux savoir votre affaire, Harry, je veux la savoir. J'ai peur que mon frère Mortimer ne s'agite pour ses droits et ne vous ait fait dire de vous joindre à son entreprise: mais si vous allez....

HOTSPUR. — Si loin à pied, je serai las, ma chérie.

Lady Percy.—Allons, allons, petit perroquet, répondez directement à la question que je vous adresse. Ma foi, je vais te briser le petit doigt, Harry, si tu ne veux pas me dire toute la vérité.

Hotspur.—A bas, à bas, petite joueuse! Si je t'aime? je ne t'aime pas, je ne m'inquiète pas de toi, Kate : ce n'est pas un monde à jouer aux poupées et à faire des tournois avec les lèvres; nous allons avoir des nez ensanglantés, des têtes cassées et en rendre autant de notre côté. Mordieu, mon cheval! Que dis-tu, Kate? que me voulais-tu?

Lady Percy. — Vous ne m'aimez pas? est-ce bien vrai? Bon, ne faites pas cela, car si vous ne m'aimez pas, je ne m'aimerai pas moi-même. Vous ne m'aimez pas? Voyons, dites-moi si vous plaisantez ou non.

Hotspur. — Allons, veux-tu me voir partir? Lorsque je serai à cheval, je jurerai que je t'aime à l'excès. Mais écoutez-moi, Kate; je ne veux pas que vous m'interrogiez davantage pour savoir où je vais, ou que vous me fassiez des remontrances là-dessus : je vais là où je vais, et, pour conclure, il faut que je vous quitte ce soir même, gentille Kate. Je sais que vous êtes sage; mais cependant toute votre sagesse ne va pas plus loin que celle de la femme d'Henri Percy : je sais que vous êtes constante; mais, cependant, vous êtes une femme : et quant à votre discrétion, elle n'est pas plus étroite que celle d'une Dame; mais je crois fermement que tu ne raconteras pas ce que tu ne sauras pas, et voilà jusqu'où ira ma confiance en toi, gentille Kate!

Lady Percy. — Comment! aussi loin que cela!

Hotspur. — Pas un pouce plus loin. Mais écoutez-moi, Kate, là où je vais, vous irez aussi; aujourd'hui, c'est moi qui pars; demain, ce sera votre tour. Cela vous satisfait-il, Kate?

Lady Percy. — Il le faut bien, par force. (*Ils sortent.*)

SCÈNE IV.

EASTCHEAP. — Une chambre dans la taverne de la TÊTE DE SANGLIER[8].

Entrent LE PRINCE HENRI *et* POINS.

LE PRINCE HENRI. — Ned, je t'en prie, sors de cette chambre graisseuse et viens m'aider à rire un peu.

POINS. — Où es-tu allé, Hal?

LE PRINCE HENRI. — Avec trois ou quatre lourdauds, au milieu de soixante ou quatre-vingts tonneaux. J'ai joué sur la corde la plus basse de l'humilité. Maraud, je suis le frère juré d'une meute de garçons de cabaret, et je puis les appeler tous par leurs noms de baptême, comme Tom, Dick, et Francis. Ils déclarent déjà sur leur salut que, bien que je ne sois que prince de Galles, je suis cependant le roi de la courtoisie, et ils me disent nettement que je ne suis pas un Jack orgueilleux, comme Falstaff; mais un Corinthien, un garçon de cœur, un bon enfant, — par le Seigneur, c'est ainsi qu'ils m'appellent, — et que lorsque je serai roi d'Angleterre, je pourrai commander à tous les bons garçons d'Eastcheap. Ils appellent boire sec, *se teindre en rouge*, et lorsque vous respirez en vous arrosant le gosier, ils crient *Hem!* et vous disent de gober tout d'un seul trait. Pour conclure, j'ai fait de tels progrès en un quart d'heure, que je puis boire désormais pendant toute ma vie avec n'importe quel chaudronnier, en parlant son propre langage. Je te déclare, Ned, que tu as perdu beaucoup d'honneur, pour n'avoir pas été avec moi pendant cette séance. Mais, mon doux Ned, — pour adoucir ton nom de Ned, je te donne ces deux sous de sucre, qui m'ont été mis dans la main tout à l'heure par un garçon de cave, un homme qui, de sa vie, n'a prononcé d'autres phrases anglaises que celles-ci : *Huit shillings et six pence,* et *vous êtes le bienvenu!* avec cette addition criarde : « *Voilà, voilà, Monsieur. Mesurez une demi-pinte de bastard pour la Demi-Lune,* » ou autres choses semblables; — mais, Ned, pour passer le temps jusqu'à ce que Falstaff soit venu, tiens-toi, je t'en prie, dans quelque chambre à côté, pendant que je vais interroger mon nigaud de garçon pour savoir dans quel but il m'a donné ce morceau de sucre, et ne discontinue pas de crier, *Francis!* pendant tout ce temps-là, afin que sa conversation se réduise à dire, *voilà, voilà!* Dirige-toi de ce côté, et je vais t'apprendre la manière.

Poins, *s'en allant.* — Francis!

Le prince Henri. — Tu es parfait.

Poins, *s'en allant.* — Francis! (*Sort Poins.*)

Entre FRANCIS.

Francis. — Voilà, voilà, Monsieur. Vas voir un peu dans la chambre des Grenades, Ralph.

Le prince Henri. — Viens ici, Francis.

Francis. — Monseigneur?

Le prince Henri. — Combien de temps as-tu à servir, Francis?

Francis. — Cinq ans, ma foi, et encore autant à....

Poins, *de l'intérieur.* — Francis!

Francis. — Voilà, voilà, Monsieur.

Le prince Henri. — Cinq ans! par Notre-Dame, c'est un long bail pour faire sonner l'étain. Mais, Francis, pourrais-tu être assez vaillant pour jouer le lâche avec ton engagement, lui montrer une belle paire de talons et t'enfuir loin de lui?

Francis. — O Dieu! Monseigneur, je jurerais sur tous les livres d'Angleterre que je pourrais me trouver le cœur....

Poins, *de l'intérieur.* — Francis!

Francis. — Voilà, voilà, Monsieur.

Le prince Henri. — Quel âge as-tu, Francis?

Francis. — Voyons, vers la Saint-Michel prochaine, j'aurai....

Poins, *de l'intérieur.* — Francis!

Francis. — Voilà, Monsieur. Je vous en prie, Monseigneur, attendez un peu.

Le prince Henri. — Oui, mais écoute un peu, Francis :

ACTE II, SCÈNE IV.

le sucre que tu m'as donné, il valait bien un *penny*, n'est-ce pas?

FRANCIS. — O Dieu, Monseigneur! je voudrais qu'il en eût valu deux.

LE PRINCE HENRI. — Je te donnerai pour ce morceau de sucre mille livres : demande-les-moi quand tu voudras et tu les auras.

POINS, *de l'intérieur*. — Francis!

FRANCIS. — Tout à l'heure, tout à l'heure.

LE PRINCE HENRI. — Tout à l'heure, Francis? Non, Francis; mais demain, Francis, ou jeudi, Francis, ou, ma foi, quand tu voudras, Francis. Mais, Francis....

FRANCIS. — Monseigneur?

LE PRINCE HENRI. — Voudras-tu voler cette casaque de cuir à boutons de cristal [10], cette tête rase, cette main à anneau d'agate, ces jambes en bas puce et en jarretières de cadis, cette langue mielleuse, cette panse espagnole....

FRANCIS. — O Dieu, Monseigneur, que voulez-vous dire?

LE PRINCE HENRI. — Ah bien, alors, le *bâtard* rouge est le seul vin : car, voyez-vous, Francis, votre veste de toile blanche se salira : en Barbarie, Monsieur, cela ne revient pas aussi cher [11].

FRANCIS. — Quoi, Monseigneur?

POINS, *de l'intérieur*. — Francis!

LE PRINCE HENRI. — Va donc, coquin, n'entends-tu pas qu'ils t'appellent? (*Ici Poins et le prince Henri l'appellent tous deux à la fois; le garçon s'arrête étourdi, ne sachant de quel côté aller.*)

Entre LE CABARETIER.

LE CABARETIER. — Comment, tu entends appeler de la sorte et tu ne bouges pas? Vas voir ce que veulent les pratiques là dedans. (*Sort Francis.*) Monseigneur, le vieux Sir John et une douzaine d'autres sont à la porte; les laisserai-je entrer?

LE PRINCE HENRI. — Fais-les attendre un moment et puis tu leur ouvriras la porte. (*Sort le cabaretier.*) Poins!

Rentre POINS.

Poins. — Voilà, voilà, Monsieur.

Le prince Henri. — Maraud, Falstaff et les autres voleurs sont à la porte : allons-nous être gais ?

Poins. — Gais comme des *cris-cris*, mon gars. Mais, dites-moi, quel amusement avez-vous tiré de cette plaisanterie du garçon de cave ? Voyons, quel en a été le résultat ?

Le prince Henri. — Je suis maintenant capable de faire toutes les farces qui ont pu s'appeler farces depuis les anciens jours du bonhomme Adam, jusqu'à la récente enfance du présent jour dont minuit vient d'accoucher. (*Rentre Francis avec du vin.*) Quelle heure est-il, Francis ?

Francis. — Voilà, voilà, Monsieur ? (*Il sort.*)

Le prince Henri. — Dire que ce garçon sait moins de mots qu'un perroquet et qu'il est cependant né de la femme ! Toute son industrie est de monter et de descendre des escaliers ; toute son éloquence, le total d'une carte à payer. Je ne suis pas encore de l'humeur de Percy, l'Hotspur du nord, qui vous tue quelques six ou sept douzaines d'Écossais avant son déjeuner, se lave les mains et dit à sa femme : « Fi de cette vie tranquille ; j'ai besoin d'action. — O mon doux Harry, répond-elle, combien en as-tu tué aujourd'hui ? — Donnez à boire à mon cheval rouan, » dit-il, et il répond une heure après : « quelque chose comme quatorze ; une bagatelle, une bagatelle. » Je t'en prie, fais entrer Falstaff : je jouerai le rôle de Percy, et ce damné cochon jouera celui de Dame Mortimer, sa femme. *A votre santé*, dit l'ivrogne [12]. Appelle cet abdomen, fais entrer ce suif.

Entrent FALSTAFF, GADSHILL, BARDOLPH *et* PETO.

Poins. — Salut, Jack ; où es-tu allé ?

Falstaff. — Peste soit de tous les couards et vengeance sur eux tous, aussi ! voilà ce que je dis et *amen*, morbleu ! Donne-moi un verre de Xérès, garçon. Plutôt que de mener cette vie-là longtemps, j'aimerais mieux coudre des chaussettes, les rapiécer et les ressemeler aussi. Peste de tous les couards ! donne-moi un verre de Xérès, coquin. N'y a-t-il pas de vertu en ce monde ? (*Il boit.*)

Le prince Henri. — As-tu jamais vu Phœbus embrasser une boule de beurre, et le beurre au cœur sensible se fondre sous les doux propos du soleil? Si tu l'as vu, contemple-moi ce phénomène-ci !

Falstaff. — Coquin que vous êtes, il y a aussi de la chaux dans ce vin : dans un méchant homme il n'y a rien à trouver que de la coquinerie ; cependant un lâche est pire qu'un verre de vin avec de la chaux, un vilain lâche. Va ton chemin, vieux Jack, meurs quand tu voudras ; si l'énergie, la bonne énergie virile n'est pas chose oubliée maintenant sur la surface de la terre, je veux passer pour maigre comme un hareng saur. Il n'y a pas en Angleterre trois hommes braves qui aient encore évité la potence ; et l'un d'eux est gros et se fait vieux. Dieu nous protége ! c'est un mauvais monde que le nôtre, dis-je ! Je voudrais être un tisserand ; je chanterais des psaumes ou n'importe quoi [13]. Peste de tous les lâches, dis-je encore !

Le prince Henri. — Qu'est-ce à dire, sac de laine! que murmurez-vous?

Falstaff. — Un fils de roi ! si je ne te chasse pas de ton royaume avec un poignard de bois, et si je ne pousse pas tous tes sujets devant moi comme un troupeau d'oies sauvages, je veux bien ne plus jamais porter de poils sur mon visage. Vous, prince de Galles !

Le prince Henri. — Qu'est-ce à dire, fils de putain, grosse toupie humaine ! qu'y a-t-il?

Falstaff. — N'êtes-vous pas un couard ? répondez-moi là-dessus ; Poins que voilà aussi ?

Poins. — Mordieu, grosse panse, si vous m'appelez couard, par le Seigneur, je t'égorge !

Falstaff. — Moi, t'appeler couard ! Je te verrai damné

avant de t'appeler couard, seulement je donnerais bien mille livres pour pouvoir courir aussi vite que toi. Vous êtes passablement droits des épaules, aussi vous ne vous souciez pas de ceux qui peuvent voir vos derrières : appelez-vous cela assurer les derrières de vos amis? Peste d'une telle assistance! donnez-moi plutôt des gens qui me regarderont en face. Donnez-moi un verre de Xérès : je suis un coquin, si j'ai bu d'aujourd'hui.

Le prince Henri. — Oh scélérat! c'est à peine si tes lèvres sont essuyées de ta dernière rasade.

Falstaff. — Cela ne fait rien. (*Il boit.*) Peste de tous les couards! dis-je encore.

Le prince Henri. — Qu'y a-t-il?

Falstaff. — Qu'y a-t-il? il y a que quatre de nous ici présents ont pris mille livres ce matin.

Le prince Henri. — Où est cet argent, Jack? où est-il?

Falstaff. — Où il est? il nous a été enlevé. Cent hommes sont tombés sur nos quatre pauvres individus.

Le prince Henri. — Quoi, l'ami, cent hommes?

Falstaff. — Je suis un coquin, si je n'ai pas ferraillé pendant deux heures avec une douzaine d'entre eux. J'ai échappé par miracle. J'ai reçu huit bottes dans mon pourpoint, quatre dans mon haut-de-chausses; mon bouclier est traversé de part en part; mon épée est dentelée comme une scie à main, *ecce signum!* Jamais je ne me suis mieux conduit depuis que je suis homme : tout a été inutile. Peste soit de tous les couards! Qu'ils parlent : s'ils disent plus ou moins que la vérité, ce sont des scélérats et des fils de ténèbres.

Le prince Henri. — Parlez, Messieurs; comment les choses se sont-elles passées?

Gadshill. — Nous quatre nous sommes tombés sur une douzaine d'individus.

Falstaff. — Seize au moins, Monseigneur.

Gadshill. — Et nous les avons liés.

Peto. — Non, non, nous ne les avons pas liés.

Falstaff. — Coquin, nous les avons liés, tous sans exception, ou bien je veux être un Juif, un Juif Hébreu.

GADSHILL. — Et comme nous étions en train de partager, six ou sept nouveaux venus sont tombés sur nous.

FALSTAFF. — Et ils ont détaché les autres qui se sont alors joints à ceux-là.

LE PRINCE HENRI. — Quoi, avez-vous combattu contre eux tous?

FALSTAFF. — Tous? je ne sais pas ce que vous pouvez appeler tous; mais si je n'ai pas combattu avec cinquante, je suis une botte de radis : s'il n'y en a pas eu cinquante-deux ou trois après le pauvre vieux Jack, je ne suis pas une créature à deux jambes.

LE PRINCE HENRI. — Priez Dieu de ne pas en avoir tué quelqu'un.

FALSTAFF. — Parbleu, il n'est plus temps de prier maintenant : j'en ai poivré deux; je suis sûr d'avoir donné leur dû à deux, deux coquins en manteau de bougran. Je te dis ce qui en est, Hal; si je te dis un mensonge, crache-moi au visage et appelle-moi cheval. Tu connais ma vieille défense; je me suis posé comme je suis là et j'ai dirigé ma pointe comme cela. Quatre coquins en bougran fondent sur moi....

LE PRINCE HENRI. — Comment, quatre! tu ne disais que deux tout à l'heure.

FALSTAFF. — Quatre, Hal, je t'ai dit quatre.

POINS. — Oui, oui, il a dit quatre.

FALSTAFF. — Ces quatre-là sont venus tous de front et se sont attaqués principalement à moi. Je n'ai nullement été déconcerté, et j'ai reçu leur sept pointes dans mon bouclier, comme ça.

LE PRINCE HENRI. — Sept? comment donc, ils n'étaient que quatre tout à l'heure.

FALSTAFF. — En bougran?

POINS. — Oui, quatre en manteaux de bougran.

FALSTAFF. — Sept, par cette poignée d'épée, ou je suis un scélérat.

LE PRINCE HENRI. — Laisse-le continuer, je t'en prie; nous en aurons davantage tout à l'heure.

FALSTAFF. — M'entends-tu, Hal?

Le prince Henri. — Oui, Jack, et je te vois aussi.

Falstaff. — Tu fais bien, car cela vaut la peine d'être entendu. Les neuf individus en bougran dont je te parlais....

Le prince Henri. — Bon, déjà deux de plus.

Falstaff. — Leurs pointes étant brisées....

Poins. — Leurs culottes sont tombées.

Falstaff. — Ils ont commencé à me céder le terrain; mais je les serrais de près, alors je les ai attrapés corps à corps, et en un clin d'œil, j'ai donné leur dû à sept des onze.

Le prince Henri. — Oh prodige! deux individus en bougran qui en ont produit onze!

Falstaff. — Mais comme si le diable s'en était mêlé, voilà que trois manants de coquins en habit de drap vert de Kendal[14] sont venus par derrière et sont tombés sur moi; car il faisait si noir, Hal, que tu n'aurais pas pu voir tes mains.

Le prince Henri. — Ces mensonges ressemblent au père qui les a engendrés; ils sont gros comme une montagne, évidents, palpables. Comment, amas de tripes à cervelle de boue, sot à cerveau noué, fils de putain, obscène animal, graisseuse boule de suif!...

Falstaff. — Comment! es-tu fou? es-tu fou? est-ce que la vérité n'est pas la vérité?

Le prince Henri. — Morbleu, comment as-tu pu reconnaître que ces individus étaient en habit vert de drap de Kendal, puisqu'il faisait si noir que tu ne pouvais pas voir ta main? Voyons, donne-nous tes explications: que réponds-tu?

Poins. — Voyons, votre explication, Jack, votre explication.

Falstaff. — Comment, de la violence? non, fussé-je condamné à l'estrapade[15] et à tous les chevalets du monde, je ne vous dirais rien par violence. Vous donner des explications par violence! quand bien même les preuves seraient aussi abondantes que les mûres sur les haies, personne ne pourrait me forcer, moi, à lui en donn une seule par violence.

Le prince Henri. — Je ne veux pas commettre ce péché plus longtemps. Ce couard effronté, ce casseur de lits, cet éreinteur de chevaux, cette énorme montagne de chair....

Falstaff. — A bas, étique individu, peau d'anguille [16], langue de bœuf fumée, nerf de taureau, sardine sèche! Oh! si le souffle ne me manquait pour te dire à quoi tu ressembles! aune de tailleur, fourreau de sabre, étui de flèches, méchant petit fleuret debout!...

Le prince Henri. — Bon, respire un peu et puis recommence; et lorsque tu seras fatigué de basses comparaisons, écoute un peu ce que je vais te dire.

Poins. — Écoute bien, Jack.

Le prince Henri. — Nous deux, nous vous avons vus, vous quatre, vous jeter sur quatre hommes; vous les avez liés et vous vous êtes rendus maîtres de leur argent. Observez maintenant le démenti que va vous donner un récit tout simple : nous deux alors, nous sommes tombés sur vous quatre : d'un mot, nous vous avons fait lâcher votre butin et nous le tenons; oui, et nous pouvons vous le montrer ici, dans cette maison : et vous, Falstaff, vous avez lestement et avec une agile dextérité, emporté vos tripes, et vous avez mugi pour demander grâce, et vous couriez et vous mugissiez, comme je n'ai jamais entendu taureau mugir. Quel manant es-tu donc d'ébrécher ton épée comme tu l'as fait, et puis de dire que c'était en combattant? Quelle invention, quelle blague, quelle échappatoire peux-tu trouver maintenant pour te soustraire à cette honte ouverte et apparente?

Poins. — Voyons, nous écoutons, Jack; quelle blague as-tu à nous raconter maintenant?

Falstaff. — Par le Seigneur! je vous ai reconnus aussi bien que celui qui vous a faits. Çà, écoutez, mes maîtres; est-ce qu'il m'appartenait de tuer l'héritier présomptif? devais-je me tourner contre le prince légitime? Parbleu! tu sais que je suis vaillant comme Hercule : mais observez l'instinct; jamais un lion ne touchera à un vrai prince [17]. L'instinct est une grande chose; j'ai été couard par instinct. Je n'en penserai que mieux de moi et de toi, ma vie durant; de moi comme d'un lion vaillant, de toi comme d'un vrai prince. Mais, mes gars, par le Seigneur, je suis heureux que vous ayez l'argent. (*A l'hôtesse à l'extérieur.*) Hôtesse, fermez les portes : veillez cette nuit, faites vos prières demain. Galants! gars! enfants! cœurs d'or! que tous les titres de la bonne camaraderie vous soient donnés! Voyons, nous mettons-nous en train de rire? jouons-nous immédiatement quelque bonne pièce?

Le prince Henri. — Ça va, et le sujet de la pièce ce sera ta fuite.

Falstaff. — Ah! si tu m'aimes, Hal, ne parlons plus de cela.

Entre L'HÔTESSE.

L'hôtesse. — Oh Jésus! Monseigneur le prince!

Le prince Henri. — Qu'y a-t-il, Milady l'hôtesse? qu'as-tu à me dire?

L'hôtesse. — Pardi, Monseigneur, il y a à la porte un noble de la cour qui voudrait vous parler : il dit qu'il vient de la part de votre père.

Le prince Henri. — Un *noble*, donnez-lui de quoi le compléter pour en faire un écu *royal* et renvoyez-le à ma mère [18].

Falstaff. — Quelle manière d'homme est-ce que cela est?

L'hôtesse. — Un vieillard.

Falstaff. — Que fait la gravité hors de son lit à minuit? Irai-je lui donner sa réponse?

Le prince Henri. — Oui, va, je t'en prie, Jack.

Falstaff. — Oui, ma foi, et je vais lui donner son paquet. (*Il sort.*)

Le prince Henri. — A vous maintenant, Messieurs. Par Notre-Dame! vous vous êtes bien battus; vous vous êtes bien battu, Peto; vous vous êtes bien battu, Bardolph; vous aussi vous êtes des lions; vous vous êtes sauvés par instinct, vous n'auriez pas voulu toucher à un vrai prince; non, ô fi!

Bardolph. — Sur ma foi, je me suis sauvé lorsque j'ai vu les autres courir.

Le prince Henri. — Réponds-moi, maintenant, en toute vérité; comment se fait-il que l'épée de Falstaff soit si ébréchée?

Peto. — Parbleu! il l'a ébréchée avec son poignard; il a dit, qu'il chasserait la vérité d'Angleterre ou qu'il réussirait à vous faire croire que son épée s'était ébréchée dans le combat, et il nous a conseillés d'en faire autant.

Bardolph. — Oui, et puis de nous frotter le nez avec des herbes qui égratignent pour le faire saigner, de barbouiller nos vêtements avec ce sang et de jurer que c'était le sang de vrais hommes. J'ai fait ce que je n'avais pas fait, il y a un temps infini; j'ai rougi en écoutant ses monstrueux stratagèmes.

Le prince Henri. — Oh, coquin! tu as volé un verre de vin il y a dix-huit ans, tu as été pris sur le fait, et depuis lors, tu as toujours rougi subitement. Tu avais fer et feu avec toi, et cependant tu t'es enfui; quel est l'instinct qui te poussait?

Bardolph, *montrant son visage*. — Monseigneur, voyez-vous ces météores? Contemplez-vous ces feux?

Le prince Henri. — Oui.

Bardolph. — Que pensez-vous que cela indique?

Le prince Henri. — Un foie chaud et une bourse froide.

Bardolph. — La colère, Monseigneur, si on sait bien comprendre.

Le prince Henri. — Non, c'est la corde, si on sait bien comprendre. Voici venir le maigre Jack, voici venir l'os sans viande.

Rentre FALSTAFF.

Le prince Henri. — Eh bien, ma douce créature bourrée d'étoupes? combien y a-t-il de temps que tu n'as vu ton genou, Jack?

Falstaff. — Mon genou! lorsque je n'avais que ton âge, Hal, je n'avais pas la taille plus grosse qu'une patte d'aigle, j'aurais passé par la bague d'un alderman : peste soit du chagrin et du malheur! cela vous gonfle un homme comme une vessie. Il y a en l'air de mauvaises nouvelles. Sir John Bracy était venu de la part de votre père; il vous faut vous rendre demain à la cour. Ce fou du nord, Percy, et celui des Galles, celui qui a donné la bastonnade à Amaimon, qui a fait Lucifer cocu, et qui a fait jurer au diable d'être son vassal sur la croix d'une pertuisane galloise [19], comment, nom d'une peste, l'appelez-vous?

Poins. — Ah! Glendower.

Falstaff. — Owen, Owen, c'est celui-là même, et son beau-fils Mortimer, et le vieux Northumberland, et cet Écossais, le plus leste des Écossais, Douglas, qui escalade à cheval une colline toute roide.

Le prince Henri. — Celui qui, en courant au grand galop, tue un moineau au vol avec son pistolet?

Falstaff. — Vous l'avez touché droit.

Le prince Henri. — Plus droit qu'il n'a jamais touché moineau.

Falstaff. — Oh! la canaille a du courage, il ne se sauvera pas.

Le prince Henri. — Mais, en ce cas, quelle canaille es-tu donc de le louer pour si bien courir?

Falstaff. — A cheval, coucou que vous êtes! mais à pied, il ne bougera pas d'une semelle.

Le prince Henri. — Oui, Jack, par instinct.

Falstaff. — Par instinct, je te l'accorde. Bon, il en est aussi, ainsi qu'un certain Mordake et mille autres bonnets bleus : Worcester s'est esquivé cette nuit : la barbe de ton père est devenue blanche lorsqu'il a appris ces nouvelles, et on peut maintenant acheter de la terre à aussi bon marché que du maquereau qui sent.

Le prince Henri. — Eh bien, ma foi! c'est égal; si nous avons un mois de juin chaud, et si ces gourmades civiles durent, nous achèterons les pucelages comme on achète les gros clous, au boisseau.

Falstaff. — Par la messe, tu dis vrai, mon gars! il

est probable que nous aurons un commerce facile, de ce côté-là. Mais, dis-moi, Hal, est-ce que tu n'as pas horriblement peur? Toi l'héritier présomptif, pouvais-tu trouver au monde trois ennemis comparables au démon Douglas, au lutin Percy et au diable Glendower? N'as-tu pas horriblement peur? Est-ce que ton sang ne se glace pas?

Le prince Henri. — Pas du tout, ma foi; je manque un peu de ton instinct.

Falstaff. — Bon, tu vas être horriblement grondé demain, lorsque tu seras en présence de ton père. Si tu m'aimes, cherche une raison qui puisse t'excuser.

Le prince Henri. — Eh bien, fais le rôle de mon père, et examine-moi sur les actions de ma vie.

Falstaff. — Faut-il? Soit, je veux bien. Cette chaise sera mon trône, cette rapière mon sceptre et ce coussin ma couronne.

Le prince Henri. — On prend ton trône pour un escabeau, ton sceptre d'or pour une rapière de plomb et ta riche et précieuse couronne pour la pitoyable couronne d'un crâne chauve!

Falstaff. — Bon! Si le feu de la grâce n'est pas complétement éteint en toi, tu vas être ému tout à l'heure. Donnez-moi un verre de Xérès pour rendre mes yeux rouges, afin qu'on puisse croire que j'ai pleuré; car je dois parler sous le coup de l'émotion, et je vais le faire dans le style du *roi Cambyse*[20].

Le prince Henri. — Bon, voilà ma génuflexion.

Falstaff. — Et voici mon discours. — Reculez-vous, nobles Seigneurs!

L'hôtesse. — O Jésus! c'est une bonne farce, sur ma foi!

Falstaff. — Ne pleurez pas, douce reine, car les averses de larmes sont inutiles.

L'hôtesse. — O le père! comme il garde son sérieux!

Falstaff. — Pour l'amour de Dieu, Seigneurs, emmenez ma triste reine, car les larmes obstruent les écluses de ses yeux.

L'HÔTESSE. — O Jésus! il joue cela aussi bien qu'aucun de ces putassiers de comédiens que j'aie jamais vu.

FALSTAFF. — Paix, ma bonne pinte; paix, ma bonne chatouille-cerveau. — Harry, non-seulement je m'étonne des lieux que tu choisis pour perdre ton temps, mais encore des compagnons que tu te donnes; car si la camomille croît d'autant plus épaisse qu'on la foule davantage, la jeunesse en revanche s'use d'autant plus vite qu'on la dépense davantage. Pour croire que tu es mon fils, j'ai d'une part la parole de ta mère et d'autre part ma propre opinion; mais ce qui m'en donne la certitude, c'est surtout une certaine coquine de manière de clignoter des yeux et une certaine manière idiote de laisser pendre ta lèvre inférieure. Donc, si tu es mon fils, voici le point grave : pourquoi, étant mon fils, te fais-tu ainsi montrer au doigt? Le bienheureux soleil du ciel doit-il être un vagabond et se nourrir de mûres? c'est une question qu'on n'a pas besoin de poser. Le fils du roi d'Angleterre doit-il être voleur et prendre des bourses? c'est une question qu'on peut se poser. Il y a une chose, Harry, dont tu as souvent entendu parler et qui est connue de beaucoup dans notre pays sous le nom de poix : cette poix salit, ainsi que le rapportent les anciens écrivains : il en est ainsi de la compagnie que tu fréquentes; car, Harry, je ne te parle pas à présent dans l'ivresse, mais bien dans les larmes; je ne parle pas dans la joie, mais dans la tristesse; je ne parle pas seulement en paroles, mais aussi en gémissements; et, cependant, il y a un homme vertueux que j'ai souvent remarqué dans ta compagnie; mais je ne sais pas son nom.

LE PRINCE HENRI. — Quelle espèce d'homme, s'il plaît à Votre Majesté?

FALSTAFF. — Un homme de très-bonne apparence, ma foi, et corpulent; d'une joyeuse mine, d'un œil agréable et d'un très-noble maintien; qui, si je juge bien, doit être âgé de cinquante ans ou même, par Notre-Dame, incliner vers la soixantaine. Maintenant, je me rappelle que son nom est Falstaff; si cet homme était adonné au libertinage, il me tromperait bien; car, Harry, je vois la vertu dans ses regards. Si donc l'arbre doit être reconnu à son fruit comme le fruit l'est à l'arbre, je te le dis péremptoirement, il y a de la vertu dans ce Falstaff; garde celui-là, bannis les autres. Et dis-moi, maintenant, méchant valet, dis-moi, où as-tu passé tout ce mois-ci?

Le prince Henri. — Est-ce que tu parles comme un roi? Fais mon personnage, et je jouerai le rôle de mon père?

Falstaff. — Me déposer? Si tu joues seulement ce rôle en paroles et en actions avec la moitié de la gravité et de la majesté que j'ai su y mettre, je veux bien être pendu par les pieds comme un lapereau ou un lièvre chez un marchand de volailles.

Le prince Henri. — Bon, me voici sur mon trône.

Falstaff. — Et moi, me voici debout : jugez, mes maîtres.

Le prince Henri. — Eh bien, Harry, d'où venez-vous?

Falstaff. — Mon noble Seigneur, d'Eastcheap.

Le prince Henri. — Les plaintes qu'on me fait de vous sont graves.

Falstaff. — Mordieu! Monseigneur, elles sont fausses. Ah! sur ma foi, je vais, parbleu, vous représenter un jeune prince de manière à vous faire plaisir.

Le prince Henri. — Est-ce que tu jures, méchant garçon? A l'avenir, ne lève plus les yeux sur moi. Tu es violemment emporté loin de l'honneur; il y a un diable qui te hante sous la figure d'un vieux gros homme, un homme tonneau, qui est ton compagnon. Pourquoi converses-tu avec ce coffre d'humeurs, cette huche de bestialité, ce paquet gonflé d'hydropisie, cet énorme muids de Xérès, ce sac bourré de viandes de rebut, ce bœuf rôti de Manningtree [21], au ventre farci de pudding, ce vice à l'âge respectable, cette iniquité en cheveux gris, ce paternel ruffian, cette vanité vieillie? A quoi est-il bon, si ce n'est à goûter le Xérès et à le boire? En quoi a-t-il de la propreté et de la tenue, sauf quand il découpe un chapon et qu'il le mange? En quoi est-il habile, si ce n'est dans la ruse? En quoi est-il rusé, si ce n'est pour les coquineries? En quoi est-il coquin? en toutes chose. En quoi est-il homme de bien ? en rien.

Falstaff. — Je voudrais que Votre Grâce me permît de la comprendre. Qui Votre Grâce veut-elle désigner?

Le prince Henri. — Ce scélérat, cet abominable corrupteur de la jeunesse, ce vieux Satan à barbe blanche, Falstaff.

Falstaff. — Monseigneur, je connais l'homme.

Le prince Henri. — Je sais que tu le connais.

Falstaff. — Mais dire que je connais en lui plus de mal qu'en moi-même, serait en dire plus que je n'en sais. Qu'il est vieux (et il n'en est que plus à plaindre), ses cheveux blancs en témoignent; mais qu'il soit (sauf votre respect) un maquereau, cela, je le nie entièrement. Si le vin de Xérès sucré est un défaut, que Dieu protége le misérable! Si être vieux et d'humeur gaie est un péché, alors plus d'un vieux compère que je connais est damné : si être gras est être haïssable, alors les vaches maigres de Pharaon sont aimables. Non, mon bon Seigneur; bannissez Peto, bannissez Bardolph, bannissez Poins; mais quant au doux Jack Falstaff, au cher Jack Falstaff, au véridique Jack Falstaff, au vaillant Jack Falstaff, qui est d'autant plus vaillant qu'il est le vieux Jack Falstaff, ne le bannis pas de la compagnie de ton Henri, ne le bannis pas de la compagnie de ton Henri : bannir le gros Jack, c'est bannir pour moi le monde entier.

Le prince Henri. — Je le veux, je l'ordonne! (*Ici, on frappe à la porte. Sortent l'hôtesse, Francis et Bardolph. Bardolph rentre aussitôt en courant.*)

Bardolph. — Oh! Monseigneur! Monseigneur! le shériff est à la porte avec la plus énorme escorte..

Falstaff. — A bas, coquin! Finissons la farce : j'ai beaucoup à dire en faveur de ce Falstaff.

Rentre L'HÔTESSE *en toute hâte.*

L'hôtesse. — O Jésus! Monseigneur! Monseigneur!

Falstaff. — Houp! houp! voilà le diable qui chevauche sur un archet de violon [22]. Qu'y a-t-il?

L'HÔTESSE. — Le shériff et toute sa garde sont à la porte : ils sont venus pour fouiller la maison. Les laisserai-je entrer?

FALSTAFF. — Entends-tu, Hal? N'appelle jamais une véritable pièce d'or une pièce fausse : tu es essentiellement fou, sans que tu en aies l'air.

LE PRINCE HENRI. — Et toi, tu es naturellement un couard, sans en avoir l'instinct.

FALSTAFF. — Je refuse votre *major :* si vous voulez refuser le shériff, soit; sinon, laissez-le entrer : si je ne fais pas sur la charrette aussi bonne figure qu'un autre homme, la peste soit de mon éducation! J'espère être étranglé avec une corde tout aussi vite qu'un autre.

LE PRINCE HENRI. — Va, cache-toi derrière la tapisserie; que les autres montent en haut. Maintenant, mes maîtres, ayez bonne contenance et bonne conscience.

FALSTAFF. — J'ai eu l'une et l'autre; mais leur temps est passé, et c'est pourquoi je vais me cacher. (*Tous sortent, excepté le prince et Poins.*)

LE PRINCE HENRI. — Faites entrer le shériff.

Entrent LE SHÉRIFF *et* UN VOITURIER.

LE PRINCE HENRI. — Maintenant, Monsieur le shériff, que me voulez-vous?

LE SHÉRIFF. — Veuillez d'abord me pardonner, Monseigneur. La clameur publique a poursuivi certains hommes jusque dans cette maison.

LE PRINCE HENRI. — Quels hommes?

LE SHÉRIFF. — L'un d'eux est bien connu, mon gracieux Seigneur, un gros homme gras.

LE VOITURIER. — Aussi gras que beurre.

LE PRINCE HENRI. — L'homme, je vous assure, n'est pas ici, car je l'ai en ce moment chargé d'une commission. Shériff, je t'engage ma parole, que demain, à l'heure du dîner, je te l'enverrai, lui ou tout autre, pour te faire réponse sur n'importe quelle chose dont il pourra être accusé; et là-dessus, permettez-moi de vous prier de quitter la maison.

Le shériff. — C'est ce que je vais faire, Monseigneur. Il y a deux Messieurs qui, dans ce vol, ont perdu trois cents marcs.

Le prince Henri. — C'est possible; s'il a volé ces hommes, il sera responsable; et là-dessus, adieu.

Le shériff. — Bonne nuit, mon noble Seigneur.

Le prince Henri. — Je pense qu'il faudrait dire plutôt bon matin, n'est-ce pas?

Le shériff. — En vérité, Monseigneur, je pense qu'il est deux heures. (*Sortent le shériff et le voiturier.*)

Le prince Henri. — Cette canaille huileuse est aussi connue que l'église de Saint-Paul. Va, fais-le sortir.

Poins. — Falstaff! — Complétement endormi derrière la tapisserie et ronflant comme un cheval!

Le prince Henri. — Écoute, avec quel effort il respire! Fouille ses poches. (*Poins fouille Falstaff.*) Qu'as-tu trouvé?

Poins. — Rien que des papiers, Monseigneur.

Le prince Henri. — Voyons ce que sont ces papiers; lis-les.

Poins, *lisant*. — *Item*, un chapon, 2 sch. 2 den.
    item, sauce, 0 sch. 4 den.
    item, Xérès, deux gallons, 5 sch. 8 den.
    item, anchois et Xérès après souper, 2 sch. 6 den.
    item, pain, 1 sou.

Le prince Henri. — O monstrueux! rien qu'un sou de pain pour cette épouvantable quantité de Xérès! Garde les autres, nous les lirons plus à loisir : laissons-le dormir jusqu'au jour. Je me rendrai à la cour, dans la matinée. Nous devons tous aller à la guerre et ta place y sera honorable. Je procurerai à ce gros coquin une charge dans l'infanterie; et je suis sûr qu'une marche de deux cent cinquante toises sera sa mort. L'argent sera rendu avec intérêt. Viens me rejoindre de bon matin, et là-dessus, bonjour, Poins.

Poins. — Bonjour, mon bon Seigneur.

(*Ils sortent.*)

ACTE III.

SCÈNE PREMIÈRE.

BANGOR ; PAYS DE GALLES. Un appartement dans la maison de l'archidiacre.

Entrent HOTSPUR, WORCESTER, MORTIMER *et* GLENDOWER [1].

MORTIMER. — Les choses donnent de belles espérances, nos partisans sont sûrs, et notre entrée en campagne est pleine d'heureuses promesses.

HOTSPUR. — Lord Mortimer et vous, mon cousin Glendower, voulez-vous vous asseoir? et vous aussi, mon oncle Worcester : — du diable soit! j'ai oublié la carte.

GLENDOWER. — Non, la voici là. Asseyez-vous, cousin Percy; asseyez-vous, mon bon cousin Hotspur; car toutes les fois que Lancastre parle de vous en vous donnant ce nom, ses joues deviennent pâles, et, en exhalant un soupir, il vous souhaite au ciel.

HOTSPUR. — Et vous en enfer, toutes les fois qu'il entend parler d'Owen Glendower.

GLENDOWER. — Je ne puis le blâmer : à ma nativité, le front du ciel était plein de fantômes de feu et de petites croix enflammées, et à l'heure de ma naissance, la terre trembla comme un lâche dans sa masse et dans ses vastes fondements.

HOTSPUR. — Parbleu! c'est ce qui serait arrivé à ce même moment, si la chatte de votre mère avait mis bas, quand bien même vous ne seriez jamais né.

GLENDOWER. — Je dis que la terre trembla lorsque je naquis.

HOTSPUR. — Et moi je dis que la terre n'était pas de mon sentiment, si vous supposez qu'elle trembla parce qu'elle vous craignait.

GLENDOWER. — Les cieux étaient entièrement en feu, la terre trembla.

HOTSPUR. — Oh! en ce cas, la terre trembla de voir les cieux en feu, et non par crainte de votre naissance. La nature malade éclate maintes fois en étranges éruptions; souvent la terre, aux fertiles entrailles, est tourmentée et travaillée par une espèce de colique provenant de l'emprisonnement d'un vent indiscipliné dans son ventre, lequel vent, s'efforçant de sortir, secoue la vieille Dame terre et jette à bas les clochers et les tours vertes de mousse. A votre naissance, notre grand'mère la terre était travaillée par ce malaise-là et tressaillit de douleurs.

GLENDOWER. — Cousin, il est peu de gens de qui je supporte ces contradictions là. Permettez-moi de vous dire encore une fois, qu'à ma naissance, le front du ciel était plein de fantômes de feu. Les boucs s'enfuirent des montagnes et les troupeaux poussèrent d'étranges clameurs dans les campagnes alarmées. Ces signes m'ont désigné comme un personnage extraordinaire, et tout, dans le cours de ma vie, montre que je ne suis pas de la pâte des hommes vulgaires. Où est l'homme vivant au dedans de la ceinture de mer qui entoure en grondant les rives de l'Angleterre, de l'Écosse, du pays de Galles, qui puisse m'appeler son élève et se vanter de m'avoir instruit? Et découvrez-moi l'être vivant qui, n'étant que fils de la femme, peut me suivre dans les difficiles sentiers de l'art, et soutenir la concurrence avec moi dans la recherche des profonds secrets de la nature?

HOTSPUR. — Je pense que personne ne parle mieux gallois : je veux dîner.

MORTIMER. — Paix! cousin Percy; vous allez le rendre fou.

GLENDOWER. — Je peux appeler les esprits du fond du vaste abîme.

HOTSPUR. — Parbleu! je le peux aussi et tout homme le peut; mais viendront-ils lorsque vous les appellerez?

GLENDOWER. — Comment, mon cousin, je peux t'enseigner à commander au diable.

HOTSPUR. — Et moi, cousin, je peux t'enseigner à faire honte au diable en disant la vérité. « Dites la vérité et couvrez le diable de honte. » Si tu as le pouvoir de l'évoquer, amène-le ici, et je te jure que j'aurai le pouvoir de le renvoyer couvert de honte. Oh! tant que vous vivrez, « dites la vérité et faites honte au diable [2]. »

MORTIMER. — Allons, allons, ne poussons pas plus loin ce bavardage oiseux.

GLENDOWER. — Trois fois Henri Bolingbroke s'est attaqué à ma puissance, et trois fois je l'ai renvoyé chez lui, des rives de la Wye et de la Severne au lit de sable, sans bottes et le dos entièrement nu.

HOTSPUR. — Sans bottes et le dos nu! Comment alors, au nom du diable, a-t-il fait pour éviter les fièvres?

GLENDOWER. — Allons, voici la carte : diviserons-nous notre légitime domaine selon notre convention tripartite?

MORTIMER. — L'archidiacre l'a divisé très-également en trois parties. L'Angleterre, depuis la Trent et la Severne jusqu'à l'endroit où nous sommes, au sud et à l'est, est la part qui m'est assignée: tout l'ouest de l'Angleterre, les Galles au delà des rives de la Severne et toute la fertile terre qui est enfermée dans ces limites, appartiennent à Owen Glendower, et à vous, mon cher cousin, revient ce qui reste au nord au delà de la Trent. L'acte de notre convention tripartite est dressé, et une fois qu'il aura été irrévocablement signé, affaire qui peut s'exécuter dès cette nuit, mon cousin Percy, vous, moi et le bon Milord Worcester, nous partirons pour rejoindre, ainsi que nous en sommes convenus, votre père et les forces écossaises, à Shrewsbury. Mon père Glendower n'est pas encore prêt, d'ailleurs nous n'aurons pas besoin de son aide dans les quatorze jours qui vont suivre. (*A Glendower.*) Dans ce laps de temps, vous aurez pu rassembler vos tenants, vos amis et les gentilshommes voisins.

Glendower. — Il me suffira de moins de temps pour vous rejoindre, Milords, et je vous conduirai vos Dames, auxquelles vous feriez bien de vous dérober aujourd'hui sans prendre de congé; car il y aura un déluge d'eau répandu à votre séparation d'avec vos femmes.

Hotspur. — Il me semble que ma moitié, au nord, de Burton jusqu'ici, n'égale pas la moitié de chacun de vos lots; voyez comme cette rivière échancre mon domaine en zigzag et m'enlève du meilleur de mes terres une énorme demi-lune, un monstrueux morceau. Je ferai barrer le courant à cet endroit, et la coquette Trent, aux eaux argentées, coulera ici dans un nouveau lit égal et beau; je ne lui permettrai pas de décrire en serpentant une si vaste courbe pour me dérober d'un si riche domaine.

Glendower. — Comment, elle ne serpentera plus? Elle serpentera, c'est ce qu'elle doit faire; vous voyez qu'elle le fait.

Mortimer. — Oui, mais remarquez comme elle continue son cours en revenant sur moi, me châtrant de ma portion autant qu'elle vous prend de la vôtre.

Worcester. — Oui, mais avec peu de frais on peut la couper ici et regagner cette pointe de terre, là, au nord, et alors elle coule droite et unie.

Hotspur. — Je veux qu'elle coule ainsi; peu de frais y suffiront.

Glendower. — Je ne veux pas que son cours soit changé.

Hotspur. — Vous ne voulez pas?

Glendower. — Non, et vous ne le ferez pas.

Hotspur. — Pourquoi me dites-vous non?

Glendower. — Parce que cela me plaît ainsi.

Hotspur. — Alors, faites que je ne vous comprenne pas: dites cela en gallois.

Glendower. — Je puis parler anglais aussi bien que vous, Milord; car j'ai été élevé à la cour d'Angleterre, et, lorsque je n'étais qu'un tout jeune homme, j'y composai fort agréablement sur la harpe plus d'une chanson anglaise, où je sus donner au langage le soutien de l'ornement poétique, talent qu'on n'a jamais vu chez vous.

Hotspur. — Parbleu! et je m'en réjouis de tout mon cœur; j'aimerais autant être un chat et crier *miaou*, que d'être un de ces faiseurs de ballades en vers. J'aimerais autant entendre frotter un chandelier de cuivre, ou crier une roue sèche sur son essieu, et cela ne me ferait pas plus grincer les dents que votre mièvre poésie; cela ressemble au galop forcé d'un poulain qu'on dresse.

Glendower. — Allons, on vous permettra de détourner la Trent.

Hotspur. — Cela m'est égal; je donnerais autant que cela à tout ami qui aurait bien mérité de moi; mais en affaires, faites-y bien attention, je chicanerais sur la neuvième partie d'un cheveu. Les conventions sont-elles dressées? Allons-nous partir?

Glendower. — La lune est belle, vous pourrez partir cette nuit : je vais presser l'écrivain, et puis ensuite j'informerai vos femmes de votre départ : j'ai peur que ma fille ne devienne folle, tant elle est éprise de son Mortimer. (*Il sort.*)

Mortimer. — Fi, cousin Percy! comme vous contrariez mon père!

Hotspur. — C'est plus fort que moi : quelquefois il me met en colère en me racontant les histoires de la taupe et de la fourmi, du rêveur Merlin, et de ses prophéties, en me parlant d'un dragon et d'un poisson sans nageoires, d'un griffon dont les ailes sont rognées et d'un corbeau qui change de plumage, d'un lion qui se couche et d'un chat qui rampe[3], et de tant d'autres fariboles, qu'il me force à sortir de ma ferme envie de le croire. Je vous le dis, la nuit dernière il m'a tenu neuf heures au moins à m'énumérer les noms des divers diables qui lui servaient de laquais : je lui répondais par des *hem* et des *bien, continuez*, mais je n'écoutais pas un mot. Oh! il est aussi ennuyeux qu'un cheval fatigué, qu'une femme railleuse, et il est pire qu'une maison qui fume. J'aimerais mieux vivre de fromage et d'ail dans un moulin à vent, bien loin, que de me nourrir de gâteaux dans n'importe quelle villa de la chrétienté et d'être obligé de l'y écouter.

Mortimer. — Sur ma foi, c'est un digne gentilhomme, extrêmement instruit et possesseur de singuliers secrets, vaillant comme un lion, merveilleusement affable, et aussi généreux que les mines de l'Inde. Vous le dirai-je? cousin, il tient votre caractère en grande estime, et consent à faire fléchir sa hauteur naturelle, lorsque vous contrariez son humeur. Oui, sur ma vie! c'est ce qu'il fait; je vous le garantis, il n'y a pas un homme vivant qui aurait pu le mettre à l'épreuve comme vous l'avez fait, sans risques ni périls : mais n'y revenez pas souvent, permettez-moi de vous en avertir.

Worcester. — Sur ma foi, Milord, vous êtes à blâmer pour votre entêtement, et depuis votre arrivée vous en avez fait assez pour lui faire perdre patience. Il vous faut apprendre, Milord, à vous corriger de ce défaut : quoiqu'il soit souvent une marque de grandeur, de courage, de naissance, — et c'est là la plus précieuse grâce dont il vous décore, — cependant, le plus souvent, il dénote une violence grossière, le manque de manières, l'absence de contrainte sur soi-même, l'orgueil, la hauteur, la présomption, le dédain, défauts dont le plus petit, quand il se rencontre chez un gentilhomme, lui fait perdre l'affection des hommes, et laissant une tache sur toutes ses belles qualités, leur enlève la louange à laquelle elles auraient droit.

Hotspur. — Bon, j'ai reçu ma leçon : que les bonnes manières vous portent bonheur! Voici venir nos femmes; prenons congé d'elles.

Rentre GLENDOWER, *avec* LADY MORTIMER
et LADY PERCY.

Mortimer. — Une intolérable vexation et qui me fait enrager, c'est que ma femme ne sait pas parler l'anglais et que je ne sais pas parler le gallois.

GLENDOWER. — Ma fille pleure; elle ne veut pas se séparer de vous; elle veut être un soldat, elle aussi, elle veut aller à la guerre.

MORTIMER. — Mon bon père, dites-lui qu'elle, et ma tante Percy, nous rejoindront bientôt sous votre conduite. (*Glendower parle à sa fille en gallois; elle lui répond dans la même langue.*)

GLENDOWER. — Elle est à se lamenter; c'est une coquine opiniâtre et entêtée sur laquelle la persuasion ne peut mordre. (*Lady Mortimer parle à Mortimer en gallois.*)

MORTIMER. — Je comprends tes regards; ce gentil langage gallois, que tu laisses tomber ainsi de tes yeux gros de larmes, je le connais trop bien, et n'était la honte qui me retient, je te répondrais dans un pareil langage. (*Lady Mortimer lui parle encore.*) Je comprends tes baisers et tu comprends les miens, et cela fait une conversation sensible; mais, chérie, je ne ferai pas le paresseux, jusqu'à ce que j'aie appris ton langage; car ta langue rend le gallois aussi doux que les plus belles chansons chantées par une belle reine, sur son luth, avec de ravissantes variations, dans un bosquet d'été.

GLENDOWER. — Parbleu, si tu t'attendris, elle va devenir folle. (*Lady Mortimer parle encore.*)

MORTIMER. — Oh! je suis en cela l'ignorance même.

GLENDOWER. — Elle vous demande de vous coucher sur les molles nattes et de reposer votre jolie tête sur son sein, et dit qu'elle vous chantera alors le chant qui vous plait et couronnera sur vos paupières le dieu du sommeil, en enchantant votre être dans un délicieux assoupissement, qui établira entre la veille et le sommeil la même différence qui existe entre le jour et la nuit, une heure avant que le char aux coursiers célestes commence son brillant voyage dans l'Orient.

MORTIMER. — Je vais m'asseoir et l'écouter chanter de tout mon cœur : pendant ce temps, je présume que notre convention sera rédigée.

GLENDOWER. — Faites cela : les musiciens qui doivent jouer pour vous, sont dans l'air à mille lieues d'ici; cependant ils vont être arrivés à la minute : asseyez-vous et écoutez.

Hotspur. — Viens, Kate, tu t'entends à merveille à te coucher : viens, vite, vite ; que je puisse reposer ma tête sur ton sein.

Lady Percy. — Allez donc, oison sans cervelle.

(*Glendower dit quelques mots en gallois et alors la musique joue.*)

Hotspur.—Maintenant je m'aperçois que le diable comprend le gallois ; il n'est pas étonnant qu'il soit si original : par Notre Dame, il est bon musicien.

Lady Percy. — En ce cas vous devriez, vous, être tout musique ; car vous êtes entièrement composé d'originalités. Couchez-vous tranquillement, petit larron, et écoutez la Lady chanter en gallois.

Hotspur. — J'aimerais autant entendre *Lady*, ma chienne, aboyer en irlandais.

Lady Percy. — Veux-tu te faire casser la tête ?

Hotspur. — Non.

Lady Percy. — Alors, reste tranquille.

Hotspur. — Je ne veux pas davantage ; c'est un défaut de femme.

Lady Percy. — Alors, Dieu te conduise !

Hotspur. — Au lit de la dame galloise ?

Lady Percy. — Qu'est-ce que tu dis ?

Hotspur. — Paix ! elle chante.

(*Lady Mortimer chante un air gallois.*)

Hotspur. — Allons, Kate, je veux entendre aussi votre chanson.

Lady Percy. — Non, pas la mienne, sur ma bonne foi !

Hotspur. — Non, pas la vôtre, *sur ma bonne foi !* Mon cœur, vous jurez comme la femme d'un confiseur ! Avec tes « sur ma bonne foi », « aussi vrai que je vis », « le ciel me châtie », « aussi sûr qu'il est jour », tu habilles tes serments d'une étoffe de phrases qui ferait croire que tu n'es jamais allée plus loin que Finsbury [4]. Jure-moi comme une Dame que tu es, Kate, par un bon serment qui remplisse bien la bouche, et laisse-moi tes « en bonne foi » et autres serments de poivre et de gingembre, aux robes galonnées de velours⁵ et aux bourgeoises qui s'amusent le dimanche. Allons, chante !

Lady Percy. — Je ne veux pas chanter.

Hotspur. — C'est cependant le meilleur moyen pour devenir tailleur et éducateur de rouges-gorges. Si les conventions sont rédigées, je partirai d'ici à deux heures ; et maintenant, venez quand il vous plaira. (*Il sort.*)

Glendower. — Allons, allons, Lord Mortimer, autant le bouillant Lord Percy grille de partir, autant vous êtes peu pressé à cette heure ; notre convention doit être rédigée ; nous n'avons qu'à la sceller, et puis à cheval immédiatement.

Mortimer. — De tout mon cœur. (*Ils sortent.*)

SCÈNE II.

Londres. — Un appartement dans le palais.

Entrent LE ROI HENRI, LE PRINCE HENRI *et* DES LORDS.

Le roi Henri. — Lords, veuillez nous laisser ; le prince de Galles et moi, nous devons avoir une conférence particulière : mais tenez-vous près d'ici ; car nous allons avoir besoin de vous à l'instant. (*Les Lords se retirent.*) Je ne sais pas si Dieu, pour quelqu'un de nos actes qui l'aura fâché, a voulu, par sentence secrète, que mon propre sang engendrât sa vengeance et le fouet de ma punition ; mais tu me fais croire, par ta manière de te conduire, que tu as seulement été marqué pour être l'instrument de sa colère vengeresse, la verge du ciel chargée de punir mes péchés. Sans cela, dis-moi, est-ce que des désirs aussi bas et aussi déréglés, des escapades aussi misérables, aussi corrompues, aussi sottes, aussi viles, des plaisirs aussi vides, une société aussi grossière que celle à laquelle tu t'es accouplé et sur laquelle tu t'es greffé, pourraient accompa gner la grandeur de ta naissance et trouver l'accès de ton cœur de prince?

Le prince Henri. — Plaise à Votre Majesté, je voudrais pouvoir m'excuser aussi complétement de toutes mes fautes, que je suis sûr de pouvoir me laver indubitablement de bien des péchés dont on m'accuse ; cependant, permettez-moi d'espérer, comme compensation aux nombreux contes fabriqués par ces souriants flagorneurs et ces vils colporteurs de nouvelles que l'oreille de la grandeur est souvent forcée d'écouter, que ma soumission sincère m'obtiendra pardon pour les quelques faits dont ma jeunesse irrégulière et vagabonde s'est rendue coupable.

Le roi Henri. — Dieu te pardonne ! Permets-moi cependant, Harry, de m'étonner de tes sentiments qui prennent un vol si opposé à celui de tous tes ancêtres. Tu as perdu par ta brutalité ta place au conseil où ton frère cadet la remplit maintenant [6] ; tu t'es presque aliéné les cœurs de toute ma cour et des princes de mon sang : tu as détruit tout ce qu'on attendait et tout ce qu'on espérait de toi, et l'opinion d'un chacun prophétiquement prédit ta ruine. Si j'avais été aussi prodigue de ma personne, si je m'étais autant prostitué aux regards des hommes, si j'avais entretenu un commerce aussi banal et aussi familier avec des compagnies vulgaires, l'opinion qui m'aida à saisir la couronne serait restée fidèle au souverain légitime et m'aurait laissé dans un obscur exil, comme un homme indigne d'être remarqué et pris en considération. Au contraire, comme on me voyait rarement, je ne pouvais pas remuer sans qu'on me regardât avec curiosité, ainsi qu'une comète ; les gens disaient alors à leurs enfants : « c'est lui ; » les autres disaient : « où est-il ? quel est celui qui est Bolingbroke ? » Alors, faisant descendre du ciel toute ma courtoisie, je me drapais dans une telle humilité que j'arrachais à tous les cœurs l'obéissance, à toutes les bouches les saluts et les acclamations retentissantes, même en présence du roi couronné. C'est ainsi que je sus conserver à ma personne sa fraîcheur et sa nouveauté, et que ma présence, pareille à une robe pontificale, n'était jamais remarquée sans exciter l'admiration : de même, mes réceptions rares, mais somptueuses, étaient de véritables fêtes, et acquéraient par leur rareté ce caractère de solennité. Le roi frivole, au contraire, sautillait d'ici et de là, avec de plats bouffons et des gens d'esprit légers comme des paquets de paille, aussi vite éteints qu'allumés ; il rendit son pouvoir banal, il mêla sa royauté avec de sots faiseurs de bons mots, il laissa profaner son grand nom par leurs mépris, et permit, contrairement à sa dignité, que des enfants railleurs se moquassent de lui, et que le premier imberbe venu le prît pour thème de ses calembours absurdes. Il devint familier avec le peuple des rues, s'inféoda à la populace, en sorte qu'étant chaque jour dévoré par les yeux de ses sujets, ils se dégoûtèrent de ce miel et commencèrent à détester le goût de cette douceur, dont un peu et moins qu'un peu, est encore beaucoup trop. Aussi, lorsqu'il avait occasion de se montrer, il était comme le coucou en juin, écouté, mais non estimé ; il était considéré par des yeux malades et blasés par l'habitude, et n'attirait pas ces regards qui se fixent sur la majesté pareille au soleil, lorsqu'elle brille rarement à la vue de ses admirateurs : ses sujets le regardaient d'un œil assoupi, en laissant tomber leurs paupières, dormaient pour ainsi dire à sa face, et gorgés, saturés, excédés de sa présence, lui présentaient cette physionomie que les hommes de mauvaise humeur ont coutume de montrer à leurs adversaires. C'est la même ligne de conduite que tu tiens, Harry, car tu as perdu ton privilège de prince par tes viles camaraderies ; il n'est pas un œil qui ne soit fatigué de te voir, sauf le mien qui a désiré te voir encore, et qui maintenant, contre ma volonté, se sent obscurci par les larmes d'une folle tendresse.

Le prince Henri. — Désormais, mon trois fois gracieux Seigneur, je serai davantage ce que je dois être.

Le roi Henri. — Pour tout le monde, tu es à cette heure ce qu'était Richard, lorsque revenant de France, je posai le pied à Ravenspurg ; et ce que j'étais alors, c'est Percy qui l'est maintenant. Vraiment, sur mon sceptre et le salut de mon âme, il a plus de véritables intérêts dans l'État que toi qui es l'ombre de mon successeur; car sans droits, ni couleur de droits, il remplit de soldats les campagnes de ce royaume, il se retourne contre le lion à la redoutable mâchoire, et sans avoir sur toi l'avantage des années, il mène de vieux Lords et de respectables évêques aux batailles sanglantes et aux mêlées meurtrières. Quel honneur impérissable ne s'est-il pas acquis par sa victoire sur l'illustre Douglas, à qui ses grands exploits, ses hardies incursions et sa grande renommée militaire, ont valu la première place parmi les soldats, et le titre du plus remarquable capitaine existant dans tous les royaumes qui reconnaissent le Christ! Trois fois, cet Hotspur, ce Mars au maillot, ce guerrier enfant a détruit les entreprises du grand Douglas : il l'a pris une fois, l'a mis en liberté et s'en est fait un ami, afin de pouvoir lancer le grand défi, et d'ébranler la paix et la sécurité de notre trône. Et que dites-vous de ceci? Percy, Northumberland, Sa Grâce l'archevêque d'York, Douglas, Mortimer, se liguent contre nous et sont debout. Mais pourquoi est-ce que je te donne ces nouvelles? Pourquoi te parler de mes ennemis, à toi, Harry, qui es mon très-proche et mon très-cher ennemi? tu es capable, sous l'impulsion d'une peur vassale et d'une basse inclination, sous le coup de l'émotion, de combattre contre moi à la solde de Percy, de marcher sur ses talons, de répondre à ses regards courroucés par d'humbles politesses, afin de bien montrer à quel point tu es dégénéré.

Le prince Henri. — Ne pensez pas cela ; vous ne découvrirez en moi rien de pareil, et que Dieu pardonne à ceux qui m'ont à ce point aliéné la bonne opinion de Votre Majesté! Je me rachèterai de tout cela sur la tête de Percy, et sur le soir de quelque glorieuse journée, j'aurai la hardiesse de me proclamer votre fils, en votre présence ; ce jour-là je porterai un vêtement ensanglanté, et mon visage sera taché d'un masque de sang qui, une fois lavé, emportera avec lui ma honte. Ce jour, ce sera celui, à quelque distance que nous en soyons, où ce même enfant de l'honneur et de la renommée, ce vaillant Hotspur, ce chevalier loué de tous, et votre Henri auquel nul ne songe, se seront rencontrés. Ah! plût au ciel que chacun des honneurs qui se sont abattus sur son cimier fût une multitude, et que les hontes qui se sont abattues sur ma tête fussent doubles! car le jour viendra où je forcerai cet enfant du Nord à échanger ses glorieuses actions contre mes indignités. Percy, mon bon Seigneur, n'est que le facteur chargé de multiplier les actions glorieuses à mon profit, et je lui ferai rendre un compte si strict qu'il sera obligé de me remettre chacune de ses gloires, jusqu'à un iota de la renommée qu'il s'est acquise, ou bien j'arracherai de son cœur le total de ce compte. Voilà ce que je promets ici au nom de Dieu; et s'il lui plaît que je m'acquitte de cette promesse, je conjure Votre Majesté de considérer son accomplissement comme le baume chargé de guérir les plaies anciennes de mon inconduite; sinon, la fin de la vie nous délivre de tous liens, et je mourrai cent mille fois plutôt que de manquer de la plus petite syllabe au vœu que je forme.

Le roi Henri. — Ce vœu est la mort de cent mille rebelles. Tu auras un commandement et ma plus entière confiance[7].

Entre sir WALTER BLUNT.

Le roi Henri. — Qu'est-ce donc, mon bon Blunt? tes regards sont ceux d'un homme bien pressé.

Blunt. — Pressée aussi est l'affaire dont je viens vous parler. Lord Mortimer d'Écosse[8] nous a fait avertir que Douglas et les rebelles anglais se sont réunis, le onze de ce mois, à Shrewsbury. Si tous les alliés tiennent leurs promesses, leurs forces seront aussi considérables et aussi redoutables qu'aucune armée qui ait jamais menacé la paix d'un État.

Le roi Henri. — Le comte de Westmoreland est parti aujourd'hui, et avec lui, mon fils, Jean de Lancastre, car cet avis a déjà cinq jours de date : mercredi prochain, Harry, vous vous mettrez en marche; jeudi, nous partirons nous-même : notre lieu de rendez-vous est Bridgenorth : vous, Harry, vous marcherez par le Gloucestershire, et toutes circonstances bien calculées, toutes nos forces devront se trouver réunies à Bridgenorth d'ici à douze jours. Nous avons les mains pleines d'affaires : partons; lorsqu'on diffère, l'ennemi s'engraisse.

(*Ils sortent.*)

SCÈNE III.

EASTCHEAP. — Une chambre dans la taverne de LA TÊTE DE SANGLIER.

Entrent FALSTAFF *et* BARDOLPH.

FALSTAFF. — Bardolph, est-ce que je ne suis pas indignement maigri depuis cette dernière action? Est-ce que je ne déchois pas? est-ce que je ne diminue pas? Parbleu, ma peau pend sur moi comme la robe de chambre d'une vieille dame; je suis desséché comme une vieille poire Messire-Jean. Bon, je me repentirai, et cela tout de suite, pendant que j'en ai l'envie; je n'en aurai plus le cœur bientôt, et alors je n'aurai pas de force pour me repentir. Si je n'ai pas oublié de quoi est fait l'intérieur d'une église, je veux bien être un grain de poivre, un cheval de brasseur. L'intérieur d'une église! Ma société, ma mauvaise société a été ma ruine.

BARDOLPH. — Sir John, vous vous faites tant de chagrins que vous ne pouvez pas vivre longtemps.

FALSTAFF. — Parbleu! c'est cela; allons, chante-moi une chanson égrillarde; rends-moi gai. J'étais aussi vertueusement doué qu'un gentilhomme a besoin de l'être; j'avais toutes les vertus qu'il me fallait; je jurais peu; je ne jouais pas aux dés plus de sept fois par semaine; je n'allais pas au bordel plus d'une fois par quart d'heure; j'avais payé trois ou quatre fois l'argent que j'empruntais; je vivais bien et en bonne mesure : mais maintenant je vis hors de toute loi et de toute mesure.

BARDOLPH. — Parbleu! vous êtes si gras que vous devez être nécessairement en dehors de toute mesure, Sir John; en dehors de toute mesure raisonnable, Sir John.

FALSTAFF. — Amende ta face, toi, et j'amenderai ma

vie. Tu es notre amiral, tu portes la lanterne à la poupe, c'est-à-dire à ton nez; tu es le chevalier de la lampe ardente.

Bardolph. — Vraiment, Sir John, ma figure ne vous fait aucun mal.

Falstaff. — Non, je le jure; j'en fais un aussi bon usage que certaines gens font d'une tête de mort ou d'un *memento mori* : je ne vois jamais ta figure sans penser au feu de l'enfer et au riche habillé de pourpre; car il est là, dans ses robes de flamme, qui brûle, qui brûle. Si tu étais adonné à la vertu d'une manière quelconque, je jurerais par ton visage; mon serment serait, *Par ce feu qui est l'ange de Dieu;* mais tu es en dehors de toute vertu, et n'était la lumière de ton visage, tu serais un fils des ténèbres extérieures. Quand tu grimpas la nuit au haut de Gadshill pour attraper mon cheval, je veux bien que l'argent ne serve plus à rien acheter, si je n'ai pas cru que tu étais un *ignis fatuus* ou une boule de feu endiablée. O, tu es une perpétuelle apothéose, un perpétuel feu de joie! Tu m'as épargné mille marcs en lampions et en torches lorsque je me suis promené avec toi, pendant la nuit, de taverne en taverne; mais le Xérès que tu m'as bu m'aurait facilement acheté une bonne provision de lumières chez le marchand de chandelles le plus cher de l'Europe. J'ai entretenu de feu la salamandre que vous êtes depuis trente-deux ans; Dieu me récompense de cette action!

Bardolph. — Mordieu, je voudrais que mon visage fût dans votre ventre!

Falstaff. — Merci de Dieu! je serais bien sûr alors d'avoir le cœur enflammé!

Entre L'HÔTESSE.

Falstaff. — Eh bien, dame Pertelotte[9], la poule, avez-vous cherché à savoir qui avait volé mes poches?

L'hôtesse. — Qu'est-ce à dire, Sir John? A quoi pensez-vous, Sir John? Croyez-vous que je garde des voleurs dans ma maison? J'ai cherché, je me suis informée, et mon mari en a fait autant, homme par homme, garçon par garçon, domestique par domestique; jusqu'à présent il ne s'est jamais perdu dans ma maison le dixième d'un cheveu.

FALSTAFF. — Vous mentez, hôtesse; Bardolph s'y est fait raser et il y a perdu plus d'un poil; et je jure que mes poches ont été dévalisées : allez, vous êtes une femme, allez.

L'HÔTESSE. — Qui! moi? Non, je te défie! Lumière de Dieu! on ne m'a jamais appelée ainsi dans ma propre maison.

FALSTAFF. — Allez, je ne vous connais que trop bien.

L'HÔTESSE. — Non, Sir John, vous ne me connaissez pas, Sir John; mais je vous connais, moi, Sir John; vous me devez de l'argent, Sir John, et maintenant vous me cherchez une querelle pour ne pas me le rendre; je vous ai acheté une douzaine de chemises pour votre derrière.

FALSTAFF. — De la grosse toile de Doullens, de mauvaise toile de Doullens; je les ai données à des femmes de boulangers et elles en ont fait des tamis.

L'HÔTESSE. — Aussi vrai que je suis une femme véridique, c'était de la toile de Hollande à huit shillings l'aune[10]. Vous me devez en outre de l'argent, Sir John, pour votre nourriture et votre vin d'extra, et encore vingt-quatre livres d'argent prêté.

FALSTAFF. — Bardolph en a eu sa part, qu'il paye.

L'HÔTESSE. — Lui! hélas, il est pauvre, il n'a rien.

FALSTAFF. — Comment, pauvre? regardez son visage; qui appelez-vous riche, alors? Qu'on monnoie son nez, qu'on monnoie ses joues : je ne payerai pas un denier. Comment, vous voulez faire de moi une dupe novice? Est-ce que je ne pourrai plus prendre mes aises à mon auberge sans m'exposer à avoir mes poches dévalisées? J'ai perdu une bague à cachet de mon grand-père qui valait quarante marcs.

L'HÔTESSE. — O Jésus! j'ai entendu le prince lui dire je ne sais combien de fois que cette bague était en cuivre.

FALSTAFF. — Comment! Le prince est un Jacquot, un

pisse-froid. Mordieu! s'il était ici et qu'il parlât de la sorte, je le bâtonnerais comme un chien.

Entrent LE PRINCE HENRI *et* POINS *battant le pas de charge.* FALSTAFF *marche au devant du prince qui joue du fifre sur son épée.*

FALSTAFF. — Qu'est-ce à dire, mon garçon? Le vent souffle-t-il donc de ce côté? Devons-nous tous marcher?

BARDOLPH. — Oui, deux par deux, à la façon de Newgate[11].

L'HÔTESSE. — Monseigneur, écoutez-moi, je vous en prie.

LE PRINCE HENRI. — Que dis-tu, Mistress Quickly? Comment se porte ton mari? Je l'aime beaucoup; c'est un honnête homme.

L'HÔTESSE. — Mon bon Seigneur, écoutez-moi.

FALSTAFF. — Ne fais pas attention à elle, je t'en prie, et écoute-moi.

LE PRINCE HENRI. — Que dis-tu, Jack?

FALSTAFF. — L'autre nuit je me suis endormi derrière la tapisserie et j'y ai eu mes poches volées. Cette maison est devenue infâme, on y vole les poches.

LE PRINCE HENRI. — Qu'est-ce que tu as perdu, Jack?

FALSTAFF. — Voudras-tu me croire, Hal? trois ou quatre billets de quarante livres chacun et une bague à cachet de mon grand-père.

LE PRINCE HENRI. — Une bagatelle, quelque chose de la valeur de quatre pences.

L'HÔTESSE. — C'est ce que je lui ai dit, Monseigneur, et je lui disais que j'avais entendu Votre Grâce parler ainsi; et, Monseigneur, il parle très-vilainement de vous, comme un homme mal embouché qu'il est, et il a dit qu'il vous bâtonnerait.

LE PRINCE HENRI. — Comment! il n'a pas dit cela?

L'HÔTESSE. — Si, Monseigneur, ou bien je n'ai ni foi, ni véracité, ni sexe féminin.

FALSTAFF. — Il n'y a pas plus de foi en toi que dans une prune cuite; il n'y a pas plus de véracité en toi que dans un renard traqué, et quant au sexe, la pucelle Marianne pourrait servir de femme à celui qui serait chargé de te garder[12]. Allez, bahut, allez.

L'HÔTESSE. — Bahut! quel bahut, dites? quel bahut?

FALSTAFF. — Quel bahut? parbleu, un bahut sur lequel on peut remercier Dieu.

L'HÔTESSE. — Je ne suis pas un bahut sur lequel on peut remercier Dieu, je veux que tu le saches bien; je suis la femme d'un honnête homme, et en mettant à l'écart ta chevalerie, tu es un drôle de m'appeler ainsi.

FALSTAFF. — Et toi, ton sexe féminin mis à part, tu es une bête de dire autrement.

L'HÔTESSE. — Dis, quelle bête, drôle, dis?

FALSTAFF. — Quelle bête? parbleu, une loutre.

LE PRINCE HENRI. — Une loutre, Sir John, pourquoi une loutre?

FALSTAFF. — Parbleu, elle n'est ni chair ni poisson; un homme ne saurait par où la reconnaître.

L'HÔTESSE. — Tu es un homme injuste de dire cela; toi ou tout autre homme, vous savez fort bien par où me reconnaître, drôle que tu es!

LE PRINCE HENRI. — Tu dis vrai, hôtesse, et il te calomnie très-grossièrement.

L'HÔTESSE. — C'est ce qu'il fait, Monseigneur, et il disait l'autre jour que vous lui deviez mille livres.

LE PRINCE HENRI. — Maraud, est-ce que je vous dois mille livres?

FALSTAFF. — Mille livres, Hal? un million : ton affection vaut un million; tu me dois ton affection.

L'HÔTESSE. — Bien plus, Monseigneur, il vous a appelé Jacquot, et il a dit qu'il vous bâtonnerait.

FALSTAFF. — Ai-je dit cela, Bardolph?

BARDOLPH. — En vérité, Sir John, vous l'avez dit.

FALSTAFF. — Oui, s'il disait que mon anneau était du cuivre.

LE PRINCE HENRI. — Je dis que c'est du cuivre : oseras-tu soutenir ta parole maintenant?

FALSTAFF. — Parbleu, Hal, tu sais : j'oserais la soutenir,

si tu n'étais qu'un homme; mais comme tu es prince, je te crains comme je crains le rugissement du petit du lion.

Le prince Henri. — Et pourquoi pas comme le lion?

Falstaff. — C'est le roi lui-même qu'on doit craindre comme le lion. Crois-tu que je vais te craindre comme je crains ton père? ma foi, si cela m'arrive, que Dieu fasse éclater ma ceinture!

Le prince Henri. — Oh! si cela arrivait, comme tes tripes tomberaient sur tes genoux! Mais, maraud, il n'y a pas place pour la foi, la vérité et l'honnêteté dans ton ventre; il est tout rempli par les tripes et les boyaux. Accuser une honnête femme de voler tes poches! Mais, fils de putain, canaille impudente et boursouflée, s'il y avait dans tes poches autre chose que des notes de tavernes, des comptes de bordels et pour deux pauvres sous de sucre destinés à te faire l'haleine longue, si tes poches étaient riches d'autres choses à voler que de celles-là, je suis un scélérat. Et cependant vous soutiendrez votre dire, vous ne voudrez pas empocher vos mensonges. N'as-tu pas honte?

Falstaff. — Entends-tu, Hal? Tu sais bien qu'Adam tomba dans l'état d'innocence; et que pourrait faire, dis-moi, le pauvre Jack Falstaff dans ces temps d'immoralité? Tu le vois, j'ai plus de chair qu'un autre homme et conséquemment plus de fragilité. Vous confessez alors que vous avez vidé mes poches?

Le prince Henri. — C'est ce qui semble d'après l'histoire.

Falstaff. — Hôtesse, je te pardonne. Va, prépare le déjeuner; aime ton mari, veille à tes serviteurs, traite bien tes hôtes; tu me trouveras accessible à toute honnête raison. Tu vois que je suis toujours facile à pacifier. Allons, je t'en prie, va-t'en. (*Sort l'hôtesse.*) Maintenant, Hal, aux nouvelles de la cour. L'affaire du vol, mon garçon, comment cela est-il pris?

Le prince Henri. — O mon doux bœuf, je suis encore ton bon ange : l'argent est restitué.

Falstaff.— Oh! je n'aime pas cette restitution-là, c'est double travail.

Le prince Henri. — Je suis en bons termes avec mon père et je puis faire tout ce que je veux.

Falstaff. — Vole-moi le trésor la première fois que tu pourras, et fais cela sans prendre la peine de te laver les mains encore.

Bardolph. — Faites cela, Monseigneur.

Le prince Henri. — Jack, je t'ai procuré une charge d'infanterie.

Falstaff. — Je l'aurais mieux aimé de cavalerie. Où trouverai-je quelqu'un qui pourrait bien voler? Oh! qui me procurera un beau voleur de vingt-deux ans ou environ? Je suis affreusement dénué. Bien, Dieu soit loué pour ces rebelles, ils n'offensent que les gens vertueux; je les applaudis, je les loue.

Le prince Henri. — Bardolph!

Bardolph. — Monseigneur!

Le prince Henri. — Va porter cette lettre à Lord Jean de Lancastre, à mon frère Jean; cette autre à Milord de Westmoreland. Allons, Poins; à cheval, à cheval; car nous avons, toi et moi, à faire trente miles avant l'heure du dîner. Jack, viens me retrouver demain à deux heures de l'après-midi dans la salle du Temple; là tu connaîtras ta charge et tu recevras de l'argent et des ordres pour la fourniture de tes soldats. Le pays est en feu, Percy est au faîte, et il faut qu'eux ou nous coulent bas. (*Sortent le prince, Poins et Bardolph.*)

Falstaff. — De rares paroles! Un brave monde! Hôtesse, mon déjeuner, allons. Oh! comme je voudrais que cette taverne fût mon tambour! (*Il sort.*)

ACTE IV.

SCÈNE PREMIÈRE.

Le camp des rebelles près de SHREWSBURY.

Entrent HOTSPUR, WORCESTER *et* DOUGLAS.

HOTSPUR. — Bien dit, mon noble Écossais : si dire la vérité n'était pas dans ce joli siècle tenu pour une flatterie, la renommée de Douglas serait plus universelle que celle d'aucun autre soldat de ce temps-ci. Par Dieu, je ne sais pas flatter; je déteste les discours des flagorneurs; mais personne n'a dans mon cœur une plus belle place que vous. Allons, prenez-moi au mot; mettez-moi à l'épreuve, Milord.

DOUGLAS. — Tu es le roi de l'honneur. Il n'est pas sur la terre d'homme si puissant auquel je ne puisse tenir tête.

HOTSPUR. — Faites ce que vous dites et tout ira bien.

Entre UN MESSAGER *avec des lettres.*

HOTSPUR. — Quelles lettres as-tu là? (*à Douglas*) Je ne puis que vous remercier.

LE MESSAGER. — Ces lettres viennent de votre père.

HOTSPUR. — Des lettres de mon père! pourquoi ne vient-il pas lui-même?

LE MESSAGER. — Il ne peut venir, Milord; il est gravement malade.

HOTSPUR. — Mordieu! Comment a-t-il le loisir d'être malade dans un moment si critique? Qui conduit ses troupes? sous quel commandement marchent-elles?

Le messager. — Ses lettres vous informeront de ses pensées, Milord, mais non pas moi.

Worcester. — Dis-moi, je t'en prie, est-ce qu'il garde le lit?

Le messager. — Il s'était mis au lit, Milord, quatre jours avant mon départ, et au moment où je me suis mis en route, ses médecins craignaient beaucoup pour sa vie.

Worcester. — J'aurais bien désiré que nos affaires fussent en bon état avant qu'il fût visité par la maladie; jamais sa santé n'a été plus précieuse qu'en ce moment.

Hotspur. — Être malade maintenant! s'abattre maintenant! Cette maladie empoisonne la vie même de notre entreprise; l'infection en arrive jusques ici, même dans notre camp. Il m'informe dans ces lettres que sa maladie est intérieure, que ses amis ne pourraient être assez vite réunis par message et qu'il n'a pas jugé convenable de confier une charge si dangereuse et si délicate à personne autre qu'à lui-même. Cependant il nous donne hardiment le conseil d'essayer avec nos petites forces alliées les dispositions de la fortune à notre égard, car, écrit-il, il n'y a pas à reculer maintenant, attendu que le roi est certainement informé de tous nos projets. Que dites-vous à cela?

Worcester. — La maladie de votre père est une véritable mutilation pour nous.

Hotspur. — C'est une blessure dangereuse, une véritable amputation d'un membre, et cependant non; sur ma foi, le besoin que nous avons de lui nous semble plus grand qu'il ne le sera en réalité. Serait-il bon de placer sur un seul coup de dés la somme entière de toutes nos forces? d'exposer un si riche enjeu sur les chances délicates d'une heure incertaine? cela ne serait pas bon, car, en le faisant, nous toucherions le fond même, l'être même de nos espérances; nous atteindrions la frontière même, l'extrême limite de notre fortune.

Douglas. — Oui, ma foi, c'est ce qui nous arriverait, tandis que maintenant nous avons l'espoir d'un heureux

retour des choses ; nous pouvons hardiment dépenser dans
l'espérance de ce qui est à venir ; dans la situation présente
nous conservons l'assurance d'une retraite.

HOTSPUR. — D'un refuge, d'un lieu où fuir si le diable
et la mauvaise chance regardent d'un mauvais œil le
pucelage de notre entreprise.

WORCESTER. — Toutefois j'aurais voulu que votre père
fût ici. La nature et le caractère de notre entreprise ne
souffrent pas de division : beaucoup qui ne connaîtront
pas la raison de l'absence du comte, penseront que s'il est
retenu loin d'ici, c'est par prudence, par loyauté, et par
pure répugnance pour notre conduite ; et jugez à quel
point une pareille supposition peut changer le cours d'une
rébellion timide et faire mettre en question notre cause ;
car, vous le savez parfaitement, nous qui sommes le parti
agresseur, nous devons nous protéger contre un trop strict
examen, nous devons boucher toute lucarne, toute meurtrière par où l'œil de la raison peut nous espionner : cette
absence de votre père tire un rideau qui découvre à
l'ignorant un genre de crainte dont il n'avait pas rêvé
auparavant.

HOTSPUR. — Vous exagérez trop. Voici plutôt le résultat
que, selon moi, produira son absence ; notre entreprise en
recevra plus de lustre, on en aura une plus grande opinion, elle inspirera plus de confiance que si le comte était
ici : car les gens penseront que si, privés de son appui,
nous avons pu réunir une armée capable de donner une
bonne poussée au royaume, avec son secours nous pourrons le mettre sens dessus dessous. Tout marche bien
encore ; tous nos membres sont encore entiers.

DOUGLAS. — Autant que le cœur peut le souhaiter ; on
ne connaît pas en Écosse de mot pareil à ce terme de
crainte.

Entre SIR RICHARD VERNON.

HOTSPUR. — Mon cousin Vernon ! Sur mon âme, vous
êtes le bienvenu.

VERNON. — Priez Dieu que les nouvelles que j'apporte

vaillent une bienvenue, Milord. Le comte de Westmoreland se dirige ici à la tête de sept mille hommes; avec lui est le prince Jean.

Hotspur. — Il n'y a pas de mal : quoi encore?

Vernon. — Et j'ai appris, en outre, que le roi en personne est parti, ou qu'il se dispose en toute diligence à faire de vigoureux et énergiques préparatifs pour venir ici.

Hotspur. — Il sera le bienvenu aussi. Où est son fils, ce fou de prince de Galles aux pieds agiles, et ses camarades, qui repoussaient le monde avec dédain et lui ordonnaient de passer son chemin?

Vernon. — Tous équipés, tous sous les armes, tous emplumés comme des autruches, et leurs plumes, abaissées par le vent, leur donnent l'air d'aigles qui viennent de se baigner; tous brillants comme des images sous leurs armures dorées; tous aussi pleins de séve que le mois de mai et aussi splendides que le soleil de la Saint-Jean, tous folâtres comme de jeunes boucs, impétueux comme de jeunes taureaux. J'ai vu le jeune Henri, casque en tête, cuissards aux jambes, s'enlever de terre comme un Mercure ailé, et il se tenait sur sa monture avec une telle aisance, qu'on eût dit qu'un ange était tombé des nuages pour dresser et manier quelque ardent Pégase et enchanter le monde par le spectacle d'une noble équitation[1].

Hotspur. — Assez, assez; ces louanges engendrent plus de fièvres que le soleil de mars. Qu'ils viennent; sous leurs beaux atours, ils s'avancent comme des victimes destinées au sacrifice, et ces victimes, nous les offrirons toutes chaudes et saignantes à la vierge aux yeux de flamme de la guerre fumante : Mars, revêtu de son armure, s'assoira sur son autel dans le sang jusqu'aux oreilles. Je me sens tout en feu, en apprenant que cette riche proie est si près et n'est pas encore à nous. Allons, laissez-moi monter mon cheval qui doit me porter comme un coup de tonnerre contre le sein du prince de Galles. Nous nous rencontrerons, Harry contre Harry, cheval fougueux contre cheval fougueux, et nous ne nous séparerons que lorsque l'un de nous deux sera tombé corps mort. Oh! si Glendower était venu!

Vernon. — Il y a encore d'autres nouvelles : comme je traversais Worcester, j'ai appris dans cette ville qu'il ne pouvait pas réunir ses forces avant quatorze jours.

Douglas. — Ce sont les plus mauvaises nouvelles que j'aie encore entendues.

Worcester. — Oui, sur ma foi! celle-là rend un son sinistre qui donne froid.

Hotspur. — A combien toutes les forces du roi peuvent-elles monter?

Vernon. — A trente mille hommes.

Hotspur. — Qu'elles montent à quarante mille! Puisque mon père et Glendower sont absents, ce sont nos forces seules qui doivent suffire à une si grande journée. Allons, passons une revue rapidement : le jour du jugement est proche; mourons tous, mourons gaiement!

Douglas. — Ne parlez pas de mourir; je suis hors de la crainte de la mort et de l'atteinte de la mort, pour les six mois qui courent. (*Ils sortent.*)

SCÈNE II.

Une grande route près de Coventry.

Entrent FALSTAFF *et* BARDOLPH.

Falstaff. — Bardolph, va devant à Coventry : remplis-moi une bouteille de Xérès; nos soldats traverseront la ville; nous devons être ce soir à Sutton-Cop-Hill.

Bardolph. — Voulez-vous me donner de l'argent, capitaine?

Falstaff. — Avance-le, avance-le.

Bardolph. — Cette bouteille fait un *ange*.

Falstaff. — Si elle fait un ange, prends-le pour ta peine; si elle en fait vingt, prends-les tous; je répondrai du monnayage. Ordonne à mon lieutenant Peto de me rejoindre au bout de la ville.

BARDOLPH. — C'est ce que je vais faire, capitaine : adieu. (*Il sort.*)

FALSTAFF. — Si mes soldats ne me font pas honte, je veux bien être un rouget mariné. J'ai abusé de la presse du roi d'une manière damnable. J'ai empoché trois cents et tant de livres pour le remplacement de cent cinquante soldats. Je n'ai pressé absolument que de bons tenanciers, des fils de *yeomen*; je me suis informé des garçons qui étaient fiancés, de ceux dont les bans avaient été criés deux fois, de ce tas de manants bien lotis qui aimeraient autant entendre le diable qu'un tambour et qui craignent plus la détonation d'un mousquet qu'une volaille estropiée ou qu'un canard sauvage blessé. Je ne vous ai pressé d'abord rien que de ces mangeurs de bonnes tartines au beurre, qui n'ont pas dans le ventre des cœurs plus gros que des têtes d'épingle, et ils se sont rachetés du service; aussi maintenant ma compagnie ne se compose plus que de porte-drapeaux, de lieutenants, caporaux, officiers de compagnies, manants aussi déguenillés que le Lazare qu'on voit sur les tapisseries, où le chien du glouton lèche ses plaies : j'ai pris ensuite des gens qui ne furent jamais soldats, tels que serviteurs fripons congédiés, fils cadets de frères cadets, garçons de taverne qui ont pris la fuite, aubergistes en état de banqueroute, tous chancres nés d'un monde calme et d'une longue paix, gens dix fois plus pitoyablement déguenillés qu'un vieux drapeau rapiécé. Voilà les gens que j'ai pris pour tenir la place de ceux qui se sont rachetés du service, si bien que vous jureriez que j'ai choisi cent cinquante enfants prodigues déguenillés, récemment revenus de garder les pourceaux et de se nourrir de glands et d'eau de vaisselle. Un compère de joyeuse humeur qui m'a rencontré en route m'a dit que j'avais débarrassé tous les gibets et que j'avais pressé des corps morts. Jamais on n'a vu pareils épouvantails pour les oiseaux. Je ne traverserai pas Coventry avec eux, j'en réponds; les drôles marchent les jambes écartées comme s'ils y avaient des entraves; car, en vérité, les prisons m'ont fourni la plupart d'entre eux. Il n'y a qu'une chemise et demie dans toute ma compagnie; la demi-chemise se compose de deux serviettes cousues ensemble et jetées sur les épaules, comme l'habit sans manches d'un héraut, et quant à la chemise entière, s'il faut dire la vérité, elle a été volée à mon hôte de Saint-Albans ou à l'hôtelier au nez rouge de Daventry[2]. Mais cela ne fait rien, ils trouveront assez de linge sur toutes les haies.

Entrent LE PRINCE HENRI *et* WESTMORELAND.

LE PRINCE HENRI. — Eh bien, ballon de Jack ! comment ça va, gros matelas?

FALSTAFF. — Comment, Hal? te voilà, jeune insensé? Que diable fais-tu dans le Warwickshire? Mon bon Lord de Westmoreland, je vous demande pardon; je croyais que Votre Honneur était déjà à Shrewsbury?

WESTMORELAND. — Ma foi, Sir John, il serait grand temps que j'y fusse et vous aussi; mais mes forces y sont déjà. Le roi, je puis vous le dire, compte sur nous tous : nous devons marcher toute la nuit.

FALSTAFF. — Bah ! n'ayez pas peur pour ce qui me concerne; je suis aussi vigilant qu'un chat l'est pour voler de la crème.

LE PRINCE HENRI. — Pour voler de la crème, c'est la vérité; car tes vols t'ont déjà fait tout de beurre. Mais, dis-moi, Jack; qu'est-ce que ces compagnons qui viennent à ta suite?

FALSTAFF. — Ce sont mes soldats, Hal, mes soldats.

LE PRINCE HENRI. — Je n'ai jamais vu de plus pitoyables drôles.

FALSTAFF. — Bah, bah, c'est assez bon pour être haché; chair à canon, chair à canon; ils rempliront un fossé aussi bien que de meilleurs : bah, camarade, hommes mortels, hommes mortels.

WESTMORELAND. — Oui, mais, Sir John, il me semble qu'ils sont pauvres et maigres à l'excès, trop déguenillés.

FALSTAFF. — Ma foi, pour ce qui est de leur pauvreté, je ne sais pas où ils l'ont prise, et quant à leur maigreur, je suis sûr que je ne leur ai enseigné rien de pareil.

LE PRINCE HENRI. — Non, je le jure, à moins que vous n'appeliez maigreur, trois doigts de graisse sur les côtes. Mais, maraud, dépêchez-vous: Percy est déjà sur le champ de bataille.

FALSTAFF. — Quoi! le roi est déjà campé?

WESTMORELAND. — Il l'est, Sir John : je crains que nous ne soyons trop en retard.

FALSTAFF. — Bon, la fin dernière d'une bataille et le commencement d'un festin arrangent parfaitement un soldat qui n'a pas faim de se battre et un dîneur de bon appétit. (*Ils sortent.*)

SCÈNE III.

Le camp des rebelles près de SHREWSBURY.

Entrent HOTSPUR, WORCESTER, DOUGLAS *et* VERNON.

HOTSPUR. — Nous combattrons avec lui cette nuit.

WORCESTER. — Cela ne se peut pas.

DOUGLAS. — En ce cas, vous lui cédez l'avantage.

VERNON. — Pas le moins du monde.

HOTSPUR. — Pourquoi dites-vous cela? Est-ce qu'il n'attend pas des renforts?

VERNON. — Et nous aussi.

HOTSPUR. — Les siens sont certains, les nôtres sont douteux.

WORCESTER. — Mon bon neveu, laissez-vous conseiller; ne bougez pas cette nuit.

VERNON. — Ne bougez pas, Milord.

DOUGLAS. — Votre conseil est mauvais : c'est la crainte et la poltronnerie qui vous font parler.

VERNON. — Ne me calomniez pas, Douglas: sur ma vie, — et ma vie je l'engage à prouver ce que je dis, — lorsque l'honneur bien entendu me conseille d'aller de l'avant, je prends aussi peu conseil de la crainte pusillanime que vous, Milord, ou tout autre Écossais qui soit au monde : nous verrons demain dans la bataille qui de nous a peur.

Douglas. — Oui, ou ce soir.

Vernon. — Soit.

Hotspur. — Ce soir, dis-je.

Vernon. — Allons, allons, cela ne se peut. Je m'étonne beaucoup que des hommes ayant une aussi grande habitude du commandement que vous, ne prévoient pas les obstacles qui doivent retarder notre engagement. Certaine troupe de cavalerie de mon cousin Vernon n'est pas encore arrivée : les cavaliers de votre oncle Worcester sont arrivés aujourd'hui seulement ; leur ardeur et leur entrain sont maintenant assoupis, et leurs dures fatigues ont si bien dompté et garrotté leur courage qu'il n'est pas un seul cavalier qui soit la moitié de la moitié de lui-même.

Hotspur. — C'est ce que sont aussi en général les cavaliers de l'ennemi, fatigués du voyage et complétement abattus. La meilleure partie de nos troupes est entièrement reposée.

Worcester. — Les forces du roi dépassent les nôtres. Au nom du ciel, cousin, arrêtez jusqu'à ce qu'ils soient tous venus. (*Un trompette sonne pour demander un pourparler.*)

Entre sir WALTER BLUNT.

Blunt. — Je viens avec de gracieuses offres du roi, si vous voulez me prêter attention et respect.

Hotspur. — Soyez le bienvenu, Sir Walter Blunt, et plût au ciel que vous fissiez partie de notre entreprise ! Quelques-uns d'entre nous vous aiment beaucoup, et ceux-là vous envient vos grands mérites et votre bonne renommée, puisque vous n'êtes pas de notre opinion et que vous vous présentez comme notre ennemi.

Blunt. — Et le ciel défende que je me présente jamais comme votre ami, aussi longtemps que vous resterez opposés à Sa Majesté ointe en dehors de toute raison et de tout loyal devoir! mais à mon message. Le roi m'a envoyé connaître la nature de vos griefs, et pourquoi faisant surgir du sein de la paix civile cette téméraire hostilité, vous enseignez à son royaume obéissant une criminelle audace. Si le roi a oublié en quelque manière vos bons services, qui sont nombreux, il le reconnaît, il vous ordonne de nommer vos griefs, et sans retard aucun, vos désirs seront remplis avec usure et vous obtiendrez un absolu pardon pour vous et pour ceux qui ont été égarés par vos suggestions.

Hotspur. — Le roi est bon, et nous savons fort bien que le roi sait quand il faut promettre et quand il doit payer. Mon père, mon oncle et moi, nous lui avons donné cette royauté qu'il exerce. Lorsqu'il n'avait pas vingt-six hommes à sa suite, qu'il était malade dans l'estime du monde, misérable, déchu, qu'il était un pauvre proscrit dont on ne tenait compte et qui se faufilait dans son pays, mon père osa lui souhaiter la bienvenue sur le rivage; et lorsqu'il l'entendit jurer et protester devant Dieu, avec des larmes d'innocence et des accents de sincérité, qu'il ne venait que pour être duc de Lancastre, pour réclamer ses droits et solliciter son pardon, mon père, touché de pitié, par bon mouvement du cœur, lui jura assistance, et la lui prêta. Alors quand les Lords et les barons du royaume virent que Northumberland penchait vers lui, grands et petits arrivèrent le saluer du chapeau et du genou, s'attroupèrent autour de lui dans les bourgs, les villes et les villages, l'escortèrent sur les ponts, l'attendirent au coin des allées, lui présentèrent des dons, lui prêtèrent des serments, lui donnèrent leurs héritiers pour pages, marchèrent derrière ses talons en multitudes amies. Lui immédiatement, sentant sa grandeur croître, il va un peu plus loin que la promesse qu'il avait jurée à mon père, alors qu'il était à se morfondre sur le rivage de Ravenspurg, et il prend sur lui en conséquence de réformer certains édits et certains décrets oppressifs qui pesaient trop lourdement sur l'État; il s'élève contre les abus, fait semblant de pleurer sur les griefs de son pays, et par ces grimaces, par ce masque de justice, il gagna tous les cœurs qu'il lui plut de pêcher. Il alla plus loin ; il fit couper les têtes de tous les favoris que le roi absent avait laissés derrière lui comme ses délégués, lorsqu'il était en personne à la guerre d'Irlande.

Blunt. — Bon, je ne suis pas venu pour entendre tout cela.

Hotspur. — J'arrive à la question. Peu de temps après, il déposa le roi, et bientôt il le priva de la vie; puis une fois en selle, il écrasa l'État de taxes ; pour aggraver cet état de choses, il souffrit que son parent le comte des Marches (qui serait son roi vraiment, si chacun était à sa place légitime) restât prisonnier dans le pays de Galles, sans espoir de rançon. Il essaya de diminuer le fruit de mes victoires heureuses, chercha à me prendre au piége de ses espionnages, chassa mon oncle de la chambre du conseil, renvoya avec fureur mon père de la cour, brisa serment sur serment, commit outrage sur outrage, et pour conclusion, nous contraignit à chercher notre sécurité dans le rassemblement de cette armée et à examiner de près son titre que nous découvrons trop illégitime pour qu'il puisse le garder longtemps.

Blunt. — Rapporterai-je cette réponse au roi?

Hotspur. — Non, pas celle-là, Sir Walter; nous allons conférer un instant. Retournez auprès du roi ; qu'il nous donne quelque gage de sécurité pour le retour, et demain matin de bonne heure, mon oncle ira lui porter nos propositions : là-dessus, adieu.

Blunt. — Je souhaiterais que vous acceptassiez ses offres toutes gracieuses et bienveillantes.

Hotspur. — Et peut-être les accepterons-nous.

Blunt. — Je prie Dieu qu'il en soit ainsi!

(*Ils sortent.*)

SCÈNE IV.

York. — Un appartement dans le palais de l'Archevêque.

Entrent l'archevêque d'YORK *et* sir MICHAEL.

L'Archevêque. — Allez, mon bon Sir Michael ; portez avec une diligence ailée ce bref scellé au Lord maréchal, celui-là à mon cousin Scroop, et tous les autres à ceux à qui ils sont adressés ; si vous saviez quelle est leur importance, vous feriez toute hâte.

Sir Michael. — Mon bon Lord, je devine leur teneur.

L'Archevêque. — Cela vous est assez facile. Demain, mon bon Sir Michael, est un jour où la fortune de dix mille hommes doit être soumise à une épreuve décisive ; car, Messire, ainsi qu'on me le donne à comprendre avec vérité, le roi, à la tête de forces puissantes, et qu'il a rapidement levées, doit se mesurer à Shrewsbury avec Lord Harry, et je crains, Sir Michael, que par suite, d'un côté, de la maladie de Northumberland, dont le corps de troupes était le plus considérable, et d'un autre côté, par suite de l'absence de Glendower, qui était aussi un des nerfs de l'entreprise, sur lequel on comptait beaucoup, et qui ne vient pas, influencé qu'il est par des prophéties, je crains, dis-je, que le pouvoir de Percy ne soit trop faible pour soutenir un engagement immédiat avec le roi.

Sir Michael. — Comment donc, mon bon Lord, vous n'avez aucun sujet de crainte ; il y a là Douglas et Lord Mortimer.

L'Archevêque. — Non, Mortimer n'y est pas.

Sir Michael. — Mais il y a Mordake, Vernon, Lord Harry Percy, et il y a Milord de Worcester, et toute une élite de braves guerriers, de nobles gentilshommes.

L'Archevêque.—Oui, cela est : mais le roi a rassemblé les principales têtes de tout le pays ; le prince de Galles, Lord Jean de Lancastre, le noble Westmoreland, le guerrier Blunt, et encore beaucoup d'autres hommes éminents de grande estime et de grande expérience comme militaires, les rivaux de ceux que vous avez nommés.

Sir Michael. — Ne doutez pas, Milord, qu'ils ne rencontrent bonne résistance.

L'archevêque. — Je l'espère bien; cependant il est bon de craindre, et pour prévenir le pire, faites hâte, Sir Michael; car si Lord Percy ne réussit pas, le roi, avant de congédier ses troupes, a l'intention de nous visiter, car il a entendu parler de notre ligue, et il n'est que sage de nous fortifier contre lui : donc, faites diligence; il faut que j'écrive encore à d'autres amis; et maintenant, adieu, Sir Michael. (*Ils sortent.*)

ACTE V.

SCÈNE PREMIÈRE.

Le camp royal près de Shrewsbury.

Entrent LE ROI HENRI, LE PRINCE HENRI, LE PRINCE JEAN DE LANCASTRE, SIR WALTER BLUNT *et* SIR JOHN FALSTAFF.

Le roi Henri. — Comme le soleil commence à percer sanglant là-bas, au-dessus de cette colline boisée ! Le jour semble pâlir en voyant le soleil malade.

Le prince Henri. — Le vent du sud joue de la trompette pour certifier les prophéties de ce soleil ; par son sourd sifflement à travers les feuilles, il prédit une tempête et un jour orageux.

Le roi Henri. — Alors qu'il sympathise avec ceux qui

perdront, car pour ceux qui gagnent nul temps ne semble mauvais. (*Une trompette sonne.*)

Entrent WORCESTER *et* VERNON.

Le roi Henri. — Ah, Milord de Worcester ! Il est mauvais que vous et moi nous nous rencontrions dans des conditions pareilles à celles où nous nous rencontrons maintenant. Vous avez trompé notre confiance et vous nous avez forcé à dépouiller nos vêtements de paix où nous étions à l'aise pour mettre à la torture nos vieux membres sous l'incommode acier[1] : ce n'est pas bien, Milord, ce n'est pas bien. Que dites-vous à cela ? Voulez-vous consentir à dénouer le nœud brutalement lié de cette guerre abhorrée de tous ? Voulez-vous recommencer à vous mouvoir dans l'orbe de cette obéissance où vous jetiez une belle et naturelle lumière, et renoncer à être une vapeur météorique, un prodige de terreur et un présage de malheurs déjà visibles pour les temps à venir ?

Worcester. — Écoutez-moi, mon Suzerain : pour ma part je serais très-content de laisser la fin de ma vie s'écouler dans des heures paisibles ; car je proteste que je n'ai pas cherché le jour de cette querelle.

Le roi Henri. — Vous ne l'avez pas cherché ! Comment est-il arrivé alors ?

Falstaff. — La rébellion se trouvait sur son chemin et il l'a rencontrée.

Le prince Henri. — Silence, geai ! silence !

Worcester. — Il plut à Votre Majesté de détourner les regards de votre faveur, et de moi, et de tous ceux de notre maison ; et cependant, Monseigneur, je dois vous rappeler que nous fûmes les premiers et les meilleurs de vos amis. Pour vous, je brisai mon bâton de commandement au temps de Richard ; je courus en poste de jour et de nuit pour vous rencontrer sur la route et baiser votre main, alors que vous n'étiez, comme position et fortune, ni si puissant, ni si riche que moi. Ce fut moi, mon frère et son fils, qui vous réinstallâmes dans votre patrie et qui affrontâmes hardiment les dangers des circonstances. Vous nous

prêtâtes des serments, et en particulier celui-ci que vous
jurâtes à Doncaster, de n'entreprendre rien contre l'Etat
et de ne réclamer autre chose que les droits qui venaient
de vous incomber, la résidence de Gand, le duché de
Lancastre; nous jurâmes de vous aider en cela. Mais peu
de temps après, la fortune se mit à pleuvoir par ondées
sur votre tête, et il tomba sur vous un tel déluge de grandeur (déluge formé en partie par notre aide, en partie
par l'absence du roi, en partie par les abus d'un règne
étourdi, les souffrances apparentes que vous aviez suppor-
tées, l'obstination des vents contraires qui retinrent le roi
si longtemps dans ses malheureuses guerres d'Irlande
que tout le monde le croyait mort en Angleterre), que
vous prîtes occasion de ce tourbillon de circonstances
favorables pour vous faire vivement solliciter à saisir dans
votre main le gouvernement de la nation. Vous oubliâtes
le serment que vous nous aviez prêté à Doncaster, et
vous qui aviez été nourri par nous, vous nous traitâtes
comme ce dupeur indélicat, le jeune coucou, traite le
moineau[2]; vous opprimâtes notre nid, et grâce à la nourriture que nous vous avions donnée, vous prîtes un si
énorme volume, que malgré notre affection elle-même,
nous n'osâmes plus approcher de votre présence, de crainte
d'être avalés, et que nous fûmes, au contraire, forcés
par prudence de fuir d'une aile agile loin de vos yeux et
de lever nos forces présentes. Nous vous résistons donc
par les moyens mêmes que vous avez forgés vous-même
contre vous-même, par vos durs traitements, votre dangereuse attitude, votre violation de tous les engagements
et de tous les serments que vous nous aviez jurés lors
de l'entreprise de votre jeunesse.

Le roi Henri. — Vous avez en effet articulé toutes ces
choses, vous les avez proclamées aux carrefours des
marchés, vous les avez lues dans les églises, afin de teindre
le manteau de la rébellion de quelque agréable couleur
qui pût plaire aux yeux de ces inconstants versatiles et
de ces pauvres mécontents qui, bouche ouverte et se
frottant le coude, écoutent les nouvelles du tohu-bohu de

l'innovation. Jamais, jusqu'à ce jour, insurrection ne manqua de telles jolies couleurs pour peindre sa cause, ni de canaille mécontente soupirant après un temps de pêle-mêle, de ruine et de confusion.

Le prince Henri. — Dans nos deux armées, il y a plus d'une âme qui payera cher pour cette entrevue, si une fois elles en viennent aux mains. Dites à votre neveu que le prince de Galles joint ses louanges à celles que tout le monde donne à Henri Percy. Sur mes espérances, si on retire de son compte la présente entreprise, je ne crois pas qu'il existe aujourd'hui un plus brave gentilhomme, d'une activité plus vaillante ou d'une vaillance plus jeune, plus audacieux ou plus courageux, et qui soit mieux fait pour décorer l'époque où nous sommes de nobles actions. Pour ma part, je puis le dire à ma honte, j'ai été infidèle à la chevalerie, et je sais que c'est l'opinion qu'il a de moi; cependant, je le dis devant la majesté de mon père, je serais heureux s'il voulait jouer contre moi sa grande renommée et l'estime dont il jouit, et pour épargner le sang des deux côtés j'essayerais volontiers ma chance contre lui en combat singulier.

Le roi Henri. — Et nous oserons exposer ta vie en cette aventure, prince de Galles, quoique nous eussions, pour nous y opposer, des considérations à l'infini. — Non, bon Worcester, non; nous aimons beaucoup nos sujets, nous aimons même ceux qui se sont égarés à la suite de votre neveu, et s'ils veulent accepter les offres de notre grâce, lui, eux, vous, tout le monde en un mot, redeviendrez mes amis et je serai le vôtre : dites cela à votre neveu et apportez-moi réponse sur ce que vous aurez résolu; mais s'il ne veut pas céder, le blâme et le terrible châtiment n'attendent que notre ordre et feront leur office. Là-dessus, partez; nous ne voulons pas pour l'instant être ennuyés d'une réponse; nous vous faisons loyalement ces offres; réfléchissez-y avec soin. (*Sortent Worcester et Vernon.*)

Le prince Henri. — Ces offres ne seront pas acceptées, sur ma vie : le Douglas et l'Hotspur, tous deux ensemble, défieraient l'univers en armes.

Le roi Henri. — Donc, hors d'ici, chaque commandant à sa charge; car, sur leur réponse, nous engagerons le combat : et que Dieu nous soit ami autant que notre cause est juste! (*Sortent le roi, Blunt et le prince Jean.*)

Falstaff. — Hal, si tu me vois abattu dans la bataille, enjambe-moi comme cela; c'est un point de chevalerie[3].

Le prince Henri. — Il n'y a qu'un colosse qui puisse te rendre ce service amical. Dis tes prières et adieu.

Falstaff. — Je voudrais qu'il fût temps d'aller au lit, Hal, et que tout marchât bien.

Le prince Henri. — Parbleu, tu dois à Dieu une mort! (*Il sort.*)

Falstaff. — Elle n'est pas due encore et il me répugnerait de la payer avant son jour. Qu'ai-je besoin de me tant presser avec quelqu'un qui ne m'appelle pas? Bon, cela ne fait rien, l'honneur m'aiguillonne en avant. Oui, mais quoi, si l'honneur m'aiguillonne en arrière lorsque j'avancerai? Est-ce que l'honneur peut remettre une jambe? non. Ou un bras? non. Ou enlever la douleur d'une blessure? non. L'honneur n'a donc aucune habileté en chirurgie? non. Qu'est-ce que l'honneur? un mot. Qu'est-ce que ce mot honneur? de l'air. Un joli bien, ma foi! Qui est-ce qui le possède? Celui qui mourut mercredi? Le sent-il? non. L'entend-il? non. C'est donc une chose insensible? oui, aux morts. Mais ne pourrait-il pas vivre avec les vivants? non. Pourquoi? le dénigrement ne le souffrirait pas. Par conséquent, je n'en veux pas; l'honneur est un simple écusson, et ainsi finit mon catéchisme. (*Il sort.*)

SCÈNE II.

Le camp des rebelles.

Entrent WORCESTER *et* VERNON.

Worcester. — Oh! non, Sir Richard, il n'est pas nécessaire d'informer mon neveu des offres affectueuses et libérales du roi.

Vernon. — Il vaudrait mieux l'en informer.

Worcester. — Alors nous sommes tous perdus. Il ne se peut pas, il n'est pas possible que le roi tienne sa parole de nous aimer. Il nous soupçonnera toujours et trouvera une occasion de punir cette offense dans d'autres fautes. Toute notre vie, ce soupçon fixera sur nous ses milliers d'yeux, car on se confie à la trahison comme on se confie au renard qui, quelque apprivoisé, caressé et casematé qu'il soit, n'en conservera pas moins toujours quelque chose de la ruse sauvage de ses ancêtres. Quelle que soit notre physionomie, ou triste ou joyeuse, nos regards seront interprétés à mal, et nous serons nourris comme ces bœufs à l'étable, qui sont d'autant plus soignés qu'ils sont plus près de la mort. Le délit de mon neveu pourra bien être oublié, il a l'excuse de la jeunesse et de la chaleur du sang, il a le privilége du surnom adopté, Hotspur au cerveau de lièvre, gouverné par la fantaisie de son humeur. Toutes ses offenses reposent sur ma tête et celle de son père; c'est nous qui l'avons élevé; et comme c'est de nous qu'il a pris sa corruption, nous payerons pour tout comme étant la source de tout. Par conséquent, mon bon cousin, il ne faut pas qu'Harry connaisse en aucune circonstance l'offre du roi[4].

Vernon. — Racontez-lui ce que vous voudrez, je dirai que cela est vrai. Voici venir votre neveu.

Entrent HOTSPUR *et* DOUGLAS; *des* officiers *et des* soldats *les suivent.*

Hotspur. — Mon oncle est revenu : mettez en liberté Milord de Westmoreland. Mon oncle, quelles nouvelles?

Worcester. — Le roi vous appelle au combat sur-le-champ.

Douglas. — Faites-lui porter le défi par le Lord de Westmoreland.

Hotspur. — Lord Douglas, allez vous-même et dites-le-lui.

Douglas. — Parbleu oui, j'irai, et bien volontiers.

(*Il sort.*)

WORCESTER. — Il n'y a pas d'apparence de clémence chez le roi.

HOTSPUR. — Lui avez-vous mendié rien de semblable? Plaise à Dieu que non!

WORCESTER. — Je lui ai parlé doucement de nos griefs et de la violation de ses serments, fait qu'il a réparé, en niant par un nouveau parjure qu'il ait jamais été parjure. Il nous appelle traîtres, rebelles, et veut châtier sur nos personnes ce nom odieux par le moyen de ses armes hautaines.

Rentre DOUGLAS.

DOUGLAS. — Aux armes, gentilshommes! aux armes! car je viens de lancer un brave défi aux dents du roi Henri, et Westmoreland, qui était ici en otage, le lui porte; ce défi ne peut manquer de faire vivement engager la lutte.

WORCESTER. — Le prince de Galles s'est avancé devant le roi, neveu, et lui a proposé de vous provoquer en combat singulier.

HOTSPUR. — Oh! plût au ciel que la querelle reposât sur nos deux têtes, et que personne aujourd'hui ne dût avoir l'haleine courte que moi et Henri Monmouth! Dites-moi, dites-moi, de quel air a-t-il fait son défi? Lui a-t-il donné une tournure de mépris?

VERNON. — Non, sur mon âme; jamais de ma vie je n'ai entendu porter plus modestement un défi, à moins que ce ne fût celui d'un frère provoquant un frère aux nobles exercices et aux épreuves des armes. Il vous a rendu tous les hommages qu'on doit à un homme, il a brodé vos louanges avec une éloquence princière, il a parlé de vos mérites comme une chronique, vous élevant toujours au-dessus de son éloge et dépréciant son éloge comme trop faible pour vous apprécier: et ce qui est vraiment digne d'un prince, il a fait humblement mention de lui-même et a gourmandé sa jeunesse vagabonde avec une telle grâce, qu'on aurait dit qu'il était au même instant doué d'une double faculté, celle d'apprendre et d'enseigner à la fois. Il s'est arrêté là-dessus; mais, je le déclare au monde, s'il survit aux périls de cette journée, l'Angleterre n'aura jamais possédé d'espérance aussi belle, et plus mal appréciée grâce aux folies de sa jeunesse.

Hotspur. — Cousin, je crois que tu es enamouré de ses folies; je n'ai jamais, pour moi, entendu parler d'un prince si effréné dans sa licence. Mais qu'il soit comme il voudra, aujourd'hui, avant la nuit, je l'embrasserai si fortement entre mes bras de soldat qu'il étouffera sous ma courtoisie. Aux armes, aux armes, rapidement! et vous, compagnons, soldats, amis, considérez vous-mêmes ce que vous avez à faire; vous pouvez mieux vous exhorter à être braves que je ne pourrais le faire par mes paroles, moi qui ai peu le don d'éloquence.

Entre un messager.

Le messager. — Milord, voici des lettres pour vous.

Hotspur. — Je ne puis les lire maintenant. O gentilshommes, le temps de la vie est court; dépensé bassement, ce court laps de temps serait trop long encore, quand bien même la vie, voyageant au galop sur l'aiguille d'une horloge, finirait son voyage en arrivant à la première heure. Si nous vivons, nous vivrons pour fouler aux pieds des rois; si nous mourons, eh bien, c'est une belle mort celle qu'on partage avec des princes! Quant à ce qui regarde nos consciences, il est noble de prendre les armes lorsque la raison pour laquelle on les prend est juste.

Entre un autre messager.

Le messager. — Milord, préparez-vous; le roi s'avance à grands pas.

Hotspur. — Je le remercie de couper court à ma harangue, car je ne fais pas profession de parler. Je vous dis seulement : que chacun fasse de son mieux; et ici je tire une épée dont je compte teindre la lame avec le meilleur sang que je pourrai rencontrer dans les hasards de ce jour périlleux. Maintenant, *Espérance! Percy!* et en avant! Faites résonner tous les bruyants instruments de guerre et embrassons-nous tous au son de cette musique, car il y a à parier le ciel contre la terre que plusieurs d'entre nous ne se feront pas une seconde fois une telle courtoisie. (*Fanfares de trompettes. Ils s'embrassent et sortent.*)

SCÈNE III.

Une plaine près de SHREWSBURY.

Signal de la bataille. Mouvements de troupes et escarmouches. Entrent en se rencontrant DOUGLAS *et* BLUNT.

BLUNT. — Quel est ton nom, toi qui m'arrêtes ainsi dans la bataille? Quel honneur cherches-tu à conquérir sur ma tête?

DOUGLAS. — Sache que mon nom est Douglas, et je te poursuis ainsi dans la bataille, parce qu'on me dit que tu es un roi.

BLUNT. — On t'a dit vrai.

DOUGLAS. — Le Lord de Stafford a payé cher aujourd'hui sa ressemblance avec toi, car cette épée a mis fin à ses jours, au lieu de mettre fin aux tiens, roi Henri : c'est ce qu'elle va faire, à moins que tu ne te rendes à moi comme prisonnier.

BLUNT. — Je ne suis pas de naissance un de ceux qui se rendent, orgueilleux Écossais, et tu vas trouver un roi qui vengera la mort de Lord Stafford. (*Ils combattent et Blunt est tué.*)

Entre HOTSPUR.

HOTSPUR. — O Douglas! si tu avais combattu ainsi à Holmedon, je n'aurais jamais triomphé d'un seul Écossais.

DOUGLAS. — Tout est fini, la victoire est complète; là gît le roi inanimé.

HOTSPUR. — Où?

DOUGLAS. — Ici.

HOTSPUR. — Celui-ci, Douglas? non; je connais parfaitement bien son visage : c'était un vaillant chevalier, son nom était Blunt ; il était équipé absolument comme le roi.

Douglas. — Qu'un sot aille avec ton âme, en quelque lieu qu'elle aille ! tu as acheté trop cher un titre emprunté. Pourquoi me disais-tu que tu étais un roi?

Hotspur. — Il y en a beaucoup qui combattent avec l'équipement même du roi.

Douglas. — Eh bien, sur mon épée ! je tuerai tous ses équipements ; je massacrerai toute sa garde-robe pièce à pièce, jusqu'à ce que je rencontre le roi.

Hotspur. — En avant et continuons ; nos soldats poursuivent bravement la victoire. (*Ils sortent.*)

Autres alarmes. — *Entre* FALSTAFF.

Falstaff. — Je savais bien à Londres comment échapper au *coup de feu* de la dette, mais ici, je crains les coups de feu ; ils n'ont d'autres manières de compter que sur votre caboche. — Doucement ! Qui es-tu ? Sir Walter Blunt ! voilà de l'honneur pour vous ! et un honneur qui n'est pas une vanité ! — Je suis aussi bouillant et aussi pesant que du plomb fondu. Dieu détourne de moi le plomb ! je n'ai pas besoin de peser plus que mes tripes. J'ai conduit mes marouffles à un endroit où ils ont été poivrés ; sur mes cent cinquante, il n'y en a que trois qui soient en vie, et ceux-là sont destinés à mendier, pour le reste de leur vie, au bout de la ville. Mais qui vient ici ?

Entre le prince HENRI.

Le prince Henri. — Comment ! tu restes là à ne rien faire ! Prête-moi ton épée : bien des gentilshommes, dont la mort n'est pas vengée, gisent froids et roides sous les sabots des chevaux de l'ennemi, ivre de son triomphe. Je t'en prie, prête-moi ton épée.

Falstaff. — Oh ! Hal ! je t'en prie, donne-moi la permission de respirer un peu. Ce Turc de Grégoire n'a jamais accompli de faits d'armes pareils à ceux que j'ai exécutés aujourd'hui[5]. J'ai payé son dû à Percy ; je l'ai mis en lieu sûr.

Le prince Henri. — Il est en lieu sûr, en effet, et assez vivant pour te tuer. Je t'en prie, prête-moi ton épée.

Falstaff. — Sur ma vie! si Percy est vivant, tu ne peux avoir mon épée, Hal; mais prends mon pistolet, si tu veux.

Le prince Henri. — Donne-le-moi; comment! est-ce qu'il est dans son étui?

Falstaff. — Oui, Hal; il est chaud, il est chaud; il y a là de quoi saccager une ville. (*Le prince tire de l'étui une bouteille de Xérès.*)

Le prince Henri. — Comment, est-ce que c'est le moment de plaisanter et de badiner? (*Il lui rejette la bouteille et sort.*)

Falstaff. — Bon, si Percy vit, je le mettrai en perce. S'il se trouve sur ma route, bon; mais s'il ne s'y trouve pas, je veux bien qu'il fasse de moi une charbonnade, si je vais me mettre dans la sienne volontairement. Je n'aime pas un honneur qui fait une grimace comme celui que possède Sir Walter. Donnez-moi la vie : si je peux la sauver, bon; sinon, l'honneur vous arrive sans qu'on l'aie fait demander, et c'est la fin de tout. (*Il sort.*)

SCÈNE IV.

Une autre partie du champ de bataille.

Alarmes. Excursions. — *Entrent* le roi HENRI, le prince HENRI, le prince JEAN *et* WESTMORELAND.

Le roi Henri. — Je t'en prie, Harry, retire-toi, tu saignes beaucoup trop. Lord Jean de Lancastre, allez avec lui.

Le prince Jean. — Non, pas moi, Monseigneur, à moins qu'il ne m'arrive de saigner aussi.

Le prince Henri. — Je conjure Votre Majesté de se retirer, de crainte que votre absence ne jette l'alarme parmi vos amis.

Le roi Henri. — C'est ce que je vais faire. Milord de Westmoreland, conduisez-le à sa tente.

Westmoreland. — Venez, Monseigneur, je vais vous conduire à votre tente.

Le prince Henri. — Me conduire, Milord ? Je n'ai pas besoin de votre aide. Dieu défende qu'une aussi faible égratignure éloigne le prince de Galles d'un champ de bataille comme celui-ci, où la noblesse ensanglantée gît foulée aux pieds et où les armes des rebelles triomphent dans le carnage !

Le prince Jean. — Nous parlons trop longtemps : venez, cousin Westmoreland, notre devoir nous appelle de ce côté : au nom de Dieu, venez ! (*Sortent le prince Jean et Westmoreland.*)

Le prince Henri. — Par le ciel ! tu m'as trompé, Lancastre : je ne te croyais pas possesseur d'un tel courage : auparavant, je t'aimais comme mon frère, Jean ; mais, maintenant, je te respecte comme mon âme !

Le roi Henri. — Je l'ai vu tenir Percy au bout de son épée avec une plus vigoureuse résistance que je ne l'aurais attendue d'un si jeune guerrier.

Le prince Henri. — Oh ! cet enfant nous donne du cœur à tous ! (*Il sort.*)

Alarmes. — *Entre* DOUGLAS.

Douglas. — Encore un autre roi ! ils repoussent comme les têtes de l'Hydre. Je suis Douglas, fatal à tous ceux qui portent tes couleurs. Qui es-tu, toi qui contrefais la personne d'un roi ?

Le roi Henri. — Le roi lui-même, qui regrette de tout son cœur, Douglas, que tu aies rencontré tant de ses ombres sans rencontrer sa réalité royale même. J'ai deux fils qui vous cherchent sur le champ de bataille, toi et Percy ; mais puisqu'un heureux hasard te conduit à moi, je m'en vais t'attaquer ; ainsi défends-toi.

Douglas. — Je crains que tu ne sois encore une contrefaçon, et cependant, sur ma foi, ton attitude est celle d'un roi ; mais qui que tu sois, je suis sûr que tu es à moi et voilà

ACTE V, SCÈNE IV.

comment je vais te vaincre. (*Ils combattent; le roi est en danger.*)

Rentre LE PRINCE HENRI.

LE PRINCE HENRI. — Relève la tête, vil Écossais, ou tu cours risque de ne la relever jamais plus! Les âmes des vaillants Shirley, Stafford et Blunt ont passé dans mes armes : celui qui te menace est le prince de Galles qui ne promit jamais que ce qu'il voulait payer. (*Ils combattent. Douglas fuit.*) Courage, Monseigneur, comment se trouve Votre Grâce? Sir Nicholas Gawsey a envoyé chercher des secours, et Clifton aussi; je vais de ce pas rejoindre Clifton.

LE ROI HENRI. — Arrête et respire un peu : tu t'es racheté de la mauvaise opinion qu'on avait de toi, et par ce vaillant secours que tu m'as porté, tu as montré que tu avais quelque souci de ma vie.

LE PRINCE HENRI. — O Dieu, ils m'ont fait une trop grande injure ceux qui ont prétendu que je soupirais après votre mort. S'il en était ainsi, j'aurais laissé s'abattre sur vous, sans l'arrêter, la main insultante de Douglas, qui aurait amené votre fin aussi rapidement que pourraient le faire toutes les potions empoisonnées du monde, et aurait épargné à votre fils la peine de vous tuer par trahison.

LE ROI HENRI. — Rends-toi auprès de Clifton : je vais retrouver Sir Nicholas Gawsey. (*Il sort.*)

Entre HOTSPUR.

HOTSPUR. — Si je ne me trompe pas, tu es Harry Monmouth.

LE PRINCE HENRI. — Tu parles comme si je voulais nier mon nom.

HOTSPUR. — Mon nom est Harry Percy.

LE PRINCE HENRI. — Eh bien alors, je vois un bien vaillant rebelle de ce nom. Je suis le prince de Galles; et ne crois pas, Percy, partager plus longtemps la gloire avec moi : deux étoiles ne peuvent se mouvoir dans une même sphère; l'Angleterre ne peut davantage contenir le double règne d'Harry Percy et du prince de Galles.

Hotspur. — Non, et cela ne sera pas, Harry, car l'heure qui doit mettre fin à l'un de nous deux est sonnée. Plût à Dieu que ton renom dans les armes fût maintenant aussi grand que le mien!

Le prince Henri. — Je l'aurai rendu plus grand avant de me séparer de toi, et tous les honneurs qui ont fleuri sur ton cimier, je vais les cueillir pour en faire une guirlande à ma tête.

Hotspur. — Je ne peux tolérer plus longtemps tes vanteries. (*Ils combattent.*)

Entre FALSTAFF.

Falstaff. — Bien dit, Hal! Sus à lui, Hal! vrai, vous n'allez pas trouver là un jeu d'enfant, je peux vous le dire.

Entre DOUGLAS; *il combat avec* FALSTAFF *qui tombe comme s'il était mort.* DOUGLAS *sort.* HOTSPUR *est blessé et tombe.*

Hotspur. — O Harry, tu m'as volé de ma jeunesse! Je supporte mieux la perte de cette fragile existence que celle de ces titres d'orgueil que tu m'as enlevés; leur perte blesse plus cruellement mes pensées que ton épée ne blesse ma chair : mais la pensée est l'esclave de la vie, et la vie est le fou du temps, et le temps qui promène son regard sur le monde entier doit lui-même s'arrêter. Oh! n'était que la froide et terrestre main de la mort pèse sur ma langue, je pourrais prophétiser[6] : non, Percy, tu es poussière et pâture pour.... (*Il meurt*).

Le prince Henri. — Pour les vers, brave Percy. Porte-toi bien, grand cœur! Ambition mal tissue, comme te voilà déchirée! Lorsque ce corps contenait une âme, un royaume n'était pas un espace assez grand pour lui; mais maintenant deux pieds de la plus vile terre sont une mesure suffisante. Cette terre qui te supporte mort ne porte pas parmi les vivants un aussi vaillant gentilhomme. Si tu pouvais être sensible à ma courtoisie, je ne montrerais pas un tel empressement d'affection; mais maintenant je veux cacher sous mes couleurs ta face mutilée (*Il recouvre Hotspur de son écharpe*), et je me serai reconnaissant pour avoir rempli en ton honneur ces beaux rites de l'affection chevaleresque. Adieu, et emporte avec toi au ciel les louanges que je te donne! que ton ignominie sommeille avec toi dans la tombe et ne soit pas rappelée sur ton épitaphe! (*Il aperçoit Falstaff à terre.*) Eh quoi! ma vieille connaissance! est-ce que toute cette chair ne pourrait pas conserver un peu de vie? Pauvre Jack, adieu! Je me serais passé plus facilement d'un plus honnête homme que de toi. Oh! je sentirais cruellement ta perte, si j'étais pour le quart d'heure épris de sottises! La mort n'a pas frappé aujourd'hui un daim plus gras, quoique dans cette mêlée sanglante, elle en ait frappé beaucoup de plus précieux. Je verrai à te faire embaumer dans quelques heures; jusque-là repose dans le sang à côté du noble Percy. (*Il sort.*)

FALSTAFF, *se levant.* — Embaumé! si tu m'embaumes aujourd'hui, je vous donne permission de me saler et de me manger aussi demain. Mordieu! il était temps pour moi de contrefaire le mort, ou bien ce frénétique de *Scot* m'aurait payé mon écot et mon lot aussi. Contrefaire? je suis couché, je ne contrefais rien; ce qui est contrefaire, c'est de mourir; car celui qui est mort est une contrefaçon d'homme qui n'a pas en lui la vie d'un homme: mais celui qui contrefait le mort lorsqu'il vit, ne fait pas une contrefaçon, car il est la véritable et parfaite image de la vie elle-même. La meilleure partie de la valeur est la prudence; et grâce à cette meilleure partie, j'ai sauvé ma vie. Mordieu! j'ai peur de ce baril de poudre de Percy, quoiqu'il soit mort. S'il contrefaisait aussi le mort et s'il allait se lever? Sur ma foi, je le crains, c'est lui qui montrerait quel est de nous deux celui qui sait le mieux contrefaire. Aussi je vais prendre mes sûretés contre lui; oui, et je jurerai que je l'ai tué. Pourquoi n'aurait-il pas pu se relever aussi bien que moi? Rien ne peut prouver le contraire qu'un témoin, et personne ne me voit. Par conséquent, maraud (*Il lui donne un coup de poignard*), venez avec moi avec cette nouvelle blessure à la cuisse. (*Il charge Hotspur sur son dos.*)

Rentrent LE PRINCE HENRI *et* LE PRINCE JEAN.

LE PRINCE HENRI. — Viens, frère Jean ; tu as bravement dépucelé ton épée vierge.

LE PRINCE JEAN. — Mais doucement! qui avons nous ici? Ne me disiez-vous pas que ce gros homme était mort?

LE PRINCE HENRI. — Oui ; je l'ai vu à terre, mort, inanimé et saignant. Vis-tu, ou est-ce une illusion qui joue devant nos yeux? Je t'en prie, parle ; nous ne nous confierons pas à nos yeux, si nos oreilles ne nous confirment leur témoignage : tu n'es pas ce que tu sembles.

FALSTAFF. — Non, c'est certain : je ne suis pas un homme double ; mais si je ne suis pas Jack Falstaff, alors je ne suis qu'un Jacquot. Voici Percy (*il jette le cadavre à terre*) : si votre père veut me conférer quelque honneur, bien ; sinon, qu'il tue lui-même le prochain Percy qui se présentera. Je m'attends à être comte ou duc, je puis vous l'assurer.

LE PRINCE HENRI. — Comment donc? Mais j'ai tué moi-même Percy et je t'ai vu mort.

FALSTAFF. — Vraiment? Seigneur, Seigneur, comme ce monde est la proie de l'erreur! Je vous accorde que j'étais à terre et hors d'haleine, et c'est aussi ce qu'il était ; mais nous nous sommes relevés tous deux au même instant et nous avons combattu une grande heure de l'horloge de Shrewsbury. Si on consent à me croire, bon ; sinon, que ceux qui ont pouvoir de récompenser la valeur portent le péché sur leurs têtes. Je veux mourir si je ne lui ai pas fait cette blessure à la cuisse : si l'homme vivait et qu'il me démentît, mordieu, je lui ferais manger un morceau de mon épée!

LE PRINCE JEAN. — C'est la plus étrange histoire que j'aie jamais entendue.

LE PRINCE HENRI. — Ce qu'il y a d'étrange, c'est le camarade, frère Jean. Allons, emportez votre charge noblement sur votre dos : pour ma part, si un mensonge peut te faire honneur, j'aurai soin de dorer le tien des plus belles paroles qui soient en mon pouvoir. (*On sonne la retraite.*) La trompette sonne la retraite; la journée nous appartient. Allons, frère, marchons jusqu'au plus haut du champ de bataille pour voir quels amis sont vivants, quels sont morts. (*Sortent le prince Henri et le prince Jean.*)

FALSTAFF. — Je vais suivre, comme ils disent, pour aller chercher ma récompense. Celui qui me récompense, que Dieu le récompense! Si je deviens plus grand, je deviendrai moins gros; car je me purgerai, je laisserai là le Xérès, et je vivrai proprement comme un noble devrait le faire. (*Il sort emportant le cadavre.*)

SCÈNE V.

Une autre partie du champ de bataille.

Les trompettes sonnent. Entrent LE ROI HENRI, LE PRINCE HENRI, LE PRINCE JEAN, WESTMORELAND *et autres avec* WORCESTER *et* VERNON, *prisonniers.*

LE ROI HENRI. — C'est ainsi que la rébellion trouve toujours son châtiment. O Worcester le mal inspiré! Ne vous avions-nous pas envoyé à tous grâce, pardon et paroles affectueuses? Et tu as osé présenter nos offres en sens contraire? abuser de la confiance de ton parent? Trois chevaliers de notre parti, un noble comte et bien des êtres humains sont morts aujourd'hui qui vivraient à cette heure, si comme un chrétien tu avais transmis entre nos armées de fidèles messages.

WORCESTER. — Ce que j'ai fait, ma sécurité m'obligeait à le faire, et j'embrasse patiemment mon sort, puisqu'il tombe sur moi sans que je puisse l'éviter.

LE ROI HENRI. — Conduisez Worcester à la mort, et Vernon aussi. Nous attendrons pour prononcer sur les autres coupables. (*Sortent Worcester et Vernon sous garde.*) Quelle est la situation du champ de bataille?

Le prince Henri. — Le noble Écossais, Lord Douglas, dès qu'il a vu la fortune de la journée s'éloigner de lui, le noble Percy tué, et tous ses hommes saisis de crainte, s'est enfui avec le reste des ennemis, et en tombant d'une colline, il s'est tellement meurtri que ceux qui le poursuivaient l'ont pris. Douglas est sous ma tente et je conjure Votre Grâce de me permettre de disposer de lui.

Le roi Henri. — De tout mon cœur.

Le prince Henri. — Alors, frère Jean de Lancastre, c'est à vous qu'appartiendra cet acte de générosité : rendez-vous auprès de Douglas et remettez-le à la disposition de lui-même, libre et sans rançon : sa valeur que nos cimiers ont éprouvée aujourd'hui, nous a enseigné comment il nous faut honorer de si grands exploits même quand ils sont dus au courage de nos adversaires.

Le prince Jean. — Je remercie Votre Grâce de me charger de cet acte de haute courtoisie dont je vais m'acquitter immédiatement.

Le roi Henri. — Maintenant voici ce qui nous reste à faire. Nous devons diviser nos troupes. Vous, mon fils Jean et vous mon cousin Westmoreland, vous vous dirigerez en toute diligence sur York pour arrêter Northumberland et le prélat Scroop qui, à ce que nous apprenons, s'arment avec activité ; moi-même, et vous mon fils Harry, nous marcherons vers le pays de Galles pour combattre Glendower et le comte des Marches. La rébellion aura perdu tout son pouvoir dans ce royaume, lorsqu'elle aura subi un échec pareil à celui de cette journée-ci. Et, puisque cette affaire a si bien commencé, ne l'abandonnons pas sans avoir reconquis tout notre bien. (*Ils sortent.*)

COMMENTAIRE.

ACTE I.

1. *No more the thirsty entrance of this soil
Shall daub her lips with her own children's blood.*

Les commentateurs déroutés par la hardiesse avec laquelle Shakespeare use des mots, ont cherché à en substituer un autre à celui d'*entrance*, qui, pris dans le sens de bouche, rentre tout à fait dans le langage shakespearien. Quelques-uns y avaient substitué l'antique *Erynnis*, d'autres le mot *entrails*, entrailles. Toutes ces substitutions hypothétiques ont été abandonnées et l'on s'en tient justement aujourd'hui au texte primitif.

2. *Holy rood day*. Le jour de la Sainte-Croix. C'est la fête de l'exaltation de la Sainte-Croix, 14 septembre, que l'Église célèbre en mémoire de la recouvrance que fit l'empereur Héraclius d'un grand fragment de la croix enlevée par Chosroës, roi de Perse, au pillage de Jérusalem.

3. Harry Percy, dit Hollinshed, avait été surnommé *Hotspur* (éperon chaud) parce qu'il usait souvent de l'éperon, comme un homme qui se reposait rarement s'il y avait quelque service à faire en campagne.

4. Shakespeare a fait à tort de Mordake le fils de Douglas, par suite d'une virgule mal placée dans le texte d'Hollinshed. Mordake était le fils d'Archambald, duc d'Albanie, régent d'Écosse. Peut-être aussi a-t-il été induit en erreur par la ressemblance des deux noms d'Archibald et d'Archambald.

5. La résistance d'Hotspur à Henri IV au sujet de ces prisonniers pouvait se justifier par la loi des armes. Tout prisonnier dont la rançon n'excédait pas dix mille livres appartenait à son vainqueur, qui pouvait à son gré soit lui accorder rançon, soit le retenir en captivité.

6. Selon les modernes éditions cette scène se passerait au palais même du roi. Mais quelques éditeurs, M. Staunton entre autres, font remarquer qu'elle y serait fort mal placée, qu'il n'est pas probable que le prince Henri reçût au palais de son père ses compagnons de débauche, et que d'ailleurs le prince Henri pendant tout cet acte et l'acte précédent est décrit comme absent de la cour depuis plus d'un mois. Il serait donc plus simple de placer cette scène dans une taverne quelconque. D'autres éditeurs la placent dans la demeure du prince, car Henri avait, paraît-il,

une résidence particulière qui s'appelait *Cold Harbour*, en sa qualité de prince de Galles.

7. On suppose que ces mots « ce chevalier errant si blond » sont extraits de quelque ballade sur le sujet du chevalier du soleil (*El Donzel del Febo*), romance espagnole qui avait été traduite et qui était très-populaire au temps de Shakespeare. ÉDITION PETER et GALPIN.

8. *Apportez*, le mot des buveurs de taverne pour se faire servir qui est mis en opposition avec le mot des voleurs de grande route.

9. *My old lad of the castle*, dit le texte, mon vieux garçon du château, sobriquet familier qui se rapporte au premier nom de Falstaff, qui était comme on le sait Sir John Oldcastle. Cependant il paraîtrait, selon Ritson, que ce nom de *old lad of the castle* était donné aux tapageurs et aux vauriens.

10. *A gib cat*. *Gib* était le diminutif de Gilbert, un des noms qu'on donnait familièrement aux chats.

11. Steevens a conjecturé que par cette cornemuse du Lincolnshire, Shakespeare avait pu désigner la grenouille, musicienne mélancolique en effet, et très-répandue dans le Lincolnshire fertile en marécages, mais il est plus probable qu'il a voulu parler d'une véritable cornemuse. La cornemuse du Lincolnshire est d'ailleurs mentionnée dans un vieux livre intitulé un *Nid de nigauds*, par R. Armin; 1608. *Édition* STAUNTON.

12. Le lièvre peut être considéré comme mélancolique parce qu'il est toujours solitaire et assis sur son derrière; dans les idées médicales du temps, la chair du lièvre était regardée comme engendrant la mélancolie. Les Égyptiens dans leurs hiéroglyphes exprimaient un homme mélancolique par un lièvre assis sur son derrière. JOHNSON *et* STEEVENS.

13. *Moor-ditch*, le fossé de *Moor*, était une partie du fossé qui formait la défense naturelle de Londres. Ce fossé fut commencé en 1211 et terminé en 1213. La partie connue sous le nom de Moor-ditch, qui s'étendait depuis la poterne de Moorgate jusqu'à Bishop'sgate, fut curée et élargie en 1595, mais Stowe rapporte qu'elle fut bientôt remplie de nouveau; aussi flanqué comme il l'était, d'un côté de misérables habitations, de l'autre de marais fétides et souvent infranchissables, ce fossé présentait-il l'aspect le plus désolé, et avait-il donné son nom à une variété de la mélancolie que l'on appelait *la mélancolie du fossé de Moor*. *Résumé de* L'ÉDITION STAUNTON. — Ce fossé est mentionné dans un vieux livre, *le Pèlerin sans le sou*, de Taylor, et avec ce même caractère de mélancolie passée en proverbe. (1618.) — STEEVENS.

14. Ces mots de l'Écriture se trouvent retranchés dans le premier in-folio, par obéissance, suppose-t-on, à l'acte III de Jacques Ier, promulgué pour prévenir sur le théâtre l'usage profane des noms sacrés. D'autres expressions analogues : Sur ma foi! Par la messe! etc., sont également omises, non par obéissance, cette fois, au roi et au parlement, mais par suite de l'influence croissante du puritanisme qui ajoutait son intolérance à celle de l'anglicanisme. Dans cet acte il est dit que quiconque emploiera sur le théâtre les noms de Dieu, de Jésus, de la Trinité, etc.,

15. Quel est au juste le vin que Falstaff a plus que tout autre héros du théâtre de ce temps-là rendu immortel sous le nom de *Sack?* Est-ce le Xérès, le Malaga, le vin des Canaries? Les commentateurs hésitent encore, mais en tout cas, ce qui est sûr, c'est que c'était un des vins capiteux de l'Espagne. Poins appelle Falstaff *Sack* et *Sugar*, Sir John Xérès et sucre, parce que la mode du temps était de sucrer ces vins pour leur enlever leur âcreté et une partie de leur violence. Aussi les garçons de taverne avaient-ils toujours sur eux de petits morceaux de sucre pour satisfaire aux demandes de leurs clients, ce qui explique le cadeau des deux morceaux de sucre que nous voyons faire au prince Henri par le garçon de la taverne d'Eastcheap.

16. Gadshill, près de Rochester, sur la route du Kent, semble avoir joui de la détestable notoriété qu'acquit plus tard Hounslow Heath et avoir été la terreur des voyageurs à cette époque. Steevens nous apprend que, dès 1558, il existait une ballade sur les brigandages de Gadshill. Il est probable aussi que le poëte, à qui nul événement notable de son temps n'échappait, a fait allusion à une bande particulière qui paraît avoir infesté Gadshill vers 1590, avec une audace plus que commune, et dont les membres, comme les voleurs de cette pièce, étaient à cheval et portaient des masques. BOSWELL.

17. *Yedward*, corruption d'Édouard, mais plus probablement affectation moqueuse de Falstaff.

17. Ce n'était pas Edmond Mortimer, comte des Marches, lequel à cette époque n'avait que sept ans et se trouvait placé sous la tutelle d'Henri IV, qui fut fait prisonnier par Glendower, mais son oncle, Sir Edmond Mortimer, lequel épousa la fille de Glendower et était beau-frère d'Hotspur.

18. *That same sword and buckler prince of Wales.* Lorsque l'usage de la rapière et du poignard s'établit parmi les gentilshommes, l'épée et le bouclier devinrent les armes des domestiques et des bretteurs du commun peuple. Par cette expression Hotspur veut faire allusion aux habitudes de vulgaire débauche du prince de Galles.

ACTE II.

1. Mot à mot le *Chariot de Charles. Charles* corruption de *churl*, paysan; c'était le nom populaire de la constellation de la Grande Ourse.

2. Les étangs n'engendrent pas de puces, mais le charretier, comme il arrive fréquemment aux gens du peuple, applique à tort et à travers les comparaisons qu'il a entendues. Ainsi il a entendu cette expression *se secouer comme un chien mouillé*, et il fait de l'épithète de mouillé une qualité inséparable du chien; il a entendu dire que la poussière engendrait les puces et les étangs les grenouilles; alors, les deux choses se brouillant dans sa tête, l'urine lui rappelle l'étang, l'étang lui rappelle

quelque comparaison proverbiale qui s'appliquait sans doute à toute autre chose, et il en résulte que l'urine engendre des puces comme un étang.

3. Cette fréquente association des hôteliers et surtout des garçons de chambre avec les voleurs de grands chemins est mentionnée par divers écrivains anciens. M. Staunton cite à ce sujet un curieux passage d'Harrison, *Description de l'Angleterre*.

4. Les clercs de saint Nicholas, c'est-à-dire les voleurs, non pas parce qu'ils étaient protégés par ce saint, mais parce qu'ils étaient protégés par le diable dont le nom populaire était le vieux *Nick*, de là saint Nicholas patron des voleurs. Ainsi se créent les réputations populaires et s'établissent les traditions dans les plus grandes comme dans les plus petites choses : *old Nick* devient *saint Nicolas*; ce n'est pas plus malin que cela, qu'il s'agisse de Napoléon ou de Lustucru, de Charlemagne ou du chat de Mme Michel. En effet *Nick* n'est-ce pas la première syllabe de *Nicolas*; et voilà comment un bon saint du paradis peut être, bien à son insu, substitué au diable dans le patronage des voleurs.

5. C'était autrefois une croyance, fondée sur une très-antique erreur puisqu'on la retrouve dans Pline, que la fougère poussait sans semence. Cependant nos bons aïeux se doutaient bien qu'il devait y avoir quelque part une graine; mais comme ils ne l'apercevaient pas par suite de sa petitesse et de sa position, ils en avaient conclu qu'elle pouvait bien exister mais qu'en tout cas elle était invisible. De là à supposer que celui qui peut s'emparer de la graine de fougère jouit du privilége d'être invisible, il n'y avait qu'un pas pour des imaginations naïves. Nous avons vu dans les notes et l'argument du *Songe d'une nuit d'été* que dans la nuit de la Saint-Jean les sorciers se disputaient la possession de cette graine.

6. *What a plague mean ye to colt me thus*; à quoi diable pensez-vous de me *cavaler* ainsi, de me monter ainsi sur le dos, c'est-à-dire de me turlupiner, de me berner.

7. Les basilics étaient de larges pièces d'artillerie, ainsi nommées à cause de leur ressemblance supposée avec le fabuleux animal du même nom. Les couleuvrines étaient ainsi nommées à cause de leur forme fluette et allongée qui les faisait ressembler à des couleuvres.

8. *Oh espérance!* devise française des Percy.

9. Eastcheap était célèbre dès la fin du quatorzième siècle. Au commencement du règne d'Henri V (le prince Henri de ce drame-ci), Lydgate célébrait Eastcheap pour sa bonne chère, et Stowe raconte que c'était là que se trouvaient les meilleures tavernes, celles où les gens de qualité traitaient leurs amis. Ce n'était pas seulement le prince Henri qui les fréquentait, on y avait vu aussi ses frères, car les chroniqueurs contemporains nous ont transmis le souvenir d'une bataille entre valets qui eut lieu dans Eastcheap où soupaient deux des fils d'Henri IV, Thomas, duc de Clarence, et Jean de Lancastre, le futur duc de Bedford et notre futur régent de France pendant les années qui suivirent Azincourt. Au seizième siècle il se trouvait dans ce quartier une taverne qui portait le nom de taverne de la Tête de Sanglier et qui exista jusqu'en 1666. Elle fut

détruite par le grand incendie de Londres. Rebâtie deux ans après avec son antique enseigne de la Tête de Sanglier, cette maison cessa, sous sa nouvelle forme, d'être une taverne; elle fut démolie en 1834 lorsqu'on répara le pont de Londres.

10. Les prêteurs sur gage portaient autrefois un habit particulier dont les boutons étaient de cristal.

11. Tout ce discours est une suite de non-sens débités avec volubilité par le prince Henri pour étourdir Francis. — Nous avons vu ailleurs que le *bastard* était une manière de vin muscat doux et qu'il y en avait de deux sortes, du blanc et du rouge.

12. *Rivo, dit l'ivrogne*, porte le texte. Qu'était cette exclamation des ivrognes d'autrefois? Peut-être a-t-elle son origine dans la corruption de quelque mot espagnol, *rio*, rivière par exemple, et correspond-elle à notre expression populaire, *boire comme un trou*.

13. Les tisserands étaient renommés pour leur amour de la musique. Ils étaient surtout grands chanteurs d'hymnes pieux et de cantiques, et, fait curieux, c'est surtout parmi eux que se recruta la secte des lollards.

14. Kendal, dans le Westmoreland, était alors célèbre pour ses manufactures et ses teintures de draps.

15. L'estrapade, ingénieuse variété de torture témoignant de la fertile imagination de la justice d'autrefois. Cette torture consistait à lier les bras du patient, à le suspendre à une corde attachée à une poulie par les bras ainsi liés et à le faire descendre rapidement en l'arrêtant à mi-chemin par une saccade qui lui disloquait les jointures.

16. *Elf skin* ou *eel skin* : les textes hésitent entre ces deux expressions; peau de lutin ou peau d'anguille, toutes deux applicables au prince Henri qui était, paraît-il, remarquablement fluet et maigre.

17. Allusion possible à un passage du roman de *Palmerin d'Oliva*, traduit en Anglais en 1585 par Anthony Monday, où l'on voit le héros dans la caverne d'un de ces animaux qui s'approche de lui et, reconnaissant qu'il est de sang royal, lui lèche les pieds et s'en retourne ensuite à sa place, en lion bien appris qui connaissant les devoirs du vassal et les droits du suzerain, sait garder les distances avec une déférence digne des plus grands éloges.

18. Le prince Henri joue sur le mot noble qui était le nom d'une monnaie du temps.

19. La pertuisane galloise était faite comme la pertuisane ordinaire, mais au-dessous de la pointe elle avait un crochet pour retenir les victimes qui auraient cherché à s'enfuir.

20. *King Cambyse's vein*, expression restée populaire en Angleterre parmi les écrivains pour désigner tout ce qui est emphatique. Cette expression tire son origine d'une vieille pièce de théâtre, souvent ridiculisée, dont le titre rappelle celui de la fameuse comédie de Bottom et consorts dans le *Songe d'une nuit d'été*: *Une lamentable tragédie mêlée de grand nombre de choses plaisantes, contenant la vie de Cambyse roi de Perse*.

21. Localité de l'Essex renommée par ses pâturages et ses bœufs. Il s'y tenait des foires célèbres et chaque année on y donnait des représentations de *moralités*. Dans les solennités on faisait cuire un bœuf entier, farci à l'intérieur; de là l'association établie par le prince Henri entre le bœuf de Manningtree et les personnages allégoriques des moralités, Vice, Iniquité, etc.

22. Expression qui avait pris son origine dans les dénonciations que les puritains élevaient contre la musique et la danse, qu'ils représentaient comme des œuvres de Satan.

ACTE III.

1. Ce Glendower qui, pendant douze années, réussit à soutenir contre les Anglais une lutte acharnée avec de tels succès que ses ennemis les attribuèrent à des pouvoirs magiques, s'appelait Owen Ap-Griffyth Vaughan et descendait de Llewellin ap Jorwath Droyndon, prince des Galles. Ce nom de Glendower lui venait, dit-on, d'un riche héritage territorial, Glyndourdwy. Dans sa jeunesse il vécut à Londres, étudia au Temple, fit partie des serviteurs du roi Richard et resta fidèle au monarque déchu après qu'il eut été pris à Flint Castle. M. Staunton, à qui nous empruntons ces détails, cite, d'après M. Tyler, le passage suivant du propre barde que Glendower entretenait à la manière des princes gallois, passage qui montre à quel degré de gloire relative s'était élevé ce personnage aujourd'hui oublié : « Faites résonner vos harpes, bardes cambriens! le champ du triomphe est la meilleure récompense des travaux d'un guerrier. Que Henri pleure ses guerriers enveloppés dans un éternel sommeil : le succès et la victoire sont à toi, Owen Glyndourwy, le devin! que la domination, l'honneur, le plaisir, la louange, accompagnent les jours de ta force, et quand le soir de ton soleil viendra, que la Cambrie reconnaissante n'oublie jamais les splendeurs de ton midi, et que sur ta tombe fleurissent des lauriers qui ne se flétrissent jamais. » Sa fin fut triste; après une vie de luttes héroïques, et le plus souvent heureuses, après avoir été couronné prince national du pays de Galles, en 1402, il fut enfin totalement défait en 1420 et mourut de misère dans les montagnes. Le premier des Lancastre, parmi ses nombreux et incessants ennemis, n'en compta pas de plus redoutable.

2. Vieux proverbe anglais, très-expressif du sentiment national.

3. Ces récits ne se rapportaient pas seulement à cet amour des fables qui a de tout temps caractérisé les Gallois à la gracieuse imagination, ils se rapportaient encore à certaines prophéties baroques touchant Bolingbroke, prophéties que Hollinshed nous a conservées et qui annonçaient que la taupe (le roi Henri IV) maudite de la propre bouche de Dieu, serait détruite par le dragon, le lion et le loup (Mortimer, Glendower, Hotspur) qui se diviseraient son royaume.

4. A l'époque de Shakespeare, les champs de Finsbury étaient un but de promenade pour les bourgeois de Londres.

5. Ces garnitures, ou galons de velours, étaient une des élégances des bourgeoises huppées du temps de Shakespeare, même des femmes d'*aldermen*.

6. Le prince de Galles fut, en effet, éloigné de son poste de président du conseil pour avoir frappé, sur son siége, le lord grand juge Gascoigne et fut remplacé par son frère cadet, Thomas, duc de Clarence.

7. Cette scène entre le roi et le prince Henri est historique et nous a été conservée par Hollinshed.

8. Il n'y avait pas de lord Mortimer d'Écosse, mais il y avait un comte des Marches d'Écosse, et c'est la similitude des titres qui, sans doute, aura conduit Shakespeare à confondre les noms.

9. La dame Partlet est la poule, femme de Chanteclair, dans le vieux *roman du Renard*. Nous avons déjà rencontré ce personnage dans le *Conte d'hiver*.

10. Mistress Quickly n'exagère nullement, paraît-il, le prix de la toile de Hollande de son temps. Le beau linge était singulièrement cher au temps de Shakespeare et, d'après les prix que nous a conservés un contemporain indigné (Stubbe, *Anatomie des abus*), une belle chemise pouvait coûter de cinq à dix livres sterling. Le même Stubbe se plaint que la moindre chemise portée par la plus humble personne ne vaut pas moins d'une couronne ou d'un noble.

11. A la façon de Newgate, c'est-à-dire à la façon des prisonniers accouplés deux à deux.

12. Nous avons vu que cette pucelle Marianne, l'amante traditionnelle de Robin Hood, était représentée par un homme aux fêtes populaires du premier mai. Ce nom de la pucelle Marianne était, dit-on, celui sous lequel s'était déguisée, à cette époque romantique, Mathilde, fille de Lord Fitzwater, amoureuse de Robin Hood.

ACTE IV.

1. Le prince Henri était si célèbre pour son agilité qu'il attrapait, dit-on, les daims à la course.

2. Les soldats d'autrefois étaient renommés pour leur rage de maraude qui s'assouvissait sur n'importe quels objets, linge, lèchefrites, chandeliers, escabeaux, etc. Nous verrons Bardolph, Nym et Pistol commettre dans *Henri V* les plus singuliers larcins. Le commentateur Reed cite un curieux passage d'un contemporain de Shakespeare, Bernaby Riche, qui se lamente sur cette monomanie de maraude. « Quand ils font route à travers le pays, là où ils logent, la bonne femme du logis a de la chance si elle trouve ses draps au matin ; s'ils ne les ont pas pris, il est immanquable qu'ils aient enlevé quelque autre chose, la couverture ou les rideaux du lit, un tapis de table, quelques garnitures de lit ou quelques serviettes de table, ou toute autre chose; tout leur est bon de ce qu'ils peuvent vendre pour boire. »

ACTE V.

1. *Mes vieux membres.* Henri n'avait que trente-six ans à l'époque où se passaient ces événements; mais, ainsi que nous avons eu occasion de le remarquer dans les notes du *Roi Richard II*, les nobles entraient si jeunes dans la vie publique et les hommes se mariaient à un âge si tendre, qu'à trente-six ans il y avait un temps énorme qu'ils étaient des personnages.

2. On sait que le coucou, oiseau musicien des plus habiles bien que son mérite ne soit pas reconnu en France, trop bon chanteur pour savoir faire quelque chose, se dispense de bâtir des nids, et trouve plus commode d'aller déposer ses œufs dans les nids de ses confrères les autres oiseaux. Il s'ensuit que, lorsque le petit coucou devient grand, il peut être pour les oiseaux, parmi lesquels il est éclos, un ennui et une gêne.

3. Habitude chevaleresque parmi les frères d'armes.

4. Il paraît, en effet, que les propositions envoyées par Henri IV au camp des rebelles avaient singulièrement ému Hotspur, et qu'il avait député son oncle Worcester pour négocier la paix. Mais Worcester le prenant de très-haut, parla avec une aigreur affectée afin de faire manquer les négociations, et puis rapporta à son neveu qu'il ne fallait rien attendre du roi.

5. *Le Turc Grégoire.* C'est le grand Hildebrand, Grégoire VII lui-même que ce drôle de Falstaff affuble de ce sobriquet de Turc, à cause sans doute des longues luttes de sa vie et de son humeur belliqueuse. Les Turcs passaient pour les plus redoutables soldats du monde, et étaient, comme on sait, la terreur de l'Europe au seizième siècle.

6. C'était une opinion très-ancienne que les mourants avaient le don de prophétie, et nous avons déjà vu dans Richard II, Jean de Gand développer cette opinion à son lit de mort.

LE
ROI HENRI IV

DATE DE LA PREMIÈRE ÉDITION, 1600 ; DATE PROBABLE
DE LA REPRÉSENTATION, FIN DE 1597.

AVERTISSEMENT.

Les deux parties d'*Henri IV* semblent avoir été composées à très-court intervalle l'une de l'autre, et même sans intervalle aucun. Cette seconde partie est à n'en pas douter de la même année que la première, c'est-à-dire de 1597 ; car nous savons de source certaine que le poëte avait changé le nom d'Oldcastle en celui de Falstaff avant l'année 1598, et il a eu le soin de nous prévenir à la fin de sa pièce qu'il renonçait à ce nom d'Oldcastle, puisque l'opinion voulait que ce nom fût celui d'un martyr. La première édition de ce drame est enregistrée sous la date d'août 1600.

Cette seconde partie ne jouit pas de la même popularité que la première, et en vérité nous ne savons trop pourquoi. Peut-être est-ce tout simplement parce qu'elle recommence chez le lecteur exactement la même série d'impressions que lui avait fait parcourir la première, qu'elle met en action chez lui les mêmes facultés, qu'elle lui offre une seconde fois la même verve comique, le même genre d'esprit, et pour tout dire en un mot, qu'elle ne lui ouvre pas des aspects nouveaux et imprévus. Quelque parfaite que soit une œuvre, elle a toujours tort lorsqu'elle répète la forme d'une œuvre antérieure : *bis repetita non placent*, quoi qu'en dise le vieux poëte latin dont nous nous permettons de corriger l'axiome. Mais, cela une fois dit, il faut avouer que cette œuvre est digne de son aînée. La partie héroïque n'est pas, il est vrai, aussi attachante dans cette pièce que dans la précédente. L'archevêque Scroop, et les Lords Hastings et Mowbray, ne valent pas le vaillant Hotspur, et l'odieux guet-apens de *Gualtree Forest* fait moins d'honneur à la maison de Lancastre que le champ de bataille de Shrewsbury ; mais la partie comique est encore supérieure à celle du drame précédent qui est pourtant si pleine de verve et d'invention. Falstaff est le vrai héros de cette seconde partie qu'il remplit de son volume, et dans laquelle il se déploie dans toute son ampleur ; quiconque ne l'a vu que dans le premier drame ne connaît pas toutes les ressources de son esprit et tout l'aplomb de son effronterie. Si, dans le premier *Henri IV*, il poignarde bravement le cadavre d'Hotspur, dans cette seconde partie, il fait non moins bravement prisonnier le redoutable Colevile de la Vallée. Si, dans la première partie, il vole sur les grandes routes, comme il s'entend dans celle-ci à plumer son hôtesse et à la payer en monnaie de singe ! Falstaff capitaine recruteur dépasse Falstaff chef de bandits, et la grande scène de l'inspection des recrues qui remplit presque tout le quatrième acte est un tableau historique, non moins qu'une admirable scène de comédie. C'est une scène à détacher du livre et à faire relier avec la collection d'éclopés et de mendiants des gravures de Callot sur *les malheurs de la guerre*, car elle en est le commentaire et le complément. Nous y voyons en action la vénalité et la corruption des chefs militaires de second ordre sous l'ancienne société ; nous y touchons les plaies saignantes du pauvre peuple d'autrefois. C'est un épisode profondément tragique sous sa forme plaisante. Et quelle verve dans la conversation du premier acte entre le Lord grand juge et Falstaff ! Molière n'a pas de meilleure scène, et pour dire exactement toute notre pensée, peut-être n'en a-t-il aucune qui l'égale pour l'étendue et la vigueur de la verve comique. Pour trouver quelque chose d'analogue et qui puisse soutenir la comparaison, c'est à Rabelais et non à Molière qu'il faut s'adresser.

Un caractère profondément comique et qui fait réfléchir, est celui de Northumberland. Ah, comme l'âge dompte notre vigueur et rabat notre caquet! Voilà donc ce Northumberland que nous avons vu si hautain, si arrogant, si insolent dans *le Roi Richard II !* Qu'est-il resté de toute cette énergie d'autrefois? Déjà, dans la première partie d'*Henri IV*, nous l'avions vu trahir son fils, maintenant il se trahit lui-même. Il commence par des menaces à faire trembler la terre, et dès que la partie qu'il a voulu engager est liée, sur une parole de femme il s'esquive prudemment et se réfugie en Écosse. Peut-être Shakespeare a-t-il aussi voulu nous faire sentir ces liens de sympathie secrète, que la complicité d'une commune mauvaise action établit entre deux hommes, même alors qu'ils ont à se venger l'un de l'autre. Au fond de son cœur, Northumberland, instrument d'usurpation, ne peut se défendre peut-être d'une secrète tendresse pour l'usurpateur couronné de ses propres mains, et dont cette seconde partie nous raconte l'expiation.

En effet, il est bien déchu, lui aussi, celui qui fut le hautain Bolingbroke. Des épreuves sans cesse renouvelées ont usé ses forces, et quoique victorieux, ses ennemis ont fini par triompher à force de se faire vaincre, décapiter, emprisonner et exiler par lui. Les soucis ont engendré l'insomnie, l'insomnie a traîné lentement à sa suite la maladie. Le voici, ce prince des tournois et des joûtes, toujours en robe de chambre et en pantoufles, toujours au lit comme M. Argan. Il est vraiment comique avec son projet de croisade qu'il met sans cesse sur le tapis et que sans cesse il est obligé d'abandonner. Le destin s'amuse à parodier ses espérances de la manière la plus sinistrement bouffonne. Une prophétie lui avait annoncé qu'il mourrait dans Jérusalem : la prophétie s'accomplit à la lettre; il meurt dans une chambre de ce nom, entre son matelas et sa courte-pointe, la tête sur son oreiller, sous lequel il a placé cette couronne que son fils va lui enlever avant l'heure d'une manière si étourdiment cruelle. La suprême punition de Henri, c'est la sécheresse de cœur du prince de Galles à son égard, le sentiment de mésestime et de léger mépris qu'il nourrit pour lui; car le prince méprise son père comme usurpateur et traître heureux, et il le lui dit nettement en face pour qui sait bien lire. *Bienheureux les fils dont les pères sont damnés;* cet axiome d'une douteuse moralité est le résumé de la conduite du prince Henri et du langage qu'il tient devant son père dans la grande scène de l'enlèvement de la couronne au quatrième acte. Oui, dit-il en sourdine à son père, c'est bien par des sentiers obliques et coupables que vous avez conquis cette couronne; un crime vous l'a donnée, mais peu m'importe. Elle est mon bien et mon héritage, le crime ne passe pas avec elle de vous à moi, et j'aurai pour la défendre, si elle était attaquée, ce que vous n'aviez pas, ce que vous n'avez jamais eu contre vos ennemis : le bon droit et la justice. Rarement le spectacle des expiations inévitables des crimes politiques a été présenté avec plus de connaissance de la nature des hommes de grande condition et des mobiles qui les font agir.

Il est assez difficile de dire à quel genre il faut rapporter les deux pièces d'*Henri IV*, tant les lignes de démarcation qui séparent les genres sont effacées, tant Shakespeare a bouleversé dans ces deux productions les frontières de la géographie esthétique. Ces frontières sont tellement confondues qu'on peut dire que les deux *Henri IV* sont les œuvres les plus audacieuses qu'il y ait dans la littérature, sinon par la conception, au moins par la forme. Jamais le comique et le tragique n'ont été dans aucun temps et chez aucun peuple, accolés ensemble avec une si grande et si heureuse témérité. Je prononce à dessein ce mot de témérité, car chez un poëte inférieur au nôtre, une pareille tentative serait sûre de recevoir une punition exemplaire, et il a fallu tout le génie de Shakespeare pour la faire réussir. Ces deux productions ne sont donc, à proprement parler, ni des drames ni des comédies ; elles ne portent pas de nom de famille ; mais cependant si on voulait à toute force leur en trouver un, il faudrait les rapporter à ce genre que nos aïeux connaissaient sous le nom de *comédie héroïque*, et qui fut le genre préféré de notre Corneille, ainsi qu'en témoignent d'une manière impérissable *le Cid* et *Don Sanche d'Aragon*. Mais que la parenté est lointaine entre des œuvres comme celles que nous avons nommées et des productions comme les deux drames d'*Henri IV* !

PERSONNAGES DU DRAME.

LE ROI HENRI IV.
HENRI, PRINCE DE GALLES, par la suite HENRI V, \
THOMAS, DUC DE CLARENCE, \
JEAN, PRINCE DE LANCASTRE, } fils du roi.
HUMPHROY, DUC DE GLOUCESTER, /

LE COMTE DE WARWICK, \
LE COMTE DE WESTMORELAND, \
LE COMTE DE SURREY, } partisans du roi.
GOWER, \
HARCOURT, /

SIR WILLIAM GASCOIGNE, LORD GRAND JUGE DU BANC DU ROI.
UN GENTILHOMME, assistant du GRAND JUGE.

LE COMTE DE NORTHUMBERLAND, \
SCROOP, ARCHEVÊQUE D'YORK, \
LORD MOWBRAY, \
LORD HASTINGS, \
LORD BARDOLPH, } adversaires du roi.
SIR JOHN COLEVILE, \
TRAVERS, \
MORTON, /

SIR JOHN FALSTAFF.
BARDOLPH.
PISTOL.
POINS.
PETO.
LE PAGE DE FALSTAFF.
SHALLOW, } juges de paix.
SILENCE, /
DAVY, serviteur de SHALLOW.
MOISI (*Mouldy*), \
OMBRE (*Shadow*), \
VERRUE (*Wart*), } recrues.
FAIBLE (*Feeble*), /
TAUREAU (*Bullcalf*), /
LECROC (*Fang*), } officiers de police.
TRÉBUCHET (*Snare*), /
LA RUMEUR, personnage du Prologue.
UN DANSEUR, personnage de l'Épilogue.
UN PORTIER.

LADY NORTHUMBERLAND.
LADY PERCY.
MISTRESS QUICKLY, hôtesse d'une taverne dans EASTCHEAP.
DOLL TEARSHEET.

LORDS et gens de leur suite; OFFICIERS, SOLDATS, MESSAGERS, GARÇONS DE TAVERNE, VALETS, etc.

SCÈNE. — Angleterre.

LE
ROI HENRI IV.

(DEUXIÈME PARTIE.)

PROLOGUE.

WARKWORTH. — Devant le château de NORTHUMBERLAND.

Entre LA RUMEUR, *représentée couverte de langues*[1].

LA RUMEUR. — Ouvrez vos oreilles, car lequel d'entre vous, lorsque la bruyante Rumeur parle, pourrait empêcher de laisser pénétrer dans son ouïe le vent de mes paroles? C'est moi qui de l'orient au pâle occident, prenant les vents pour mes chevaux de poste, dévoile perpétuellement les actes commencés sur cette sphère de la terre : de mes langues s'échappent de continuels commérages que j'exprime dans tous les idiomes et dont je me sers pour bourrer de faux rapports les oreilles des hommes. Je parle de paix, tandis qu'une hostilité cachée blesse le monde sous le couvert d'une sécurité souriante. Et qui, si ce n'est la Rumeur, qui, si ce n'est moi seule, fait hâter par épouvante les rassemblements de soldats et les préparatifs de défense, alors que l'année, qu'on croit grosse par le fait du redoutable et tyrannique Dieu de la guerre, est grosse par le fait d'une tout autre calamité? La Rumeur est une flûte où soufflent les soupçons, les jalousies, les conjectures, et dont il est si simple et si aisé de jouer que ce monstre sans art, aux têtes innombrables, la multitude éternellement discordante, flottante, peut la faire résonner. Mais quel besoin ai-je de décrire ainsi ma personne bien connue devant mon peuple même? Pourquoi la Rumeur est-elle ici? Parce que j'ai devancé la victoire du roi Henri qui, dans un combat sanglant, près de Shrewsbury, a battu le jeune Hotspur et ses troupes, et éteint la flamme de l'audacieuse rébellion dans le sang même des rebelles. Mais qu'ai-je besoin de dire autant la vérité tout d'abord? Mon office est de répandre le bruit que Harry Monmouth est tombé sous la colère de l'épée du noble Hotspur, et que le roi, devant la rage de Douglas, a courbé aussi bas que la mort sa tête ointe. J'ai répandu ce bruit dans toutes les localités[2] comprises entre le royal champ de bataille de Shrewsbury et ce repaire vermoulu de pierres rongées du temps, où le père d'Hotspur, le vieux Northumberland, contrefait le malade. Les courriers arrivent à perte d'haleine et il n'en est aucun qui porte d'autres nouvelles que celles qu'il tient de moi. Ils apportent avec eux, empruntées aux langues de la Rumeur, les douces consolations du mensonge, pires que les malheurs réels. (*Elle sort.*)

ACTE I.

SCÈNE PREMIÈRE.

WARKWORTH. — Devant le château de NORTHUMBERLAND.

Entre Lord BARDOLPH.

Lord Bardolph. — Qui garde la porte ici, holà?

Le portier *se présente.*

Lord Bardolph. — Où est le comte?

Le portier. — Qui annoncerai-je?

Lord Bardolph. — Dis au comte que Lord Bardolph l'attend ici.

Le portier. — Sa Seigneurie est à se promener dans le jardin; s'il plaît à Votre Honneur de frapper seulement à la porte, le comte vous répondra lui-même.

Lord Bardolph. — Voici venir le comte. (*Le portier se retire.*)

Entre NORTHUMBERLAND.

Northumberland. — Quelles nouvelles, Lord Bardolph? Chaque minute, à ce moment-ci, doit être la mère de quelque événement. L'heure présente est orageuse, la discorde, pareille à un cheval échauffé par une nourriture trop ardente, a follement pris le mors aux dents et jette tout à bas devant elle.

Lord Bardolph. — Noble comte, je vous apporte des nouvelles certaines de Shrewsbury.

Northumberland. — Bonnes, s'il plaît à Dieu!

Lord Bardolph. — Aussi bonnes que le cœur peut les désirer : le roi est presque blessé à mort; par le fait de l'heureuse fortune de Milord votre fils, le prince Henri est fendu de part en part; les deux Blunt sont morts de la main de Douglas; le jeune prince Jean, Westmoreland et Stafford ont fui le champ de bataille, et le cochon d'Harry Monmouth, cette chaloupe de Sir John, est prisonnier de votre fils. Oh! une telle journée, si bien défendue, si bien conduite, si complétement gagnée, n'a jamais honoré aucun siècle depuis les triomphes de César!

Northumberland. — Quelle est la source de cette nouvelle? Avez-vous vu le champ de bataille? Venez-vous de Shrewsbury?

Lord Bardolph. — J'ai parlé avec quelqu'un qui en venait, Milord, un gentilhomme de bonne éducation et de bonne renommée, qui m'a donné de lui-même ces nouvelles pour vraies.

Northumberland. — Voici venir mon serviteur Travers que j'ai dépêché mardi dernier pour apprendre des nouvelles.

Lord Bardolph. — Milord, je l'ai devancé sur la route, et il ne sait rien de plus certain que ce qu'il peut avoir appris de moi.

Entre TRAVERS.

Northumberland. — Eh bien, Travers, quelles heureuses nouvelles apportez-vous?

Travers. — Milord, Sir John Umfreville m'avait fait rebrousser chemin par les joyeuses nouvelles qu'il m'avait données, et comme il était mieux monté que moi, il m'eût bientôt dépassé. Après lui, est venu un gentilhomme qui piquait dur de l'éperon et qui, presque hors d'haleine à force de courir, s'est arrêté près de moi pour faire souffler son cheval ensanglanté. Il m'a demandé la route de Chester, et moi je lui ai demandé quelles nouvelles il apportait de Shrewsbury; il m'a répondu que la rébellion avait eu mauvaise chance et que l'éperon du jeune Harry Percy était refroidi. Là-dessus, il a rendu la tête à son bon cheval et, se penchant sur la selle, il a enfoncé jusqu'à la mollette ses éperons dans les flancs palpitants du pauvre animal, et il est parti, sans attendre d'autres questions, d'un tel galop qu'il semblait dévorer le chemin.

Northumberland. — Ah! répète un peu. Il a dit que l'éperon du jeune Harry Percy était refroidi? qu'*Éperon chaud* était devenu *éperon froid?* que la rébellion avait eu mauvaise chance?

Lord Bardolph. — Milord, je vais vous dire ce qui en est; si mon jeune Lord, votre fils, n'a pas remporté la victoire, sur mon honneur, je veux bien donner ma baronnie pour un nœud de soie : ne parlons plus de cela.

Northumberland. — Pourquoi donc alors ce gentilhomme qui a ralenti son cheval près de Travers a-t-il donné de tels détails de revers?

ACTE I, SCÈNE I. 347

Lord Bardolph. — Qui, cet homme-là? C'était quelque pauvre diable qui avait volé le cheval qu'il montait, et, sur ma vie, il parlait au hasard. Voyez, nous voici venir d'autres nouvelles.

Northumberland. — Oui, le front de cet homme, pareil à la page d'un titre, annonce la nature d'un volume tragique[3]. Semblable est l'aspect de la plage sur laquelle le flot impérieux a laissé le témoignage de son usurpation.

Entre MORTON.

Northumberland. — Dis-moi, Morton, viens-tu de Shrewsbury?

Morton. — Je me suis enfui de Shrewsbury, mon noble Lord, de Shrewsbury où la mort a pris son masque le plus hideux pour effrayer notre parti.

Northumberland. — Comment vont mon fils et mon frère? Tu trembles, et la pâleur de ta joue est plus apte que ta langue à rapporter ton message. Ce fut un homme tel que toi, aussi chancelant, aussi abattu, aussi affaissé, aussi hagard, d'un regard aussi éteint, d'une physionomie aussi bouleversée par la douleur, qui tira les rideaux de Priam, au milieu de la nuit, avec la bonne volonté de lui dire que sa ville de Troie était brûlée à moitié ; mais Priam devina l'incendie avant que lui n'eût retrouvé sa langue, et moi je devine la mort de mon Percy avant que tu ne me la rapportes. Voici comment tu voudrais t'y prendre : « Votre fils a fait ceci et cela, votre frère cela ; ainsi a combattu le noble Douglas ; » en arrêtant mon oreille avide à écouter leurs hardis exploits, mais à la fin, et cette fois pour arrêter tout à fait mon oreille, tu laisserais échapper un soupir qui dissiperait toutes ces louanges, et tu terminerais ainsi : « Frère, fils, et tous sont morts. »

Morton. — Douglas est vivant et votre frère vit encore ; mais quant à Milord votre fils....

Northumberland. — Il est mort, parbleu ! Voyez comme le soupçon a la parole prompte ! Celui qui redoute seulement la chose qu'il ne voudrait pas savoir, par instinct reconnaît dans les yeux des autres que ce qu'il craignait est arrivé. Parle, cependant, Morton ; dis à ton comte que sa divination a menti, et je prendrai la chose comme un aimable outrage et je te ferai riche pour m'avoir fait une telle insulte.

Morton. — Vous êtes trop grand pour être démenti par moi : votre pressentiment n'est que trop justifié, vos craintes ne sont que trop certaines.

Northumberland. — Cependant, malgré tout cela, ne dis pas que Percy est mort. Je lis une étrange confession dans ton œil ; tu secoues la tête et tu regardes comme un danger ou une faute de dire la vérité. S'il a été tué, dis-le-moi ; la langue qui rapporte sa mort ne donne pas d'offense : il pèche celui qui dément une mort certaine, mais non pas celui qui dit que les morts ne sont pas vivants. Cependant celui qui porte le premier de mauvaises nouvelles n'a qu'un office ingrat, et sa voix résonne toujours par la suite dans notre âme comme une cloche sourde qui nous rappelle le glas d'un ami défunt.

Lord Bardolph. — Je ne puis croire, Milord, que votre fils soit mort.

Morton. — Je suis désolé de vous forcer à croire ce que plût à Dieu que je n'eusse pas vu ; mais mes yeux l'ont vu, tout ensanglanté, rendant de faibles coups, épuisé et hors de souffle, en face d'Harry Monmouth dont la colère agile a précipité ce Percy qui n'eut jamais peur, sur la terre d'où il ne s'est plus relevé vivant. Bref, la mort de celui dont l'ardeur prêtait une étincelle au plus lourd paysan de son armée, une fois ébruitée, a enlevé tout feu et toute chaleur à celles de ses troupes dont le courage était le mieux trempé : car c'était au métal de son âme que son parti empruntait l'acier de sa résistance, et ce métal une fois ébréché, tous les autres ont tourné sur eux-mêmes et sont tombés comme un plomb lourd et pesant. Et de même que la chose qui est pesante par elle-même est celle qui, lorsqu'elle est poussée, court avec la plus grande rapidité, ainsi nos hommes, devenus pesants par la perte d'Hotspur, ont prêté par leurs craintes une telle vélocité à ce poids, que les flèches ne volent pas vers leur but avec plus de vitesse que nos soldats, visant à leur sécurité, ne se sont enfuis du champ de bataille. Alors le noble Worcester n'a été que trop tôt fait prisonnier ; et ce furieux Écossais, le sanglant Douglas, dont l'épée vaillamment laborieuse avait tué trois fois le fantôme du roi, a commencé à manquer de cœur et a fourni une excuse à la honte de ceux qui avaient tourné le dos : dans sa fuite, il a trébuché de frayeur et a été pris. Le résumé de tout cela, c'est que le roi est victorieux et qu'il a envoyé en toute hâte pour vous assaillir, Milord, des forces sous la conduite du jeune Lancastre et de Westmoreland. Voilà exactement les nouvelles.

NORTHUMBERLAND. — J'aurai assez de temps pour pleurer ces malheurs. Le poison contient son remède, et ces nouvelles qui, si elles avaient été heureuses, m'auraient rendu malade, étant mauvaises m'ont jusqu'à un certain point rendu à la santé : et de même que l'invalide dont les articulations affaiblies par la fièvre fléchissent sous le poids de la vie comme des gonds déracinés, dans l'impatience de son mal, s'échappe pareil à une flamme des bras de son gardien, ainsi mes membres à moi, affaiblis par le chagrin, mais maintenant exaspérés par la douleur, ont trois fois leur force ordinaire. Donc, à bas béquille complaisante ; c'est un gantelet écailleux aux charnières d'acier qui doit maintenant ganter cette main : à bas, bonnet de malade, tu es un préservatif trop futile pour une tête que des princes, soûlés de triomphe, se disposent à viser. Ceignez maintenant mon front de fer et vienne l'heure la plus tragique que le temps et le malheur puissent amener pour regarder avec menaces Northumberland le désespéré ! Que le ciel vienne baiser la terre ! Que la main de la nature ne retienne plus dans leurs limites les flots impétueux ! Que tout ordre expire ! Que le monde ne soit pas plus longtemps un théâtre où la discorde se traîne dans une action languissante, mais que l'âme de Caïn le premier né règne dans toutes les poitrines, en sorte que tous les cœurs étant poussés à des actions sanglantes, cette brutale tragédie puisse finir et la nuit rester seule pour ensevelir les morts!

TRAVERS. — Cette excessive colère vous fait mal, Milord.

LORD BARDOLPH. — Aimable comte, que votre honneur ne fasse pas divorce avec la sagesse.

MORTON. — Les existences de tous vos affectionnés complices ont pour appui votre santé, qui doit nécessairement succomber si vous l'abandonnez aux orages de la colère. Avant de dire : *Soulevons-nous,* vous vous étiez sans doute, mon noble Lord, soumis d'avance à l'issue de la guerre, et vous aviez sans doute calculé toutes les chances possibles. Vous saviez d'avance que dans le hasard des coups, votre fils pouvait succomber; vous saviez qu'il allait au-devant des périls sur un pont étroit d'où il était plus probable qu'il tomberait qu'il n'était probable qu'il le traverserait; vous saviez que sa chair était capable de recevoir des blessures et des balafres, et que son esprit impétueux le conduirait là où il y avait le plus de dangers à courir; cependant, vous avez dit : *En avant!* et nulle de ces possibilités, quelque fortement redoutée qu'elle fût, n'a pu vous détourner de cette action inébranlablement résolue. Qu'est-il donc arrivé, et qu'est-ce que cette audacieuse entreprise a produit, sinon ce qu'il était possible qu'elle produisît?

LORD BARDOLPH. — Nous tous qui sommes engagés dans ce naufrage, nous savions que nous nous exposions sur des mers si dangereuses qu'il y avait dix chances contre une que nous n'en tirerions pas notre vie : et cependant nous nous sommes exposés ; car le gain que nous avions en vue étouffait en nous la considération du péril probable que nous redoutions. Puisque nous sommes renversés, hasardons-nous une seconde fois. Allons, nous exposerons tout, corps et biens.

MORTON. — Il est plus que temps : et mon très-noble Lord, je sais de source certaine, et je vous dis la vérité, que le noble archevêque d'York s'est levé avec des troupes bien équipées. C'est un homme qui tient ses partisans par une double chaîne. Milord votre fils n'avait avec lui que les corps, les ombres, les apparences des hommes; car ce mot même de rébellion séparait l'action de leurs corps de l'adhésion de leurs âmes, et ils combattaient avec répugnance, par contrainte, comme on boit une potion, si bien que leurs armes seules semblaient être de notre côté; mais quant à leurs esprits et à leurs âmes, ce mot de rébellion les avait gelés comme des poissons dans un étang. Mais aujourd'hui l'évêque donne à l'insurrection un caractère religieux : comme on suppose que ses pensées sont pieuses et sincères, les âmes le suivent aussi bien que les corps; il donne un plus grand caractère à son insurrection en montrant le sang du beau roi Richard, gratté sur les pierres de Pomfret; il fait descendre du ciel sa querelle et sa cause, dit à ses hommes qu'il vient relever son pays saignant, haletant à mort sous le puissant Bolingbroke, et petits et grands s'attroupent pour le suivre.

Northumberland. — Je connaissais déjà ces nouvelles; mais, pour dire la vérité, le présent chagrin les avait effacées de mon esprit. Venez avec moi, et que chacun donne son avis sur les meilleurs moyens de sécurité et de vengeance. Expédions des courriers et des lettres, et faisons-nous vite des amis; jamais nous n'en eûmes si peu et jamais nous n'eûmes tant besoin d'en avoir. (*Ils sortent.*)

SCÈNE II.

Londres. — Une rue.

Entre sir JOHN FALSTAFF *avec son* page *portant son épée et son bouclier.*

Falstaff. — Eh bien, maraud, colosse, que dit le docteur de mon urine?

Le page. — Il a dit, Monsieur, que l'urine était par elle-même une bonne et saine urine, mais que quant à la personne dont elle sortait, elle devait avoir plus de maladies qu'elle ne s'en doutait.

Falstaff. — Les gens de toute sorte prennent plaisir à

se moquer de moi. La cervelle de cette folle créature, l'homme, n'est pas capable d'inventer quelque chose de plaisant qui ne soit inventé par moi ou inventé sur moi : je ne suis pas seulement spirituel par moi-même, je suis encore la cause d'où sort l'esprit des autres. Je marche là devant toi comme une truie qui a étouffé toute sa portée, moins un seul petit. Si le prince t'a mis à mon service pour d'autre raison que celle de me servir de contraste, je n'ai parbleu aucun jugement. Petite libertine de mandragore [4], tu ferais bien meilleure figure placée à mon chapeau que tu ne fais à mes talons en me servant d'escorte. Je n'ai pas encore été servi par une figurine d'agate [5]; cependant je ne vous enchâsserai ni dans l'or, ni dans l'argent, mais dans une vile monture, et je vous renverrai en guise de bijou à votre maître, à ce jouvenceau, le prince votre maître, dont le menton n'est pas encore emplumé. J'aurai plus tôt une barbe dans le creux de ma main qu'il n'en aura une à la joue; et cependant il n'hésitera pas à dire que sa face est une face royale. Dieu pourra la terminer quand il voudra, elle n'a pas encore un poil à dire : il peut la garder éternellement comme une effigie royale, car un barbier ne gagnera jamais *six pence* avec elle; et cependant il veut faire *cocorico* comme s'il était homme depuis le temps que son père était encore garçon. Il peut garder sa propre grâce, mais il a presque perdu la mienne, je le lui déclare. Qu'a dit M. Dombledon au sujet du satin pour mon manteau court et mes culottes larges?

Le page. — Il a dit, Monsieur, qu'il vous fallait lui donner une meilleure garantie que Bardolph : il ne veut pas accepter son billet ni le vôtre; il ne goûte pas cette sûreté.

Falstaff. — Qu'il soit damné comme le glouton, et plaise à Dieu que la langue lui brûle encore davantage! Un Achitophel fils de putain, une canaille de coquin de cette sorte, tenir un gentilhomme le bec dans l'eau et puis venir réclamer des sûretés! Ces canailles à tête lisse vous portent maintenant des talons hauts et des trousseaux de clefs à leurs ceintures; et si un homme y va rondement avec eux pour demander honnêtement crédit, ils vous réclament des sûretés! J'aimerais autant qu'ils m'emplissent la bouche avec de la mort aux rats que de me la fermer avec ce mot *sûreté!* Je comptais qu'il m'enverrait vingt-deux aunes de satin, aussi vrai que je suis un vrai chevalier, et il m'envoie.... une demande de *sûreté!* Bon, il peut dormir en *sûreté*, car il a la corne d'abondance, et la légèreté de sa femme transparaît au travers; et cependant il n'y voit pas clair, quoiqu'il ait sa propre lanterne pour l'éclairer. Où est Bardolph?

Le page. — Il est allé à Smithfield pour acheter un cheval à Votre Honneur.

Falstaff. — Je l'ai acheté à Saint-Paul lui, et il s'en va m'acheter un cheval à Smithfield; si je m'achetais une femme au bordel, je serais servi, monté et marié à l'avenant[6].

Le page. — Monsieur, voici venir le gentilhomme qui a fait mettre le prince en prison pour l'avoir frappé à propos de Bardolph.

Falstaff. — Suis-moi bien vite; je ne veux pas le voir.

Entrent le lord GRAND JUGE[7] *et un* assistant.

Le grand juge. — Quel est l'homme qui s'en va d'ici?
L'assistant. — Falstaff, s'il plaît à Votre Seigneurie.
Le grand juge. — Celui qui était accusé de ce vol?
L'assistant. — Lui-même, Milord; mais il a depuis rendu de bons services à Shrewsbury, et si ce que j'apprends est vrai, il part maintenant avec un emploi sous Lord Jean de Lancastre.

Le grand juge. — Comment, il part pour York? Rappelez-le.

L'assistant. — Sir John Falstaff!
Falstaff. — Enfant, dis-lui que je suis sourd.
Le page. — Il vous faut parler plus haut; mon maître est sourd.

Le grand juge. — Je suis sûr qu'il l'est en effet pour

entendre toute bonne chose. Allez, tirez-le par le coude; j'ai besoin de lui parler.

L'ASSISTANT. — Sir John!

FALSTAFF. — Comment! un drôle tout jeune et qui mendie? N'y a-t-il pas des guerres? N'y a-t-il pas de l'emploi? Est-ce que le roi n'a pas besoin de ses sujets? Est-ce que les rebelles n'ont pas besoin de soldats? Bien qu'il n'y ait d'honneur que dans un seul des deux partis, il est cependant plus honteux de mendier que de se ranger du pire côté, fût-il pire que ne pourrait jamais l'exprimer le nom de rébellion.

L'ASSISTANT. — Vous vous méprenez sur mon compte, Monsieur.

FALSTAFF. — Comment, Monsieur, est-ce que je vous ai dit que vous étiez un honnête homme? Mettant de côté mes titres de chevalier et de soldat, j'en aurais menti par la gorge, si j'avais dit cela.

L'ASSISTANT. — Je vous en prie, Monsieur, mettez alors de côté vos titres de chevalier et de soldat, et permettez-moi de vous dire que vous mentez par la gorge, si vous dites que je suis autre chose qu'un honnête homme.

FALSTAFF. — Moi te donner la permission de me parler ainsi? moi renoncer à ce qui est inséparable de ma personne? Si tu obtiens de moi une permission de ce genre, tu peux me pendre, et si tu la prends, mieux vaudrait que tu fusses pendu. Hors d'ici, limier de prison! Décampe.

L'ASSISTANT. — Monsieur, Milord voudrait vous parler.

LE GRAND JUGE. — Sir John Falstaff, un mot?

FALSTAFF. — Mon bon Lord! — Dieu donne à Votre Seigneurie une bonne journée! Je suis heureux de voir Votre Seigneurie dehors : j'avais entendu dire que Votre Seigneurie était malade; j'espère que Votre Seigneurie est sortie sur le conseil de son médecin. Quoique Votre Seigneurie n'aie pas encore dépassé la jeunesse, vous vous sentez cependant quelque peu de l'âge, vous avez quelque avant-goût de l'amertume de la maturité, et je supplie très-humblement Votre Seigneurie de prendre de votre santé un soin scrupuleux.

Le grand juge. — Sir John, je vous avais fait mander avant votre expédition de Shrewsbury.

Falstaff. — N'en déplaise à Votre Seigneurie, j'apprends que Sa Majesté est revenue du pays de Galles quelque peu mécontente.

Le grand juge. — Je ne parle pas de Sa Majesté. Vous n'êtes pas venu lorsque je vous ai envoyé chercher.

Falstaff. — Et j'apprends en outre que Son Altesse a eu un nouvel accès de cette bougresse d'apoplexie.

Le grand juge. — Bon, le ciel le rétablisse! Je vous en prie, laissez-moi vous parler.

Falstaff. — Cette apoplexie est, à mon avis, une manière de léthargie, n'en déplaise à Votre Seigneurie, une sorte de sommeil du sang, un bougre de tintement d'oreilles.

Le grand juge. — Que me racontez-vous là? Cette maladie est ce qu'elle est.

Falstaff. — Elle a son origine dans les grands chagrins, l'excès de travail et la perturbation du cerveau. J'ai lu la cause de ses effets dans Galien; c'est une manière de surdité.

Le grand juge. — Je présume que vous êtes tombé dans cette maladie, car vous n'entendez pas ce que je vous dis.

Falstaff. — Très-bien, Milord, très-bien : la maladie dont je suis affligé, c'est plutôt, ne vous en déplaise, la maladie de ne pas écouter, le mal de l'inattention.

Le grand juge. — Vous punir par les talons serait le moyen de donner de l'attention à vos oreilles[8], et je n'aurais aucun déplaisir à devenir votre médecin.

Falstaff. — Je suis aussi pauvre que Job, Milord, mais je ne suis pas aussi patient: Votre Seigneurie peut bien, à cause de ma pauvreté, m'administrer la potion de l'emprisonnement; mais jusqu'à quel point je serais votre *patient* pour suivre vos prescriptions, c'est un point sur lequel les savants pourraient avoir un brin de scrupule, voire un scrupule tout entier.

Le grand juge. — Je vous avais fait mander pour venir me répondre sur des accusations qui n'atteignaient rien moins que votre vie.

FALSTAFF. — Et je ne suis pas venu, sur l'avis qui me fut alors donné par mon conseil, homme très-versé dans les lois du service militaire de ce pays.

LE GRAND JUGE. — Bon, la vérité, Sir John, est que vous vivez dans une grande infamie.

FALSTAFF. — Celui qui se boucle dans ma ceinture ne peut vivre dans une plus petite.

LE GRAND JUGE. — Vos ressources sont très-minces et votre dépense est grande.

FALSTAFF. — Je voudrais que ce fût le contraire ; je voudrais que mes ressources fussent plus grandes et ma *panse* plus mince.

LE GRAND JUGE. — Vous avez égaré le jeune prince.

FALSTAFF. — C'est le jeune prince qui m'a égaré ; je suis le compère au gros ventre et lui le chien qui me conduit.

LE GRAND JUGE. — Bon, je ne voudrais pas rouvrir une blessure récemment fermée ; votre service de jour à Shrewsbury a quelque peu doré votre exploit nocturne à Gadshill ; vous pouvez remercier les troubles de ce moment-ci de vous avoir permis d'échapper sans *trouble* à cette action.

FALSTAFF. — Milord !

LE GRAND JUGE. — Mais puisque tout est bien, laissez les choses en cet état : ne réveillez pas le loup qui dort.

FALSTAFF. — Réveiller un loup est aussi mauvais que sentir un renard.

LE GRAND JUGE. — Vous êtes, parbleu, comme une chandelle ; la meilleure partie en est brûlée.

FALSTAFF. — Un cierge, Milord, et tout suif : quand j'aurais dit de *cire*, cela n'aurait pas mal convenu à mon embonpoint de monarque.

LE GRAND JUGE. — Il n'y a pas un des poils blancs de votre face qui ne dût vous rappeler au sentiment de la gravité.

FALSTAFF. — Au sentiment de l'obésité, de l'obésité, de l'obésité.

LE GRAND JUGE. — Vous suivez le jeune prince par monts et par vaux comme son mauvais ange.

Falstaff. — Non pas, Milord, un mauvais *ange* est léger⁹ ; mais j'espère que quiconque jettera les yeux sur moi pourra me prendre sans avoir besoin de me peser, et cependant, à quelques égards, je l'avoue, je ne peux passer pour bon poids, ni sonner pour bonne monnaie. La vertu est si peu estimée par ce temps de marchands de pommes cuites que le vrai courage s'est fait montreur d'ours : le génie s'est fait garçon de cabaret et dépense son vif esprit à dresser des comptes ; tous les autres dons qui appartiennent à l'homme, étant donnée la manière dont la malice de ce siècle les accommode, ne valent pas une groseille à maquereau. Vous qui êtes vieux, vous ne comprenez pas les capacités de nous qui sommes jeunes ; vous voulez apprécier la chaleur de notre foie par l'amertume de votre bile, mais nous qui sommes dans le printemps de notre jeunesse, nous sommes fous parfois, je dois le confesser.

Le grand juge. — Osez-vous inscrire votre nom sur les registres de la jeunesse, vous sur qui le temps, par tous ses caractères, a écrit : vieillesse ? N'avez-vous pas l'œil chassieux ? la main sèche ? la joue jaunâtre ? la barbe blanche ? la jambe fléchissante ? le ventre croissant ? Votre voix n'est-elle pas altérée ? votre haleine courte ? votre menton double ? votre esprit simple ? chaque partie de vous-même n'est-elle pas flétrie d'antiquité ? et vous voulez encore vous appeler jeune ? Fi, fi, fi, Sir John !

Falstaff. — Milord, je suis né vers trois heures de l'après-midi avec une tête blanche et un ventre quelque peu rond. Quant à ma voix, je l'ai perdue à pousser des acclamations et à chanter des antiennes. Je ne veux pas m'amuser à vous prouver davantage ma jeunesse : la vérité est que je ne suis vieux que de jugement et d'intelligence ; que celui qui voudra parier avec moi mille marcs à qui fera les meilleures cabrioles, me prête l'argent et il verra bien ensuite. Quant au soufflet que le prince vous a donné, il l'a donné comme un prince brutal et vous l'avez reçu comme un Lord sensible. Je l'ai réprimandé pour cela, et le jeune lion s'en repent, non pas sous le sac et les cendres, parbleu, mais sous de la soie neuve et avec du vieux Xérès.

Le grand juge. — Bon, Dieu envoie au prince un meilleur compagnon !

Falstaff. — Dieu envoie au compagnon un meilleur prince ! Je ne peux pas parvenir à m'en débarrasser.

Le grand juge. — Bon, le roi vous a séparés, vous et le prince Henri : j'apprends que vous marchez avec Lord Jean de Lancastre contre l'archevêque et le comte de Northumberland.

Falstaff. — Oui, certes, je remercie de cette information votre gentil et délicieux esprit. Mais voyez-vous, vous tous qui baisez Milady la Paix ici, au logis, priez que nos armées n'en viennent pas aux mains par une chaude journée ; car, par le Seigneur, je ne prends que deux chemises avec moi et je n'ai pas l'intention de suer d'une manière extraordinaire : qu'il fasse par hasard une chaude journée, et je veux bien ne plus cracher blanc de ma vie si je brandis autre chose que ma bouteille. Pas un engagement dangereux ne peut montrer le bout de son nez sans que j'y sois fourré ; bon, je ne peux cependant pas durer éternellement ; mais c'a été toujours la manie de notre nation anglaise, quand elle a une bonne chose, de la vulgariser. Si vous voulez absolument que je sois vieux, vous devriez bien me donner le repos. Plût à Dieu que mon nom ne fût pas si terrible qu'il l'est à l'ennemi. J'aimerais mieux être rongé à mort par la rouille que d'être réduit à rien par le récurage du mouvement perpétuel.

Le grand juge. — Bien, soyez honnête, soyez honnête, et que Dieu bénisse votre expédition.

Falstaff. — Votre Seigneurie voudrait-elle me prêter mille livres pour m'équiper ?

Le grand juge. — Pas un *penny*, pas un *penny* ; vous êtes trop impatient pour porter des *croix*[10]. Portez-vous bien. Recommandez-moi au souvenir de mon cousin Westmoreland. (*Il sort avec son assistant.*).

Falstaff. — Si je le fais, je veux bien être caressé à grands coups de maillet[11]. On ne peut pas plus séparer la vieillesse de l'avarice que la jeunesse de la paillardise ; mais la goutte embête l'une et la vérole pince l'autre, ce qui fait que ces deux âges m'épargnent la peine de les maudire. — Petit?

Le page. — Monsieur?

Falstaff. — Combien ai-je dans ma bourse?

Le page. — Sept groats et deux pence.

Falstaff. — Je ne puis trouver de remède contre cette consomption de la bourse. Emprunter ne fait que prolonger, prolonger un peu son existence, mais le mal est incurable. Va porter cette lettre à Milord de Lancastre, celle-ci au prince, celle-là au comte de Westmoreland, et cette autre à la vieille Mistress Ursule que j'ai juré d'épouser une fois toutes les semaines depuis le jour où j'ai aperçu le premier poil blanc à mon menton. En route, vous savez où me retrouver. (*Sort le page.*) La vérole soit de cette goutte! ou la goutte soit de cette vérole! car c'est l'une ou l'autre qui fait la coquine dans mon gros doigt de pied. Après tout, peu importe que je boite : j'ai mon service militaire pour colorer la chose et ma pension n'en semblera que plus raisonnable. Un bon esprit doit faire usage de tout : je ferai tourner mes infirmités à profit.

(*Il sort.*)

SCÈNE III.

Un appartement dans le palais de l'archevêque d'York.

Entrent l'archevêque d'York, *les* lords MOWBRAY, HASTINGS *et* BARDOLPH.

L'archevêque d'York. — Maintenant vous avez entendu notre cause et vous connaissez nos ressources; je vous en prie, mes très-nobles amis, exprimez tous franchement votre opinion sur nos chances de succès : vous d'abord, Lord maréchal, qu'en dites-vous?

Mowbray. — Je conviens parfaitement de la légitimité de notre prise d'armes; mais je serais beaucoup plus heureux de savoir comment, avec nos ressources, nous pouvons présenter aux forces et à la puissance du roi un front de bataille suffisamment solide et étendu.

Hastings. — Nos troupes actuellement rassemblées présentent un total de vingt-cinq mille hommes de choix, et pour nos renforts nous comptons fermement sur le puissant Northumberland dont le cœur brûle du feu qu'y ont allumé les outrages.

Lord Bardolph. — En ce cas, Lord Hastings, la question se pose ainsi : pouvons-nous résister avec nos vingt-cinq mille hommes actuels sans le secours de Northumberland?

Hastings. — Avec lui nous pouvons résister.

Lord Bardolph. — Oui, parbleu, c'est là le point délicat; mais si nous nous jugeons trop faibles sans lui, mon opinion est que nous ne devons pas nous avancer trop loin avant d'avoir son assistance sous la main; car dans une affaire qui présente un aspect aussi terrible que celle-là, on ne peut admettre la possibilité, l'espérance, l'attente problématique de secours incertains.

L'archevêque d'York. — C'est très-vrai, Lord Bardolph; car ce fut là, en vérité, le cas du jeune Hotspur à Shrewsbury.

Lord Bardolph. — Oui, Milord; il s'appuya sur l'espérance, vécut d'air sur la promesse de secours, se berça du mirage d'une force qui se trouva beaucoup plus petite que la plus petite de ses pensées, et c'est ainsi qu'avec cette grande imagination qui est propre aux fous, il conduisit ses troupes à la mort et sauta les yeux fermés dans l'abîme.

Hastings. — Mais, avec votre permission, cela n'a jamais fait de mal de mettre en ligne de compte les probabilités et les motifs d'espérance.

Lord Bardolph. — Si, dans une guerre de la nature de celle qui est actuellement engagée, dans une action comme l'action présente. L'espérance d'une cause qui en est à son début ressemble à celle qu'un printemps précoce peut inspirer par ses bourgeons naissants; l'espérance ne donne pas plus de raisons de compter que ces bourgeons deviendront des fruits, que la défiance ne donne de raisons de craindre que les gelées les flétriront. Lorsque nous avons l'intention de bâtir, nous examinons d'abord l'emplacement, puis nous dessinons le plan, et lorsque nous voyons la figure de la maison, alors nous évaluons le coût de l'érection : et si nous trouvons qu'elle dépasse nos moyens, que faisons-nous alors? nous reprenons notre projet sur un plan moins large ou nous renonçons tout à fait à bâtir. Combien il est plus nécessaire encore dans cette grande entreprise qui consiste presque à déraciner une royauté pour en élever une autre, d'étudier notre terrain et notre plan. Il nous faut convenir d'une base sûre, consulter des experts, faire le compte de nos propres ressources pour savoir si l'action dans laquelle nous nous engageons pourra tenir contre l'action opposée; sans cela nous composons des troupes sur le papier et en chiffres, et nous employons le mot d'hommes au lieu de la réalité d'hommes ; nous ressemblons à celui qui dresse le plan d'une maison qu'il n'a pas le moyen de bâtir, et qui, l'abandonnant à demi faite, laisse la partie qu'il a élevée à grands frais comme une esclave nue destinée à recevoir les pleurs des nuages, comme une proie destinée à subir la tyrannie du brutal hiver.

Hastings. — Accordons que nos espérances, qui, cependant, promettent bien dès leur naissance, soient mortes-nées et que nous possédions déjà tout ce que nous pouvons attendre, jusqu'au dernier homme : je crois que tels que nous sommes, nous composons une force assez puissante pour faire équilibre à celle du roi.

Lord Bardolph. — Comment! est-ce que le roi n'a que vingt-cinq mille hommes?

Hastings. — Il n'en a pas davantage à nous opposer, à nous; il n'en a même pas autant, Lord Bardolph; car ses forces, pour faire face aux périls présents, ont dû être divisées en trois corps d'armée : un de ces corps d'armée contre les Français[12], un autre contre Glendower, et le troisième nécessairement contre nous : ainsi ce roi chancelant est coupé en trois et ses coffres sonnent creux de vide et de pauvreté.

L'archevêque d'York. — Nous n'avons pas à craindre qu'il réunisse ses divisions séparées et qu'il vienne contre nous avec toutes ses forces.

HASTINGS. — S'il faisait cela, il laisserait ses derrières sans protection, et il aurait, aboyant à ses talons, les Français et les Gallois : ne craignez rien de pareil.

LORD BARDOLPH. — Quels sont les chefs vraisemblables des forces envoyées ici?

HASTINGS. — Le duc de Lancastre et Westmoreland; contre les Gallois, le roi lui-même et Harry Monmouth; mais quel lieutenant est envoyé contre les Français, je n'en ai aucun avis certain.

L'ARCHEVÊQUE D'YORK. — Levons-nous et proclamons les motifs de notre prise d'armes. La nation est fatiguée du choix qu'elle a fait; l'appétit d'affection qu'elle ressentait pour lui est rassasié : celui qui bâtit sur le cœur du vulgaire n'a qu'une habitation chancelante et incertaine. O folle multitude! de quels bruyants applaudissements tu frappais le ciel en bénissant Bolingbroke avant qu'il fût ce que tu voulais qu'il fût! et maintenant que te voilà satisfaite dans tes désirs, tu es tellement soûle de lui, gloutonne bestiale, que tu te provoques à le vomir. C'est ainsi, c'est ainsi, chien de vulgaire, que tu dégorgeas ton cœur vorace du royal Richard, et maintenant tu voudrais remanger le mort que tu as vomi et tu hurles pour retrouver ton vomissement. Comment se fier à des temps pareils? Ceux qui, lorsque Richard vivait, souhaitaient qu'il fût mort, se sont maintenant enamourés de sa tombe; et toi, multitude, qui jetais de la poussière sur sa tête bénie, lorsqu'il traversa Londres en soupirant, derrière les talons de l'admiré Bolingbroke, tu cries maintenant : « O terre, rends-nous ce roi et prends celui-là ! » O pensées des hommes maudits! Les choses passées et futures semblent les meilleures, les choses présentes les pires.

MOWBRAY. — Allons-nous réunir nos forces et nous mettre en mouvement?

HASTINGS. — Nous sommes les sujets du temps et le temps nous ordonne de partir.

(*Ils sortent.*)

ACTE II.

SCÈNE PREMIÈRE.

Londres. — Une rue.

Entrent l'hôtesse QUICKLY, LECROC *et son* aide; TRÉBUCHET *vient par derrière eux.*

L'hôtesse. — M. Lecroc, avez-vous dressé ma plainte?
Lecroc. — Elle est dressée.
L'hôtesse. — Où est votre *yeoman?* Est-ce un vigoureux *yeoman?* Sera-t-il capable de résister?
Lecroc. — Maraud, où est Trébuchet?
L'hôtesse. — O Seigneur, oui, celui-là, ce bon M. Trébuchet.
Trébuchet. — Voilà, voilà.
Lecroc. — Trébuchet, il nous faut arrêter Sir John Falstaff.
L'hôtesse. — Oui, mon bon M. Trébuchet; j'ai porté plainte, et voilà.
Trébuchet. — Cela pourra coûter la vie à quelques-uns d'entre nous, car il donnera des coups de rapière.
L'hôtesse. — Ah malheur! prenez bien garde à lui; il m'a porté des coups de rapière dans ma propre maison, et cela très-brutalement : en bonne foi, il ne s'inquiète pas du mal qu'il peut faire quand il met flamberge au vent; il va se fendre comme un diable et ne vous respectera ni homme, ni femme, ni enfant.
Lecroc. — Si je puis le prendre à bras-le-corps, je ne m'inquiète pas de son escrime.

L'hôtesse. — Non, ni moi non plus ; je me tiendrai tout contre vous.

Lecroc. — Si je puis seulement l'empoigner une fois, si je le tiens seulement une fois sous ma griffe....

L'hôtesse. — Je suis ruinée par son départ ; je vous l'assure, il tient sur mon livre de comptes une place qui n'en finit plus. Mon bon M. Lecroc, tenez-le solidement ; mon bon M. Trébuchet, ne le laissez pas échapper. Il vient continuellement à *Pic-Corner*, sauf votre respect, pour acheter une selle, et il est invité à dîner à l'hôtel du *Liopard*, dans la rue des *Lumbards*, avec M. Smooth, le marchand de soieries. Je vous en prie, puisque mon *assion* est intentée et que mon cas est ouvertement connu de tout le monde, qu'on l'oblige à donner caution. Cent marcs, c'est une grosse somme pour qu'une pauvre femme seule au monde les perde ; et j'en ai perdu, et perdu, et perdu, et j'ai été attrapée, et attrapée, et attrapée, depuis le commencement jusques à aujourd'hui, que c'est une honte à le penser. Il n'y a pas d'honnêteté dans de telles manières d'agir, à moins qu'une femme ne soit un âne et une bête, chargée de porter les torts de tous les coquins. Le voici là-bas qui vient avec ce fieffé drôle au nez de Malvoisie, Bardolph. Faites votre devoir, faites votre office, M. Lecroc et M. Trébuchet ; faites-moi, faites-moi, faites-moi votre devoir.

Entrent FALSTAFF, *son* page *et* BARDOLPH.

Falstaff. — Eh bien, qu'y a-t-il? Qui a perdu sa jument ici? Qu'y a-t-il?

Lecroc. — Sir John, je vous arrête à la requête de Mistress Quickly.

Falstaff. — Arrière, valets ; dégaine, Bardolph ; coupe-moi la tête du scélérat ; jette-moi la coquine dans le ruisseau.

L'hôtesse. — Me jeter dans le ruisseau ! C'est moi qui te jetterai dans le ruisseau ! M'y jetteras-tu, m'y jetteras-tu, coquin de bâtard que tu es? Au meurtre ! au meurtre ! Ah ! scélérat de *honnicide!* Est-ce que tu oseras tuer les officiers de Dieu et du roi? Ah! coquin de graine d'*honnicide!* tu es une graine d'*honnicide*, un tueur d'hommes, un tueur de femmes!

FALSTAFF. — Tiens-les à distance, Bardolph.

LECROC. — A la rescousse, à la rescousse!

L'HÔTESSE. — Bonnes gens, amenez une ou deux personnes de renfort. Veux-tu, dis? Tu ne veux pas, dis? Veux-tu? Tu ne veux pas? Vas, vas, coquin! Vas, cravate de chanvre!

FALSTAFF. — Arrière, marmitonne! arrière, herbe tenace! arrière, puant porteur de gourdin! je vais vous chatouiller le fondement.

Entre LE GRAND JUGE *avec sa suite.*

LE GRAND JUGE. — Qu'y a-t-il? Holà, qu'on maintienne ici la paix!

L'HÔTESSE. — Mon bon Milord, soyez bon pour moi! Je vous en conjure, prenez ma défense!

LE GRAND JUGE. — Qu'y a-t-il, Sir John? Comment est-ce que vous êtes là à vous disputer? Est-ce que cela convient à votre situation, au moment où vous êtes, et à votre charge? Vous devriez être déjà en route pour York. Lâche-le, l'ami; pourquoi t'accroches-tu à lui?

L'HÔTESSE. — O mon très-vénérable Lord, n'en déplaise à Votre Grâce, je suis une pauvre veuve d'Eastcheap, et il est arrêté à ma requête.

LE GRAND JUGE. — Pour quelle somme?

L'HÔTESSE. — C'est pour plus qu'une somme, Milord, c'est pour tout, tout ce que j'ai. Il a dévoré ma maison et mon commerce en entier; il a mis toute ma substance dans sa grasse panse : mais j'en retirerai quelque chose ou je te chevaucherai toutes les nuits comme une bête du cauchemar.

FALSTAFF. — Je crois que c'est plutôt moi qui chevaucherai la bête, si je puis gagner l'avantage du terrain pour sauter dessus.

LE GRAND JUGE. — Qu'est-ce que cela veut dire, Sir John? Fi! quel homme de cœur voudrait supporter cette tempête de récriminations? N'avez-vous pas honte de forcer une pauvre veuve à recourir à des moyens si violents pour rentrer dans son dû?

FALSTAFF. — Quelle si grosse somme est-ce que je vous dois?

L'HÔTESSE. — Pardi, si tu étais un honnête homme, tu me devrais ta personne et l'argent aussi. Tu m'as juré sur un gobelet à ciselures dorées[1], dans ma chambre du Dauphin, assis à la table ronde, devant un feu de charbon de terre, un mercredi de la semaine de la Pentecôte, le jour où le prince te cassa la tête pour avoir comparé son père à un homme qui chante dans Windsor, tu m'as juré alors, pendant que je lavais ta blessure, que tu m'épouserais et que tu ferais de moi Milady ta femme. Peux-tu nier cela? Est-ce que la bonne femme Keech, la femme du boucher, n'est pas venue alors et ne m'a pas appelée commère Quickly? Elle était venue pour nous emprunter quelques gouttes de vinaigre, et elle nous dit qu'elle avait un bon plat de crevettes; là-dessus tu exprimas le désir d'en manger quelques-unes, et je te fis l'observation que c'était mauvais pour une blessure fraîche. Et lorsqu'elle eut redescendu l'escalier, est-ce que tu ne m'exprimas pas le désir de me voir moins familière avec de tels pauvres gens, en me disant qu'avant longtemps ils m'appelleraient Madame? Et ne m'embrassas-tu pas? Et ne me dis-tu pas d'aller te chercher trente shillings? Je t'appelle à en prêter serment : nie cela, si tu peux.

FALSTAFF. — Milord, c'est une pauvre âme folle : elle va disant, à droite et à gauche, dans la ville, que son fils aîné vous ressemble; elle a été dans une bonne situation, et la vérité est que la pauvreté l'a rendue folle. Mais quant à ces sots d'officiers, je vous conjure de me permettre d'en obtenir réparation.

LE GRAND JUGE. — Sir John, Sir John, j'ai bonne connaissance de la manière dont vous vous entendez à donner à la vérité une entorse qui la fait ressembler au mensonge. Ni votre front d'airain, ni la foule de paroles qui s'échappent de vos lèvres avec une impertinence plus qu'impudente ne peuvent me faire dévier d'une impartiale justice:

vous avez, à ce qu'il me paraît, abusé de l'esprit crédule et confiant de cette femme, et vous avez fait servir à votre profit à la fois sa personne et sa bourse.

L'HÔTESSE. — Oui, en vérité, Milord.

LE GRAND JUGE. — Paix, je t'en prie. Payez-lui la dette que vous lui devez et indemnisez-la de la vilenie que vous avez faite avec elle : vous pouvez faire l'une de ces choses avec de la bonne monnaie, et l'autre avec la monnaie du repentir d'usage.

FALSTAFF. — Milord, je ne peux pas laisser passer une telle imputation sans répondre. Vous appelez impertinence impudente une honorable hardiesse ; si un homme fait la révérence et ne dit rien, c'est un homme vertueux. Non, Milord, mes humbles devoirs envers vous une fois tenus en mémoire, je me refuse à être votre courtisan. Je vous dis que je désire être délivré de ces officiers, étant singulièrement pressé pour les affaires du roi.

LE GRAND JUGE. — Vous parlez comme un homme qui a qualité pour faire le mal ; mais tâchez de réparer le tort que vous portez à votre réputation et de satisfaire cette pauvre femme.

FALSTAFF. — Hôtesse, venez ici. (*Il la prend à part.*)

Entre GOWER.

LE GRAND JUGE. — Eh bien, maître Gower, quelles nouvelles?

GOWER. — Le roi, Milord, et Henri, prince de Galles, sont tout près d'ici : ce papier vous dira le reste.

FALSTAFF. — Aussi vrai que je suis un gentilhomme....

L'HÔTESSE. — Parbleu, vous avez dit cela déjà.

FALSTAFF. — Aussi vrai que je suis un gentilhomme ; allons, n'en parlons plus.

L'HÔTESSE. — Par cette terre de Dieu que je foule, je serai obligée de mettre en gage mon argenterie et les tapisseries de mes salles à manger.

FALSTAFF. — Des gobelets en verre, des gobelets en verre, c'est tout ce qu'il faut pour boire, et pour tes murailles, quelque gentille petite drôlerie, ou l'histoire de l'Enfant Prodigue, ou une chasse allemande peinte à la détrempe[2], valent un millier de ces tentures de lit et de ces tapisseries rongées des papillons. Que ce soit dix livres, si tu peux. Allons, sauf ton mauvais caractère, il n'y a pas une meilleure fille en Angleterre. Allons, essuie tes joues et retire ta plainte. Voyons, il ne faut pas avoir cette mauvaise humeur à mon endroit. Est-ce que tu ne me connais pas? Allons, allons, je sais qu'on t'a poussée à cette action.

L'hôtesse. — Je t'en prie, Sir John, que ce soit seulement vingt nobles; sur ma foi, j'ai honte d'engager mon argenterie, sérieusement, là.

Falstaff. — N'en parlons plus; je verrai à trouver ailleurs. Vous serez toujours une sotte.

L'hôtesse. — Bon, vous aurez cet argent quand bien même je devrais engager ma robe. J'espère que vous viendrez souper. Me payerez-vous tout ensemble?

Falstaff. — Veux-je vivre? (*A Bardolph.*) Vas avec elle, avec elle; harponne, harponne.

L'hôtesse. — Voulez-vous que Doll Tearsheet vienne vous trouver à souper?

Falstaff. — Assez parlé; envoie-nous-la. (*Sortent l'hôtesse, Bardolph, les exempts et le valet.*)

Le grand juge. — J'ai appris plus d'une fois de meilleures nouvelles que celles-là.

Falstaff. — Quelles sont les nouvelles, mon bon Lord?

Le grand juge. — Où a couché le roi la nuit dernière?

Gower. — A Basingstoke, Milord.

Falstaff. — J'espère, Milord, que tout va bien : quelles sont les nouvelles, Milord?

Le grand juge. — Est-ce que toutes ses forces reviennent?

Gower. — Non, quinze cents hommes d'infanterie et cinq cents hommes de cavalerie sont envoyés à Milord de Lancastre contre Northumberland et l'archevêque.

Falstaff. — Est-ce que le roi revient du pays de Galles, mon noble Lord?

Le grand juge. — Je vais vous remettre des lettres à l'instant; allons, venez avec moi, mon bon maître Gower.

Falstaff. — Milord!

Le grand juge. — Qu'y a-t-il?

Falstaff. — Maître Gower, vous inviterai-je à dîner avec moi?

Gower. — Il me faut suivre mon bon Lord ici présent; je vous remercie, mon bon Sir John.

Le grand juge. — Sir John, vous traînez ici trop longtemps, ayant, comme vous le savez, à ramasser des soldats dans les comtés à mesure que vous ferez route.

Falstaff. — Voulez-vous souper avec moi, maître Gower?

Le grand juge. — Quel est le sot maître qui vous a enseigné ces manières, Sir John?

Falstaff. — Maître Gower, si ces manières ne me conviennent pas, celui qui me les a enseignées était un sot. Voilà la vraie grâce de l'escrime, Milord; coup pour coup, et partant quittes.

Le grand juge. — Que le Seigneur t'éclaire! tu es un grand fou. (*Ils sortent.*)

SCÈNE II.

Londres. — Une autre rue.

Entrent le prince HENRI *et* POINS.

Le prince Henri. — Je t'assure que je suis extrêmement fatigué.

Poins. — En sommes-nous là? J'aurais pensé que la fatigue n'aurait pas osé s'attaquer à quelqu'un de si haute naissance.

Le prince Henri. — Ma foi oui, elle s'attaque à moi, quoique un tel aveu n'embellisse pas la figure de ma grandeur. N'est-il pas aussi quelque peu vil à moi d'avoir envie de petite bière?

Poins. — Certes, un prince ne devrait pas avoir des habitudes assez vulgaires pour se rappeler un aussi médiocre breuvage.

Le prince Henri. — Probablement, en ce cas, mon appétit n'aura pas été princièrement engendré, car, sur ma foi, je me rappelle pour l'instant cette pauvre créature, la petite bière. Mais, en vérité, ces humbles attachements-là me brouillent avec ma grandeur. Quelle honte c'est pour moi de me rappeler ton nom, ou de reconnaître demain ton visage, ou de tenir note du nombre de paires de bas de soie que tu possèdes, c'est-à-dire, ceux que voici, et les autres qui étaient ta paire couleur de pêche, ou de dresser l'inventaire de tes chemises, qui se composent de deux, l'une pour le superflu et l'autre pour le nécessaire? Mais cela, le garde du jeu de paume le sait mieux que moi, car lorsque tu n'y tiens pas la raquette, c'est que ton linge est bien bas; et tu n'y as pas joué depuis longtemps par suite du stratagème tramé par tes Pays-Bas pour dévorer ta Hollande. Dieu sait si les petits êtres qui grouillent sous les ruines de ton linge hériteront du royaume des cieux, mais les sages-femmes disent que ce n'est pas la faute des enfants, et c'est ainsi que le monde s'accroît et que les familles se fortifient considérablement.

Poins. — Comme ces propos si vides de sens sont mal à leur place après vos durs travaux ! Dites-moi s'il est beaucoup de bons jeunes princes, ayant leur père aussi malade que le vôtre l'est maintenant, qui agiraient ainsi?

Le prince Henri. — Te dirai-je une chose, Poins?

Poins. — Oui, et que ce soit une excellemment bonne chose.

Le prince Henri. — Elle est assez bonne pour des esprits qui n'ont pas une plus haute culture que la tienne.

Poins. — Allez; je suis prêt à soutenir le choc de la chose que vous avez à me dire.

Le prince Henri. — Parbleu, je te dirai qu'il n'est pas convenable que je sois triste, maintenant que mon père est malade, bien que je puisse te confesser (comme à un homme que, faute d'un meilleur, il me plaît d'appeler mon ami) que j'aurais sujet d'être triste et trop triste en vérité.

Poins. — Pour ce motif-là? très-difficilement.

Le prince Henri. — Par cette main, tu me crois autant que Falstaff et toi dans les papiers du diable pour l'endurcissement et l'impénitence : c'est la fin qui juge l'homme. Mais je te le dis, mon cœur saigne intérieurement de voir mon père malade; seulement, puisque je vis en aussi vile compagnie que la tienne, je dois, par raison, mettre de côté toute ostentation de chagrin.

Poins. — La raison?

Le prince Henri. — Que penserais-tu de moi si je pleurais?

Poins. — Je penserais que tu es un très-princier hypocrite.

Le prince Henri. — Ce serait la pensée d'un chacun et tu es un camarade fait pour penser comme tout le monde. Il n'y a pas d'homme au monde dont la pensée suive mieux la grande route que la tienne : chacun me regarderait comme un hypocrite, en effet. Et comment votre très-estimable intelligence s'est-elle ingérée de penser cela?

Poins. — Parbleu, vous avez été tellement dissolu, tellement greffé à Falstaff.

Le prince Henri. — Et à toi.

Poins. — Par cette lumière, on parle bien de moi, je puis l'entendre de mes propres oreilles; le pis qu'on puisse en dire, c'est que je suis un cadet de famille et que je suis un garçon adroit de mes mains : ces deux choses-là, je confesse que je n'y puis rien. Voyez, voyez, voici venir Bardolph.

Le prince Henri. — Avec le gamin que j'ai donné à Falstaff : il l'a reçu chrétien de mes mains et vois si le gras scélérat ne l'a pas transformé en singe.

Entrent BARDOLPH *et* le page.

Bardolph. — Dieu protége Votre Grâce!

Le prince Henri. — Et la vôtre, très-noble Bardolph!

Bardolph, *au Page*. — Venez, vous, âne vertueux, sot timide, allez-vous rougir par hasard? Pourquoi rougissez-vous maintenant? Quelle pucelle d'hommes d'armes vous faites! Est-ce une si grande affaire de prendre le pucelage d'un broc?

Le page. — Tout à l'heure, Monseigneur, il m'a appelé par une jalousie peinte en rouge, et je n'ai pu distinguer aucune partie de son visage de la fenêtre; à la fin j'ai aperçu ses yeux, et il m'a semblé qu'il avait fait deux trous dans le jupon neuf de la cabaretière et qu'il regardait au travers.

Le prince Henri. — L'enfant n'a-t-il pas fait des progrès?

Bardolph. — Arrière, jeune lapin issu de vraie race de putain, arrière!

Le page. — Arrière, crapuleux rêve d'Althée, arrière!

Le prince Henri. — Instruis-nous, enfant; qu'est-ce que c'est que ce rêve, enfant?

Le page. — Pardi, Monseigneur, Althée rêva qu'elle accouchait d'un tison ardent, et c'est pourquoi je l'appelle rêve d'Althée[3].

Le prince Henri. — Bonne interprétation, et qui vaut une couronne de récompense. La voici, mon enfant. (*Il lui donne de l'argent.*)

Poins. — Oh, si cette belle fleur pouvait être préservée des vers! Tiens, voilà six pence pour t'en préserver.

Bardolph. — Si, à vous tous, vous n'arrivez pas à le faire pendre, les potences auront tort.

Le prince Henri. — Et comment va ton maître, Bardolph?

Bardolph. — Bien, mon bon Seigneur. Il a appris l'arrivée de Votre Grâce en ville : voici une lettre pour vous.

Poins. — Remise avec un respect convenable. Et comment va cet été de la Saint-Martin, votre maître?

Bardolph. — Bien, comme santé du corps, Monsieur.

Poins. — Pardi! la partie immortelle a besoin d'un médecin; mais cela ne l'émeut pas : cette partie peut être malade, mais elle ne meurt pas.

Le prince Henri. — Je permets à cet abcès d'être aussi

familier avec moi que mon chien, et il tient bien sa place, car voyez comment il m'écrit.

Poins, *lisant*. — « John Falstaff, chevalier. » Il ne manque jamais d'apprendre cela à tout le monde, aussitôt qu'il s'en présente une occasion. C'est tout à fait comme ceux qui sont parents du roi; car ils ne se piquent jamais le doigt qu'ils ne disent : « Voilà un peu du sang du roi de répandu. » « Comment cela? » dit quelqu'un qui fait semblant de ne pas comprendre. Alors la réponse vous tombe net comme le bonnet d'un emprunteur : « Je suis le pauvre cousin du roi, Monsieur. »

Le prince Henri. — Parbleu, ils nous seront parents, dussent-ils aller chercher leur parenté jusqu'à Japhet. Mais arrive à la lettre.

Poins, *lisant*. — « Sir John Falstaff, chevalier, présente ses compliments au fils du roi et le plus proche héritier de son père, Harry, prince de Galles. » Bon, voilà un certificat.

Le prince Henri. — Paix!

Poins, *lisant*. — « J'imiterai les honorables Romains en brièveté. » A coup sûr, il entend brièveté d'haleine, manque de souffle. « Je me recommande à toi, je te recommande à toi, et je te laisse à toi. Ne sois pas trop familier avec Poins, car il abuse tant de tes faveurs qu'il jure que tu dois épouser sa sœur Nell. Fais pénitence à tes temps de loisir du mieux qu'il te sera possible, et là-dessus, adieu. A toi, par oui et par non, — ce qui équivaut à dire selon que tu le traiteras, — Jack Falstaff avec mes familiers, John avec mes frères et sœurs, et Sir John avec toute l'Europe. » Monseigneur, je vais faire tremper cette lettre dans du Xérès et je la lui ferai manger.

Le prince Henri. — Cela équivaudra à lui faire manger vingt de ses mots. Mais me traitez-vous comme il le dit, Ned? Dois-je épouser votre sœur?

Poins. — Puisse le ciel ne pas envoyer de pire fortune à la fillette! Mais je n'ai jamais dit cela.

Le prince Henri. — Bon, c'est ainsi que nous jouons les fous avec le temps, et les âmes des sages planent dans les nuées et se moquent de nous. — Votre maître est-il ici, dans Londres?

Bardolph. — Oui, Monseigneur.

Le prince Henri. — Où soupe-t-il? Le vieux cochon se nourrit-il toujours à l'ancienne bauge?

Bardolph. — A l'ancien endroit, Monseigneur, dans Eastcheap.

Le prince Henri. — En quelle compagnie?

Le Page. — Avec des Éphésiens, Monseigneur, des gens de la vieille Église[4].

Le prince Henri. — Quelques femmes soupent-elles avec lui?

Le page. — Aucune, Monseigneur, si ce n'est la vieille Mistress Quickly et Mistress Doll Tearsheet.

Le prince Henri. — Quelle païenne cela peut-il être?

Le page. — Une Dame très-convenable, Monsieur, et une parente de mon maître.

Le prince Henri. — Oui, parente à peu près comme les génisses de la commune le sont au taureau-étalon du village. Allons-nous les surprendre à souper, Ned.

Poins. — Je suis votre ombre, Monseigneur; je vous suivrai.

Le prince Henri. — Petit maraud, et vous, Bardolph, pas un mot à votre maître de mon arrivée dans cette ville : voici pour votre silence.

Bardolph. — Je n'ai pas de langue, Monseigneur.

Le page. — Et quant à la mienne, Monseigneur, je la gouvernerai.

Le prince Henri. — Portez-vous bien; allez. (*Sortent Bardolph et le page.*) Cette Doll Tearsheet doit être quelque grande route.

Poins. — Je vous le garantis, et aussi commune que la route entre Saint-Albans et Londres.

Le prince Henri. — Comment pourrions-nous faire pour voir Falstaff se révéler ce soir à nous sous sa vraie figure sans être aperçus de lui?

Poins. — Mettons-nous tous deux des jaquettes de cuir, des tabliers, et servons-le à table comme des garçons.

LE PRINCE HENRI. — Descendre d'un dieu à un taureau? c'est une horrible chute! Ce fut là le cas de Jupiter. Descendre d'un prince à un valet? c'est une basse transformation! Ce sera la mienne, car, en toute chose, l'exécution du projet doit être en rapport avec la folie de sa conception. Suis-moi, Ned. (*Ils sortent.*)

SCÈNE III.

WARKWORTH. — Devant le château.

Entrent NORTHUMBERLAND, LADY NORTHUMBERLAND *et* LADY PERCY.

NORTHUMBERLAND. — Je vous en prie, mon affectueuse femme et mon aimable fille, faites un chemin aisé devant mes difficiles affaires : ne donnez pas à votre visage la physionomie des jours que nous traversons et ne soyez pas, comme eux, fâcheuses à Percy.

LADY NORTHUMBERLAND. — J'ai cédé, je ne parlerai pas davantage; faites ce que vous voudrez; que votre sagesse soit votre guide.

NORTHUMBERLAND. — Hélas! ma douce femme, mon honneur est en otage, et rien, si ce n'est mon départ, ne peut acquitter sa rançon.

LADY PERCY. — Oh! cependant, au nom de Dieu, n'allez pas à ces guerres! Il fut un jour, mon père, où vous brisâtes votre parole, et ce jour-là, il vous était bien plus précieux de la tenir que maintenant; alors votre Percy, mon bien-aimé Harry, tourna bien souvent ses regards vers le Nord pour voir si son père amenait ses troupes; mais il regarda en vain. Qui vous persuada alors de rester au logis? Il y eut alors deux honneurs perdus, le vôtre et celui de votre fils. Pour le vôtre, puisse le Dieu du ciel le faire resplendir! quant au sien, il lui était attaché comme le soleil est attaché à la blanche voûte du ciel : à sa lumière, toute la chevalerie d'Angleterre se mouvait pour accomplir de vaillants exploits; il était vraiment le miroir devant lequel la jeunesse noble se façonnait. Il n'avait pas de jambes, celui-là qui n'imitait pas sa démarche; cette rapidité de parole, dont la nature avait fait son défaut, devint la façon de parler des vaillants, car ceux qui pouvaient parler bas et lentement échangeaient leur perfection contre un défaut, afin de paraître lui ressembler; en sorte que par le discours, par la démarche, par la façon de vivre, par les plaisirs préférés, par les habitudes militaires, par les particularités de nature, il était le modèle et le miroir, le manuscrit et le livre qui servaient aux autres à se former. Et c'est lui, cet être merveilleux, ce miracle des hommes, lui qui n'était second à personne et qui ne fut pas secondé par vous, que vous avez laissé face à face dans une situation désavantageuse avec le Dieu hideux de la guerre; c'est lui que vous avez laissé tenir un champ de bataille où il n'avait d'autre défense que le son du nom d'Hotspur, c'est lui que vous avez ainsi abandonné! Oh, ne faites jamais, jamais à son fantôme l'injure d'obliger votre honneur à plus de précision et de délicatesse avec d'autres que vous ne l'avez obligé à en avoir avec lui! Laissez-les agir seuls : le maréchal et l'archevêque sont puissants; si mon doux Harry avait eu seulement la moitié de leurs forces, aujourd'hui, suspendue au cou d'Hotspur, je pourrais parler du tombeau de Monmouth.

NORTHUMBERLAND. — Diantre soit de vous, ma belle-fille! vous m'enlevez tout mon courage par ces nouvelles lamentations sur d'anciennes catastrophes. Mais il faut que je parte et que j'aille là-bas à la rencontre du danger, sans quoi il viendra me chercher dans une autre place où il me trouvera moins bien préparé.

LADY NORTHUMBERLAND. — Oh! fuyez en Écosse, jusqu'à ce que les nobles et les communes armées aient pu faire quelque essai de leur puissance.

LADY PERCY. — S'ils gagnent terrain et avantage sur le roi, joignez-vous alors à eux, comme une armure d'acier, pour ajouter de la force à la force; mais au nom de toute notre affection, laissez-les d'abord essayer. Votre fils fit ainsi, on le laissa faire ainsi; c'est ainsi que je devins veuve, et je n'aurai jamais assez de toute ma vie pour arroser de mes larmes ce souvenir, afin qu'il croisse et s'élève aussi haut que le ciel, en mémoire de mon noble époux.

NORTHUMBERLAND. — Allons, allons, rentrez avec moi. Il en est de mon esprit comme de la marée lorsqu'elle s'est élevée à sa plus grande hauteur : elle se tient immobile et ne court d'aucun côté. J'irais volontiers rejoindre l'archevêque, mais mille raisons me retiennent. Je me déciderai pour l'Écosse ; là je resterai jusqu'à ce que l'heure et le succès réclament ici ma compagnie. (*Ils sortent.*)

SCÈNE IV.

LONDRES. — Un appartement dans la taverne de LA TÊTE DE SANGLIER, dans EASTCHEAP.

Entrent DEUX GARÇONS DE TAVERNE.

PREMIER GARÇON. — Que diable as-tu apporté là ? Des poires de Messire Jean ? Tu sais bien que Sir John ne peut souffrir un Messire Jean.

SECOND GARÇON. — Par la messe, tu dis vrai. Le prince mit une fois un plat de Messires Jean devant lui et lui dit que cela faisait cinq autres *Sir Jean*, et alors ôtant son chapeau, il dit : « Je vais maintenant prendre congé de ces six vieux, desséchés, pansus, ridés chevaliers. » Cela le mit en colère de tout son cœur : mais il l'a oublié.

PREMIER GARÇON. — Eh bien, alors, enlève-les et mets le couvert, et vois si tu peux découvrir la bande de Sneak[5] ; Mistress Tearsheet aimerait à entendre un peu de musique. Dépêche-toi. La chambre où ils ont soupé est trop chaude ; ils vont venir tout de suite.

SECOND GARÇON. — Camarade, le prince et M. Poins vont venir tout à l'heure : ils mettront deux de nos jaquettes et de nos tabliers, et Sir John ne doit pas le savoir : Bardolph est venu prévenir de la chose.

PREMIER GARÇON. — Par la messe, nous allons voir une drôle de farce ; ce sera un excellent stratagème.

SECOND GARÇON. — Je vais voir si je puis trouver Sneak. (*Il sort.*)

Entrent L'HÔTESSE *et* DOLL TEARSHEET[a].

L'HÔTESSE. — Vrai, mon cher cœur, il me semble que vous êtes maintenant dans un excellemment bon état; votre petit pouls bat aussi extraordinairement que le cœur peut le souhaiter, et quant à vos joues, je vous garantis qu'elles sont aussi rouges que n'importe quelle rose, là, en bonne vérité! Mais, sur ma foi, vous avez bu trop de vin des Canaries; c'est un vin merveilleusement empoignant et qui vous parfume le sang avant qu'on puisse dire : « qu'ai-je donc? » Comment allez-vous maintenant?

DOLL. — Mieux que tout à l'heure! Hem!

L'HÔTESSE. — Pardi, voilà qui est bien dit; un bon cœur vaut de l'or. Voyez, voici Sir John.

Entre FALSTAFF.

FALSTAFF, *chantant*. — « Lorsque Arthur tint d'abord sa cour. » Videz le pot de chambre. « Et c'était un digne roi[6]. » (*Sort le garçon.*) Comment vous trouvez-vous maintenant, Mistress Doll?

L'HÔTESSE. — Malade d'un éblouissement, oui, en vérité.

FALSTAFF. — Ainsi sont toutes ses pareilles; dès qu'elles ont des éblouissements, elles sont malades.

DOLL. — Crapuleuse canaille, c'est là toutes les consolations que vous me donnez?

FALSTAFF. — Vous les faites grasses, vos canailles, Mistress Doll.

DOLL. — Je les fais! c'est la gourmandise et les maladies qui les font; je ne les fais pas, moi.

FALSTAFF. — Si le cuisinier aide à faire la gourmandise, vous aidez à faire les maladies, Doll : nous attrapons cela de vous, nous attrapons cela de vous, Doll; accordez-moi cela, ma petite vertu, accordez-moi cela.

---

a. Ce nom qui est très en harmonie avec la profession de la demoiselle signifie Dorothée Déchire-draps.

Doll. — Oui, pardi! vous attrapez nos chaînes et nos bijoux.

Falstaff. — « Vos broches, vos perles et vos chatons[7] : » car pour servir bravement, vous savez, il faut s'avancer sans traîner, traverser la brèche avec la pique bravement tendue, et aller bravement chez le chirurgien; il faut se lancer bravement sur les pièces chargées.

Doll. — Allez vous pendre, congre boueux, allez vous pendre!

L'hôtesse. — Allons, voilà encore vos anciennes habitudes; vous ne pouvez pas vous rencontrer sans avoir quelque dispute : vous êtes tous deux, en bonne vérité, aussi mauvais que des rôties sèches; vous ne pouvez pas supporter les *confirmités* l'un de l'autre. Eh, jour de Dieu! il faut qu'il y en ait un qui supporte l'autre, et ce doit être vous : (*à Doll*) vous êtes le plus faible vase comme on dit, le vase le plus vide.

Doll. — Est-ce qu'un faible vase vide peut supporter un si large tonneau plein? Il y a en lui toute la cargaison d'un marchand de vins de Bordeaux; vous n'avez jamais vu un bâtiment dont la cale soit mieux remplie. Allons, je veux être amie avec toi, Jack : tu pars pour les guerres, et si je dois te revoir ou non, personne ne s'en soucie.

Rentre le garçon de taverne.

Le garçon. — Monsieur, l'enseigne Pistol est en bas et désirerait vous parler.

Doll. — Pendu soit-il, cette canaille de querelleur! Ne le laissez pas venir; c'est le drôle le plus mal embouché d'Angleterre.

L'hôtesse. — Si c'est un querelleur, qu'il ne vienne pas ici: non, sur ma foi; il faut que je vive avec mes voisins; je ne veux pas de querelleurs : j'ai bonne renommée et bon crédit parmi les plus honnêtes gens. Fermez la porte; il n'entre point de querelleurs ici! Je n'ai pas vécu jusqu'à présent pour avoir maintenant des querelles; fermez la porte, je vous en prie.

Falstaff. — Entends-tu, hôtesse?

L'HÔTESSE. — Je vous en prie, tranquillisez-vous, Sir John; il n'entrera pas de tapageurs ici.

FALSTAFF. — Entends-tu? c'est mon enseigne.

L'HÔTESSE. — Trou la la, Sir John, ne m'en parlez pas; votre enseigne de querelleur n'est pas faite pour ma porte. J'étais l'autre jour devant M. Maigret, le député, et comme il me disait, — c'était pas plus tard que mercredi dernier, — « Voisine Quickly, » me disait-il, — notre ministre, M. Motus était présent, — « Voisine Quickly, me dit-il, ne recevez que les gens civils, car, dit-il, vous avez une mauvaise réputation.... » Je sais bien pourquoi il disait cela et je pourrais le dire — « car, dit-il, vous êtes une honnête femme et qu'on estime : par conséquent faites attention aux hôtes que vous recevez; ne recevez pas, dit-il, de ces compagnons querelleurs. » Il n'en vient pas ici : cela vous ravirait l'âme d'entendre ce qu'il disait; non, je ne veux pas de querelleurs.

FALSTAFF. — Ce n'est pas un querelleur, hôtesse; c'est un petit chevalier d'industrie bien doux, sur ma foi; vous pouvez le tapoter aussi gentiment qu'une petite levrette; il n'oserait pas se quereller avec une poule de Barbarie, s'il lui voyait seulement hérisser ses plumes en signe de résistance. Faites-le venir, garçon. (*Sort le garçon.*)

L'HÔTESSE. — Vous l'appelez chevalier de l'industrie? Je ne fermerai jamais ma porte à un honnête homme et à un chevalier de l'industrie : mais je n'aime pas les querelles; sur ma foi, je me sens toute mal à l'aise lorsqu'on prononce ce mot de querelles : sentez comme je tremble, mes maîtres; voyez-vous; ah, je vous en réponds que je tremble!

DOLL. — Vous tremblez, en effet, hôtesse.

L'HÔTESSE. — N'est-ce pas que je tremble? Ah! oui, en bonne vérité, je tremble comme si j'étais une feuille de tremble : je ne peux pas souffrir les querelleurs.

Entrent PISTOL, BARDOLPH *et* LE PAGE.

PISTOL. — Dieu vous garde, Sir John.

FALSTAFF. — Vous êtes le bienvenu, enseigne Pistol.

ACTE II, SCÈNE IV.

Ici, Pistol; je vous charge avec un coup de Xérès; déchargez-vous sur mon hôtesse.

Pistol. — Je déchargerai sur elle, Sir John, avec un pistolet à deux balles.

Falstaff. — Elle est à l'épreuve du pistolet, Monsieur; à peine si vous la blesseriez.

L'hôtesse. — Voyons, je ne veux pas boire d'épreuves, ni de boulet; je ne veux pas boire au delà de ce qui peut me faire du bien, pour faire plaisir à qui que ce soit, moi.

Pistol. — A vous alors, Mistress Dorothée : je vais vous charger.

Doll. — Me charger? je vous méprise, misérable compagnon. Comment vous, un pauvre hère sans chemises, une vile canaille, un escroc! Joli galant, ma foi! Arrière, coquin ranci, arrière! Je suis de la viande pour votre maître.

Pistol. — Je vous connais, Mistress Dorothée.

Doll. — Arrière, canaille de coupe-bourse! arrière, sale douzil! Par ce vin, je vais vous fourrer mon couteau dans vos mâchoires pourries, si vous faites le sabreur malhonnête avec moi. Arrière, canaille d'ivrogne! arrière, traîneur fourbu de grand sabre! Depuis quand ces manières, s'il vous plaît, Monsieur? Quoi! pour deux aiguillettes que vous avez à l'épaule? voilà-t-il pas?

Pistol. Je tuerai votre collerette pour ce que vous dites.

Falstaff. — Assez, Pistol; je ne voudrais pas que vous vous oubliassiez ici : débarrassez notre compagnie de votre personne, Pistol.

L'hôtesse. — Non, mon bon capitaine Pistol; pas ici, mon doux capitaine.

Doll. — Capitaine! abominable filou damné, n'as-tu pas honte de t'entendre appeler capitaine? Si les capitaines étaient de mon avis, ils vous sabreraient pour prendre leurs titres sans les avoir gagnés. Capitaine, vous manant! et pourquoi? pour avoir déchiré la collerette d'une pauvre putain dans un bordel? Lui capitaine! pendu soit-il le coquin! Il vit de prunes cuites moisies et de brioches sèches. Capitaine! Lumière de Dieu! ces scélérats feront du mot capitaine un mot aussi odieux que le mot *occuper*, qui était un mot parfaitement honnête avant les mauvaises acceptions qu'on lui a données: aussi les capitaines feront bien d'y faire attention.

BARDOLPH.—Je t'en prie, redescends, mon bon enseigne.

FALSTAFF. — Écoute ici, Mistress Doll.

PISTOL. — Moi, non : je te le déclare, caporal Bardolph, je serais capable de la mettre en pièces; je me vengerai d'elle.

LE PAGE. — Je t'en prie, redescends.

PISTOL.—Par cette main, avant de descendre, je la verrai d'abord damnée dans le lac damné de Pluton, au plus profond du gouffre infernal, avec l'Erèbe et les plus vilains tourments. Tendez l'hameçon et la ligne, vous dis-je. A bas! à bas chiens! à bas truands! N'avons-nous pas Irène ici[8]?

L'HÔTESSE. —Mon bon capitaine *Pissoles*, soyez calme ; il est très-tard, sur ma foi: je vous en *supplicie, immodérez* votre colère.

PISTOL, *déclamant d'une voix théâtrale.*—

Voilà, ma foi, de bonnes prétentions! Est-ce que des chevaux de carriole
Et de mauvaises rosses d'Asie, trop engraissées,
Qui ne peuvent pas faire plus de trente miles en un jour[9],
Vont se comparer aux Césars, aux *Cannibales*,
Et aux Grecs troyens? non, damnez-les plutôt
Avec le roi Cerbère et que le ciel en rugisse!
Allons-nous, pour des sottises, en venir à de vilaines choses?

L'HÔTESSE. —Sur ma foi, capitaine, ce sont là de très-méchantes paroles.

BARDOLPH. — Pars, mon bon enseigne : cela va tout à l'heure aboutir à une querelle.

PISTOL. — Meurent les hommes comme des chiens! Donnez les écus comme des épingles! n'avons-nous pas Irène ici?

L'HÔTESSE. — Sur ma parole, capitaine, nous n'avons

ACTE II, SCÈNE IV.

ici personne de ce nom. Eh mordieu! croyez-vous que je la cacherais? Au nom de Dieu, tenez-vous tranquille.

PISTOL. — En ce cas, mange et engraisse-toi, ma belle Callipolis[10]. Allons, donnez-nous du Xérès.

Se fortuna me tormenta, la speranza me contenta.

Est-ce que nous craignons les bordées? non, que le démon fasse feu : donnez-moi du Xérès, et toi, ma bien-aimée, repose ici. (*Il dépose son épée.*) Allons-nous mettre le point définitif ici, et les *et cetera* ne comptent-ils plus?

FALSTAFF. — Pistol, je voudrais être tranquille.

PISTOL. — Mon doux chevalier, je baise ta patte. Comment donc! nous avons vu les sept étoiles.

DOLL. — Au nom de Dieu, jetez-le en bas des escaliers; je ne puis supporter une telle braillarde canaille.

PISTOL. — Me jeter en bas des escaliers? Est-ce que nous ne connaissons pas les juments de Galloway[11]?

FALSTAFF. — Bardolph, fiche-le-moi en bas comme un palet de jeu de bouchon. Parbleu, s'il ne fait rien que dire des riens, il sera ici à l'état de rien.

BARDOLPH. — Allons, redescendez.

PISTOL. — Comment? allons-nous avoir une incision? allons nous nous faire une saignée? (*Il saisit son épée.*) En ce cas, que la mort me perce et abrége mes jours lamentables[12]! Alors, que les trois sœurs dévident des blessures mortelles, effrayantes, béantes! Viens, dis-je, Atropos!

L'HÔTESSE. — Voilà de jolies affaires en train!

FALSTAFF. — Donne-moi ma rapière, petit.

DOLL. — Je t'en prie, Jack, je t'en prie, ne dégaine pas.

FALSTAFF. — Redescendez les escaliers. (*Il dégaine.*)

L'HÔTESSE. — Voilà un beau tapage! Ah! je cesserais de tenir maison plutôt que d'avoir ces *tarreurs* et ces alarmes-là. On va se tuer, j'en suis sûre. Hélas! hélas! rengainez vos épées, rengainez vos épées! (*Sortent Pistol et Bardolph.*)

DOLL. — Je t'en prie, Jack, sois calme. Le drôle est parti. Ah, vaillant petit coquin de putassier que vous êtes!

L'HÔTESSE. — N'êtes-vous pas blessé à l'aine? Il m'avait semblé qu'il vous avait porté un mauvais coup dans le ventre.

Rentre BARDOLPH.

FALSTAFF. — L'avez-vous flanqué à la porte?
BARDOLPH. — Oui, Monsieur. La canaille est ivre; vous l'avez blessé à l'épaule, Monsieur.
FALSTAFF. — Cette canaille! me braver!
DOLL. — Ah aimable petit coquin! hélas, pauvre singe, comme tu sues? Allons, laisse-moi essuyer ta face; venez ici, mauvais garnement! Ah coquin, sur ma foi, je t'aime. Tu es aussi valeureux qu'Hector de Troie, tu vaux cinq Agamemnons et dix fois plus que les neuf preux. Ah scélérat!
FALSTAFF. — Quel drôle que ce manant! je ferai sauter le coquin sur la couverture.
DOLL. — Fais-le, si tu t'en sens le cœur; si tu le fais, je te ferai trémousser entre deux draps, moi.
LE PAGE. — La musique est venue, Monsieur.

Entrent des MUSICIENS.

FALSTAFF. — Qu'ils jouent! Jouez, Messieurs. — Assieds-toi sur mes genoux, Doll. Une canaille de manant vantard comme cela! Le drôle m'a fui aussi vite que du vif-argent.
DOLL. — Oui, ma foi, et toi tu l'as poursuivi du pas d'une église. Ah, gros petit marcassin de la foire de Saint-Barthélemy[13], quand cesseras-tu de te battre le jour, et de t'escrimer la nuit, et commenceras-tu à rapiécer ton vieux corps pour le ciel?

Entrent par derrière LE PRINCE HENRI *et* POINS *déguisés en garçons de taverne.*

FALSTAFF. — Paix, ma bonne Doll; ne parle pas comme une tête de mort : ne m'engage pas à me rappeler ma fin[14].
DOLL. — Maraud, quel est le caractère du prince?
FALSTAFF. — Un bon jeune garçon sans cervelle :

il aurait fait un bon panetier, il aurait bien coupé le pain.

Doll. — On dit que Poins a beaucoup d'esprit.

Falstaff. — Lui, beaucoup d'esprit? pendu soit-il le babouin! Son esprit est aussi épais que la moutarde de Tewkesbury[15]; il n'y a pas plus de pensée en lui que dans un maillet.

Doll. — Pourquoi donc alors le prince l'aime-t-il tant?

Falstaff. — Parce que leurs jambes sont de la même grosseur, qu'il joue bien au palet, qu'il mange du congre au fenouil[16] et qu'il avale les bouts de chandelles allumés dans l'eau-de-vie[17], et qu'il monte les chevaux de bois avec les enfants, et qu'il saute à pieds joints sur les escabeaux, et qu'il jure avec bonne grâce, et qu'il porte des bottes bien collantes qui ont tout à fait l'air d'enseignes de bottiers, et qu'il n'engendre pas de querelles en racontant des histoires secrètes : c'est pour ces qualités de paillasse et d'autres encore, qui montrent un faible esprit et un corps robuste, que le prince l'admet ; car le prince est lui-même un autre Poins ; le poids d'un cheveu égaliserait leurs valeurs.

Le prince Henri. — Est-ce que ce moulin à paroles ne mériterait pas qu'on lui coupât les oreilles?

Poins. — Rossons-le devant sa catin.

Le prince Henri. — Vois-moi un peu si ce vieux ridé ne se fait pas gratter la nuque comme un perroquet?

Poins. — N'est-il pas étrange que le désir survive de tant d'années à la puissance?

Falstaff. — Baise-moi, Doll.

Le prince Henri. — Saturne et Vénus en conjonction cette année! est-ce que l'Almanach prédisait rien de semblable[18]?

Poins. — Et voyez un peu si son Trigon enflammé de valet[19] n'est pas en train de dire un mot de douceur aux vieilles tablettes de son maître, à son livre de compte, à son *agenda*.

Falstaff. — C'est par complaisance que tu me caresses?

Doll. — Non vraiment, je t'embrasse de bien bon cœur.

Falstaff. — Je suis vieux, je suis vieux.

Doll. — Je t'aime bien mieux que je n'aime n'importe lequel de ces mauvais jeunes gens.

Falstaff. — De quelle étoffe veux-tu avoir une pélerine? Je recevrai de l'argent jeudi; tu auras un bonnet demain. Allons, une chanson joyeuse ; il se fait tard, nous allons nous mettre au lit. Tu m'oublieras, lorsque je serai parti.

Doll. — Sur ma foi, tu vas me faire pleurer si tu parles ainsi : tâche de savoir si je m'habillerai de beaux habits jusqu'à ton retour. — Bon, écoutons la fin de la chanson.

Falstaff. — Du Xérès, Francis.

Le prince Henri *et* Poins, *s'avançant*. — Voilà, voilà, Monsieur.

Falstaff.— Ah! un fils bâtard du roi? et toi, n'es-tu pas Poins, son frère?

Le prince Henri. — Eh bien, mappemonde de continents pleins de péchés, quelle vie mènes-tu là?

Falstaff. — Une meilleure vie que toi : je suis un gentilhomme, tu es un garçon tireur de vin.

Le prince Henri. — C'est très vrai, Monsieur, et je suis venu pour vous tirer les oreilles.

L'hôtesse. — Ah! le Seigneur protége ta bonne grâce! sois le bienvenu à Londres. Le ciel bénisse ta jolie figure! Mais quoi! vous êtes donc revenus du pays de Galles?

Falstaff. — Folle et crapuleuse engeance de majesté, (*posant la main sur Doll*) par cette chair légère et ce sang corrompu, tu es le bienvenu.

Doll. — Qu'est-ce à dire? gros sot, je vous méprise.

Poins.— Monseigneur, si vous ne le prenez pas avec colère, il va vous frustrer de votre vengeance et tourner toute la chose en plaisanterie.

Le prince Henri. — Infecte mine de chandelles, en

quels termes bas ne parliez-vous pas de moi il n'y a qu'un instant, devant cette honnête, civile, vertueuse dame?

L'HÔTESSE. — Béni soit votre bon cœur! elle est ce que vous dites, sur ma foi.

FALSTAFF. — Est-ce que tu m'as entendu?

LE PRINCE HENRI. — Oui, et vous me saviez près de vous, comme vous m'y saviez lorsque vous vous êtes enfui à Gadshill : vous saviez que j'étais à vos talons, et vous avez parlé exprès pour mettre ma patience à l'épreuve.

FALSTAFF. — Non, non, non, il n'en est pas ainsi; je ne pensais pas que tu fusses à portée de ma voix.

LE PRINCE HENRI. — En ce cas, je vous forcerai à confesser votre insulte gratuite, et je sais comment vous arranger.

FALSTAFF. — Il n'y a pas d'insulte, Hal; sur mon honneur, il n'y a pas d'insulte.

LE PRINCE HENRI. — Comment, ce n'est pas une insulte de me déprécier, de m'appeler panetier, taille-pain, et je ne sais quoi encore?

FALSTAFF. — Il n'y a pas d'insulte, Hal.

POINS. — Pas d'insulte!

FALSTAFF. — Pas la moindre insulte, Ned; pas d'insulte, honnête Ned. Je l'ai déprécié devant les méchants afin que les méchants ne pussent pas se prendre d'affection pour lui; en ce faisant, je remplis le rôle d'un ami plein de sollicitude et d'un loyal sujet, et ton père me doit des remercîments pour cela. Il n'y a pas d'insulte, Hal; pas d'insulte, pas d'insulte, Ned; non, mes enfants, il n'y en a aucune.

LE PRINCE HENRI. — Vois un peu, comme pour faire ta paix avec nous, tu outrages maintenant cette vertueuse Dame, par pure crainte et entière couardise! Est-ce qu'elle est au nombre des méchants? Est-ce que ton hôtesse est au nombre des méchants? Ton page est-il un méchant? Et l'honnête Bardolph, dont le nez brûle de zèle, est-il un méchant?

POINS. — Réponds, orme mort, réponds.

FALSTAFF. — Le démon a **inscrit** irrémissiblement Bardolph sur ses listes; sa figure est la cuisine particulière de Lucifer, là où il ne fait rien que rôtir des *soiffeurs*. Quant au page, il y a un bon ange auprès de lui; mais le diable lui fait signe aussi.

Le prince Henri. — Et les femmes!

Falstaff. — L'une d'elles est déjà en enfer, et elle brûle, la pauvre âme! Quant à l'autre, je lui dois de l'argent, et si elle est damnée pour cela, je n'en sais rien.

L'hôtesse. — Non, je vous le garantis.

Falstaff. — Non, je crois en effet que tu ne l'es pas; je crois que tu es excusée pour cela : mais pardi, il y a un autre chef d'accusation contre toi; la liberté que tu laisses de manger de la chair dans ta maison, contrairement à la loi, délit pour lequel je crois que tu hurleras [20].

L'hôtesse. — Tous les aubergistes font de même : qu'est-ce que c'est qu'un gigot de mouton ou deux dans tout un carême?

Le prince Henri. — Vous, Madame....

Doll. — Que dit votre Grâce?

Falstaff. — Sa Grâce dit des choses qui font révolter sa chair. (*On frappe à l'intérieur.*)

L'hôtesse. — Qui frappe si haut à la porte? regardez ici, à la porte, Francis.

Entre PETO.

Le prince Henri. — Peto! Eh bien, quelles nouvelles?

Peto. — Le roi, votre père, est à Westminster : il est arrivé du Nord vingt courriers éreintés et n'en pouvant plus; et comme je venais, j'ai rencontré sur mon chemin une douzaine de capitaines, nu-tête, suants, frappant aux tavernes, et demandant à tout le monde où était Sir John Falstaff.

Le prince Henri. — Par le ciel, Poins, je me sens très à blâmer de profaner un temps précieux en dissipations, alors que la tempête du bouleversement, pareille au vent du sud chargé d'un noir nuage, commence à se fondre, et à pleuvoir sur nos têtes nues et désarmées. Donne-moi mon épée et mon manteau. Bonne nuit, Falstaff. (*Sortent le prince Henri, Poins, Peto et Bardolph.*)

FALSTAFF. — Voilà qu'arrivait le plus exquis morceau de la nuit, et il nous faut partir sans y mordre. (*On frappe de nouveau.*) Comment, on frappe encore !

Rentre BARDOLPH.

FALSTAFF. — Eh bien, qu'y a-t-il?

BARDOLPH. — Il vous faut partir immédiatement pour la cour, Monsieur ; une douzaine de capitaines vous attendent à la porte.

FALSTAFF, *au Page*. — Paye les musiciens, maraud. Adieu, hôtesse ; adieu, Doll. Vous voyez, mes bonnes filles, comme on recherche les hommes de mérite ; les propres à rien peuvent dormir, alors que l'homme d'action est appelé. Adieu, mes bonnes filles ; si je ne reçois pas l'ordre de marcher sur l'heure, je vous verrai avant mon départ.

DOLL. — Je ne puis parler. Ah ! si mon cœur n'est pas près d'éclater !... Allons, mon doux Jack, prends bien soin de toi.

FALSTAFF. — Adieu, adieu. (*Sortent Falstaff et Bardolph.*)

L'HÔTESSE. — Allons, porte-toi bien ; vienne la saison des petits pois, il y aura vingt-neuf ans que je te connais ; mais d'homme plus honnête et d'un cœur plus loyal.... Allons, porte-toi bien.

BARDOLPH, *de l'extérieur*. — Mistress Tearsheet !

L'HÔTESSE. — Qu'y a-t-il?

BARDOLPH. — Dites à Mistress Tearsheet de venir parler à mon maître.

L'HÔTESSE. — Oh ! courez, Doll, courez ; courez, ma bonne Doll. (*Elles sortent.*)

ACTE III.

SCÈNE PREMIÈRE.

WESTMINSTER. — Un appartement dans le palais.

Entre LE ROI HENRI *dans sa robe de chambre avec un* PAGE.

LE ROI HENRI. — Allez, mandez ici les comtes de Surrey et de Warwick; mais avant qu'ils n'arrivent, recommandez-leur de lire attentivement ces lettres et de les bien méditer: faites bonne diligence. (*Sort le Page.*) Combien de milliers de mes plus pauvres sujets sommeillent à cette heure! O sommeil! aimable sommeil! doux réparateur donné par la nature, comme il faut que je t'aie effrayé pour que tu ne veuilles plus venir peser sur mes paupières et engourdir mes sens dans l'oubli? Pourquoi, sommeil, couches-tu dans des cabanes enfumées, où tu n'as pour t'étendre que de dures paillasses et pour t'inviter au repos que le bourdonnement des mouches de nuit, plus volontiers que dans les chambres parfumées des grands, sous les dais de couches somptueuses, où tu serais bercé par les sons des plus douces mélodies? O Dieu stupide, pourquoi dors-tu avec les gens bas dans des lits infects, et laisses-tu la couche royale devenir une guérite de vigilance et une tour de tocsin d'alarme? Quoi! tu peux fermer les yeux du mousse au sommet du mât où prend le vertige, tu peux bercer son cerveau avec le mouvement de la vague brutale et impérieuse, pendant la visite même des vents qui, saisissant par le faîte les lames implacables, frisent leurs têtes monstrueuses et les suspendent aux nuages qui passent avec une si assourdissante clameur, que la mort elle-même s'éveille au milieu de ce tapage! tu peux, partial sommeil, donner le repos au mousse trempé d'eau dans une heure si rude, et tu le refuses dans la nuit la plus calme et la plus tranquille, à un roi possesseur de tous les moyens, de toutes les ressources qui peuvent te solliciter? Alors, dormez, humbles heureux! Mal à l'aise repose la tête qui porte une couronne.

Entrent WARWICK, SURREY *et* sir JOHN BLUNT.

WARWICK. — Mille bonjours à votre Majesté!

LE ROI HENRI. — Est-il l'heure du bonjour, Lords?

WARWICK. — Il est une heure, et passée.

LE ROI HENRI. — En ce cas, bonjour à vous tous, Milords. Avez-vous lu les lettres que je vous ai envoyées?

WARWICK. — Nous les avons lues, mon Suzerain.

LE ROI HENRI. — Alors, vous voyez combien le corps de notre royaume est impur, quelles maladies vigoureuses y croissent, et à quel point le danger est près du cœur.

WARWICK. — Il n'est encore qu'à l'état de malaise, et peut être rétabli dans sa force première avec de bonnes mesures et quelques remèdes. Milord Northumberland sera bientôt refroidi.

LE ROI HENRI. — O Dieu! si on pouvait lire le livre du destin et voir les révolutions des temps, tantôt aplanir les montagnes et dissoudre dans la mer le continent fatigué de sa solide fermeté, et tantôt rendre trop large, pour les reins de Neptune, la ceinture de falaises de l'océan ; si on pouvait voir comment les circonstances se raillent de nous, et de quelles liqueurs différentes les vicissitudes des choses remplissent la coupe de la mobile fortune, le plus heureux jeune homme, en découvrant le voyage dans lequel il est engagé, ses périls passés, ses épreuves à venir, voudrait fermer le livre, s'asseoir et mourir. Il n'y a pas dix ans que Richard et Northumberland étaient de grands amis et festoyaient ensemble, et deux ans plus tard, ils étaient en guerre. Il n'y a que huit ans, ce Percy était l'homme le plus près de mon âme, travaillait à mes affaires comme un frère et mettait à mes pieds son affection et sa vie; oui, par amour pour moi, il défiait Richard, en face même. Mais lequel de vous était présent, (*à Warwick*) — vous y étiez, vous, cousin Nevil[1], si je me rappelle bien, — lorsque Richard, les yeux trempés d'une pluie de larmes, accusé, insulté par Northumberland, prononça ces paroles qui se sont prouvées prophétiques : « Northumberland, échelle par laquelle mon cousin Bolingbroke monte à mon trône » (et cependant, Dieu le sait, je n'avais pas alors d'intention pareille, mais la nécessité courba l'état de telle sorte, que nous fûmes obligés de nous embrasser moi et la grandeur), « le temps viendra, » — c'est ainsi qu'il s'exprima, — « le temps viendra où cet impur péché, ramassant toutes ses forces, éclatera en corruption comme un ulcère » — et il continua sur ce ton, prédisant la situation présente et la rupture de notre amitié.

WARWICK. — La vie de tous les hommes constitue une histoire qui représente la nature des temps qui ne sont plus, et par l'observation de cette histoire, un homme peut prophétiser, presque à coup sûr, les choses probables qui sont encore à naître et qui reposent enveloppées dans leurs semences et leurs faibles origines. Ces choses, le temps les couve et les fait éclore, et par la forme fatale des événements d'alors, le roi Richard put deviner, avec une clarté parfaite, que le grand Northumberland, alors traître envers lui, ferait sortir de cette semence de trahison une trahison plus grande qui ne trouverait de terre pour s'enraciner et croître qu'en vous-même.

LE ROI HENRI. — Ces choses-là sont-elles donc des nécessités? en ce cas prenons-les comme des nécessités. Nécessité! c'est ce mot précisément qui nous appelle à l'heure présente. On dit que l'évêque et Northumberland sont forts de cinquante mille hommes.

WARWICK. — Cela ne peut être, mon Suzerain. La Rumeur, comme la voix suivie de l'écho, double le nombre de ceux qu'on redoute. Qu'il plaise à votre Grâce d'aller au lit. Sur mon âme, Monseigneur, les forces que vous avez déjà envoyées emporteront très-aisément cette rébellion. Pour vous rassurer davantage, j'ai reçu la nouvelle positive que Glendower est mort. Votre Majesté a été malade cette quinzaine et ces veilles prolongées doivent forcément ajouter à votre maladie.

Le roi Henri. — Je vais suivre votre conseil. Si ces guerres intérieures étaient une fois terminées, nous partirions, mes chers Lords, pour la Terre Sainte. (*Ils sortent.*)

SCÈNE II.

Une cour devant la maison du juge de paix Shallow, dans le Gloucestershire.

SHALLOW et SILENCE *entrent en se rencontrant;* MOISI, OMBRE, VERRUE, FAIBLE, TAUREAU *et des* serviteurs *suivent par derrière.*

Shallow. — Venez, venez, venez : donnez-moi votre main, Monsieur ; donnez-moi votre main, Monsieur ; par le crucifix, vous êtes un homme matinal. Et comment va mon bon cousin Silence ?

Silence. — Bonjour, mon bon cousin Shallow.

Shallow. — Et comment va ma cousine, votre camarade de lit ? et votre très-belle demoiselle qui est aussi la mienne, ma filleule Ellen ?

Silence. — Hélas ! c'est un simple merle noir, cousin Shallow.

Shallow. — A tout hasard, Monsieur, j'oserais affirmer que mon cousin William est devenu un bon écolier : il est encore à Oxford, n'est-ce pas ?

Silence. — Vraiment oui, Monsieur ; il m'y coûte gros.

Shallow. — Il faudra qu'il aille bientôt aux écoles de droit. J'étais autrefois de celle de Saint-Clément [2], où je suppose qu'on parle encore de ce fou de Shallow.

Silence. — On vous appelait alors le gaillard Shallow, cousin.

SHALLOW. — Par la messe, on m'appelait de toutes sortes de noms, et j'aurais fait, vraiment, toutes sortes de choses, et rondement encore. J'étais là avec le petit John Doit, du Staffordshire, avec le noir Georges Bare, Francis Pickbone et William Squele, un garçon qui était de Cotswold[3] et digne d'en être; vous n'aviez pas dans toutes les écoles de droit quatre ferrailleurs pareils; et je puis vous le dire, nous savions où étaient les *bona robas*, et nous avions les meilleures à notre commandement. Il y avait Jack Falstaff, maintenant Sir John, qui était tout jeune et page de Thomas Mowbray, duc de Norfolk[4].

SILENCE. — Est-ce ce Sir John qui va venir ici tout à l'heure pour des soldats? cousin.

SHALLOW. — Le même Sir John, exactement le même. Je l'ai vu casser la tête à Skogan[5], à la porte de la cour, lorsqu'il n'était qu'un gamin, pas plus haut que cela; et le même jour il se battit avec un certain Sampson Stockfish, un fruitier, derrière l'école de Gray. O les joyeuses journées que j'ai passées là! et quand on voit combien de mes vieilles connaissances ne sont plus!

SILENCE. — Nous les suivrons tous, cousin.

SHALLOW. — C'est certain, c'est certain; très-sûr, très-sûr: la mort, comme dit le Psalmiste, est certaine pour tous; tous mourront. Combien valait une bonne paire de taureaux à la foire de Stamford?

SILENCE. — Ma foi, cousin, je n'y étais pas.

SHALLOW. — La mort est certaine pour tous. Le vieux Double de votre ville vit-il encore?

SILENCE. — Il est mort, Monsieur.

SHALLOW. — Mort! Jésus, Jésus, voyez un peu! lui qui était si bon archer, il est mort! Il avait un si beau coup! Jean de Gand l'aimait fort et aurait parié de grosses sommes sur sa tête. Il vous aurait touché la mouche à deux cent quarante pas et il vous aurait envoyé une flèche de première grandeur à deux cent quatre-vingts et même à deux cent quatre-vingt-dix pas, que cela vous aurait fait plaisir à voir. — A quel prix la vingtaine de brebis, maintenant?

ACTE III, SCÈNE II.

Silence. — C'est selon ce qu'elles sont : une vingtaine de bonnes brebis peut valoir dix livres.

Shallow. — Et ainsi le vieux Double est mort?

Silence. — Voici venir deux des gens de Sir John Falstaff, à ce que je crois.

Entre BARDOLPH *avec un homme.*

Bardolph. — Bonjour, honnêtes Messieurs : je vous en prie, lequel de vous deux est le juge Shallow?

Shallow. — Je suis Robert Shallow, Monsieur, un pauvre *squire* de ce comté et l'un des juges de paix du roi : que désirez-vous de moi, s'il vous plaît?

Bardolph. — Mon capitaine, Monsieur, se recommande à vous ; mon capitaine, Sir John Falstaff, un robuste gentilhomme, par le ciel, et un très-vaillant militaire.

Shallow. — Ses compliments sont les bienvenus, Monsieur. Je l'ai connu excellent bretteur. Comment va le bon chevalier? et puis-je demander comment va Milady, son épouse?

Bardolph. — Pardon, Monsieur, mais un soldat est mieux accommodé d'autre chose que d'une femme.

Shallow. — C'est bien dit, Monsieur, ma foi ; et vraiment, c'est bien dit. *Est mieux accommodé!* c'est excellent ; oui vraiment, c'est excellent ; les bonnes phrases sont assurément et furent toujours très-recommandables. *Accommodé!* cela vient de *accommodo :* excellent! très-bonne phrase!

Bardolph. — Pardon, Monsieur; j'ai entendu dire le mot. Vous appelez cela *phrase?* Par cette lumière, je ne sais pas ce que c'est que *phrase ;* mais je maintiendrai avec mon épée que ce mot est un mot qui va bien à un soldat et un mot de très-bon commandement. Accommodé, c'est-à-dire, quand un homme est, comme on dit, accommodé ; ou quand un homme étant ce qu'il est, il peut passer pour accommodé ; ce qui est une excellente chose.

Shallow. — C'est très-juste. Regardez, voici venir le bon Sir John.

Entre FALSTAFF.

Shallow. — Donnez-moi votre bonne main, donnez-moi la bonne main de Votre Honneur; sur ma foi, vous avez l'air d'aller bien et vous portez fort bien vos années : heureux de vous voir, mon bon Sir John.

Falstaff. — Je suis enchanté de vous voir bien portant, mon bon maître Robert Shallow. — M. Surecard, je pense?

Shallow. — Non, Sir John, c'est mon cousin Silence qui est de commission avec moi.

Falstaff. — Mon bon M. Silence, il vous convient très-bien d'être un homme de paix.

Silence. — Votre excellent Honneur est le bienvenu.

Falstaff. — Ouf! qu'il fait chaud! Messieurs, m'avez-vous recruté ici une demi-douzaine d'hommes, propres au service?

Shallow. — Pardi, certainement, Monsieur. Voulez-vous vous asseoir?

Falstaff. — Faites-les-moi voir, je vous prie.

Shallow. — Où est la liste? où est la liste? où est la liste? Voyons un peu, voyons, voyons un peu. Là, là, là, là; nous y voilà, oui, pardi, Monsieur. Ralph Moisi! Qu'ils paraissent à mesure que je les appellerai : qu'ils fassent ainsi; qu'ils fassent ainsi. Voyons, où est Moisi?

Moisi, *s'avançant*. — Me voici, s'il vous plaît.

Shallow. — Qu'en pensez-vous, Sir John? c'est un garçon bien membré, jeune, fort et de bonne famille.

Falstaff. — Ton nom est Moisi?

Moisi. — Oui, ne vous en déplaise.

Falstaff. — Alors il n'est que temps de vite t'employer.

Shallow. — Ha! ha! ha! très-excellent sur ma foi! Les choses qui sont moisies ont besoin d'être vite employées. Très-singulièrement bon! bien dit, Sir John, très-bien dit.

Falstaff, *à Shallow*. — Pincez-le-moi.

Moisi. — J'étais déjà bien assez pincé, si vous aviez voulu me laisser tranquille : ma vieille mère va maintenant ne savoir comment trouver quelqu'un qui lui fasse son labourage et sa grosse besogne. Vous n'aviez pas

ACTE III, SCÈNE II.

besoin de me pincer : il y en a d'autres qui peuvent mieux partir que moi.

FALSTAFF. — Allons, paix, Moisi; vous partirez. Moisi, il est temps que vous soyez consommé.

MOISI. — Consommé !

SHALLOW. — Paix, camarade, paix ; reculez-vous; savez-vous où vous êtes? Pour le suivant, Sir John,... voyons un peu;... Simon Ombre!

FALSTAFF. — Parbleu, donnez-le-moi pour m'asseoir dessus : cela fera probablement un soldat froid.

SHALLOW. — Où est Ombre?

OMBRE. — Ici, Monsieur.

FALSTAFF. — Ombre, de qui es-tu fils?

OMBRE. — Fils de ma mère, Monsieur.

FALSTAFF. — Fils de ta mère ! c'est probable, et ombre de ton père : ainsi le fils de la femelle est l'ombre du mâle : c'est souvent ainsi vraiment; car il n'y a pas toujours beaucoup de la substance du père.

SHALLOW. — Vous convient-il, Sir John?

FALSTAFF. — Piquez-le. Ombre servira pour l'été; d'ailleurs pour remplir les registres de nos cadres, nous avons déjà tant d'ombres de soldats.

SHALLOW. — Thomas Verrue!

FALSTAFF. — Où est-il?

VERRUE. — Ici, Monsieur.

FALSTAFF. — Ton nom est Verrue?

VERRUE. — Oui, Monsieur.

FALSTAFF. — Tu es une verrue très-fendillée.

SHALLOW. — Le piquerai-je, Sir John?

FALSTAFF. — Ce serait superflu, car son habillement est construit sur son dos et toute la charpente de son costume tient avec des épingles; ne le piquez pas plus qu'il ne l'est.

SHALLOW. — Ha! ha! ha! vous avez le mot pour rire, Monsieur : vous avez le mot pour rire; je vous fais bien mes compliments. Francis Faible !

FAIBLE. — Voilà, Monsieur.

FALSTAFF. — Quel est ton état, Faible?

FAIBLE. — Tailleur pour femmes, Monsieur.

SHALLOW. — Le piquerai-je, Monsieur?

FALSTAFF. — Vous le pouvez; mais s'il avait été tailleur pour hommes, c'est lui qui vous aurait piqué. — Feras-tu autant de trous dans un bataillon ennemi que tu en as fait dans un jupon de femme?

FAIBLE. — Je ferai tout ce que je pourrai, Monsieur; vous ne pouvez exiger davantage.

FALSTAFF. — Bien dit, bon tailleur pour femmes! Bien dit, courageux Faible! Tu seras aussi vaillant que la colombe en colère ou la plus magnanime souris. Piquez bien le tailleur pour femmes, maître Shallow; piquez à fond, maître Shallow.

FAIBLE. — J'aurais voulu que Verrue partît, Monsieur.

FALSTAFF. — Et moi j'aurais voulu que tu fusses un tailleur pour hommes, afin de le raccommoder et de le mettre en état de partir. Je ne puis faire un simple soldat d'un homme qui commande à tant de *grenadiers*. Que cela te suffise, impétueux Faible.

FAIBLE. — Cela suffira, Monsieur.

FALSTAFF. — Je te suis obligé, respectable Faible. Quel est le suivant?

SHALLOW. — Pierre Taureau du pré!

FALSTAFF. — Oui, parbleu, voyons Taureau.

TAUREAU. — Voilà, Monsieur.

FALSTAFF. — Par Dieu, un garçon tout à fait propre au service! Allons, piquez-moi Taureau jusqu'à ce qu'il mugisse.

TAUREAU. — Oh Dieu! mon bon Seigneur capitaine....

FALSTAFF. — Comment! tu mugis avant d'être piqué?

TAUREAU — Oh Dieu, Monsieur, je suis un homme infirme.

FALSTAFF. — Quelle infirmité as-tu?

TAUREAU. — Une bougresse de toux, Monsieur, un rhume que j'ai attrapé en sonnant pour les affaires du roi, le jour du couronnement, Monsieur.

FALSTAFF. — Allons, tu iras à la guerre en robe de chambre; nous ferons passer ton rhume, et je prendrai des mesures pour que tes amis sonnent pour toi. — Ont-ils été tous appelés?

SHALLOW. — Il y en a deux d'appelés de plus que le nombre voulu; vous ne devez en prendre que quatre ici, Monsieur, et maintenant je vous prie de venir dîner avec moi.

FALSTAFF. — Allons, j'irai boire un coup avec vous, mais je ne puis rester à dîner. Je suis heureux de vous voir, sur ma foi, maître Shallow.

SHALLOW. — Ah, Sir John, vous rappelez-vous quand nous avons passé toute une nuit dans le moulin à vent des champs de Saint-Georges?

FALSTAFF. — Ne parlons plus de cela, mon bon maître Shallow, ne parlons plus de cela.

SHALLOW. — Ah! ce fut une joyeuse nuit. Et Jane Nightwork vit-elle toujours?

FALSTAFF. — Elle vit toujours, maître Shallow.

SHALLOW. — Elle n'avait jamais pu me voir.

FALSTAFF. — Jamais, jamais; elle disait toujours qu'elle ne pouvait pas souffrir maître Shallow.

SHALLOW. — Par la messe, je pouvais la faire mettre en colère de bon cœur. C'était alors une *bona roba*[6]. Est-elle bien conservée?

FALSTAFF. — Elle est vieille, vieille, maître Shallow.

SHALLOW. — Parbleu, oui, elle doit être vieille : elle ne peut pas ne pas être vieille; certainement elle est vieille: elle avait eu Robin Nightwork du vieux Nightwork, avant que je ne fusse étudiant à Saint-Clément.

SILENCE. — Il y a cinquante-cinq ans de cela.

SHALLOW. — Ah, cousin Silence, si tu avais vu ce que le chevalier et moi nous avons vu. Ah, Sir John, ai-je bien parlé?

FALSTAFF. — Nous avons entendu les carillons à minuit, maître Shallow.

SHALLOW. — Nous les avons entendus, nous les avons entendus, nous les avons entendus; oui, ma foi, Sir John, nous les avons entendus; notre mot de passe était: *Hem lurons*[7]! Venez, allons dîner; venez, allons dîner. Oh les jours que nous avons vus! Venez, venez. (*Sortent Falstaff, Shallow et Silence.*)

TAUREAU. — Mon bon Monsieur le *corporal* Bardolph, soyez mon ami : voici quatre *Henri* de dix shillings en monnaie française pour vous[8]. En bonne vérité, Monsieur, j'aimerais autant être pendu que de partir, Monsieur ; et cependant, Monsieur, pour ma part, cela m'est bien égal, mais c'est plutôt parce que je ne voudrais pas, et que, pour ma part, j'ai le désir de rester avec mes amis ; autrement, Monsieur, pour ce qui est de moi, cela ne m'inquiète pas plus que cela.

BARDOLPH. — Allons, mettez-vous à part.

MOISI. — Et mon bon Monsieur le *corporal* capitaine, par considération pour ma vieille mère, soyez mon ami ; elle n'a personne pour faire quoi que ce soit chez elle, quand je serai parti, et elle est vieille et ne peut s'aider ; vous aurez quarante shillings, Monsieur.

BARDOLPH. — Allons, mettez-vous à part.

FAIBLE. — Sur ma foi, cela m'est égal ; un homme ne peut mourir qu'une fois ; nous devons à Dieu une mort. Je n'aurai jamais une âme lâche ; si c'est ma destinée, soit : sinon, soit encore. Nul homme n'est trop bon pour servir son prince, et qu'il suive le chemin qu'il voudra, celui qui mourra cette année en sera quitte pour la prochaine.

BARDOLPH. — Bien dit ; tu es un brave garçon.

FAIBLE. — Sur ma foi, je n'aurai jamais une âme lâche.

Rentrent FALSTAFF, SHALLOW *et* SILENCE.

FALSTAFF. — Voyons, Monsieur, quels hommes prendrai-je ?

SHALLOW. — Choisissez les quatre qui vous plairont.

BARDOLPH, *à part à Falstaff.* — Monsieur, un mot. J'ai trois livres pour affranchir Moisi et Taureau.

FALSTAFF, *à part à Bardolph.* — C'est bon ; marche.

SHALLOW. — Allons, Sir John, quels sont les quatre que vous prenez ?

FALSTAFF. — Choisissez pour moi.

SHALLOW. — Pardi, alors je choisis Moisi, Taureau, Faible et Ombre.

FALSTAFF. — Avancez ici, Moisi et Taureau : pour vous,

Moisi, restez au logis jusqu'à ce que vous soyez hors de service, et quant à vous, Taureau, grandissez jusqu'à ce que vous soyez propre au service; je ne veux d'aucun de vous deux.

Shallow. — Sir John, Sir John, ne vous portez pas préjudice; ce sont vos hommes les plus aptes au service et je voudrais vous voir servi par les meilleurs.

Falstaff. — Est-ce que vous voulez m'apprendre, maître Shallow, à choisir un homme ? Est-ce que je m'inquiète des membres, de la musculature, de la taille, de la prestance et du large total de tout ce qui fait un homme ? L'esprit, maître Shallow, voilà ce que je demande. Voici Verrue ; vous voyez quel monceau de loques cela paraît : eh bien, il va vous charger et vous décharger avec autant de rapidité qu'un étameur bat du marteau ; il va reculer et avancer plus vite que l'homme qui emplit et vide les seaux d'un brasseur. Et ce camarade qui n'a qu'une moitié de visage, Ombre, donnez-moi cet homme-là ; il ne présente pas de point de mire à l'adversaire ; l'ennemi pourrait tout aussi aisément viser le fil d'un couteau : et pour la retraite, comme ce tailleur pour femmes, ce Faible, saura courir rapidement ! O donnez-moi des hommes de rebut et épargnez-moi les beaux hommes. — Mettez-moi une carabine entre les mains de Verrue, Bardolph.

Bardolph. — Allons, Verrue, prenez et en joue ; comme ça, comme ça, comme ça.

Falstaff. — Allons, manœuvrez-moi votre carabine. Comme ça : — très-bien : — allez : — très-bien : — excessivement bien. — Oh ! donnez-moi toujours pour fusiliers de ces petits hommes, maigres, vieux, ridés, pelés. — Parfaitement exécuté, Verrue ; tu es un excellent gueux : tiens, voici un teston pour toi.

Shallow. — Il n'est pas encore maître de son arme ; il n'exécute pas bien les mouvements. Je me rappelle que sur la pelouse de Mile End [9], lorsque j'étais à l'école de Saint-Clément (je faisais alors Sir Dagonet dans la farce d'Arthur) [10], il y avait un déluré de petit bonhomme qui vous manœuvrait comme ça son arme ; il vous tournait comme ça, et comme ça, et vous avançait comme ça, et comme ça : *ra, ta, ta,* faisait-il; *boum,* faisait-il : et il repartait, et il revenait : je ne reverrai jamais un pareil gaillard.

FALSTAFF. — Ces camarades marcheront très-bien, maître Shallow. Adieu, maître Silence, je ne dépenserai pas beaucoup de paroles avec vous. Portez-vous bien tous les deux, Messieurs : je vous remercie ; il faut que je fasse une douzaine de miles avant la nuit. Bardolph, donnez des habits aux soldats.

SHALLOW. — Sir John, le Seigneur vous bénisse et fasse prospérer vos affaires! Dieu nous envoie la paix! A votre retour visitez ma maison ; renouvelons notre vieille connaissance : peut-être irai-je bien avec vous à la cour.

FALSTAFF. — Je voudrais que vous eussiez cette pensée, maître Shallow.

SHALLOW. — Allons, je dis tout en un seul mot : bonne santé. (*Sortent Shallow et Silence.*)

FALSTAFF. — Portez-vous bien, aimables Messieurs. En avant, Bardolph : conduisez ces hommes. (*Sortent Bardolph et les recrues.*) A mon retour, j'exploiterai ces juges de paix : je vois le fonds du juge Shallow. Seigneur! Seigneur! comme nous autres vieillards, nous sommes sujets à ce vice du mensonge! Ce même meurt de faim de juge n'a rien fait que me parler des farces de sa jeunesse et des exploits qu'il a accomplis aux environs de *Turnbull Street*[11], et sur trois paroles qu'il prononçait il y avait un mensonge, et il payait ce tribut de mensonges à son auditeur plus strictement que le tribut dû au grand Turc. Je me le rappelle à l'école de Saint-Clément, comme un homme qui faisait sa collation avec quelques miettes de fromage : lorsqu'il était nu, il ressemblait, pour tout le monde, à un radis fendu sur lequel on aurait fixé une tête fantastiquement sculptée avec un couteau : il était tellement étique qu'il était invisible à toute vue qui n'était pas excellente; c'était le génie même de la famine. Cependant il était paillard comme un singe et les putains l'appelaient mandragore : il était toujours en arrière sur la mode; il chantait à ses catins fouettées publiquement, les chansons qu'il entendait siffler aux charretiers, et il jurait que c'étaient ses *fantaisies* ou ses *inspirations nocturnes*. Et maintenant ce bâton de Polichinelle[12] est devenu un *squire*, et il vous parle aussi familièrement de Jean de Gand que s'il avait été son frère juré : et j'affirmerais sous serment qu'il ne l'a jamais vu qu'une seule fois, dans l'arène des joûtes, où Jean de Gand lui cassa la tête pour s'être allé fourrer parmi les hommes du maréchal. J'ai vu cela, et je dis à Jean de Gand qu'il rossait son propre nom, car vous auriez pu le faire entrer, lui et tous ses habits, dans une peau d'anguille : l'étui d'une clarinette eût été pour lui un château, un palais, et maintenant il vous a des terres et des bestiaux. Bon, je referai connaissance avec lui, si je reviens, et cela ira bien mal si je ne trouve pas chez lui deux pierres philosophales pour une. Si le jeune goujon peut être une amorce pour le vieux brochet, je ne vois pas de raison, selon la loi de nature, pour que je ne l'attrape pas. Que le temps me présente une occasion et c'est chose faite. (*Il sort.*)

ACTE IV.

SCÈNE PREMIÈRE.

Une forêt dans le YORKSHIRE.

Entrent L'ARCHEVÊQUE D'YORK, MOWBRAY, HASTINGS *et autres*.

L'ARCHEVÊQUE. — Comment cette forêt est-elle appelée?

HASTINGS. — La forêt de Gaultree, n'en déplaise à Votre Grâce[1].

L'ARCHEVÊQUE. — Arrêtons-nous ici, Milords, et envoyons des éclaireurs pour connaître le chiffre de nos ennemis.

HASTINGS. — Nous en avons déjà envoyé.

L'ARCHEVÊQUE. — C'est fort bien fait. Mes frères et amis en cette grande entreprise, je dois vous informer que j'ai reçu des lettres de Northumberland, d'une date récente, dont voici le sens, la teneur et la substance, dans toute leur froideur. Il souhaiterait que sa personne fût ici avec des forces qui correspondissent dignement à sa qualité; ces forces, il n'a pu les lever; aussi s'est-il retiré en Écosse pour y attendre le retour de sa fortune, et il conclut en souhaitant de tout son cœur que votre entreprise puisse l'emporter sur les chances du sort et la rencontre formidable de votre adversaire.

MOWBRAY. — Ainsi les espérances que nous avions mises en lui tombent à terre et se brisent en pièces.

Entre un MESSAGER.

HASTINGS. — Eh bien, quelles nouvelles?

LE MESSAGER. — A l'ouest de cette forêt, à un mile à peine, les ennemis s'avancent en bon ordre : par l'espace qu'ils recouvrent, je juge que leur nombre est, ou doit être à peu près, de trente mille.

MOWBRAY. — Juste le chiffre auquel nous les avions fixés. Marchons et présentons-leur la bataille.

L'ARCHEVÊQUE. — Quel est ce chef armé de toutes pièces qui vient à notre rencontre?

MOWBRAY. — Je crois que c'est Milord de Westmoreland.

Entre WESTMORELAND.

WESTMORELAND. — Vœux de santé et compliments de la part de notre général, le prince Lord Jean, duc de Lancastre.

L'ARCHEVÊQUE. — Dites-nous en paix ce qui motive votre visite auprès de nous, Milord de Westmoreland.

WESTMORELAND. — En ce cas, Milord, c'est à Votre

Grâce que j'adresserai particulièrement la substance de mon message. Si cette rébellion était née d'elle-même, parmi des multitudes basses et abjectes, si elle était conduite par des jeunes gens sanguinaires, recrutée parmi des porteurs de guenilles, et soutenue par des enfants et des mendiants, si, dis-je, cette damnée commotion s'était montrée sous sa forme vraie, native, sous celle qui lui convient réellement, vous, mon révérend père, ainsi que ces nobles Lords, on ne vous eût pas vus ici décorant de vos nobles dignités la forme hideuse d'une vile et sanglante insurrection. Vous, Lord archevêque, dont le siége épiscopal est fondé sur la paix sociale, dont la barbe blanche porte la marque de l'attouchement de la main d'argent de la paix, à qui la science et les bonnes lettres ont enseigné la paix, dont les vêtements blancs sont le symbole de l'innocence[2], de la colombe et du très-saint Esprit de paix, pourquoi traduisez-vous si mal ces caractères de votre personne, du langage de paix qui est empreint d'une telle grâce, dans l'âpre et bruyant langage de la guerre? Pourquoi changez-vous vos livres de cuir en jambières de cuir, votre encre en sang, vos plumes en lances, et faites-vous de votre voix de prêtre une trompette bruyante et un clairon de guerre?

L'ARCHEVÊQUE. — Pourquoi je fais cela? c'est en effet la question. Voici pourquoi en quelques mots. Nous sommes tous malades, et par suite de nos heures d'excès et de folies, nous nous sommes attiré une fièvre brûlante qui réclame une saignée : de cette maladie, notre dernier roi, Richard, fut infecté et mourut. Mais, mon très-noble Lord de Westmoreland, je ne me présente pas ici comme un médecin ; je ne viens pas davantage me joindre aux colonnes des soldats en qualité d'ennemi de la paix ; si je montre un instant le visage terrible de la guerre, c'est plutôt pour mettre au régime les âmes impures, malades par excès de plaisir, et purger les humeurs qui commencent à obstruer dans nos veines le libre cours de la vie. Entendez-moi mieux encore : j'ai pesé avec équité dans une égale balance les maux que nos armes peuvent faire et les maux dont nous souffrons, et j'ai trouvé que nos griefs étaient plus lourds que nos offenses. Nous voyons dans quelle direction marche le courant de l'époque, et nous sommes forcé de sortir de notre paisible repos par la violence torrentueuse des circonstances. Nous avons rédigé en articles le résumé de nos griefs, et lorsque le temps en sera venu, nous pourrons le montrer; ce résumé, nous avons voulu le présenter au roi longtemps avant ces événements et nous n'avons pu obtenir audience, malgré toutes nos instances. Lorsque nous sommes lésé et que nous voulons exposer nos griefs, l'accès de sa personne nous est refusé par les hommes mêmes qui nous ont lésé. Les malheurs d'un passé tout récent, dont le souvenir est écrit sur le sol en caractères de sang encore visibles, et les faits que chaque minute engendre, aujourd'hui même, nous ont forcé à prendre ces armes en apparence rebelles, non pour briser la paix en aucune façon, mais pour établir une paix qui soit vraiment la paix, de réalité comme de nom.

WESTMORELAND. — Quand donc a-t-on refusé d'écouter votre appel? Quand donc le roi vous a-t-il humilié? Quel pair a-t-on excité à vous fermer la porte, pour que vous ayez consenti à sceller d'un sceau divin le livre anarchique et sanglant d'une rébellion machinée froidement et à consacrer l'épée cruelle de la guerre civile?

L'ARCHEVÊQUE. — Pour mon compte, ce sont les griefs de mes concitoyens, mes frères en général, aussi bien que la violence faite à mon frère de naissance, dont je fais l'objet de ma querelle.

WESTMORELAND. — Il n'est pas besoin de telles méthodes de redressement, ou s'il en était besoin, ce ne serait pas à vous qu'il appartiendrait de les prendre.

MOWBRAY. — Pourquoi pas à lui pour sa part, comme à nous tous qui sentons les meurtrissures des jours passés et qui souffrons sous la main lourde et inique que la tyrannie du présent fait peser sur nos honneurs?

WESTMORELAND. — Oh! mon bon Lord Mowbray, comprenez les nécessités de votre époque, et vous verrez que c'est votre époque, et non le roi, qui vous fait injure. Cependant, pour ce qui vous concerne, il ne me semble pas que ni le roi, ni le temps présent vous aient donné le plus petit terrain d'offense ; n'avez-vous pas été restauré dans toutes les seigneuries du duc de Norfolk, votre noble père de si bonne mémoire?

Mowbray. — Quel genre d'honneur avait donc perdu mon père, pour qu'il fût nécessaire de lui redonner en moi âme et souffle? Le roi qui l'aimait, fut, quoiqu'il lui en coûtât, contraint de le bannir, par suite des exigences où le gouvernement était alors : mais lorsque mon père et Henri Bolingbroke, tous deux en selle et le pied dans l'étrier, s'avançaient l'un contre l'autre, leurs coursiers hennissants animés par l'éperon, leurs lances en arrêt, leurs visières baissées, leurs yeux lançant des flammes à travers les trous de l'acier, alors, alors, au moment où rien n'empêchait que mon père atteignît la poitrine de Bolingbroke, le roi jeta son bâton, — ce bâton auquel était attachée sa propre vie, — et en le jetant, il jeta en même temps sa royauté et les existences de tous ceux qui depuis ont péri sous Bolingbroke par jugement ou par le tranchant de l'épée.

Westmoreland. — Lord Mowbray, vous parlez pour l'heure de ce que vous ne savez pas. Le comte de Hereford était alors réputé le plus vaillant gentilhomme d'Angleterre. Qui sait auquel des deux champions la fortune aurait souri ce jour-là? Mais si votre père avait été vainqueur, il n'aurait jamais emporté sa victoire hors de Coventry : car tout le pays d'une voix unanime criait haine contre lui, et les prières et l'affection de tous se portaient sur Hereford dont tous raffolaient, et qu'ils bénissaient et honoraient vraiment plus que le roi. Mais c'est là une digression qui m'éloigne de mon but. Je viens de la part du prince, notre général, pour connaître vos griefs ; pour vous dire, de la part de Sa Grâce, qu'il consent à vous accorder audience : si alors il lui paraît que vos demandes sont justes, elles seront exaucées, et l'on effacera tout ce qui a pu autoriser à vous croire ennemis.

Mowbray. — Mais il nous a forcés à lui arracher cette offre ; elle vient de politique, non d'amitié.

Westmoreland. — Vous êtes bien présomptueux de prendre la chose ainsi, Mowbray : cette offre vient de clémence et non de crainte ; car voyez ! notre armée est à portée de l'œil, et sur mon honneur, elle est beaucoup trop confiante en sa force, pour permettre à une pensée de crainte d'avoir accès en elle. Notre armée est plus remplie de grands noms que la vôtre, nos hommes sont plus habiles au maniement des armes que les vôtres, nos armures sont aussi fortes que les vôtres, et notre cause est la meilleure ; cela étant, la raison veut que nos courages vaillent les vôtres : ne dites donc pas que notre offre est arrachée par contrainte.

Mowbray. — Bon, si l'on m'en croit, nous n'admettrons pas de pourparlers.

Westmoreland. — Cela prouve seulement combien votre offense est honteuse : un coffret pourri ne supporte pas d'être manié.

Hastings. — Le prince Jean a-t-il des pleins pouvoirs, des pouvoirs aussi souverains que la souveraineté même de son père, pour nous entendre et pour décider d'une manière absolue les conditions qui nous seront faites?

Westmoreland. — Cela est impliqué dans le nom du général : je m'étonne que vous fassiez une question si légère.

L'Archevêque. — En ce cas, Milord de Westmoreland, prenez cette cédule, car elle contient l'exposé général de nos griefs : que chacun de ces griefs soit redressé ; que tous les membres de notre cause, présents et absents, qui ont été mêlés à cette affaire, soient sauvegardés par une loyale et authentique amnistie ; que l'exécution immédiate de nos volontés nous soit garantie en tout ce qui concerne nos personnes et nos intentions, et nous rentrerons dans l'ordre légal et nous remettrons nos soldats aux embrassements de la paix.

Westmoreland. — Je vais montrer cela au général. Vous plairait-il, Milords, que nous nous rencontrassions en vue de nos deux armées ; et puisse chacune s'en retourner ensuite avec une paix dont Dieu nous fasse la faveur! Sinon, tirons sur le terrain même de notre dispute les épées qui doivent la décider.

L'Archevêque. — C'est ce que nous ferons, Milord. (*Sort Westmoreland.*)

Mowbray. — Quelque chose me dit en mon âme, qu'aucune des conditions de notre paix ne pourra tenir.

Hastings. — Ne craignez pas cela : si nous pouvons faire notre paix sur des termes aussi larges et aussi absolus que ceux que réclament nos conditions, notre paix sera aussi solide que les rochers.

Mowbray. — Oui, mais l'opinion qu'on aura de nous sera telle, que sur le prétexte le plus futile et le moins fondé, que sur la raison la plus vaine, la plus mince, la plus chimérique, le roi se ressouviendra de cette entreprise, si bien que fussions-nous martyrs de notre dévouement pour lui, nos actions seront vannées à un vent si violent, que notre grain lui-même semblera aussi léger que notre paille et que le bon ne pourra jamais en nous être séparé du mauvais.

L'Archevêque. — Non, non, Milord. Notez ceci, le roi est fatigué de ces querelles délicates et de ces petites dissensions, car il a découvert que se débarrasser d'une personne douteuse par la mort, c'est en faire revivre deux plus dangereuses parmi celles qui succèdent : par conséquent il voudra nettoyer entièrement ses tablettes, et refusera de garder dans sa mémoire aucun souvenir pouvant transmettre l'histoire de ses revers et la conserver vivante dans la postérité ; car il sait parfaitement qu'il ne peut sarcler ce pays aussi radicalement qu'il le voudrait et qu'il ne peut satisfaire ses soupçons en toute occasion. Ses amis ont avec ses ennemis des racines si bien liées et si communes, que lorsqu'il s'efforce de déraciner un ennemi, en l'arrachant du sol il ébranle un ami. En sorte que ce pays, pareil à une épouse qui l'a exaspéré jusqu'à le pousser à la battre, au moment où il veut frapper, lui présente son enfant, et paralyse le châtiment résolu dans le bras qui se levait pour l'infliger.

HASTINGS. — En outre, le roi a dépensé toutes ses verges sur ses récents offenseurs, en sorte qu'il manque aujourd'hui des instruments même du châtiment, et que son pouvoir, comme un lion sans griffes, peut menacer mais non exécuter ses menaces.

L'ARCHEVÊQUE. — C'est très-vrai, et par conséquent soyez assuré, mon bon Lord maréchal, que si nous opérons bien aujourd'hui notre réconciliation, notre paix, pareille à un membre brisé qui a été rejoint, n'en deviendra que plus forte par la fracture actuelle.

MOWBRAY. — Qu'il en soit donc ainsi. Voici Milord de Westmoreland qui revient.

Rentre WESTMORELAND.

WESTMORELAND. — Le prince est tout proche : plairait-il à Votre Seigneurie de rencontrer Sa Grâce a une égale distance de nos deux armées ?

MOWBRAY. — Au nom de Dieu, que Votre Grâce D'York veuille bien avancer le premier, alors.

L'ARCHEVÊQUE. — Précédez-moi et présentez mes compliments à Sa Grâce : Milord, nous partons. (*Ils sortent.*)

SCÈNE II.

Une autre partie de la forêt.

Entrent d'un côté, MOWBRAY, L'ARCHEVÊQUE D'YORK, HASTINGS *et autres; de l'autre*, LE PRINCE JEAN DE LANCASTRE, WESTMORELAND *et autres*.

LE PRINCE JEAN. — Heureux de vous rencontrer ici, mon cousin Mowbray. Bonjour à vous, noble Lord Archevêque, et à vous aussi, Lord Hastings, et à vous tous. Milord D'York, vous faisiez meilleure figure, lorsque votre troupeau, assemblé par la cloche, se pressait autour de vous, pour entendre avec respect votre exposition du texte sacré, que vous ne faites ici sous une armure de fer, animant de votre tambour une cohue de rebelles, changeant la parole en épée et la vie en mort. Si l'homme qui est très-cher au cœur d'un monarque et qui prospère au soleil de sa faveur, veut abuser de la protection du roi, quels malheurs, hélas, ne peut-il pas déterminer, à l'ombre d'une telle grandeur! C'est là ce que vous avez fait, Lord évêque. Qui n'a entendu dire combien profonde est votre science dans les livres de Dieu? Pour nous, vous étiez l'orateur de son parlement, nous nous figurions votre voix comme la voix de Dieu lui-même; vous étiez l'interprète, le négociateur entre la grâce, les saintes œuvres du ciel, et nos ténébreuses œuvres de la terre. Oh! qui voudrait croire que vous abusez du caractère sacré de vos fonctions, que vous employez la protection et la grâce du ciel, comme un favori trompeur emploie le nom de son prince, pour commettre des actes déshonnêtes? Sous le couvert d'un zèle feint pour Dieu, vous avez appelé aux armes les sujets du lieutenant de Dieu, mon père, et vous les avez attroupés ici contre la paix du ciel et du roi.

L'Archevêque. — Mon bon Lord de Lancastre, je ne suis pas ici contre la paix de votre père; mais, ainsi que je l'ai dit à Milord de Westmoreland, c'est l'époque de désordre où nous sommes, qui nous a contraints par bon sens à nous attrouper et à nous unir sous cette forme monstrueuse, pour assurer notre sécurité. J'ai envoyé à Votre Grâce l'exposé détaillé, un par un, de nos griefs, exposé qui a été avec mépris repoussé de la cour: de là est née l'hydre de cette guerre, hydre dont les yeux dangereux peuvent être endormis par sortilége, en donnant satisfaction à nos très-justes et très-légitimes demandes; cela fait, la loyale obéissance, guérie de cet accès, se couchera avec soumission aux pieds de la majesté royale.

Mowbray. — Sinon, nous sommes prêts à recourir aux chances de notre fortune jusqu'à notre dernier homme.

Hastings. — Et si nous sommes battus ici, nous avons des alliés pour continuer notre entreprise; s'ils échouent aussi, leurs amis continueront leur œuvre, et ainsi s'établira une hérédité de désastres, et la querelle sera soutenue de père en fils, tant qu'il restera en Angleterre une génération.

Le Prince Jean. — Vous êtes trop un homme de surface, Hastings, trop un homme de surface, pour pouvoir sonder le fond de l'avenir.

Westmoreland. — Plairait-il à Votre Grâce de leur apprendre directement jusqu'à quel point vous acceptez leurs articles ?

Le prince Jean. — Je les accepte tous et je les leur accorde de bon cœur : je le jure ici sur l'honneur de ma race, les desseins de mon père ont été mal jugés, et quelques-uns de ceux qui l'entourent ont trop légèrement abusé de son autorité et faussé ses intentions. Milord, ces griefs seront bien vite redressés ; sur mon âme, ils le seront. Si cela vous agrée, renvoyez vos soldats dans leurs divers comtés et ainsi ferons-nous des nôtres : puis ici, buvons amicalement et embrassons-nous entre nos deux armées, afin que tous voient ces gages du rétablissement de notre amitié et de notre concorde, et s'en retournent en emportant l'impression de ce spectacle.

L'archevêque. — Je prends acte de votre parole de prince pour le redressement de ces griefs.

Le Prince Jean. — Je vous la donne et je la tiendrai : là-dessus je bois à Votre Grâce.

Hastings, *à un officier*. — Allez, Capitaine, et portez à l'armée ces nouvelles de paix : qu'on leur donne leur solde et qu'ils partent ; je sais qu'ils en seront charmés. Dépêchez-vous, Capitaine. (*Sort un officier.*)

L'archevêque. — Je bois à votre santé, mon noble Lord de Westmoreland.

Westmoreland. — Je le rends à Votre Grâce, et si vous saviez quelles peines je me suis données pour amener la paix actuelle, vous boiriez de bon cœur ; mais je vous prouverai mieux par la suite mon affection.

L'archevêque. — Je ne doute pas de vous.

Westmoreland. — J'en suis heureux. A votre santé, Milord Mowbray, mon gentil cousin.

Mowbray. — Vous me souhaitez la santé en très-bon

temps; car je viens, tout à coup, de me sentir tant soit peu malade.

L'ARCHEVÊQUE. — Les hommes sont toujours joyeux lorsque le malheur va fondre sur eux; mais la tristesse précède les heureux événements.

WESTMORELAND. — Soyez donc joyeux, cousin, puisqu'une tristesse soudaine nous permet de dire, — il se prépare quelque chose d'heureux pour demain.

L'ARCHEVÊQUE. — Pour moi, je me sens l'âme gaie, je vous assure.

MOWBRAY. — C'est tant pis, si votre proverbe dit vrai. (*Acclamations au dehors.*)

LE PRINCE JEAN. — Le mot de paix vient d'être prononcé; écoutez comme ils applaudissent!

MOWBRAY. — Voilà des cris qui auraient fait plaisir à entendre après la victoire.

L'ARCHEVÊQUE. — Une paix est de la nature d'une conquête; car alors les deux partis sont noblement subjugués et aucun des deux n'est le perdant.

LE PRINCE JEAN. — Allez, Milord, et faites aussi licencier notre armée. (*Sort Westmoreland.*) Si c'est votre bon plaisir, mon bon Lord, nous ferons défiler nos troupes devant nous, afin que nous puissions juger des hommes avec lesquels nous aurions eu à lutter.

L'ARCHEVÊQUE. — Allez, mon bon Lord Hastings, et avant de les licencier, faites-les défiler devant nous. (*Sort Hastings.*)

LE PRINCE JEAN. — J'ai confiance, Milords, que nous dormirons cette nuit sous le même toit.

Rentre WESTMORELAND.

LE PRINCE JEAN. — Eh bien, cousin, pourquoi notre armée ne bouge-t-elle pas?

WESTMORELAND. — Les commandants qui ont reçu de vous charge de rester à leurs postes, ne veulent pas se retirer avant de vous avoir entendu leur en donner l'ordre.

LE PRINCE JEAN. — Ils connaissent leur devoir.

Rentre HASTINGS.

HASTINGS. — Milord, notre armée est déjà dispersée : comme de jeunes taureaux délivrés du joug, ils prennent leur course à l'est, à l'ouest, au nord, au sud; ou comme des écoliers à la sortie d'une école, chacun prend son galop vers sa maison ou le lieu de ses plaisirs.

WESTMORELAND. — Bonnes nouvelles, Milord Hastings, et pour ces nouvelles, je t'arrête comme coupable de haute trahison, traître. Vous, Lord archevêque, et vous, Lord Mowbray, je vous décrète tous les deux de haute trahison.

MOWBRAY. — Est-ce que cette conduite est juste et honorable?

WESTMORELAND. — Et votre assemblée l'est-elle?

L'ARCHEVÊQUE. — Est-ce ainsi que vous violez votre parole?

LE PRINCE JEAN. — Je ne t'en ai engagé aucune.. Je vous ai promis que les griefs dont vous vous plaignez seraient redressés, et sur mon honneur, je tiendrai ma promesse avec un très-chrétien scrupule; mais quant à vous, rebelles, apprêtez-vous à tâter de la récompense qui est due à la trahison et aux actes pareils aux vôtres. Vous avez rassemblé cette armée avec la plus extrême légèreté, vous l'avez conduite ici étourdiment, et vous l'avez follement congédiée. Qu'on batte nos tambours, et qu'on poursuive les bandes dispersées; c'est le ciel, et non pas nous, qui a combattu aujourd'hui avec ce succès sans danger. Que quelques hommes gardent ces traîtres réservés au bloc du supplice, lit véritable de la trahison, celui où elle vient rendre son dernier soupir[3]. (*Ils sortent.*)

SCÈNE III.

Une autre partie de la forêt.

Alarmes. Escarmouches. Entrent en se rencontrant
FALSTAFF *et* COLEVILE.

Falstaff. — Votre nom, Monsieur? Quelle est votre condition, et de quel endroit êtes-vous?

Colevile. — Je suis chevalier, Monsieur, et mon nom est Colevile de La Vallée.

Falstaff. — Fort bien; Colevile est votre nom, chevalier est votre titre, et la vallée est votre résidence : eh bien, Colevile restera votre nom, traître sera votre titre, et le cachot sera votre résidence, une résidence suffisamment profonde; en sorte que vous continuerez à être Colevile de la vallée.

Colevile. — N'êtes-vous pas Sir John Falstaff?

Falstaff. — Je le vaux, Monsieur, qui que je sois. Vous rendez-vous, Monsieur, ou me faudra-t-il suer pour vous? Si je sue, les gouttes seront les larmes de tes amis et elles pleureront ta mort : par conséquent, réveille en toi la crainte et le tremblement, et remets-toi avec déférence à ma clémence.

Coleville. — Je crois que vous êtes Sir John Falstaff, et dans cette croyance je me rends.

Falstaff. — J'ai dans ma panse toute une école de langues, et il n'y en a pas une qui prononce un autre mot que mon nom. Si j'avais une panse à peu près ordinaire, je serais tout simplement le gaillard le plus actif de l'Europe : mais mon ventre, mon ventre, mon ventre, me porte tort. Voici venir notre général.

Entrent le prince JEAN DE LANCASTRE,
WESTMORELAND *et autres.*

Le prince Jean. — Le plus chaud moment de l'affaire est passé; ne poursuivez pas davantage maintenant :

rappelez les troupes, mon bon cousin Westmoreland. (*Sort Westmoreland.*) Eh bien, Falstaff, où avez-vous été tout ce temps? C'est maintenant que vous arrivez, alors que tout est fini! sur ma vie, vos farces de traînard vous feront, un jour ou l'autre, rompre le dos de quelque potence!

FALSTAFF. — Je serais désolé, Milord, qu'il en fût ainsi : je n'avais jamais su jusqu'à présent que les réprimandes et les gourmades fussent la récompense de la valeur. Croyez-vous que je sois une hirondelle, une flèche ou un boulet de canon? Est-ce que mes pauvres vieilles jambes peuvent avoir la vitesse de la pensée? Et je suis accouru ici avec la plus extrême rapidité ; j'ai crevé plus de cent quatre-vingts chevaux, et, tout souillé de la poussière du voyage, comme me voilà, j'ai par ma pure et immaculée valeur pris Sir John Colevile de La Vallée, un très-furieux chevalier et un valeureux ennemi. Mais qu'importait? Il m'a vu et il s'est rendu, en sorte que je puis dire avec le gaillard au nez d'épervier de Rome : « je suis venu, j'ai vu et j'ai vaincu. »

LE PRINCE JEAN. — Cette capture fait plus d'honneur à sa courtoisie qu'à votre mérite.

FALSTAFF. — Je ne sais pas ; le voici et je vous le donne : et j'en conjure Votre Grâce, que cette action soit signalée avec les autres hauts faits de ce jour, ou par le Seigneur, je la ferai raconter dans une ballade particulière, qui portera mon portrait en tête, avec Colevile baisant mon pied. Forcez-moi à ce parti, et si tous vous paraissez à côté de moi autre chose que des pièces neuves de deux pence, si dans le ciel clair de la gloire je ne vous éclipse pas tous aussi complétement que la pleine lune éclipse les étincelles du cendrier du firmament, lesquelles ressemblent à côté d'elle à des têtes d'épingle, ne croyez plus à la parole d'un noble : par conséquent faites-moi droit et laissez monter le mérite.

LE PRINCE JEAN. — Ton mérite est trop pesant pour monter.

FALSTAFF. — Laissez-le briller, alors.

LE PRINCE JEAN. — Il est trop opaque pour briller.

FALSTAFF. — Laissez-le faire quelque chose qui puisse me faire du bien, mon bon Lord, et appelez ce quelque chose comme vous voudrez.

LE PRINCE JEAN. — Ton nom est Colevile?

COLEVILE. — Oui, Milord.

LE PRINCE JEAN. — Tu es un fameux rebelle, Colevile.

FALSTAFF. — Et c'est un fameusement fidèle sujet que celui qui l'a pris.

COLEVILE. — Je ne suis, Milord, que ce que sont mes supérieurs qui m'ont conduit ici : s'ils avaient été dirigés par moi, vous auriez acheté la victoire plus chèrement que vous n'avez fait.

FALSTAFF. — Je ne sais pas combien ils se vendent eux, mais quant à toi tu t'es donné gratis, comme un brave garçon, et je te remercie du don de ta personne.

Rentre WESTMORELAND.

LE PRINCE JEAN. — Eh bien, avez-vous arrêté les poursuites?

WESTMORELAND. — On a fait retraite et suspendu le carnage.

LE PRINCE JEAN. — Envoyez Colevile avec ses complices à York, pour y être immédiatement exécutés. Blunt, conduisez-le hors d'ici et ayez soin de le garder sûrement. (*Sort Colevile sous escorte.*) Et maintenant dirigeons-nous vers la cour, Milords. J'apprends que le roi, mon père, est gravement malade : il faut que nos nouvelles nous précèdent auprès de Sa Majesté; c'est vous, cousin, qui les lui porterez; cela le soulagera : quant à nous, nous vous suivrons avec une diligence modérée.

FALSTAFF. — Milord, je vous en conjure, donnez-moi la permission de passer par le Gloucestershire, et lorsque vous serez à la cour, mon bon Lord, veuillez parler de moi en bien dans vos bons rapports.

LE PRINCE JEAN. — Portez-vous bien, Falstaff, j'userai de mon autorité pour mieux parler de vous que vous ne le méritez. (*Tous sortent, excepté Falstaff.*)

FALSTAFF. — Je vous souhaiterais seulement de l'esprit;

cela vaudrait mieux que votre duché. Sur ma bonne foi, ce jeune homme à sang froid ne m'aime pas; personne ne peut le faire rire; mais ce n'est pas étonnant, il ne boit pas de vin. Jamais aucun de ces garçons si sages n'arrive à rien, car leur breuvage insipide, joint à leurs repas de poisson, leur refroidit tellement le sang qu'ils en contractent des manières de fleurs blanches masculines; lorsqu'ils se marient, ils engendrent des filles, et ils sont généralement des sots et des lâches, ce que seraient aussi quelques-uns de nous, n'était l'échauffement. Une bonne bouteille de Xérès vous a une double opération. Cela vous descend dans le cerveau, vous y sèche toutes les sottes, lourdes et âcres vapeurs qui l'enveloppent, vous le fait ouvert, prompt, inventif, plein de conceptions légères, ardentes et délectables, qui, communiquées à la voix, à la langue qui leur donne forme, sortent en saillies excellentes. La seconde propriété de votre excellent Xérès est d'échauffer le sang, qui, étant auparavant froid et lent, laissait le foie blanc et pâle, ce qui est signe de pusillanimité et de lâcheté : mais le Xérès l'échauffe et le fait courir du centre aux extrémités. Il illumine le visage, qui, pareil à un phare, ordonne à tout le reste de ce petit royaume, l'homme, d'avoir à s'armer, et alors toute la bourgeoisie des esprits vitaux et les autres petits esprits intérieurs se rassemblent autour de leur capitaine le cœur, qui, puissant et enflé de son armée, accomplit n'importe quel acte de courage; et cette valeur vient du Xérès. Il s'ensuit que l'habileté dans les armes n'est rien sans le Xérès, car c'est lui qui la met en œuvre; et le savoir n'est qu'un simple monceau d'or gardé par un diable[4], jusqu'à ce que le Xérès s'en empare et lui donne vie et emploi. De là vient que le prince Harry est vaillant; car ce sang froid dont il a naturellement hérité de son père, il l'a, comme on fait d'une terre maigre, stérile et nue, labouré, cultivé et ensemencé par l'excellent travail du boire sec et par un bon engrais de fertile Xérès; en sorte qu'il est devenu très-chaud et très-vaillant. Si j'avais mille fils, le premier principe humain que je leur enseignerais serait d'abjurer tout breuvage insipide et de s'adonner au Xérès.

Entre BARDOLPH.

Falstaff. — Eh bien, Bardolph, quelles nouvelles?

Bardolph. — L'armée est licenciée tout entière et partie.

Falstaff. — Qu'ils s'en aillent. Je vais passer par le Gloucestershire, et là je rendrai visite à maître Robert Shallow *esquire* : c'est une cire que j'ai déjà pétrie entre mon index et mon pouce, et sous peu je lui donnerai mon sceau. Partons. (*Ils sortent.*)

SCÈNE IV.

Westminster. — Un appartement dans le palais.

Entrent le roi HENRI, CLARENCE, le prince HUMPHROY, WARWICK *et autres*.

Le roi Henri. — Maintenant, Lords, si Dieu donne une fin heureuse à cette querelle qui saigne à nos portes, nous conduirons nos jeunes gens vers des champs de bataille plus nobles et nous ne tirerons plus d'autres épées que sanctifiées. Notre flotte est prête, nos troupes rassemblées, nos lieutenants dûment investis de pouvoirs pour tenir notre place. Toutes choses enfin sont préparées selon nos vœux : seulement nous manquons un peu de force personnelle; aussi nous reposons-nous jusqu'à ce que ces rebelles maintenant sur pied, soient replacés sous le joug de notre gouvernement.

Warwick. — Nous ne doutons pas que Votre Majesté n'obtienne bientôt cette double joie.

Le roi Henri. — Humphroy, mon fils de Glocester, où est le prince, votre frère?

Le prince Humphroy. — Je crois qu'il est allé chasser à Windsor, Monseigneur.

Le roi Henri. — En quelle compagnie?

Le prince Humphroy. — Je ne sais pas, Monseigneur.

Le roi Henri. — Son frère, Thomas de Clarence, n'est-il pas avec lui?

Le prince Humphroy. — Non, mon bon Seigneur; il est ici, en votre présence.

Clarence. — Que me veut mon Seigneur et mon père?

Le roi Henri. — Rien que du bien, Thomas de Clarence. Comment se fait-il que tu ne sois pas avec le prince, ton frère? Il t'aime, et tu le négliges, Thomas; tu as dans son affection une plus grande place que tous tes frères : conserve-la, mon enfant, et lorsque je serai mort, tu pourras accomplir de nobles offices de médiation entre Sa Grandeur et tes autres frères. Ainsi donc, ne le néglige pas; n'émousse pas son affection : ne va pas perdre le grand avantage de sa faveur par ta froideur apparente ou ton indifférence à son bon vouloir; car il est affable, quand on le traite comme on le doit; il a une larme pour la pitié et une main aussi largement ouverte que le jour pour la compatissante charité : néanmoins, quand il est irrité, il est de pierre; aussi bourru que l'hiver, et aussi soudain que le froid de la brise à l'aurore du jour. Il faut donc bien prendre garde à son caractère; réprimandez-le pour ses fautes, mais avec respect, lorsque vous verrez qu'il est en veine de gaieté; mais lorsqu'il sera de mauvaise humeur, donnez champ et carrière à sa colère, jusqu'à ce que ses passions, pareilles à la baleine amenée à terre, se soient épuisées dans leurs soubresauts. Retiens cette leçon, Thomas, et tu deviendras un bouclier pour tes amis; tu seras le cercle d'or qui unira tes frères et qui empêchera ce vase commun de leur sang de se briser sous l'action du poison des insinuations calomnieuses que le temps y versera nécessairement, ce poison fût-il aussi violent que l'aconit ou la poudre impétueuse.

Clarence. — Je le cultiverai avec tout le soin et toute la tendresse possible.

Le roi Henri. — Pourquoi n'es-tu pas avec lui à Windsor, Thomas?

CLARENCE. — Il n'y est pas aujourd'hui, il dîne à Londres.

LE ROI HENRI. — Et en quelle compagnie? Peux-tu me le dire?

CLARENCE. — Avec Poins et ses autres compagnons habituels.

LE ROI HENRI. — Le sol le plus riche est le plus sujet aux mauvaises herbes, et lui qui est la noble image de ma jeunesse, il en est surchargé : aussi mon anxiété s'étend-elle au delà de l'heure de ma mort. Mon cœur saigne lorsque mon imagination se représente les jours d'égarement et les temps de corruption que vous verrez lorsque je sommeillerai parmi mes ancêtres; car lorsque son débordement obstiné n'aura plus d'obstacle, lorsque la colère et la violence seront ses conseillères, lorsque ses goûts de prodigalité auront les moyens de se satisfaire, oh! de quelles ailes ses passions l'emporteront vers le péril hostile et la chute ennemie!

WARWICK. — Mon gracieux Seigneur, vous allez trop loin dans votre jugement à son égard : le prince étudie simplement ses compagnons comme une langue étrangère; pour devenir maître d'une langue, il est nécessaire de lire et de retenir les mots les plus immodestes, et ce but une fois atteint, Votre Altesse le sait, tout ce qu'on fait de ces mots, c'est de les connaître et de les détester[5]. C'est ainsi, que le temps venu, le prince rejettera ses compagnons comme on rejette les mots grossiers; leur souvenir servira à Sa Grâce de patron et de mesure pour juger les mœurs des autres hommes, et c'est ainsi que le mal passé se changera en utilité présente.

LE ROI HENRI. — Il est bien rare que l'abeille dépose son rayon de miel dans une charogne morte. Qui vient ici? Westmoreland?

Entre WESTMORELAND.

WESTMORELAND. — Bonne santé à mon Souverain et qu'un nouveau bonheur s'ajoute à celui que je vais lui apprendre! Le prince Jean, votre fils, baise la main de Votre Grâce : Mowbray, l'évêque Scroop, Hastings, et tous les autres, ont subi les rigueurs de vos lois. Il n'y a plus maintenant une épée rebelle hors du fourreau, et la paix promène de toutes parts ses branches d'olivier. Votre Altesse pourra lire ici plus à loisir la manière dont cette action a été conduite, ainsi que chacun des épisodes de cette affaire en particulier.

Le roi Henri. — O Westmoreland, tu es un oiseau d'été qui, perché sur l'épaule de l'hiver, ne cesse de chanter que les jours grandissent. — Voyez, voici d'autres nouvelles.

Entre HARCOURT.

Harcourt. — Le ciel garde Votre Majesté d'ennemis, et lorsqu'il s'en élèvera contre vous, puissent-ils tomber comme ceux dont je viens vous parler! Le comte de Northumberland et le Lord Bardolph, avec de nombreuses forces d'Anglais et d'Écossais, ont été défaits par le shériff du Yorkshire : ce paquet-ci, plaise à Votre Altesse, contient avec amples détails l'ordre exact du combat et la manière dont il s'est passé.

Le roi Henri. — Et pourquoi ces bonnes nouvelles me rendraient-elles malade? La fortune ne viendra-t-elle donc jamais avec ses deux mains pleines, sans écrire ses plus belles paroles en lettres détestables? Ou bien elle vous donne un estomac et pas de nourriture, et c'est le cas des pauvres qui sont en santé ; ou bien elle vous donne un festin et vous enlève l'estomac, et c'est le cas des riches qui ont l'abondance et qui ne peuvent en jouir. En ce moment où ces heureuses nouvelles devraient me donner joie, voilà que ma vue m'abandonne et que mon cerveau est pris de vertige. Hélas de moi! Venez près de moi, voilà que je suis très-malade. (*Il s'évanouit.*)

Le prince Humphroy. — Que Votre Altesse reprenne courage !

Clarence. — O mon royal père!

Westmoreland. — Mon souverain Seigneur, revenez à vous, rouvrez les yeux!

Warwick. — Prenez patience, princes : vous savez que ces accès sont très-fréquents chez Son Altesse. Éloignez-vous de lui, donnez-lui de l'air ; il va revenir à lui tout de suite.

Clarence. — Non, non, il ne pourra longtemps supporter ces souffrances ; les soucis incessants et les labeurs de son âme ont rendu si mince le mur qui devrait tenir enfermée sa vie, qu'elle regarde au travers et le brisera.

Le prince Humphroy. — Les propos du peuple m'alarment : car on a remarqué qu'il est né des enfants sans père[6], et des monstres, jeux détestables de la nature : les saisons ont changé de caractère, comme si l'année avait trouvé quelques mois endormis et avait sauté par-dessus.

Clarence. — La rivière a éprouvé trois flux, sans qu'il y ait eu aucun reflux dans l'intervalle, et les vieillards, chroniques babillardes du temps, disent qu'il en fut ainsi un peu avant que notre arrière-grand-père, Édouard, tombât malade et mourût.

Warwick. — Parlez plus bas, princes, car le roi revient à lui.

Le prince Humphroy. — Cette apoplexie sera certainement sa fin.

Le roi Henri. — Je vous en prie, soulevez-moi et emportez-moi dans quelque autre chambre : doucement, je vous prie. (*Ils emportent le roi dans une partie intérieure de la chambre et le placent sur un lit.*) Qu'on ne fasse pas de bruit, mes aimables amis, à moins que quelque main discrète et amicale ne berce mon esprit fatigué d'un léger murmure de musique.

Warwick. — Faites venir des musiciens dans la chambre voisine.

Le roi Henri. — Placez la couronne ici, sous mon oreiller.

Clarence. — Son œil est creux et il change beaucoup.

Warwick. — Moins de bruit, moins de bruit !

Entre LE PRINCE HENRI.

LE PRINCE HENRI. — Qui a vu le duc de Clarence?

CLARENCE. — Je suis ici, frère, accablé de tristesse.

LE PRINCE HENRI. — Qu'y a-t-il donc? il pleut au dedans et il ne pleut pas au dehors ! Comment va le roi ?

LE PRINCE HUMPHROY. — Extrêmement mal.

LE PRINCE HENRI. — A-t-il appris déjà les bonnes nouvelles? dites-les-lui.

LE PRINCE HUMPHROY. — C'est en les apprenant que son état s'est si fort aggravé.

LE PRINCE HENRI. — S'il est malade de joie, il se rétablira sans médecine.

WARWICK. — Pas tant de bruit, Messeigneurs : mon doux prince, parlez bas; le roi votre père est disposé au sommeil.

CLARENCE. — Retirons-nous dans l'autre chambre.

WARWICK. — Plairait-il à Votre Grâce de venir avec nous?

LE PRINCE HENRI. — Non, je vais m'asseoir ici, et veiller le roi. (*Tous sortent, excepté le prince Henri.*) Pourquoi la couronne, qui est une compagne si importune, se trouve-t-elle sous son oreiller? O brillante inquiétude! souci doré, qui tiens ouvertes toutes grandes les portes du sommeil pendant tant de nuits anxieuses! il dort tout à l'heure avec toi, mais non pas cependant d'un sommeil aussi profond et de moitié aussi doux, que celui dont le front ceint d'un bonnet grossier ronfle toute la nuit durant. O Majesté! lorsque tu pèses sur celui qui te porte, il te ressent comme on ressent une riche armure portée dans la chaleur du jour et qui brûle en même temps qu'elle protége. Près de l'ouverture par où passe son souffle, se trouve un brin de plume qui ne bouge pas : s'il soupirait, ce duvet léger et impondérable s'agiterait nécessairement. Mon gracieux Seigneur! mon père! Ce sommeil est profond, en vérité : c'est ce même sommeil qui a séparé de ce cercle d'or tant de rois anglais. Ce que je te dois, ce sont les larmes et les douleurs poignantes des affections du sang, et cela la nature, l'amour, la tendresse filiale te le payeront abondamment, mon cher père : ce que tu me dois, c'est cette couronne souveraine, qui me revient comme à l'héritier immédiat de ton rang et de ton sang. (*Il place la couronne sur sa tête.*) Là, l'y voilà placée, cette couronne que Dieu veuille protéger, et quand bien même toute la force du monde serait concentrée dans le bras d'un géant, elle ne m'arracherait pas cet insigne héréditaire que je laisserai aux miens comme il m'est laissé à moi. (*Il sort.*)

Le roi Henri. — Warwick ! Glocester ! Clarence !

Rentrent WARWICK *et* les princes.

Clarence. — Est-ce que le roi appelle ?

Warwick. — Que veut Votre Majesté ? Comment se porte Votre Grâce ?

Le roi Henri. — Pourquoi me laissez-vous seul ici, Milords ?

Clarence. — Mon Suzerain, nous avons laissé ici le prince mon frère, qui s'est chargé de rester et de veiller sur vous.

Le roi Henri. — Le prince de Galles ! Où est-il ? laissez-moi le voir : il n'est pas ici.

Warwick. — Cette porte est ouverte ; il est sorti par là.

Le prince Humphroy. — Il n'a pas traversé la chambre où nous étions.

Le roi Henri. — Où est la couronne ? Qui l'a prise sous mon oreiller ?

Warwick. — Lorsque nous nous sommes retirés, nous l'y avons laissée, mon Suzerain.

Le roi Henri. — C'est le prince qui l'a enlevée : allez, cherchez-le. Est-il donc si pressé, qu'il prend mon sommeil pour ma mort ? Trouvez-le, Milord de Warwick, et poussez-le ici à grand renfort de réprimandes. (*Sort Warwick.*) L'action qu'il vient de commettre se joint à ma maladie et l'aide à m'achever. Voyez, mes fils, quels êtres vous êtes ! Comme la nature tombe promptement dans la révolte lorsque l'or devient le but de ses désirs !

C'est pour en arriver là que les sots de pères, remplis de soucis, ont laissé l'inquiétude chasser leur sommeil, la préoccupation briser leur cerveau et le travail fatiguer leurs os! C'est pour en arriver là qu'ils ont accumulé et empilé les amas corrupteurs d'un or difficilement conquis, qu'ils ont été soucieux de munir leurs fils des armes que donnent les arts et les exercices guerriers! Lorsque, comme l'abeille qui prélève sur chaque fleur la dîme des plus doux aromes, nous rapportons à la ruche nos cuisses chargées de cire, notre bouche chargée de miel, pour récompense de nos peines, nous sommes tués comme l'abeille. Voilà le goût amer que laissent au père mourant les labeurs économes de sa vie.

Rentre WARWICK.

Le roi Henri. — Eh bien! où est-il celui qui ne peut attendre que son amie la maladie ait décidé de moi?

Warwick. — Monseigneur, j'ai trouvé le prince dans la chambre voisine, lavant ses nobles joues de larmes de tendresse, et dans une telle prostration de profond chagrin, qu'en le contemplant, la tyrannie qui ne s'est jamais désaltérée que de sang, aurait lavé son poignard dans les nobles larmes de ses yeux. Il va venir.

Le roi Henri. — Mais pourquoi a-t-il emporté la couronne? Ah! le voici qui vient.

Rentre le prince HENRI.

Le roi Henri. — Viens ici, près de moi, Harry. Sortez de cette chambre, laissez-nous seuls ensemble. (*Tous sortent, excepté le roi et le prince Henri.*)

Le prince Henri. — Je ne croyais pas vous entendre jamais plus parler.

Le roi Henri. — Ton désir, Henri, était le père de cette pensée : je reste trop longtemps avec toi, je t'ennuie. Es-tu donc si pressé de voir mon trône vide, qu'il te faut t'investir de mes insignes avant que ton heure soit venue? O sot enfant! tu cherches la grandeur qui t'écrasera. Attends seulement un peu, car le vent qui empêche de tom-

ber le nuage de ma dignité est si faible que cette dignité
devra bientôt défaillir : ma journée touche à son crépuscule. Tu as dérobé l'objet qui dans quelques heures devait être tien sans offense, et tu as confirmé à mon agonie
tout ce que j'attendais de toi. Tu as montré par ta vie que
tu ne m'aimais pas, et tu as voulu que je mourusse avec
cette certitude. Tu as caché dans tes pensées mille poignards que tu as aiguisés contre ton cœur de pierre
pour m'assassiner à la dernière demi-heure de ma vie.
Comment! tu ne peux pas m'accorder une demi-heure?
Eh bien alors, sors, et creuse toi-même ma tombe, et
ordonne aux cloches joyeuses de carillonner à ton oreille,
non que je suis mort, mais que tu es couronné. Que
toutes les larmes qui devraient arroser mon drap funèbre
se changent en gouttes de baume pour oindre ta tête :
prends seulement la peine de me confondre avec une
poussière oubliée, donne aux vers ce qui te donna la vie.
Destitue mes officiers, casse mes décrets, car le jour est
venu maintenant de se moquer de la légalité. Henri V est
couronné! Alerte, vanité! A bas, dignité royale! Hors
d'ici, vous tous, sages conseillers! Venez de toutes les
régions pour vous rassembler à la cour d'Angleterre,
singes du libertinage! Pays voisins, voici l'heure de vous
purger de votre écume! Avez-vous un ruffian qui jure,
boive, danse, passe les nuits en orgie, vole, assassine, et
connaisse l'art de commettre les plus vieux crimes d'une
façon nouvelle? soyez heureux, celui-là ne vous inquiétera
plus : l'Angleterre dorera doublement sa triple infamie ;
l'Angleterre lui donnera emploi, honneur, puissance,
car le cinquième Henri va enlever à la licence réprimée
la muselière de la contrainte, et le chien enragé pourra
enfoncer ses dents dans la chair de tout innocent. O mon
pauvre royaume malade des coups de la guerre civile! toi
que toute ma vigilance n'a pu arracher au désordre, que
feras-tu maintenant que le désordre sera chargé de te
veiller? Oh! tu deviendras un désert sauvage, peuplé
de loups, tes anciens habitants!

Le prince Henri, *s'agenouillant.* — Oh! pardonnez-moi,

mon Suzerain! n'eussent été mes larmes, humides obstacles de ma langue, j'aurais arrêté cette chère et profonde réprimande, avant que la douleur vous eût emporté et que j'eusse été obligé de la suivre si loin. Voici votre couronne, et que celui qui porte la couronne immortelle puisse longtemps vous conserver celle que voilà! Si je l'aime autrement que comme emblème de votre honneur et de votre renom, puissé-je ne plus me relever de cette posture d'obédience, de cette attitude extérieure de soumission, que mon très-loyal et très-profond respect me commande de prendre. Dieu sait comme mon cœur s'est glacé lorsque je suis entré et que je n'ai pas aperçu de souffle chez Votre Majesté! Si je mens, puissé-je mourir au milieu de ma présente dissipation, sans avoir le temps de présenter au monde incrédule le noble changement que j'ai médité! M'approchant de vous et vous croyant mort (et vraiment, mon Suzerain, on pouvait vous croire presque mort), j'ai parlé à la couronne, comme si elle avait été douée de sentiment, et je l'ai réprimandée ainsi: « Les soucis qui proviennent de toi se sont engraissés du corps de mon père, et c'est pourquoi, toi qui es le meilleur des ors, tu en es le pire. Un autre or, d'un moins beau carat, est plus précieux que toi, car il conserve la vie sous forme de médecine potable[7]; mais toi qui es très-beau, très-honoré, très-renommé, tu as dévoré celui qui te porte. » C'est ainsi, mon très-royal Suzerain, que tout en l'accusant, je l'ai posée sur ma tête, pour engager avec elle, comme avec une ennemie qui sous mes yeux mêmes avait assassiné mon père, la querelle d'un loyal héritier. Mais si jamais elle a empoisonné mon âme d'un mouvement de joie, si jamais elle a gonflé mes pensées d'un souffle d'orgueil, si jamais le moindre esprit de rébellion et de vanité m'a poussé aussi peu que ce soit à adresser à sa puissance un sourire de bienvenue, que Dieu l'enlève pour toujours à ma tête et me fasse l'égal du plus pauvre vassal qui ne s'agenouille devant elle qu'avec respect et terreur!

Le roi Henri. — O mon fils, c'est le ciel qui t'a mis

dans l'esprit de l'emporter, afin que tu pusses plus facilement conquérir l'affection de ton père, en plaidant si sagement pour l'excuser de cette faute! Viens ici, Harry, assieds-toi près de mon lit et écoute le tout à fait dernier conseil que je te donnerai jamais, je crois. Le ciel sait, mon fils, par quels sentiers de traverse et par quels chemins indirects et obliques, j'ai rencontré cette couronne, et moi, je ne sais que trop quels soucis se sont avec elle abattus sur ma tête : elle descendra sur la tienne, plus paisible, plus respectée, mieux acceptée ; car toute la poussière soulevée pour l'acquérir va disparaître avec moi dans la terre. En moi, elle ne semblait qu'un honneur arraché par une main violente, et ils étaient nombreux ceux qui autour de moi me reprochaient l'assistance qu'ils m'avaient donnée pour la conquérir, reproches qui, grandissant de jour en jour, aboutirent à des luttes, à l'effusion du sang, et blessèrent une paix illusoire : tous ces dangers extrêmes, tu vois avec quel péril j'ai dû les affronter, car tout mon règne n'a été que la représentation de cette scène-là : mais aujourd'hui, ma mort change les choses ; car ce qui n'était en moi qu'un bien conquis par la lutte t'échoit de plus heureuse manière ; la couronne te revient par droit de succession. Cependant, quoique tu sois plus en sécurité que je ne l'ai été, tu n'es pas encore assez ferme, car les ressentiments sont de fraîche date. Ce n'est que tout récemment que les dents et l'aiguillon ont été arrachés à tous mes amis qu'il te faut rendre tes partisans sincères[8]. Leur dangereuse assistance fit à l'origine mon élévation, et leur puissance était bien faite pour me faire craindre qu'ils ne me renversassent comme ils m'avaient élevé : aussi, pour éviter ce danger je les ai décapités, et j'avais le dessein maintenant de conduire beaucoup d'entre eux en Terre Sainte, de crainte que le repos et la tranquillité ne leur donnassent l'envie de scruter de trop près mon gouvernement. C'est pourquoi, mon Harry, fais consister ta politique à occuper de querelles étrangères les esprits inquiets ; l'activité rejetée au dehors dissipera le souvenir des jours récents. J'en dirais davantage, mais mes poumons sont tellement épuisés, que la nature me refuse absolument la force nécessaire pour parler. Oh! que Dieu me pardonne la manière dont j'ai acquis cette couronne, et qu'il t'accorde de vivre véritablement en paix avec elle!

Le prince Henri. — Mon gracieux Suzerain, vous l'avez conquise, portée, gardée, et vous me la donnez; mon droit à sa possession est donc clair et légitime, et je saurai le maintenir justement contre le monde entier, avec une énergie plus qu'ordinaire.

Le roi Henri. — Vois, vois, voici venir mon Jean de Lancastre.

Entrent le prince JEAN, WARWICK, lords *et autres*.

Le prince Jean. — Santé, paix, et bonheur à mon royal père!

Le roi Henri. — Tu m'apportes la paix et le bonheur, mon fils Jean; mais quant à la santé, hélas! elle a fui sur les ailes de la jeunesse, loin de ce vieux tronc desséché : tes yeux le voient, ma tâche terrestre touche à sa fin. Où est Milord de Warwick?

Le prince Henri. — Milord de Warwick!

Le roi Henri. — L'appartement où je me suis évanoui tout à l'heure porte-t-il quelque nom particulier?

Warwick. — Il s'appelle *Jérusalem*, mon noble Seigneur.

Le roi Henri. — Gloire à Dieu! C'est là que ma vie doit finir. Il m'a été prophétisé, il y a bien des années, que je ne mourrais que dans Jérusalem, et alors, je supposai légèrement que cela signifiait la Terre Sainte : mais portez-moi dans cette chambre, je veux m'y coucher; c'est dans cette Jérusalem qu'Harry mourra[9]. (*Ils sortent.*)

ACTE V.

SCÈNE PREMIÈRE.

Dans le Gloucestershire. — *Une chambre dans la maison de* Shallow.

Entrent SHALLOW, FALSTAFF, BARDOLPH *et* le page.

Shallow. — Nom d'un coq et d'une pie[1], Monsieur, vous ne partirez pas ce soir. Eh, Davy, dis-je !

Falstaff. — Il vous faut m'excuser, maître Robert Shallow.

Shallow. — Je ne vous excuserai pas ; vous ne serez pas excusé ; les excuses ne seront pas admises ; il n'y a pas d'excuse qui puisse être acceptée ; vous ne serez pas excusé. Hé, Davy !

Entre DAVY.

Davy. — Voilà, Monsieur.

Shallow. — Davy, Davy, Davy, Davy, voyons Davy ; voyons, Davy ; voyons un peu : ah oui parbleu, c'est cela, dites au cuisinier William de venir ici. Sir John, vous ne serez pas excusé.

Davy. — Pardi, Monsieur, j'ai à vous dire que ces arrêts que vous avez rendus ne peuvent être exécutés : et je vous le demande de nouveau, Monsieur, ensemencerons-nous de froment la grande terre ?

Shallow. — De froment rouge, Davy. Mais revenons au cuisinier William ; n'y a-t-il pas de jeunes pigeons ?

Davy. — Oui, Monsieur. Voici maintenant la note du forgeron pour des fers à cheval et des fers de charrue.

SHALLOW. — Qu'on vérifie le compte et qu'on paye. Sir John, vous ne serez pas excusé.

DAVY. — Et puis, Monsieur, il faut absolument faire mettre une anse neuve au baquet : et Monsieur, dites-moi, avez-vous l'intention de retenir quelque chose sur ses gages à William, pour le sac qu'il a perdu l'autre jour à la foire d'Hinckley?

SHALLOW. — Il en répondra. — Des pigeons, Davy, une paire de poulardes pattues, un gigot de mouton et quelques gentilles petites friandises délicates, dites cela au cuisinier William.

DAVY. — Est-ce que le militaire passera ici toute la nuit, Monsieur?

SHALLOW. — Oui, Davy. Je veux le bien traiter : un ami en cour vaut mieux qu'un *penny* en bourse. Traitez bien ses hommes, Davy; car ce sont des coquins effrontés et ils pourraient nous prendre la laine sur le dos.

DAVY. — Pas plus qu'on ne la leur a prise à eux-mêmes, Monsieur, car ils ont du linge étonnamment sale.

SHALLOW. — Bien joué sur le mot, Davy. Maintenant à ton affaire, Davy.

DAVY. — Je vous supplie, Monsieur, de soutenir William Visor de Wincot contre Clément Perkes de la colline.

SHALLOW. — Il y a des plaintes nombreuses contre ce Visor, Davy; ce Visor est à ma connaissance un fieffé drôle.

DAVY. — J'accorde à Votre Honneur que cet homme est un drôle, Monsieur; mais à Dieu ne plaise cependant qu'un drôle ne puisse obtenir protection à la requête d'un ami, Monsieur. Un honnête homme, Monsieur, est en état de parler pour lui-même, mais un coquin non. J'ai servi fidèlement Votre Honneur pendant ces huit années, Monsieur, et si une fois ou deux par trimestre je ne puis faire protéger un coquin contre un honnête homme, je jouis vraiment d'un bien mince crédit auprès de Votre Honneur. Ce drôle est pour moi un honnête ami, Monsieur; c'est pourquoi je conjure Votre Honneur de le protéger[2].

SHALLOW. — Tu peux aller, il ne lui arrivera aucun

mal, je te le promets. Va à ton service, Davy. (*Sort Davy.*) Où êtes-vous, Sir John? Venez, venez, venez, débarrassez-vous de vos bottes. Donnez-moi votre main, maître Bardolph.

Bardolph. — Je suis heureux de voir Votre Honneur !

Shallow. — Je te remercie de tout mon cœur, mon excellent maître Bardolph, (*au Page*) et sois le bienvenu, mon grand garçon. — Venez, Sir John. (*Sort Shallow.*)

Falstaff. — Je vous suis, mon bon maître Robert Shallow. Bardolph, veille à nos chevaux. (*Sortent Bardolph et le Page.*) Si j'étais fendu en morceaux, je ferais quatre douzaines de bâtons d'hermite barbu comme ce maître Shallow. C'est une chose merveilleuse de voir la parfaite similitude qui existe entre l'esprit de ses gens et le sien : à force de l'observer ils en sont arrivés à se comporter comme de sots juges de paix; lui, à force de converser avec eux est devenu une manière de domestique juge de paix; leurs esprits se sont si bien mariés par suite d'une société habituelle, qu'ils volent tous de la même aile comme autant d'oies sauvages. Si j'avais affaire à maître Shallow, je caresserais ses gens, dans la certitude qu'ils détermineraient la conduite de leur maître; si j'avais affaire à ses gens, je m'insinuerais auprès de maître Shallow dans la certitude que personne ne peut mieux commander à ses domestiques. Il est certain que les hommes attrapent, en se frottant les uns aux autres, une sage tenue ou une ignorante conduite, comme on attrape les maladies; par conséquent les hommes doivent bien faire attention à la compagnie qu'ils fréquentent. Je tirerai de ce Shallow assez de matière pour tenir le prince Henri en bonne humeur continuelle pendant la durée de six modes nouvelles, ce qui équivaut au temps de quatre procédures, ou de deux actions en justice, et il rira sans *intervallums*. Ah ! c'est étonnant l'effet que peut produire un mensonge, appuyé d'un léger juron, ou une plaisanterie faite d'un air grave, sur un garçon qui n'a encore jamais eu de douleurs aux épaules ! Oh ! vous le verrez rire, jusqu'à ce que son visage ressemble à un manteau mouillé mis de travers.

SHALLOW, *de l'intérieur.* — Sir John!

FALSTAFF. — J'y vais, maître Shallow; j'y vais, maître Shallow. (*Il sort.*)

SCÈNE II.

WESTMINSTER. — Un appartement dans le palais.

Entrent WARWICK *et* LE LORD GRAND JUGE.

WARWICK. — Eh bien, Milord grand juge, où allez-vous?

LE GRAND JUGE. — Comment va le roi?

WARWICK. — Extrêmement bien; tous ses soucis ont maintenant pris fin.

LE GRAND JUGE. — Il n'est pas mort, j'espère?

WARWICK. — Il est sorti des chemins de la nature; pour nous, il ne vit plus.

LE GRAND JUGE. — Je voudrais que Sa Majesté m'eût emmené avec elle : les loyaux services que je lui ai rendus durant sa vie me laissent exposé à toutes les vengeances.

WARWICK. — En effet, je crois que le jeune roi ne vous aime pas.

LE GRAND JUGE. — Je sais qu'il ne m'aime pas, et je suis en train de m'armer pour faire bonne contenance en face de ces circonstances nouvelles; elles ne peuvent me menacer d'une manière plus terrible que mon imagination ne se le représente.

WARWICK. — Voici venir les rejetons affligés du défunt Harry : ah! pourquoi le vivant Harry n'a-t-il pas le caractère du pire de ces trois princes? combien de nobles, s'il en était ainsi, conserveraient leurs places, qui vont être obligés de replier leurs voiles devant des âmes de basse sorte!

LE GRAND JUGE. — Hélas! je le crains, tout sera bouleversé!

ACTE V, SCÈNE II.

Entrent LE PRINCE JEAN, LE PRINCE HUMPHROY, CLARENCE, WESTMORELAND *et autres.*

LE PRINCE JEAN. — Bonjour, cousin Warwick, bonjour.

LE PRINCE HUMPHROY *et* CLARENCE *ensemble.* — Bonjour, cousin.

LE PRINCE JEAN. — Nous nous abordons comme des gens qui ont perdu la parole.

WARWICK. — Nous la conservons cependant, mais le sujet qui nous occupe est trop douloureux pour admettre de longues conversations.

LE PRINCE JEAN. — Allons, que la paix soit avec celui qui nous donne cette tristesse!

LE GRAND JUGE. — Paix soit aussi avec nous, de crainte que nous n'ayons sujet d'être plus tristes encore.

LE PRINCE HUMPHROY. — O, mon bon Milord, vous avez perdu en effet un véritable ami; j'oserais jurer que le chagrin qui apparaît sur votre visage n'est pas emprunté; assurément il vous appartient bien.

LE PRINCE JEAN. — Quoique personne ne soit sûr de la faveur qu'il pourra trouver, vos espérances à vous sont fort minces : je n'en suis que plus affligé ; je voudrais qu'il en fût autrement.

CLARENCE. — Allons, il vous faudra maintenant parler respectueusement à Sir John Falstaff, ce qui jure avec les habitudes de dignité de votre condition.

LE GRAND JUGE. — Mes aimables princes, ce que j'ai fait, je l'ai fait par honneur, guidé par la règle impartiale de ma conscience, et vous ne me verrez jamais mendier un pardon honteux et incertain. Si la vérité et une loyale innocence sont impuissantes à me soutenir, j'irai trouver le roi mon maître qui est mort et je lui dirai qui m'a envoyé auprès de lui.

Entre LE ROI HENRI V.

WARWICK. — Voici venir le prince.

LE GRAND JUGE. — Salut, et que Dieu protége Votre Majesté.

Le roi Henri V. — Ce nouveau et splendide costume, la majesté, ne me revêt pas aussi commodément que vous le pensez. Frères, vous mêlez un peu de crainte à votre tristesse : c'est ici la cour d'Angleterre et non la cour de Turquie ; ce n'est pas un Amurat qui succède à un Amurat[3], mais un Harry qui succède à un Harry. Cependant soyez tristes, mes bons frères, car pour dire la vérité, la tristesse vous va fort bien ; le chagrin se montre en vous avec une si royale apparence, que je veux en adopter religieusement la mode et la faire porter à mon cœur. Soyez donc tristes ; cependant ne traitez la tristesse, mes bons frères, que comme un fardeau qui nous est également imposé à tous. Pour moi, par le ciel, je veux que vous soyez certains que je serai votre père et votre frère à la fois ; laissez-moi seulement porter votre affection, moi je porterai vos soucis. Pleurez cependant l'Harry qui est mort, je le pleurerai avec vous ; mais il vit un Harry qui vous comptera une heure de bonheur pour chacune de vos larmes.

Les princes. — Nous n'espérons rien d'autre de Votre Majesté.

Le roi Henri V. — Vous me regardez tous d'une manière étrange, et vous (*au grand juge*), plus que tous les autres : vous êtes sûr, j'imagine, que je ne vous aime pas.

Le grand juge. — Ce dont je suis sûr, c'est que si je suis droitement jugé, Votre Majesté n'a aucune juste cause de me haïr.

Le roi Henri V. — Non ! Comment un prince porteur de si grandes espérances aurait-il pu oublier les indignités énormes que vous m'avez fait subir ? Comment ! réprimander, gourmander, envoyer brutalement en prison l'héritier immédiat du trône d'Angleterre ! était-ce là une légère offense ? cela peut-il être plongé dans le Léthé et être oublié ?

Le grand juge. — Je représentais alors la personne de votre père, j'étais alors l'image de son pouvoir, et pendant que j'étais occupé à rendre la justice, pendant que je m'employais au service de la société, il plut à Votre Altesse d'oublier ma place, la majesté et la puissance de la loi et de la justice, l'image du roi que je représentais, et vous me frappâtes sur mon siége même de juge ; alors, je fis hardiment usage de mon autorité, et je vous fis arrêter comme offenseur envers votre père. Si cet acte fut coupable, alors tenez pour un bonheur, maintenant que vous portez la couronne, d'espérer un fils qui mettra vos décrets à néant, qui arrachera la justice de votre banc vénérable, qui arrêtera le cours de la loi, et émoussera le glaive gardien de la paix et de la sûreté de votre personne, un fils qui, pis encore, méprisera votre très-royale image et moquera vos œuvres dans celui qui est comme un second vous-même. Interrogez vos royales pensées, supposez que ce cas soit le vôtre ; soyez maintenant le père et supposez-vous un fils; entendez dire que votre dignité a été si fortement profanée, voyez vos lois les plus redoutables traitées avec cette légèreté, contemplez-vous dédaigné par un fils, et puis imaginez que moi tenant votre personnage et investi de votre pouvoir, je laisse passer doucement sous silence les actes de votre fils. Quand vous aurez froidement examiné ce cas, jugez-moi, et puisque vous êtes roi, dites, au nom de votre autorité, si ce que j'ai fait ne convenait pas à ma place, à ma personne et à la souveraineté de mon Suzerain.

Le roi Henri V. — Vous avez raison, juge, et vous pesez bien la chose : aussi continuez à porter la balance et l'épée : je souhaite que vos honneurs puissent s'accroître et votre vie se prolonger jusqu'au jour où vous pourrez voir un de mes fils vous offenser et vous obéir comme je le fis. Et moi puissé-je vivre pour répéter ce jour-là les paroles de mon père : « Heureux je suis d'avoir un homme assez énergique pour exercer la justice sur mon propre fils, et non moins heureux d'avoir un fils qui peut consentir à remettre ainsi sa grandeur entre les mains de la justice. » Vous me *mîtes* en prison, et c'est pourquoi je *mets* en vos mains le glaive sans tache que vous aviez l'habitude de porter, en vous priant d'en user avec le même énergique, juste et impartial courage que vous avez montré contre moi. Voici ma main; vous serez comme un père pour ma jeunesse; ma voix parlera selon que vous conseillerez mon oreille, et je saurai soumettre humblement mes volontés à votre direction sage et expérimentée. Et maintenant, princes, vous tous, croyez-moi, je vous en conjure; mon père est descendu dans la tombe possesseur de ma folie, car tout ce qui était moi est enfermé dans son sépulcre, et je survis possesseur en échange de son sérieux esprit par lequel je me propose de bafouer l'attente du monde, de démentir les prophéties et de détruire la mauvaise opinion qui m'a jugé sur l'apparence. Le cours de mon sang s'est orgueilleusement porté jusqu'à présent vers la frivolité; maintenant, ce cours va changer, et se porter vers sa mer véritable, où il se mêlera avec les grands conseils des flots pour couler désormais avec une majesté sérieuse. Nous mandons aujourd'hui notre haute cour du parlement, et nous voulons choisir de tels membres de noble conseil que le grand corps de notre État pourra marcher de pair avec les nations les mieux gouvernées, et que la paix ou la guerre, ou toutes deux à la fois, seront pour nous choses faciles et d'expérience familière, (*au grand juge*) et dans ces affaires, vous, mon père, vous aurez la plus haute main. Notre couronnement terminé, nous manderons, comme je l'ai dit, tout notre État, et si Dieu veut exaucer mes bonnes intentions, ni prince, ni pair n'aura juste cause de dire : « puisse le ciel abréger d'un jour l'heureuse vie d'Harry. » (*Ils sortent.*)

SCÈNE III.

LE GLOUCESTERSHIRE. — Le jardin de la maison de SHALLOW.

Entrent FALSTAFF, SHALLOW, SILENCE, BARDOLPH, LE PAGE *et* DAVY.

SHALLOW. — Allons, vous verrez mon verger, et là,

sous un berceau, nous mangerons une reinette de l'an dernier de ma propre greffe, avec quelques anis et autres choses de ce genre; — venez, cousin Silence; — et puis, après cela, au lit.

Falstaff. — Par Dieu, vous avez ici une belle et riche habitation.

Shallow. — Pauvre, pauvre, pauvre; tous misérables, tous misérables, Sir John. L'air est bon, voilà. Mets la nappe, Davy; mets la nappe, Davy : fort bien, Davy.

Falstaff. — Ce Davy vous rend de bons services; il est à la fois votre domestique et votre valet de ferme.

Shallow. — Un bon valet, un bon valet, un très-bon valet, Sir John. Par la messe, j'ai bu trop de Xérès à souper : — un bon valet. Allons, asseyez-vous; allons, asseyez-vous : venez, cousin.

Silence. — Ah maraud, comme on dit, nous ne ferons *(Il chante.)*

Rien que manger et faire bonne chère
Et louer le ciel pour la joyeuse année;
Quand la viande est à bon marché et que les femmes sont
    chères,
Alors les garçons gaillards errent d'ici, de là,
      Si gaiement,
    Et toujours si gaiement.

Falstaff. — Voilà un cœur joyeux! Mon bon, bon maître Silence, je vous porterai tout à l'heure une santé pour cela.

Shallow. — Donnez du vin à M. Bardolph, Davy.

Davy, *à Bardolph, en le faisant asseoir à une autre table.* — Mon aimable Monsieur, asseyez-vous; je suis à vous tout à l'heure : très-aimable Monsieur, asseyez-vous. Monsieur le page, mon bon Monsieur le page, asseyez-vous : grand bien vous fasse! Ce que nous ne vous donnerons pas en victuailles, nous le remplacerons en boissons : mais il vous faut nous excuser; le cœur y est et cela suffit. *(Il sort.)*

SHALLOW. — Soyez gai, M. Bardolph, et vous aussi, mon petit soldat, soyez gai.

SILENCE, *chantant :*

Soyez gai, soyez gai, ma femme est comme toutes les autres[6];
Car les femmes sont des mégères, qu'elles soient géantes ou nabotes ;
Il fait joyeux dans la salle quand toutes les barbes s'y remuent,
Et fêtent le joyeux mardi gras.
    Soyez gai, soyez gai.

FALSTAFF. — Je ne pensais pas que M. Silence fût un homme de cet entrain-là.

SILENCE. — Qui, moi ! j'ai été gai comme cela bien d'autres fois avant aujourd'hui.

Rentre DAVY.

DAVY, *à Bardolph.* — Voici un plat de pommes Rambourg pour vous. (*Il pose le plat devant Bardolph.*)

SHALLOW. — Davy !

DAVY. — Votre Honneur? — Je reviens à vous à l'instant. (*A Bardolph.*) Un verre de vin, Monsieur?

SILENCE, *chantant :*

Un verre de vin pétillant et clair
Pour que je boive à la santé de ma maîtresse ;
Un cœur joyeux vit longtemps, ah !

FALSTAFF. — Bien dit, M. Silence.

SILENCE. — Et nous allons bien nous amuser; voici venir le bon moment de la soirée.

FALSTAFF. — A vous, santé et longs jours, maître Silence !

SILENCE, *chantant :*

Remplissez le verre et passez-le-moi.
Je vous ferai raison à un mile de profondeur.

SHALLOW. — Honnête Bardolph, sois le bienvenu : si

tu as besoin de quelque chose et que tu ne le demandes pas, va-t'en au diable. Tu es le bienvenu, toi aussi, mon gentil petit filou, vraiment le bienvenu. Je vais boire à M. Bardolph et à tous les *cavaléros* de Londres.

Davy. — J'espère voir Londres une fois avant de mourir.

Bardolph. — Si je pouvais vous y voir, Davy....

Shallow. — Par la messe, vous casseriez le cou à une bouteille ensemble, eh! n'est-ce pas, M. Bardolph?

Bardolph. — Oui, Monsieur, et dans un grand verre.

Shallow. — Je te remercie. Le drôle s'accrochera à toi, je t'en réponds; il ne *renardera* pas, il est bien dressé.

Bardolph. — Et je ne le lâcherai pas, Monsieur.

Shallow. — Parbleu, c'est parler comme un roi. Ne vous laissez manquer de rien; soyez gai. (*On frappe à la porte.*) Voyez qui est là à la porte; eh! qui frappe? (*Sort Davy.*)

Falstaff, *à Silence qui vient de vider un verre.* — Parbleu, maintenant vous m'avez fait droit.

Silence, *chantant:*

Faites-moi droit,
Et nommez-moi chevalier.
Samingo [5].

N'est-ce pas comme cela?

Falstaff. — C'est comme cela.

Silence. — Est-ce comme celà? Eh bien, dites au moins qu'un vieillard peut faire quelque chose.

Rentre DAVY.

Davy. — Plaise à Votre Honneur, il y a là un certain Pistol qui vient de la cour avec des nouvelles.

Falstaff. — De la cour? faites-le entrer.

Entre PISTOL.

Falstaff. — Eh bien! Pistol, qu'y a-t-il?

Pistol. — Sir John, Dieu vous bénisse!

Falstaff. — Quel vent vous mène ici, Pistol?

Pistol. — Ce n'est pas le mauvais vent, qui ne mène personne au bien. Mon doux chevalier, tu es maintenant un des plus considérables personnages du royaume.

Silence. — Par Notre-Dame, je crois qu'il en est un des plus considérables, si l'on excepte le bonhomme Puff de Barson.

Pistol. — Pouf? pouf toi-même, lâche et vil renégat! Sir John, je suis ton Pistol et ton ami, et j'ai couru après toi, à bride abattue, et je t'apporte des nouvelles, de joyeuses chances, des espérances dorées, et d'heureuses et précieuses assurances.

Falstaff. — Je t'en prie alors, apprends-les-moi dans le langage d'un homme de ce monde.

Pistol. — Foutra pour le monde et les vils mondains! je parle de l'Afrique et des félicités dorées.

Falstaff. — O vil chevalier assyrien, quelles sont ces nouvelles? Laisse le roi Cophetua apprendre ce qu'elles ont de vrai.

Silence, *chantant*. — « Et Robin Hood, Ecarlate et Jean.... »

Pistol. — Est-ce que des chiens de fumiers vont affronter les Hélicons? Est-ce que les bonnes nouvelles seront ainsi raillées? En ce cas, Pistol, pose ta tête sur le sein des Furies.

Shallow. — Honnête Monsieur, votre éducation m'est inconnue.

Pistol. — Alors vous n'en êtes que plus à plaindre.

Shallow. — Veuillez me pardonner, Monsieur; si vous venez avec des nouvelles de la cour, Monsieur, vous n'avez que deux méthodes à suivre, ou bien nous les dire, ou bien les taire. Je suis, Monsieur, fonctionnaire du roi et j'ai quelque autorité.

Pistol. — De quel roi, meurt-de-faim[6]? Parle, ou meurs.

Shallow. — Du roi Harry.

Pistol. — Harry le quatrième ou le cinquième?

Shallow. — Harry le quatrième.

Pistol. — Un foutra pour tes fonctions! Sir John, ton tendre agnelet est maintenant roi. Henri V est l'homme. Je dis la vérité. Quand Pistol mentira, fais-moi comme cela, fais-moi la figue comme au vantard espagnol[7].

Falstaff. — Comment! le vieux roi est mort?

Pistol. — Comme un clou dans une porte : les choses que je dis sont exactes.

Falstaff. — En avant, Bardolph : selle mon cheval. Maître Robert Shallow, choisis l'office que tu voudras dans le royaume, il est à toi. Pistol, je t'accablerai sous une double charge de dignités.

Bardolph. — O jour heureux! je ne voudrais pas échanger ma fortune contre un titre de chevalier.

Pistol. — Eh bien! ai-je porté de bonnes nouvelles?

Falstaff. — Portez M. Silence au lit. Maître Shallow, Mylord Shallow, sois ce qu'il te plaira, je suis l'intendant de la fortune. Mets tes bottes, nous galoperons toute la nuit. O mon doux Pistol! — En avant, Bardolph. (*Sort Bardolph.*) Allons, Pistol, raconte-m'en plus long, et cherche quelque chose qui pourrait te faire plaisir. — Vos bottes, vos bottes, maître Shallow : je sais que le jeune roi soupire après moi. Prenons les chevaux de n'importe qui ; les lois de l'Angleterre sont à mon commandement. Heureux ceux qui ont été mes amis, et malheur à Mylord le grand juge!

Pistol. — Que de vils vautours s'abattent aussi sur ses poumons! « Où est la vie qu'autrefois je menais[8]? » disent-ils : eh bien, la voilà. Salut à ces heureux jours!

(*Ils sortent.*)

SCÈNE IV.

Londres. — Une rue.

Entrent des sergents de police *traînant l'*hôtesse QUICKLY *et* DOLL TEARSHEET.

L'hôtesse. — Non, fieffé drôle ; je consentirais à mourir si je pouvais te voir pendu; tu m'as démonté l'épaule.

Premier sergent. — Les constables l'ont remise entre mes mains et elle aura sa régalade de coups de fouet, bonne mesure, je le lui promets; il y a eu un homme ou deux de tués récemment chez elle.

Doll. — Argousin, argousin, vous mentez. Avance un peu; je vais te dire ton fait, à toi, damné coquin à figure de tripes. Si l'enfant dont je suis enceinte maintenant vient avant terme, il vaudrait mieux que tu eusses frappé ta mère, scélérat à figure de papier mâché!

L'hôtesse. — O Seigneur, si Sir John était venu! il y a quelqu'un qui aurait passé une mauvaise journée! Mais je prie Dieu que le fruit de ses entrailles en vienne avant terme!

Premier sergent. — Si cela arrive, vous compléterez votre douzaine de coussins, vous n'en avez encore que onze. Allons, je vous ordonne de venir toutes deux avec moi; car l'homme que vous avez battu, vous et Pistol, est mort.

Doll. — Je vais te dire ton fait, petit bout d'homme, découpure de chaufferette[9]! je voudrais que vous fussiez solidement fouetté pour cela, coquin de mouchard à habit bleu, ignoble meurt-de-faim de valet de bourreau! Si vous n'êtes pas fouetté, puissé-je ne plus porter de pèlerine.

Premier sergent. — Marchons, marchons, chevalière errante; marchons.

L'hôtesse. — Oh! dire que le droit peut ainsi opprimer la puissance! Bon, de souffrance sort aisance.

Doll. — Marchons, coquins, marchons; conduisez-moi devant un juge.

L'hôtesse. — Oui, marchons, meurt-de-faim de limier!

Doll. — Bonhomme à tête de mort! bonhomme squelette!

L'hôtesse. — Brin de poussière que tu es, va!

DOLL. — Marchons, bout d'homme! marchons, canaille!

PREMIER SERGENT. — Très-bien. (*Ils sortent.*)

SCÈNE V.

Une place publique près de L'ABBAYE DE WESTMINSTER.

Entrent DEUX VALETS *qui étendent des nattes.*

PREMIER VALET. — Encore des nattes, encore des nattes.

DEUXIÈME VALET. — Les trompettes ont sonné deux fois.

PREMIER VALET. — Il sera deux heures avant qu'ils reviennent du couronnement: dépêchons, dépêchons. (*Ils sortent.*)

Entrent FALSTAFF, SHALLOW, PISTOL, BARDOLPH *et* LE PAGE.

FALSTAFF. — Tenez-vous près de moi, maître Robert Shallow; je vais vous mettre en faveur auprès du roi : je vais lui cligner de l'œil quand il passera, et remarquez seulement la mine qu'il me fera.

PISTOL. — Dieu bénisse tes poumons, bon chevalier!

FALSTAFF. — Viens ici, Pistol; tiens-toi derrière moi. (*A Shallow.*) Oh! si j'avais eu le temps de faire faire des livrées neuves, j'y aurais employé les mille livres que je vous ai empruntées. Mais peu importe; ce pauvre équipement vaut mieux; cela montre l'empressement que j'avais de le voir.

SHALLOW. — Oui, vraiment.

FALSTAFF. — Cela montre le sérieux de mon affection.

SHALLOW. — Oui, vraiment.

FALSTAFF. — Mon dévouement.

SHALLOW. — Oui, vraiment; oui, vraiment; oui, vraiment.

FALSTAFF. — Cela fait voir que j'ai chevauché nuit et jour, sans délibérer, sans penser à rien d'autre, sans me donner le temps de changer de chemise.

SHALLOW. — C'est très-certain.

FALSTAFF. — Et que si je suis tout sali du voyage, tout en sueur du désir de le voir, c'est que je n'ai pensé à rien d'autre, que j'ai mis toutes mes autres affaires en oubli, comme s'il n'y avait rien d'autre à faire qu'à le voir.

PISTOL. — C'est *semper idem*, car *absque hoc nihil est*[10] : c'est le tout dans chaque partie.

SHALLOW. — Oui, vraiment, c'est cela même.

PISTOL. — Mon chevalier, je vais enflammer ton noble cœur et allumer ta rage. Ta Doll, l'Hélène de tes nobles pensées, est dans une vile captivité et une contagieuse prison ; une main mercenaire et sale l'y a traînée : réveille la vengeance dans son antre d'ébène avec le cruel serpent d'Alecto, car Doll est enfermée ; Pistol ne dit que la vérité.

FALSTAFF. — Je la délivrerai. (*Applaudissements à l'extérieur ; les trompettes sonnent.*)

PISTOL. — Voici que la mer rugit et que les fanfares de la trompette retentissent.

Entre LE ROI HENRI V *avec sa suite dont* LE GRAND JUGE *fait partie.*

FALSTAFF. — Dieu protége ta grâce, roi Hal! mon royal Hal!

PISTOL. — Les cieux te gardent et te protégent, très-royal garnement de renom!

FALSTAFF. — Dieu te protége, mon doux enfant!

LE ROI HENRI V. — Milord grand juge, parlez à ce vaniteux individu.

LE GRAND JUGE. — Avez-vous votre bon sens? savez-vous à qui vous parlez?

FALSTAFF. — Mon roi! mon Jupiter! c'est à toi que je parle, mon cœur!

LE ROI HENRI V. — Je ne te connais pas, vieillard : va dire tes prières ; comme des cheveux blancs conviennent mal à un bouffon et à un farceur! J'ai longtemps rêvé d'une espèce d'homme comme toi, aussi gonflé de graisse, aussi vieux, aussi libertin; mais maintenant je suis réveillé et je méprise mon rêve. Désormais traite moins bien ton ventre et un peu mieux ton honneur; laisse là la gourmandise; sache que la tombe s'ouvre pour toi trois fois plus large que pour les autres hommes; ne me réplique pas par une plaisanterie de bouffon né; ne présume pas que je sois la personne que j'étais : car Dieu sait, et le monde verra, que j'ai donné congé à mon premier moi, et ainsi ferai-je pour ceux qui m'ont tenu compagnie. Lorsque tu entendras dire que je suis redevenu ce que j'étais, viens me trouver et tu redeviendras ce que tu étais, le précepteur et le père nourricier de mes désordres : jusqu'à ce jour, je te bannis, sous peine de mort, à dix miles de notre personne, ainsi que je l'ai fait pour mes autres mauvais conseillers. Je vous fournirai des moyens de vivre, afin que le manque de ressources ne vous entraîne pas au mal; et lorsque nous apprendrons que vous vous réformez, nous vous donnerons de l'avancement en proportion de votre capacité et de votre mérite. (*Au grand juge.*) Chargez-vous, Milord, de faire réaliser la teneur de mes paroles. Marchons. (*Sortent le roi et sa suite.*)

FALSTAFF. — Maître Shallow, je vous dois mille livres.

SHALLOW. — Oui pardi, Sir John, et je vous prie de me les laisser emporter à mon logis.

FALSTAFF. — Cela ne se peut guère, maître Shallow. Ne portez pas peine de ce qui vient de se passer; on m'enverra chercher pour l'entretenir en particulier : voyez-vous, il faut qu'il paraisse ainsi devant le monde. Ne craignez pas pour votre avancement; je serai encore l'homme qui vous fera puissant.

SHALLOW. — Je ne vois pas comment, à moins que ce ne soit en me donnant votre pourpoint et en me bourrant de paille. Je vous en supplie, mon bon Sir John, donnez-moi cinq cents livres sur mes mille livres.

FALSTAFF. — Monsieur, je serai aussi bon que ma parole : ce que vous avez entendu n'était qu'une couleur.

SHALLOW. — Une couleur qui sera votre teinture à jamais, j'en ai peur, Sir John.

FALSTAFF. — Ne craignez pas les couleurs; venez dîner avec moi. Viens, lieutenant Pistol ; viens, Bardolph : on m'enverra bientôt chercher ce soir.

Entrent LE PRINCE JEAN, LE GRAND JUGE, *des* OFFICIERS, *etc.*

LE GRAND JUGE. — Allons, emmenez Sir John Falstaff à la Flotte; conduisez-y sa société avec lui.

FALSTAFF. — Milord, Milord....

LE GRAND JUGE. — Je ne puis parler maintenant, je vous écouterai bientôt. — Emmenez-les.

PISTOL. —*Se fortuna me tormenta, la speranza me contenta.*

(*Sortent Falstaff, Shallow, Pistol, Bardolph et le page, conduits par des officiers.*)

LE PRINCE JEAN. — J'aime beaucoup cette délicate mesure du roi : il entend que ses compagnons habituels soient tous bien pourvus, mais il les bannit tous jusqu'à ce qu'ils aient donné à leur langage plus de sagesse et de modestie.

LE GRAND JUGE. — Et bannis sont-ils.

LE PRINCE JEAN. — Le roi a convoqué son parlement, Milord.

LE GRAND JUGE. — Il l'a convoqué.

LE PRINCE JEAN. — Je parierais qu'avant que l'année soit expirée, nous porterons les épées de nos guerres civiles et l'humeur native de notre tempérament batailleur jusqu'en France : j'ai entendu chanter cela par un oiseau dont la musique, je le crois, a fait plaisir au roi. Allons, voulez-vous venir ? (*Ils sortent.*)

ÉPILOGUE

PAR UN DANSEUR.

D'abord mes craintes, puis ma courtoisie, enfin ma harangue. L'objet de mes craintes est votre déplaisir, l'objet de ma courtoisie est de vous présenter mes devoirs, l'objet de ma harangue est de solliciter vos pardons. Si vous vous attendez à un bon discours, maintenant, vous me ruinez ; car ce que j'ai à vous dire est de ma propre façon, et, ce que je vais vous dire, tournera, j'en ai peur, à mon détriment. Mais venons au fait, et lançons-nous à nos risques et périls. Sachez (et vous le savez fort bien), que j'ai paru ici récemment à la fin d'un drame déplaisant pour implorer votre indulgence à son égard et vous en promettre un meilleur. J'avais, en vérité, l'intention de vous payer avec celui-là ; s'il échoue à la manière d'une spéculation malheureuse, je fais faillite et vous mes créanciers, vous perdez tout. Je vous avais promis de paraître ici, et ici me voilà livrant ma personne à votre merci : faites-moi quelque diminution et je vous paierai une partie de votre créance, et puis comme c'est l'usage de la plupart des débiteurs, je vous ferai des promesses à l'infini.

Si ma langue ne peut vous décider à m'acquitter, me commanderez-vous d'employer mes jambes ? et cependant ce serait vous payer légèrement que de vous payer ma dette en dansant. Mais une bonne conscience veut donner toute satisfaction possible, et ainsi ferai-je. Toutes les Dames qui sont ici m'ont pardonné ; si les Messieurs ne me pardonnent pas, alors les Messieurs ne s'accordent pas avec les Dames, ce qui ne s'est encore jamais vu dans une telle assemblée.

Permettez-moi encore un mot, ie vous en supplie. Si vous n'êtes pas encore trop rassasié de grasse chère, mon humble auteur continuera son histoire, avec Sir John pour personnage, et vous amusera avec la belle Catherine de France. Dans cette pièce, si je suis bien informé, Falstaff mourra d'une sueur, à moins qu'il ne soit déjà tué par votre mauvaise opinion; car Oldcastle mourut martyr, et ce n'est pas lui qui est notre héros. Ma langue est fatiguée; lorsque mes jambes le seront aussi, je vous souhaiterai bonne nuit : là-dessus je m'agenouille devant vous; mais à la vérité, c'est afin de prier pour la reine[14].

COMMENTAIRE.

ACTE I.

1. La Rumeur était un des personnages ordinaires des *masques* du temps de Shakespeare. Dans un *masque* de l'année 1614, par un certain Thomas Campion, elle est représentée vêtue d'un habit couleur de chair *plein de langues ailées*.

2. *Peasant towns*, tel est le texte. L'annotateur du fameux exemplaire de M. Collier a substitué *pleasant*, charmant, plaisant, à *peasant* qui signifie campagnard; mais il est probable que le texte consacré est le vrai, et qu'il faut entendre cette expression dans le sens de localités rustiques, bourgs et villages.

3. Une très-curieuse note de Steevens nous apprend qu'au temps de Shakespeare la page de titre d'une élégie, ainsi que toutes les pages qui marquaient les divisions de ses parties étaient entièrement noires. « J'ai, dit-il, en ma possession plusieurs élégies écrites par Chapman, le traducteur d'Homère, qui sont entièrement noires. »

4. Le mandragore offre vaguement, comme on sait, une ressemblance avec la forme humaine.

5. Nous avons déjà vu dans *Beaucoup de bruit pour rien*, et ailleurs encore une allusion à cette mode qui consistait à porter à son chapeau de petites figurines en agate.

6. Allusion à un proverbe du temps qui disait : « Quiconque va à Westminster pour une femme, à Saint-Paul pour un domestique, et à Smithfield pour un cheval, doit rencontrer une souillon, un drôle et une rosse.

7. Ce Lord grand juge qui avait fait arrêter le prince Henri pour avoir oublié le respect de la justice au point de le frapper sur son banc de magistrat, s'appelait Sir William Gascoigne : cependant ce titre au souvenir de la postérité lui a été disputé. Dans le *journal* manuscrit d'un certain Sir Robert Markham, conservé au *British Museum*, cet acte d'honorable courage est attribué par l'écrivain à un de ses ancêtres, Sir John Markham, juge des plaids communs au temps de Henri IV et de Henri V Le prince frappa-t-il réellement le Lord grand juge? Hollinshed raconte

le fait ainsi, et l'auteur des *Fameuses victoires de Henri V* qui écrit tout bêtement sous la dictée de la tradition populaire, l'a mis en scène tel que le chroniqueur le rapporte. Cependant un certain Sir Thomas Elyot, qui écrivait sous Henri VI, le raconte un peu différemment dans une collection de discours moraux de sa composition intitulés, *Le gouverneur*. Selon lui, un des serviteurs favoris du prince, ayant été mis en jugement pour quelque délit, le prince vint le réclamer en plein tribunal au magistrat qui le refusa. Alors le prince essaya de l'enlever de vive force, et comme le grand juge s'y opposait, il s'avança sur lui avec fureur ; mais le juge, sans perdre son sang-froid, lui ordonna au nom de la loi qu'il violait, de se rendre à la prison du banc du roi, jusqu'à ce que la volonté de son père fût connue. Les paroles de Henri IV à cette occasion sont strictement historiques et telles que Shakespeare les rapporte au cinquième acte de cette deuxième partie de *Henri IV*. *Abrégé de l'édition* STAUNTON.

8. *Vous punir par les talons*. Il paraîtrait que cette expression, s'il faut en croire Lord Campbell, grande autorité en matière d'érudition juridique, équivalait à : envoyer quelqu'un en prison. Très-probablement cette expression prenait sa source dans la dégradation des chevaliers condamnés pour quelque méfait, auxquels on enlevait leur éperon. Mais peut-être le Lord grand juge fait-il tout simplement allusion ici à quelque variété de toiture.

9. Allusion aux écus à l'*ange* qui représentaient saint Michel et qui étaient fréquemment rognés et par conséquent plus légers qu'ils ne devaient l'être.

10 Calembour roulant sur le double sens du mot *cross* qui signifie croix et qui était le nom d'une monnaie marquée par deux barres en croix. Nous avons déjà rencontré ce même calembour dans *Peines d'amour perdues*.

11. *Fillip me with a three man-beetle*. *Fillip* désigne un amusement populaire qui n'est pas particulièrement propre au temps de Shakespeare, et qu'on retrouverait chez nos populations rustiques où la mode change peu. Ce divertissement consistait à mettre un crapaud sur une planche placée en bascule au travers d'une poutre, et à faire pencher la planche sur un des bouts, par un coup roide et sec qui envoyait le crapaud à quelques vingt pieds en l'air. Le *three man beetle* était, paraît-il, un instrument dont on se servait pour enfoncer des pieux et qui était mis en action par trois hommes. C'était donc un lourd instrument, et Falstaff suppose qu'il ne faut pas moins qu'une pareille machine pour faire subir à son obèse personne le traitement du crapaud berné de la façon que nous avons rapportée.

12. Les Français avaient débarqué dans le pays de Galles pour soutenir Glendower, par suite de l'influence acquise par la déplorable politique du duc d'Orléans qui avait fait rompre la trêve avec l'Angleterre.

COMMENTAIRE.

ACTE II.

1. *Parcel gilt goblets.* Gobelets dorés en partie, par opposition aux gobelets qui étaient dorés en entier. Ces gobelets qui étaient en argent, étaient les ustensiles dont les gens comme il faut se servaient pour boire ; les verres étaient laissés au commun des martyrs, ainsi que Falstaff nous le fait comprendre un peu plus bas. Dans une note fort curieuse, Steevens cite un fragment de lettre du comte de Shrewsbury qui n'ayant pas été payé des dépenses de Marie Stuart pendant qu'elle était soumise à sa garde, prie un certain Thomas Bawdewyn, « de lui envoyer des verres pour boire, car il ne veut pas garder un seul vase d'argent afin que ses créanciers soient payés. »

2. Les chasses étaient comme on le sait un des sujets les plus populaires des tapisseries et tentures d'autrefois. — Quelles sont ces *drôleries* dont Falstaff veut parler? M. Staunton suppose que Shakespeare fait allusion aux sujets de décorations mises à la mode dans les tavernes par l'influence de la peinture hollandaise et en imitation des scènes populaires de buveurs et de fumeurs qu'elle représentait de préférence. Mais la peinture hollandaise proprement dite n'existait pas au temps de Shakespeare, et l'art des Pays-Bas était surtout représenté par les Flandres, où ces drôleries étaient assez peu communes.

3. Le page confond le tison d'où dépendait la vie du fils d'Althée, Méléagre, avec le tison dont Hécube rêva qu'elle était grosse, lorsqu'elle était enceinte de Pâris.

4. Nous avons déjà rencontré dans *les Joyeuses Commères de Windsor* ce terme d'Éphésiens par lequel se désignaient les gens d'une douteuse orthodoxie de mœurs.

5. *Sneaks' noise.* Une bande de musiciens ambulants s'appelait populairement *noise*. Maintenant qu'est-ce que ce mot *sneak?* est-ce un terme d'argot populaire? est-ce le nom d'un chef de bande, célèbre au temps de Shakespeare?

6. Vieille ballade en l'honneur de Lancelot du Lac dont les curieux trouveront le texte dans les *Reliques* de Percy, et la musique dans *la musique populaire* de Chappel.

7. Fragment d'une vieille ballade intitulée : *l'Enfant et le manteau*, qui se trouve dans les *Reliques* de Percy.

8. Plusieurs commentateurs supposent que ces paroles de Pistol dont le langage est formé de pièces et de morceaux empruntés à ses réminiscences théâtrales, appartenaient à une pièce de George Peele, aujourd'hui perdue, qui était intitulée : *le Turc Mahomet et Irène la belle Grecque.*

9. Parodie d'un passage du *Tamerlan le Grand* de Marlowe.

10. Emprunt grotesque fait à une pièce attribuée à George Peele : *la Bataille d'Alcazar.*

11. Race de petits chevaux originaires de Galloway en Écosse qu'on

regardait comme inférieure. En appelant Doll, jument de Galloway, Pistol veut lui faire entendre qu'elle est une fille du plus bas étage.

12. Ce sont à peu près les deux premiers vers d'une ballade attribuée à Anne Boleyn, et qu'elle aurait écrite après sa condamnation, mais que Ritson attribue à son frère, George, vicomte Rochford. Dans sa *musique populaire*, Chappel a publié la première strophe de cette ballade avec la musique, d'après un manuscrit datant des dernières années du règne de Henri VIII. Nous reproduisons la première et la dernière strophe de cette ballade d'après l'édition Staunton.

> O mort, berce-moi pour m'endormir,
> Conduis-moi au tranquille repos,
> Laisse passer mon âme très-innocente
> Hors de mon sein opprimé.
> Ordonnez à la cloche des morts
> De sonner le glas funèbre
> Afin que le son annonce ma mort.
>   Car je dois mourir,
>   Il n'y a pas de remède,
>   Car maintenant je meurs.
>
> Adieu, mes plaisirs passés,
> Bienvenue à ma peine présente,
> Je sens mes tourments s'accroître tellement
> Que la vie ne peut continuer.
> Arrêtez maintenant la cloche funèbre.
> Mon triste glas est sonné,
> Car ce son de cloche annonce ma mort.
>   La mort s'approche,
>   Sonnez ma fin tristement
>   Car maintenant je meurs.

13. La foire de la Saint-Barthélemy était célèbre autrefois en Angleterre. L'on y faisait paraît-il dans les auberges force consommation de cochons rôtis.

14. Il paraît qu'au temps de Shakespeare, les courtisanes et plus particulièrement les entremetteuses, portaient des bagues avec un cachet, représentant une tête de mort, symbole parlant de leur profession. Ce détail nous touche singulièrement, car il fait honneur à la nature humaine : voilà au moins un emblème qui ne trompe pas et qui dit loyalement, défiez-vous. Il y a décidément du bien en toutes choses, et la canaille même a sa véracité. Évidemment les optimistes ont raison.

15. Tewkesbury, dans le Glocestershire, était célèbre pour la fabrication de la moutarde dont cette localité fournissait le reste du royaume.

16. Mets en vogue dans les tavernes au temps de Shakespeare. Le congre au fenouil passait pour donner des forces.

17. Nous avons déjà rencontré dans *Peines d'amour perdues* la mention

de ce tour de force vulgaire qui consistait à faire flotter des mèches allumées sur du vin et à les avaler. On appelait *flap dragons* ces sortes de brûlots.

18. Il paraît d'après les autorités de l'astrologie que la conjonction de Saturne et de Vénus était un prodige qui ne s'était jamais vu.

19. On appelait *Trigon* en astrologie la conjonction de trois signes de même nature : la conjonction du bélier, du lion et du sagittaire était le *Trigon de flammes*. Poins donne ce surnom à Bardolphe à cause de ce nez si célèbre dont nous avons vu la description admirable dans le premier *Henri IV*. Quant aux vieilles tablettes de son maître, c'est évidemment l'hôtesse. Pendant que Falstaff fait l'amour avec Doll, Bardolph par imitation fait deux doigts de cour à l'hôtesse.

20. Divers statuts de la reine Élisabeth et du roi Jacques Ier défendent aux revendeurs de crier de la viande dans les rues pendant le carême.

ACTE III.

1. Nevil, nom de famille des comtes de Warwick à partir seulement de 1453. Il y a donc ici un léger anachronisme. Le Warwick dont il est ici question s'appelait Richard de Beauchamp, et était le beau-père de Richard, comte de Nevil. Ce dernier prit le titre de comte de Warwick après la mort de son beau-frère, Henri Beauchamp, et devint célèbre comme *faiseur de rois*.

2. Cette école de droit s'appelait école de Clément, parce qu'elle était près de l'église de saint Clément et plus près encore de la fontaine de Clément. Il paraît en effet que les étudiants de cette école jouissaient sinon précisément sous le règne de Henri IV, au moins sous celui de ses successeurs immédiats, de la réputation la mieux méritée de tapageurs.

3. Nous avons vu dans *les Joyeuses Commères de Windsor* que ce district de Cotswold était célèbre par ses jeux rustiques.

4. Sir John Oldcastle (le premier nom de Falstaff) avait été en effet page de Thomas Mowbray, duc de Norfolk.

5. *Skogan*. Duquel des deux, *Scogan* ou *Scoggin*, Shakespeare veut-il ici parler ? Car il y en a deux, l'un qui est décrit par Johnson, comme « un gentleman distingué, maître ès-arts, au temps de Henri le quatrième, qui arrangeait des mascarades pour les fils du roi et composait des ballades. » Celui-là s'appelait Henri Skogan. Le second qui s'appelait John Scogan est mentionné par Hollinshed comme un gentleman d'humeur plaisante, ancien étudiant d'Oxford, qui vivait sous le règne d'Édouard IV. C'est évidemment de ce dernier que Shakespeare a voulu parler. Ce Skogan avait laissé une réputation de farceur émérite, et ses tours de passe-passe nous ont été conservés dans un petit livre populaire appelé *Scogin's jests*, les plaisanteries de Scoggin, qui a été réimprimé, il y a quelques années par M. Carew Hazlitt. Nous avons eu la curiosité de le lire ; il est amusant et nous présente l'image rudimentaire d'un Pa-

nurge anglais, qui n'a pas trouvé son Rabelais et qui méritait de le trouver.

6. *Bona roba*, expression d'argot du temps de Shakespeare, pour désigner une femme de mœurs libres.

7. Refrain d'une vieille chanson aujourd'hui perdue.

8. Douce a fait remarquer qu'il n'y avait pas de pièces de dix schillings de Henri au temps de Henri IV, et que ces pièces de dix schillings doivent être celles de Henri VII ou Henri VIII. Mais cet anachronisme est fort pardonnable, car il n'y a de véritables anachronismes que ceux qui dénaturent un fait moral.

9. *Mile End* était, ainsi que nous l'avons vu dans *Tout est bien qui finit bien*, l'endroit où s'exerçaient les milices de Londres.

10. Sir Dagonet était le fou du roi Arthur, un rôle bien approprié au caractère du juge Shallow. Cette pièce d'Arthur dont parle le vieil imbécile était représentée par des manières d'acteurs de société qui s'étaient formés en compagnie de tireurs d'arcs sous le nom de « L'ordre ancien, la société et la louable unité du prince Arthur et de ses chevaliers de la table ronde. » Leur lieu ordinaire de rendez-vous était Mile End, et ils donnaient leur spectacle à Smithfield. On ne sait rien de l'origine de cette société, mais elle eut son historien et son poëte qui s'appelait Richard Robinson, et celui-ci, dans la dédicace d'un traité devenu fort rare, nous apprend que cette société obtint une charte de Henri VIII, le meilleur tireur d'arc de son royaume, ainsi qu'on le sait. « Lorsque le roi voyait un bon archer, dit ce vieux Robinson, il le créait chevalier de cet ordre-là. » Cette société existait encore et était même très-florissante au temps de Shakespeare, ainsi que nous l'apprend un certain Richard Mulcaster, maître de l'école de Saint-Paul, dans un traité sur l'éducation des enfants, 1581. — *Note abrégée de l'édition* STAUNTON.

11. *Turnbull Street* ou *Turnmill Street*, rue habitée par les filles et les vagabonds de l'époque.

12. Nous avons déjà rencontré dans *le Soir des Rois*, ce personnage du vieux Vice, personnage allégorique qui dans les moralités du primitif théâtre anglais tenait exactement le rôle de Polichinelle. Son office était de rosser le diable tout le long de la pièce avec une latte ou un sabre de bois, jusqu'à ce qu'il fût enfin emporté par lui.

ACTE IV.

1. *Gaultree forest*, dans le North Riding du Yorkshire. Shakespeare a placé en ce lieu le quartier général de l'armée rebelle sur l'autorité d'Hollinshed.

2. Primitivement tous les évêques portaient des vêtements blancs, même lorsqu'ils voyageaient; mais peut-être les vêtements dont parle ici Westmoreland doivent-ils s'entendre du seul rochet.

3. C'est à Westmoreland et non au prince Jean de Lancastre qu'Hol-

linshed attribue cette odieuse violation de la foi jurée, mais comme Westmoreland servait sous les ordres du prince Jean, Shakespeare a pu sans mentir en rien à la vérité historique faire remonter ce crime jusqu'à ce dernier qui doit en effet en porter la responsabilité.

4. On supposait autrefois que les trésors étaient gardés par de malins esprits sous forme de nains. Les gnomes gardiens des mines sont célèbres. Ils étaients dits méchants esprits, parce qu'on leur attribuait tous les phénomènes malfaisants qui se passent dans les mines, explosions, éboulements, etc ; mais ils ne se contentaient pas de garder les trésors de la nature, ils convoitaient ceux de l'homme, et en plusieurs pays, dans certains districts de la Bretagne par exemple, les paysans avaient l'habitude de cacher soigneusement leurs pauvres petits *magots* de peur qu'ils ne fussent convoités par quelque mauvais esprit amoureux du bien d'autrui.

5. On fait remarquer que ces paroles de Warwick sont la traduction très-robuste de quelques vers de Térence, ce qui réfute une fois de plus la légèreté du jugement qui a été prononcé sur l'instruction de Shakespeare. Voici ces vers :

.... Ut quo modo adolescentulus
Meretricum ingenia et mores posset noscere,
Mature ut cognovit, perpetuo oderit.

« afin que par cette méthode, l'adolescent arrive à connaître les ruses et les mœurs des courtisanes et les haïsse éternellement, une fois qu'il les aura bien connues. »

6. Parmi les superstitions que les lettrés partageaient avec le peuple, se trouvait celle qui prétendait que certains êtres doués de dons merveilleux pouvaient naître sans père. Montaigne, avec sa crédulité de sceptique qui dit *pourquoi pas* devant toutes choses, rapporte l'existence de ce prodige dans le fameux essai qui porte pour titre : *Apologie de Raymond Sébonde*. Merlin l'enchanteur était né sans père d'une vierge consacrée à Dieu.

7. On a longtemps eu l'opinion qu'une solution d'or avait de grandes vertus médicales et que l'incorruptibilité de l'or pouvait être communiquée au corps qui était imprégné de ce métal. On connaît d'autre part l'opinion de certains médecins sur l'or potable. JOHNSON.

8. *And all thy friends, which thou must make thy friends;* et tous tes amis que tu dois rendre tes amis; tel est le texte. Tyrwhitt conjectura qu'il fallait lire dans le premier membre de phrase, *my friends*, mes amis, et nous partageons cette opinion : *friends* doit s'entendre dans ce premier membre de phrase dans le sens que les hommes de très-haute condition, spécialement les rois, peuvent donner en effet et donnent à leurs pairs, qu'ils nomment leurs amis tout simplement parce qu'ils sont de la même condition qu'eux, mais nullement parce qu'ils les croient de cœur affectueux. Quel est l'homme du monde qui ne dit pas *mes amis*, en parlant de gens qu'il connaît pour ses plus noirs ennemis. Ainsi fait dans ce passage le roi Henri IV.

9. Toute cette scène est strictement d'accord avec Hollinshed, l'incident si remarquable de la chambre de *Jérusalem* y compris. Le roi fut enterré à Canterbury et M. Staunton dans une note des plus curieuses nous apprend le singulier fait que voici. Au siècle dernier, Warton découvrit à Cambridge, au collége de *Corpus Christi*, un manuscrit écrit par un certain Clément Maydestone, ecclésiastique contemporain du roi, manuscrit qui porte ce titre significatif : *Le martyre de l'archevêque Scroop*. Cet écrivain prétend que son père Thomas Maydestone, trente jours environ après la mort du roi Henri, avait conversé avec un homme qui lui avait révélé que, lorsque le corps du roi fut transporté de Westminster à Canterbury, il avait été jeté à la mer entre Berkyng et Gravesend, pour apaiser une tempête qui s'était élevée et qui se calma en effet lorsque les vagues eurent reçu le corps du roi. Son riche cercueil avait seul été apporté et enterré à Canterbury. Non-seulement le père de l'écrivain avait raconté cette histoire à son fils, mais l'écrivain avait vu lui-même l'homme en question. Grand émoi parmi les historiens et les antiquaires après cette révélation. Enfin en 1832, la lumière se fit. On ouvrit la tombe du roi Henri, et l'on trouva le corps et surtout la face du roi dans un remarquable état de conservation. Clément Maydestone avait donc menti, quoique son mensonge n'eût pas été rendu public par la presse, ou bien il avait été abusé par un imposteur ; mais il avait menti sciemment, et l'intitulé de son manuscrit : « *Histoire du martyre de l'archevêque Scroop* » indique l'origine et le but de son imposture. C'était évidemment quelque serviteur ou homme dévoué de cet archevêque que nous voyons mourir dans cette pièce, qui aura voulu venger son patron. Ainsi voilà un mensonge qui n'a eu son plein effet que plusieurs siècles après les événements auxquels il se rapporte et qui ne doit son succès qu'au hasard.

ACTE V.

1. Nous avons déjà raconté l'origine probable de ce juron dans une de nos notes aux *Joyeuses Commères de Windsor*.

2. Les juges de paix du temps de Shakespeare avaient une réputation de vénalité tellement bien établie qu'en 1601, un membre de la chambre des communes avait avancé publiquement que pour une demi-douzaine de poulets on pouvait leur faire rendre tous les arrêts qu'on voulait, et deux ans auparavant, dans un discours au parlement, Sir Nicholas Bacon les avait accusés de rendre arbitrairement la justice.

3. Il y a ici un anachronisme volontaire. L'empire turc n'était pas établi à Constantinople à l'époque de Henri V, et l'Amurat succédant à un Amurat, est contemporain de Shakespeare. Il est probable qu'ici Shakespeare fait allusion au fils d'Amurat III mort en 1595, lequel ayant réuni ses frères dans un banquet, les fit tous massacrer à son avénement au trône.

4. Warton a découvert ces vers très-anciens dans un poëme d'un cer-

tain Adam Davies, intitulé *la Vie d'Alexandre*. Dans le premier vers de cette chanson, le texte porte, *my wyfe has all*, ma femme a tout. Farmer suggéra qu'il fallait lire *my wyfe is as all*, ma femme est comme toutes les autres, et nous adoptons son avis.

5. *Samingo*, contraction de *San Domingo*. *Domingo* était, on ne sait trop pourquoi, un mot habituel des refrains des chansons de buveurs de l'époque.

6. *Bezonian* porte le texte. Mot dérivé de l'italien *bisogno*, besoin, besoigneux.

7. *Faire la figue* est ce que nos gamins appellent *faire la nique*. Cette très-ancienne expression est sortie d'Italie et se rapporte au très-curieux fait suivant. Lorsque les Milanais se révoltèrent contre Frédéric Barberousse, ils placèrent l'impératrice, sa femme, sur une mule, la face tournée du côté de la queue et la firent ainsi sortir de la ville. Frédéric emporta la ville, et força tous ses prisonniers à prendre avec les dents une figue dans le derrière d'une mule, en criant à la personne chargée de l'exécution de ses ordres, *ecco la fica!* lorsque la figue avait été enlevée. JOHNSON *et* DOUCE.

8. Nous avons déjà vu dans *La Mégère domptée*, Petruchio fredonner ce fragment de vieille ballade.

9. Les cassolettes, dont la malpropreté des appartements d'autrefois toujours hermétiquement fermés par nos bons aïeux rendait l'usage indispensable, portaient des couvercles découpés au centre desquels se voyait une figure humaine.

10. « Toujours la même chose, car en dehors de cela il n'est rien. » Cette sentence latine de Pistol caractérise bien le discours de Falstaff qui répète à l'infini la même phrase.

11. Dès l'origine du théâtre anglais, les comédiens prirent la coutume de s'agenouiller et de prier à haute voix pour le souverain régnant et autres autorités. De là l'origine de cette formule *vivant rex et regina* qui se lit encore sur les affiches et les programmes des spectacles anglais.

TABLE.

LE ROI JEAN.. 1

    Avertissement.. 3
    Le roi Jean.. 15
    Commentaire... 97

LE ROI RICHARD II... 103

    Avertissement.. 105
    Le roi Richard II....................................... 119
    Commentaire... 209

LE ROI HENRI IV (*première Partie*)........................... 215

    Avertissement.. 217
    Le roi Henri IV... 229
    Commentaire... 327

LE ROI HENRI IV (*deuxième Partie*)........................... 335

    Avertissement.. 337
    Le roi Henri IV... 343
    Commentaire... 451

FIN DE LA TABLE.

8364. — Imprimerie générale de Ch. Lahure, rue de Fleurus, 9, à Paris.

Librairie de L. HACHETTE et Cie, boulevard Saint-Germain, n° 77, à Paris.

BIBLIOTHÈQUE VARIÉE

FORMAT IN-18 JÉSUS

1re SÉRIE, A 3 FR. 50 CENT. LE VOLUME.

About (Edm.). Causeries, 2 vol. — La Grèce contemporaine. 1 vol. — Le Progrès. 1 vol. — Le Turco, 1 vol. — Madelon. 1 vol. — Salon de 1864. 1 vol. — Salon de 1866. 1 vol. — Théâtre impossible. 1 vol.
Achard (Amédée). Album de voyages. 2 vol.
Ackermann. Contes et poésies. 1 vol.
Arnould (Edm.). Sonnets et poèmes. 1 vol.
Barreau. Histoire de la Révolution française. 1 vol.
Bautain (l'abbé). La belle saison à la campagne. 1 v. — La chrétienne de nos jours. 2 vol. — Le chrétien de nos jours. 2 vol. — La religion et la liberté 1 v. — Manuel de philosophie morale. 1 vol. — Méditations sur les épîtres et les évangiles des dimanches et des fêtes. 1 vol. — Méditations sur les épîtres et les évangiles du carême 1 vol. — Idées et plans pour la méditation et la prédication 1 vol.
Bayard (J.F.). Théâtre. 12 vol.
Bellemare (A.). Abd-el-Kader 1 vol
Belloy (de). Le chevalier d'Ai. 1 vol. — Légendes fleuries. 2 vol.
Belot (Ad.). L'Habitude et le Souvenir. 1 vol.
Bersot. Mesmer ou le magnétisme animal. 1 vol.
Beulé. Phidias, drame antique. 1 vol.
Calemard de la Fayette (Ch.). Le poëme des champs. 1 vol.
Caro Études morales. 1 vol. — L'idée de Dieu. 1 v.
Carraud (Mme). Le Livre des jeunes filles. 1 vol.
Castellane (de). Souvenirs de la vie militaire. 1 volume.
Charpentier. Les écrivains latins de l'empire 1 volume.
Cherbuliez (Victor). Le comte Costia. 1 vol. — Paul Méré. 1 vol. — Le Roman d'une honnête femme. 1 vol. — Le Grand-Œuvre. 1 vol.
Chevalier (M.). Le Mexique ancien et moderne. 1 v.
Chodzko. Contes slaves. 1 vol.
Crépet (E.). Le trésor épistolaire de la France. 2 v.
Dargaud (J.). Marie Stuart. 1 vol. — Voyage aux Alpes. 1 vol. — Voyage en Danemark 1 vol.
Daumas (E.). Mœurs et coutumes de l'Algérie. 1 v.
Deschanel (Em.). Physiologie des écrivains. 1 vol. — Études sur Aristophane. 1 vol.
Devinck (F.) La pratique commerciale 1 vol
Duruy (V.). Causeries de voyage: De Paris à Vienne. 1 vol.
Ferry (Gabr.). Le coureur des bois. 2 vol. — Costal l'Indien. 1 vol.
Figuier (Louis). Histoire du merveilleux 4 vol. — L'alchimie et les alchimistes. 1 vol. — L'année scientifique, 12 années (1856-1868). 12 vol.
Francklin (Benjamin). Œuvres traduites de l'anglais et annotées par M. Éd. Laboulaye. 4 vol
Fromentin (Eug.). Dominique. 1 vol.
Garnier (Ad.). Traité des facultés de l'âme. 3 v.
Geruzez (E). Mélanges et pensées. 1 vol.
Guizot (F.). Un projet de mariage royal. 1 vol.
Hoëfer. La chimie enseignée par la biographie de ses fondateurs. 1 vol. — Les Saisons. 1 vol.
Houssaye (A.). Histoire du 41e fauteuil. 1 vol. — Le violon de Franjolé. 1 vol. — Voyages humoristiques. 1 vol.
Hugo (Victor). Œuvres. 20 vol.
Jouffroy. Cours de droit naturel 2 vol. — Cours d'esthétique. 1 vol. — Mélanges philosophiques. 1 v. — Nouveaux mélanges philosophiques. 1 vol.
Jurien de la Gravière (l'amiral). Souvenirs d'un amiral. 2 vol. — Voyage en Chine. 2 volumes. — La marine d'autrefois. 1 vol.
La Landelle (G. de). Le tableau de la mer. 4 v.
Lamartine (A. de). Œuvres. 8 vol. — Lectures pour tous. 1 vol.
Lanoye (F. de). L'Inde contemporaine. 1 vol. — Le Niger. 1 vol.
Laugel. Études scientifiques. 1 vol.

Marmier. En Alsace: L'avare et son trésor. 1 vol — En Amérique et en Europe. 1 v. — Gazida 1 v. — Hélène et Suzanne. 1 vol. — Histoire d'un pauvre musicien (1770-1793). 1 vol. — Le roman d'un héritier. 1 vol. — Les fiancés du Spitzberg. 1 vol. — Lettres sur le Nord. 1 vol. — Mémoires d'un orphelin 1 vol. — Sous les sapins. 1 vol. — Un été au bord de la Baltique et de la mer du nord. 1 vol. — De l'Ouest à l'Est 1 vol.
Martha. Les moralistes sous l'Empire romain. 1 v.
Mézières (L.) Les Charades et les homonymes. 1 v.
Michelet. La femme. 1 vol. — La mer. 1 vol. — L'amour 1 v. — L'insecte. 1 v. — L'oiseau. 1 v.
Michelet (Mme J.). Mémoires d'une enfant. 1 vol.
Monnier. L'Italie est-elle la terre des morts ? 1 v.
Mortemart (baron de). La vie élégante. 1 vol.
Moüy (Ch. de). Les jeunes ombres. 1 vol.
Nisard (Désiré). Études de mœurs et de critique sur les poëtes latins de la décadence 2 vol.
Nisard (Ch. Curiosités de l'étymologie française. 1 v.
Patin. Études sur les tragiques grecs 4 vol.
Perrens (F. T.). Jérôme Savonarole. 1 vol.
Perrot (Georges). L'île de Crète. 1 vol.
Pfeiffer (Mme Ida). Voyage d'une femme autour du monde. 1 vol. — Mon second voyage autour du monde. 1 vol. — Voyage à Madagascar. 1 vol
Ponson du Terrail. Les contes du drapeau 2 v.
Poussielgue (Achille). Voyage en Chine et en Mongolie, de M de Bourboulon 1 vol.
Prevost-Paradol. Études sur les moralistes français. 1 vol — Histoire universelle. 2 vol.
Quatrefages (de). Unité de l'espèce humaine 1 v.
Raymond (X.). Les marines de la France et de l'Angleterre. 1 vol.
Rendu (V.). L'intelligence des bêtes. 1 vol.
Roussin (A.). Une campagne au Japon. 1 vol.
Sainte-Beuve. Port-Royal 6 vol.
Saintine X.-B.). Le chemin des écoliers. 1 vol. — Picciola 1 vol. — Seul 1 vol.
Sand (George). Jean de la Roche. 1 vol.
Simon (Jules). La liberté politique. 1 vol. — La liberté civile. 1 vol. — La liberté de conscience. 1 v. — La religion naturelle. 1 vol. — Le devoir. 1 vol. — L'ouvrière. 1 vol.
Taine (H.) Essai sur Tite Live. 1 vol. — Essais de critique et d'histoire. 1 vol. — Histoire de la littérature anglaise. 4 vol. — Nouveaux essais de critique et d'histoire. 1 vol. — La Fontaine et ses fables. 1 vol. — Les philosophes français au XIXe siècle 1 vol. — Voyage aux Pyrénées. 1 vol. — Notes sur Paris : Vie et opinions de M. Graindorge. 1 vol.
Théry. Conseils aux mères sur les moyens de diriger et d'instruire leurs filles. 2 vol.
Thiercelin (le Dr) Journal d'un baleinier, voyage en Océanie. 2 vol.
Töpffer (Rod.). Nouvelles genevoises. 1 vol — Rosa et Gertrude. 1 vol. — Le presbytère. 1 vol. — Réflexions et menus propos d'un peintre genevois. 1 vol.
Troplong. De l'influence du christianisme sur le droit civil des Romains. 1 vol.
Ulliac-Trémadeure (Mlle). La maîtresse de maison. 1 vol.
Vapereau (Gust.). L'année littéraire, 11 années.
Viennet. Fables complètes. 1 vol.
Vigneaux. Souvenirs d'un prisonnier de guerre au Mexique. 1 vol.
Vivien de St-Martin. L'année géographique. 7 années (1862-1868). 5 vol.
Wallon. Vie de N.-S. Jésus-Christ, 1 volume. — La sainte Bible. 2 vol.
Wey (Francis). Dick Moon en France. 1 volume. — La haute Savoie, 1 vol.
Widal. Études sur Homère. 1re partie : Iliade. 1 vol.

www.ingramcontent.com/pod-product-compliance
Lightning Source LLC
Chambersburg PA
CBHW072104220426
43664CB00013B/1994